Heinrich Grupe

Jahreszeitliches Wanderbuch II

Heinrich Grupe

Jahreszeitliches Wanderbuch

II
Frühling

von Heinrich Grupe und Heinz Grupe

MANUSCRIPTUM

Nachdruck der unter dem Titel
„Kleines naturkundliches Wanderbuch“ erschienenen
Originalausgabe von 1953

2. Auflage 2004
Einbandgestaltung: Achim Schmidt, Bochum
ISBN 3-933497-91-4

INHALTSVERZEICHNIS

I. In Gärten, Parks und Anlagen

A. Pflanzenleben

B. Tierleben

II. Im Felde

A. Pflanzenleben

B. Tierleben

III. Auf der Wiese

A. Pflanzenleben

B. Tierleben

IV. Im Walde

A. Pflanzenleben

B. Tierleben

A. Aus der Vogelwelt

B. Aus dem Leben der Säugetiere

C. Aus dem Leben der Waldinsekten

D. Aus dem Leben der Kleintiere auf dem Waldboden

V. An Gewässern

A. Pflanzenleben

B. Tierleben

I. IN GÄRTEN, PARKS UND ANLAGEN

A. Pflanzenleben

1. Erstfrühling und Vollfrühling

a) Der Frühling dauert vom Laubausbruch der Roßkastanie bis zum Stäuben des Roggens.
In warmen Gegenden Deutschlands: Anfang April bis Ende Mai.
In kälteren Gegenden Deutschlands: Anfang Mai bis Anfang Juni.

Beobachte: Der Frühling läuft in zwei deutlich erkennbaren Zeitabschnitten ab: Erstfrühling und Vollfrühling. Der Erstfrühling ist die Zeit des Laubausbruches der Bäume; im Vollfrühling entwickelt sich der Blumenschmuck der Gärten, Wiesen und Felder.

b) Der Erstfrühling dauert vom Laubausbruch der Roßkastanie bis zum Ausbruch ihrer Blüte.
In warmen Gegenden Deutschlands: Anfang April bis Anfang Mai.
In kälteren Gegenden Deutschlands: Anfang Mai bis Mitte Mai.

c) Der Vollfrühling dauert von der Blüte der Roßkastanie bis zum Stäuben des Roggens.
In warmen Gegenden Deutschlands: Anfang Mai bis Ende Mai.
In kälteren Gegenden Deutschlands: Mitte Mai bis Anfang Juni.

2. Wann zieht der Erstfrühling in deine Heimat ein?

	In Frankfurt a. M.:	In deiner Heimat: 1953	1954	1955	1956	1957
Die Roßkastanie belaubt sich . .	5. 4.					
Die Hasel belaubt sich	5. 4.					
Die großblättrige Linde belaubt sich	13. 4.					
Die Ulme belaubt sich	14. 4.					
Die Rotbuche belaubt sich . . .	15. 4.					
Die Spitzpappel belaubt sich . .	21. 4.					
Die kleinblättrige Linde belaubt sich	21. 4.					
Der Spitzahorn belaubt sich . . .	20. 4.					
Der Bergahorn belaubt sich . . .	24. 4.					
Die Stieleiche belaubt sich . . .	25. 4.					
Die Esche belaubt sich	27. 4.					

Beobachte:

a) Ein Teil dieser Laubhölzer blüht vor dem Laubausbruch: Hasel, Ulme, Spitzpappel, Spitzblättriger Ahorn, Esche . . .

b) Der andere Teil der Laubhölzer blüht nach dem Laubausbruch: Roßkastanie, Linden . . .

c) In welche der beiden Gruppen gehören Eiche, Buche, Bergahorn?

3. Achte auf das rotblühende frühe Steinobst!

Das rotblühende frühe Steinobst beginnt im Vorfrühling zu blühen. Die Vollblüte ist aber noch nicht beendet, wenn der Laubausbruch der Laubhölzer beginnt. (Die Angaben gelten für Frankfurt/M.)

	Erste Blüte		Vollblüte		In deiner Heimat:			
	Frühester Tag	Mittlere Zeit	Frühester Tag	Mittlere Zeit	1953	1954	1955	1956
Mandel	3. 3.	1. 4.	5. 3.	3. 4.				
Pfirsich, Spalier .	4. 3.	1. 4.	26. 3.	12. 4.				
Aprikose, Spalier	8. 3.	27. 3.	18. 3.	9. 4.				
Aprikose, frei .	8. 3.	3. 4.	20. 3.	13. 4.				
Pfirsich, frei . .	19. 3.	14. 4.	2. 4.	21. 4.				

4. Achte auf das weißblühende Steinobst!

Das weißblühende Steinobst blüht später als das rotblühende und steht in der Vollblüte, wenn das Laub der Laubhölzer ausbricht. Vergleiche die Angaben in dieser Tabelle mit den Daten in der Tabelle über den Laubausbruch! (S. 2.) (Die Angaben gelten für Frankfurt/M.

	Erste Blüte		Vollblüte		In deiner Heimat:			
	Frühester Tag	Mittlere Zeit	Frühe: ster Tag	Mittlere Zeit	1953	1954	1955	1956
Süßkirsche . . .	21. 3.	13. 4.	5. 4.	19. 4.				
Sauerkirsche . .	17. 3.	18. 4.	9. 4.	24. 4.				
Pflaume	22. 3.	14. 4.	2. 4.	21. 4.				
Mirabelle . . .	25. 3.	16. 4.	2. 4.	22. 4.				
Edelpflaume . .	1. 4.	17. 4.	7. 4.	23. 4.				
Zwetsche . . .	5. 4.	26. 4.	10. 4.	26. 4.				

5. Achte auf die Blüte der Kernobstbäume!

Die Kernobstbäume blühen am spätesten: die Birnen weiß, die Äpfel rosa. Wenn sie blühen, steckt die Roßkastanie ihre Blütenkerzen an: dann beginnt der Vollfrühling. (Angabe für Frankfurt/M.)

	Erste Blüte		Vollblüte		In deiner Heimat:			
	Frühester Tag	Mittlere Zeit	Frühester Tag	Mittlere Zeit	1953	1954	1955	1956
Birne	30. 3.	16. 4.	8. 4.	25. 4.				
Apfel	8. 4.	26. 4.	25. 4.	7. 5.				

6. Der Apfelbaum

Fast gleichzeitig, wenn die Roßkastanie ihre ersten weißen Kerzen aufsteckt, erscheinen am Apfelbaum die ersten rosafarbenen Blütenbüschel. Und wenn dann nach einiger Zeit der hohe Laubbaum in den Anlagen oder auf einem Bauernhofe in stolzer Pracht vollerblüht dasteht, bricht, wiederum gleichzeitig, in keuscher Schönheit die Vollblüte des Apfelbaumes auf.

Wann blüht der Apfelbaum?

	In Frankfurt am Main	In deiner Heimat?
Erste Blüte:		
Frühester Tag	am 8. April 1884	?
Spätester Tag	am 15. Mai 1855	?
Vollblüte:		
Frühester Tag	am 23. April 1848	?
Spätester Tag	am 21. Mai 1879	?
Mittlere Zeit der Vollblüte	am 7. Mai	?

Die Blüte

Die Blüten stehen in Büscheln. Die kurzen Blütenstiele entspringen alle einer Stelle. Ein solcher Blütenstand heißt Dolde. — Untersuche die Blütenstände des Birnbaumes und des Kirschbaumes!

Löse den Stiel einer Apfelblüte vom Grunde ab, betrachte die Blüte und halbiere sie durch einen Längsschnitt (Abb.). Du kannst nun folgendes feststellen:

a) Der Stiel schwillt oben an und erweitert sich zu einem Becher, dem Blütenboden. Auf dem Rande des Bechers stehen 5 grüne Kelchblätter. Der Kelch hat die zarteren Blütenteile zu schützen.

b) Auf dem Rande des Bechers stehen ferner 5 weiße oder rotweiße Kronblätter, die Blumenkrone. Durch ihre leuchtende Farbe werden die Insekten angelockt.

c) Auf dem inneren Rand des Bechers stehen zahlreiche (10–20) dünne Stielchen, die oben ein gelbes Köpfchen tragen. Das sind die Staubgefäße, man nennt sie auch Staubblätter (obgleich sie gar nicht wie Blätter gestaltet sind). Das Köpfchen aber ist wirklich ein Gefäß, ein Beutel, in dem der Blütenstaub (oder Pollen) enthalten ist. Welche Farbe haben die Staubbeutel der Blüte des Birnbaumes? Der Blüte des Kirschbaumes?

d) In der Mitte des Bechers stehen 5 freie Griffel, jeder ist oben knopfförmig verdickt. Dieses Polster heißt Narbe, sie soll den Blütenstaub aufnehmen.

e) Jeder Griffel endet unten in einem Fruchtknoten. Auf dem Längsschnitt sehen wir, daß die 5 Fruchtknoten miteinander verwachsen sind. (Abb.) Untersuche die Blüte des Birnbaumes: sie hat gleichfalls 5 Griffel. Und die Blüte des Kirschbaumes?

Die Bestäubung

Der Apfelbaum steht in voller Blüte und strahlt seine leuchtenden Farben hinaus in die sonnige Welt. Am Grunde des Blütenbodens, geborgen zwischen den Staubfäden und Griffeln, sammelte sich in der Nacht der süße Blütensaft. Auf den Narben bildete sich eine klebrige Schicht, die winzig kleinen Staubkörner festzuhalten, die in den Staubbeuteln reifen. Die aufgesprungenen Blüten haben sich sorgfältig vorbereitet und warten auf das große Ereignis in ihrem kurzen Leben: die Bestäubung und die nachfolgende Befruchtung. Die Morgensonne hat den Nachttau von den Blüten abgetrocknet. Die Kronblätter öffnen sich weit. Die zarte Haut der Staubbeutel trocknet aus, spannt sich und zerreißt. Da summt die erste Biene heran, fliegt von Blüte zu Blüte und kehrt schwer beladen in ihren Stock zurück. In ihrer „Bienensprache“ teilt sie den Arbeiterinnen die entdeckte Honigquelle mit. In der Krone des Apfelbaumes schwillt der Summton von Stunde zu Stunde an. Er ist die Musik der Gäste zu der Hochzeitsfeier der tausend Blüten.

Stelle dich an einem sonnigen Vormittag um die Zeit, wenn der Tau von den Blüten schwindet, an einen aufgeblühten Apfelbaum. In dieser Stunde beginnt der Apfel sich zu bilden, den du später — ißt.

Wenn die Biene eine Blüte anfliegt und auf dem Blütenboden den Nektar sucht, muß sie die Staubbeutel berühren. Dabei bepudert sie sich mit dem herausfallenden Staub, trägt ihn von Blüte zu Blüte weiter, nimmt überall neuen Staub auf und lädt ihn auf irgendeiner fremden Blüte wieder ab. Es findet also eine Fremdbestäubung statt. Das ist bei der Apfelblüte notwendig, damit sich die Frucht bilden kann. (Abb.)

Wenn es „in die Apfelblüte regnet“, bilden sich nur wenig Früchte. Warum?

Der Apfelbaum entlastet sich

Bald nachdem die Apfelblüte „durch ist“, kannst du beobachten, ob der Baum „angesetzt“ hat; das soll heißen: ob sich die Früchte ausbilden. Jawohl, in großen Mengen sogar. Schaust du dann aber von Zeit zu Zeit wieder nach, so mußt du zu deinem Bedauern feststellen, daß sie massenweise abfallen. Der Vorgang kann lange andauern. Untersuche die abgefallenen kleinen Früchte und weiterhin auch die größeren.

a) Wenn zur Zeit der Blüte anhaltendes trockenes Wetter war, hatte der Baum nicht genug Saftzufuhr. Deshalb konnte sich die klebrige Schicht auf den Narben nicht ausbilden, und die Staubkörner blieben nicht haften. Weil aber die Bestäubung mangelhaft war, erfolgte auch keine richtige Befruchtung unten im Fruchtknoten. Sie setzte wohl ein, die Entwicklung der Frucht hörte aber bald wieder auf. Zur Zeit der Blüte muß man den Baum wässern.

b) Aber auch wenn die Befruchtung gut war, läßt der Baum trotzdem den größten Teil des Fruchtansatzes fallen. Warum? Er kann keine zehntausend Kinder ernähren. Nun, die Ulme, die Birke, der Ahorn und noch manche andere Bäume bilden riesige Mengen von Früchten aus und werfen sie vor der Reife nicht ab. Warum aber nicht? Sie haben Trockenfrüchte, die den Baum nicht so sehr belasten, während der Apfelbaum schwere Fleischfrüchte hat, unter deren Last, behielte er sie alle, er zerbrechen würde.

c) Einige Zeit später, wenn die jungen Äpfel dicker werden, fallen immer noch zahlreiche ab. Sie sind „wurmstichig". Lies sie täglich (!) auf und vernichte sie! Warum?

7. Wann zieht der Vollfrühling in deine Heimat ein?

	In Frankfurt/M.	In deiner Heimat?
Die Roßkastanie blüht	27. April	
Der Flieder blüht	27. April	
Der Buchenwald ist voll belaubt	29. April	
Der Eichenwald ist voll belaubt .	4. Mai	
Der Weißdorn blüht	6. Mai	
Der Apfelbaum steht in voller Blüte	7. Mai	
Der Goldregen blüht	7. Mai	

8. Welche Laubbäume habt ihr in eurem Dorfe?

Im Dorfe kommen höchstens anderthalb Dutzend Arten von Laubbäumen vor, die sich leicht nach den Blättern bestimmen lassen. In den Anlagen, Parks und Friedhöfen der Städte wachsen außer den einheimischen zahlreiche ausländische Arten.

I. Die Blätter sind einfach, nicht gelappt, zuweilen schwach gebuchtet.

A. Blattgrund schief, die Blatthälften ungleich.

a) Blattgrund herzförmig, Hauptnerven meist 5. **Linden.** *Tilia.*

b) Blattgrund nicht herzförmig. Hauptnerv 1. Die eine Blatthälfte läuft weiter am Stiel herab als die andere. Blattrand scharf und meist doppelt gesägt. **Ulme, Rüster.** *Ulmus.*

B. Blattgrund nicht schief, Blatthälften gleich.

a) Blätter mit einem Hauptnerv.

α) Blattstiel kurz (Blattfläche mindestens 6 mal länger als der Stiel).

1. Blätter eirund, kahl, am Rande undeutlich gezähnt, in der Jugend gewimpert. **Rotbuche.** *Fagus silvática.*

2. Blätter meist lanzettlich, lineal oder elliptisch; ganzrandig oder gesägt; oft seidig behaart. **Weiden.** *Salix.*

β) Blattstiele lang (Blattfläche höchstens 4mal länger als der Stiel).

1. Blätter rautenförmig-3eckig bis lang zugespitzt, ungleich gesägt. **Weißbirke.** *Bétula verrucósa.*

2. Blätter rundlich, stumpf, oben gestutzt oder buchtig ausgerandet, gesägt, in der Jugend klebrig. **Schwarzerle.** *Alnus glutinósa.*

b) Blätter mit mehreren Hauptnerven; Blattgrund meist abgestutzt, selten etwas herzförmig; Blattstiele plattgedrückt. **Pappeln.** *Pópulus.*

II. Die Blätter sind einfach, aber deutlich gebuchtet oder gelappt.

A. Blätter gegenständig, mit 5 Hauptnerven, die in die Blattspitzen führen.

1. Blätter immer 5lappig, mit spitzen Buchten; unterseits blaugrün, gesägt. Stamm mit längs- und querrissiger Rinde, die in tafelförmigen Platten abblättert. **Bergahorn.** *Acer pseudoplátanus.*

2. Blätter 5–7lappig, mit stumpfen Buchten; Lappen und Zähne fein zugespitzt. Stamm mit längsrissiger Rinde, die nicht abblättert. **Spitzahorn.** *Acer platanóides.*

B. Blätter wechselständig.

a) Blätter mit 1 Hauptnerv. Blattlappen und Blattbuchten rund. **Eiche.** *Quercus.*

b) Blätter mit 3–5 Hauptnerven, die am Ende des Blattstieles entspringen.

1. Blätter unterseits schneeweiß-filzig, 3–5 lappig. **Silberpappel.** *Pópulus alba.*

2. Blätter unterseits nicht filzig, groß. Borke blättert in großen Stücken ab, so daß die gelbliche Rinde bloßliegt,

wodurch der Stamm ein scheckiges Aussehen erhält. **Platane.** *Plátanus acerifólia.*

III. Die Blätter sind 5–9zählig gefingert und stehen gegenständig. **Roßkastanie.** *Áesculus.*

IV. Die Blätter sind gefiedert.

A. Blätter gegenständig.

1. Blätter mit 11–13 Blättchen. **Esche.** *Fráxinus excélsior.*
2. Blätter mit 3–5 Blättchen, Endblättchen mehr oder weniger gelappt. (Abb.) **Eschen-Ahorn.** *Acer negúndo.*

B. Blätter wechselständig.

a) Blätter am Grunde mit 2 Dornen, auch die jungen Zweige mit Dornen. **Robinie.** *Robinia.*

b) Pflanzen ohne Dornen.

1. Blättchen völlig ganzrandig, 3–4 paarig. (Abb.) **Walnuß.** *Juglans.*
2. Blättchen gesägt, 11–17. **Eberesche, Vogelbeere.** *Pirus aucupária.*

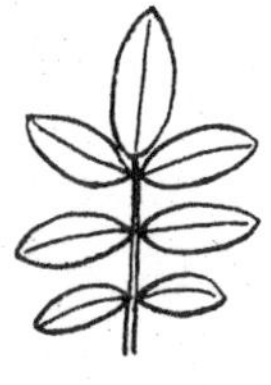

9. Die Roßkastanien blühen weiß oder rot oder gelb

I. Die Blüten sind weiß.
Kronblätter 5. Staubblätter meist 7. Blätter 5- oder 7 zählig. Knospen klebrig. Frucht mit Stacheln. Ausgewachsener Baum bis 20 m hoch. **Gemeine Roßkastanie.** *Áesculus hippocástanum.*

II. Die Blüten sind rot.

a) Kronblätter 4. Staubblätter 5–8. Blätter 5 zählig. Knospen nicht klebrig. Frucht ohne Stacheln. Ausgewachsener Baum bis 8 m hoch. **Rotblühende Roßkastanie.** *Áesculus pávia.*

b) Kronblätter 4 oder 5. Staubblätter 5–8. Blätter meist 5 zählig. Knospen etwas klebrig. Frucht mit wenigen, kurzen Stacheln oder stachellos. Ausgewachsener Baum bis 16 m hoch. **Rote Roßkastanie.** *Áesculus rubicúnda.*

III. Die Blüten sind gelb. Kronblätter 4. Staubblätter 5–8. Blätter 5–7 zählig. Frucht ohne Stacheln. Ausgewachsener Baum bis 8 m hoch. **Gelbe Roßkastanie.** *Áesculus flava.*

Beachte:

1. Die weiße und die gelbe Roßkastanie können zur Zeit der Blüte nicht verwechselt werden. Nach der Blütezeit lassen sie sich an den Früchten unterscheiden.
2. Versuche, die beiden rotblühenden Roßkastanien auseinanderzuhalten. Die *pavia* hat feste Merkmale; die *rubicunda* schwankende: nämlich Merkmale der rotblühenden und der weißen, sie ist ein Mischling (Bastard) von den beiden. Das wird so gekennzeichnet: *A. hippocástanum* × *A. pávia.*

10. Die Linde

Ehemals hatte jeder Bauernhof meines Heimatdorfes seine Linde, einige sogar deren zwei oder drei. Alle waren gut gewachsene, mächtige alte Bäume und standen an den Hoftoren, als müßten sie die Einfahrt bewachen. Wer aus und ein ging, mußte unter der Linde durch. Aber auch die Kirche hatte ihre Linde, an Sonn- und Feiertagen schritten die Kirchgänger unter ihr hin dem Gotteshause zu. Die Linde vor dem Schulhause sah Tag für Tag die Kinder unter sich kommen und gehen. Die älteste und schönste Linde aber stand auf einem erhöhten Platz an der Wegekreuzung mitten im Dorfe. Auf den steinernen Bänken unter ihr saßen an warmen Sommerabenden die Männer und hielten ihre Gemeindeversammlungen ab. Hier war der liebste Spielplatz der Kinder. Die Kinder dieses Dorfes wuchsen damals unter Linden auf.

Habt ihr Linden in eurem Dorfe?

In meinem Heimatdorfe standen in meiner Jugendzeit 23 Linden, 3 Eschen, 1 Roßkastanie und 5 Walnußbäume. Wie viele Laubbäume stehen in deinem Dorfe? Kennst du sie alle?

Wann belauben sich eure Linden?

Die Bäume belauben sich nicht in jedem Jahr in derselben Woche oder gar an demselben Tag, sondern meist zu verschiedenen Zeiten: einmal sehr früh, ein andermal sehr spät oder zu einer mittleren Zeit. In Frankfurt am Main hat man den Laubausbruch der Bäume seit mehr als hundert Jahren beobachtet, die Tage genau verzeichnet und daraus die Mittelwerte errechnet. (Siehe die Tabelle S. 294!)

Wenn die Bäume sich belauben wollen, brechen zunächst einzelne Knospen auf. Man nennt das den Laubausbruch. In der Tabelle steht dafür als Zeichen ein —.

Einige Tage oder auch eine Woche später ist der Laubausbruch beendet, der Baum steht in vollem Blätterschmuck da, die allgemeine Belaubung ist eingetreten. In der Tabelle steht dafür als Zeichen ein +.

Vergleiche nach der Tabelle den Laubausbruch und die allgemeine Belaubung der Laubbäume deiner Heimat!

Achte dabei auf die Reihenfolge der Baumarten! — An der Zeit der Belaubung eurer Linden kannst du feststellen, welche der beiden einheimischen Lindenarten in eurem Dorfe stehen.

Warum regnet das Laubdach der Linde nicht durch?

Es beginnt zu regnen. Die Kinder brechen ihre Spiele ab und eilen unter die nahe Linde. Hier stehen sie unter dem grünen Dach und werden nicht naß.

Das letzte Fuder Heu soll vor dem Gewitter noch schnell trocken eingebracht werden. Auf der Scheunendiele ist kein Platz mehr, da stehen schon drei vollbeladene Wagen. Der Bauer fährt unter die Hoflinde. Wenn es nicht gar zu arg regnet, bleibt das Heu fast trocken. Später wird der Wagen einige Stunden in die Sonne geschoben, und der Schaden ist behoben. Warum regnet das Laubdach der Linde nicht durch?

1. Schaue am Rande der Krone unter die vorspringenden Zweige. — Du siehst, daß fast sämtliche Blätter von den auffallenden Sonnenstrahlen voll belichtet werden; nur wenige werden von den Nachbarblättern beschattet.

2. Schneide ein etwa armlanges Zweigende ab und lege es auf ein Brett oder auf eine Steinplatte. — Du siehst, daß die Blätter verschieden groß sind; die kleinen fügen sich in die Lücken zwischen den großen.

3. Halte den Zweig so gegen die Sonne, daß er voll belichtet ist. — Die Anordnung der Blätter ist deutlich zu sehen.

4. Halte den Zweig so, daß du (wie bei einem Brett) von der Kante her darauf schaust. — Du siehst, daß die Blätter in einer Ebene angeordnet sind.

5. Löse die Blätter mit den Stielen ab, wirf sie durcheinander und ordne sie danach wieder so, daß das vorige Muster entsteht. — Das ist eine mühselige Arbeit, die dir wohl kaum gelingen wird. Du hast Augen, Hände und Verstand, der Baum nicht. Künstler verzieren Fußböden und Wände, indem sie aus einzelnen, verschiedenfarbigen Glas-, Stein- oder Marmorstückchen Bilder zusammensetzen. Diese Stückchen werden in Kitt oder Mörtel eingedrückt und hinterher wird die Fläche poliert. Solche Verzierungen nennt man Mosaik.

Da die Blätter vieler Pflanzen oft so wundervoll angeordnet sind, als hätte ein Künstler die Muster entworfen, hat man sie „Blattmosaik“ genannt. (S. 22)

6. Betrachte ein einzelnes Blatt. Halte es dabei gegen das Licht. — Es ist schief-herzförmig, fast kreisrund, am Rande gesägt und läuft in eine lange Spitze aus. Am Grunde des Blattes entspringen 5 (oder auch 6) Stammadern. Die mittlere, die bis in die Spitze verläuft, ist die Hauptader. Sie hat jederseits mehrere Seitenadern, die Stammadern haben die Seitenadern nur an der Außenseite. Zwischen all diesen Adern spannen sich Queräderchen aus, die wie Leitersprossen das Adergerüst festigen.

7. Betrachte die Unterseite des Blattes. — Du siehst, daß die Adern stark hervortreten, wie die Rippen am Brustkorb eines mageren Menschen. Sie sind fest und zähe und stützen und spannen das dünne Blatt wie die Schirmstangen das Tuch. Sofern die Adern diese Aufgabe erfüllen, nennen wir sie Rippen; denken wir jedoch an ihre andere Aufgabe, den Saft zu leiten, bezeichnen wir sie als Adern.

8. Achte darauf, wohin die Blattspitzen gerichtet sind. — Sie zeigen fast alle nach außen und unten, also nach dem Rande der Krone hin.

9. Sprühe mit einem feinlöchrigen Gießkännchen (oder mit den Fingern) Wasser auf das Blattwerk des Zweiges. — Du siehst, wie die feinen Tropfen auf dem Blatt abfließen, sie laufen in den Rillen der Adern abwärts nach der Blattspitze hin, wo sie niederfallen. Das Blatt leitet das Wasser ähnlich ab wie ein Hausdach, wo es in den Rillen der Ziegel der Rinne zugeführt wird. Solche Blattspitzen sieht man an den Blättern vieler Pflanzen, sie heißen „Träufelspitzen“. (Abb.)

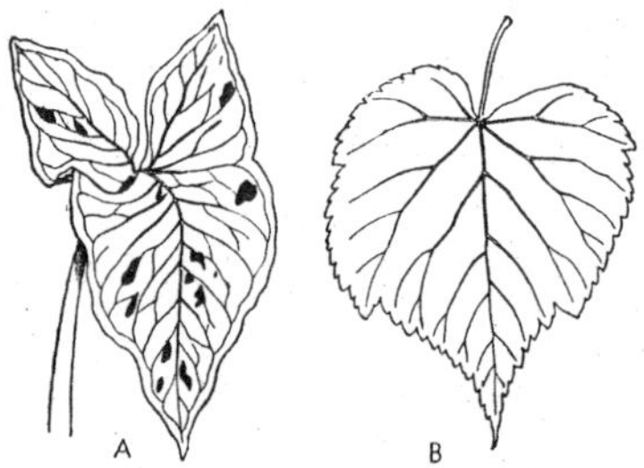

A = Blatt vom Aronstab,
B = Blatt der Sommerlinde.

10. Ein sehr schönes Blattmosaik zeigen die folgenden Pflanzen: Buche, Roßkastanie, Bergahorn, Spitzahorn, Wilder Wein, Taubnesselbestände, Brennessel, Moospolster.

Sind dir die Haarbüschel in den Aderwinkeln an der Unterseite des Lindenblattes schon aufgefallen?

Wenn das Lindenblatt oberseits oder unterseits oder auf beiden Seiten behaart wäre, würde uns das nicht weiter auffallen, denn die Blätter vieler Pflanzen sind behaart. Nun aber ist das Lindenblatt kahl und nur in den Aderwinkeln sitzen kleine Haarbüschel. Das ist merkwürdig. Wir wollen untersuchen, welche Bedeutung sie haben.

1. Stelle fest, wie die Haarbüschel verteilt sind. — Die größten sitzen am Blattgrund zwischen den Stammadern, an den Seitenadern werden sie nach dem Blattrande hin ständig kleiner. Je nach der Größe der Blätter zählen wir 20, 25, 30 und mehr.

2. Beachte die Farbe der Haare.

a) Die kleinblättrige Winterlinde hat rostbraune Haarbüschel oder „Bärte".

b) Die großblättrige Sommerlinde hat weiße „Bärte".

3. Untersuche einzelne Bärte. — Die Haare sind an den Blattrippen so angewachsen, daß sie ein Häuschen mit einem „Strohdach" bilden.

4. Untersuche, ob die Häuschen bewohnt sind. — Die Bewohner sind winzig klein, du mußt sie mit einem Vergrößerungsglas betrachten. Am Tage halten sie sich unter ihrem Strohdach auf, nachts kommen sie hervor und laufen auf der Blattfläche umher. Wenn du sie also am Tage beobachten willst, mußt du lange warten, bis sich eins der Tierchen sehen läßt. Versuche, ob du sie zwischen den Haaren entdeckst. Sie haben einen rundlichen Körper, es sind Milben. Ihre Wohnungen heißen Milbenhäuschen (Abb.).

5. Die Milben haben ihre Häuschen nicht selber gebaut, das Lindenblatt bildet sie, bevor die Tierchen da sind. Die Weibchen überwintern in den Ritzen der Rinde und suchen nach der Belaubung ihre Häuschen auf. Das ist meist ein langer, beschwerlicher Weg für die winzigen Tierchen. Merkwürdig, sehr merkwürdig, daß sie ihn finden! Im Schutz der Härchen legen die Weibchen ihre Eier ab, aus denen sich die jungen Milben entwickeln. Am Tage halten sie sich versteckt, in der Nacht kommen sie hervor und suchen die Blattfläche nach Nahrung ab. Sie säubern das Blatt von Staub und den feinen Pilzkeimen, unter denen auch Krankheitserreger sind, die durch die Poren an der Blattunterseite in das Innere des Blattes eindringen und hier Krankheiten hervorrufen könnten. Die Milben sind also eine Schutzwache des Blattes.

11. Gelbblühende Sträucher in Anlagen, Gärten und Friedhöfen

I. Die Blüten erscheinen vor den Blättern.

1. Blattknospen gegenständig. Blüten in Dolden, mit 4 blättriger Hülle. **Hartriegel, Konelkirsche.** *Cornus mas.*

2. Blattknospen wechselständig. Krone glockig, 4–5 zipfelig. Zweige rutenförmig, oft überhängend. **Goldglöckchen.** *Forsýthia.*

K

II. Die Blüten erscheinen nach den Blättern.

A. Blätter einfach.

a) Blätter am Rande gesägt.

1. Blütenstand traubig. Zweige mit 3 teiligen Dornen. Blätter feingesägt. **Sauerdorn, Berberitze.** *Bérberis vulgáris.*

2. Blüten einzeln, 5 zählig, oft gefüllt, Blätter fast lappig gesägt. Zweige glänzendgrün, rutenförmig, feingestreift. (K) **Kerrie.** *Kérria japónica.*

J

b) Blätter durch tiefere Einschnitte gelappt, 3 lappig. Blüten in Trauben. (J) **Gelbe Johannisbeere.** *Ribes alpínum.*

B. Blätter 3 zählig. Blüten in hängenden Trauben. **Goldregen.** *Cýtisus labúrnum.*

C. Blätter gefiedert.

a) Blätter dornig gezähnt, lederartig, oberseits glänzend. Blüten in Trauben. Niedriger Strauch. **Mahonie.** *Mahónia aquifólium.*

b) Blätter nicht dornig gezähnt.

1. Blätter paarig gefiedert, 4–5 Paar Blättchen, mit Spitzchen. Blüten zu 1–2, Schmetterlingsblüte (wie Erbse). **Erbsenstrauch.** *Caragána arboréscens.*

2. Blätter unpaarig gefiedert, 7–11 Blättchen. Blüten in wenigblütigen, achselständigen Trauben. Schmetterlingsblüte. Fahne (mittleres Blütenblatt) mit rotbrauner Zeichnung. **Blasenstrauch.** *Colútea arboréscens.*

12. Rotblühende Sträucher in Anlagen, Gärten und Friedhöfen

I. Die Blüten erscheinen vor den Blättern in büschelförmigen Ständen, 5 Kronblätter, Staubgefäße viele. Strauch mit Dornen. **Japanische Scheinquitte.** *Chaenómeles japónica.*

II. Die Blüten erscheinen vor oder mit den Blättern, groß, rötlich oder weiß, ohne besonderen Kelch. Blätter sehr groß, über 10 cm lang. Knospen mit 1 oder 2 Schuppen. (Fälschlich oft Tulpenbaum genannt.) **Magnolie.** *Magnólia.*

III. Die Blüten erscheinen nach den Blättern.

A. Blätter ganzrandig.

a) Blätter gegenständig.

α) An demselben Strauch ganzrandige und gelappte Blätter. Blüten in Büscheln. **Schneebeere.** *Symphoricárpus racemósus*

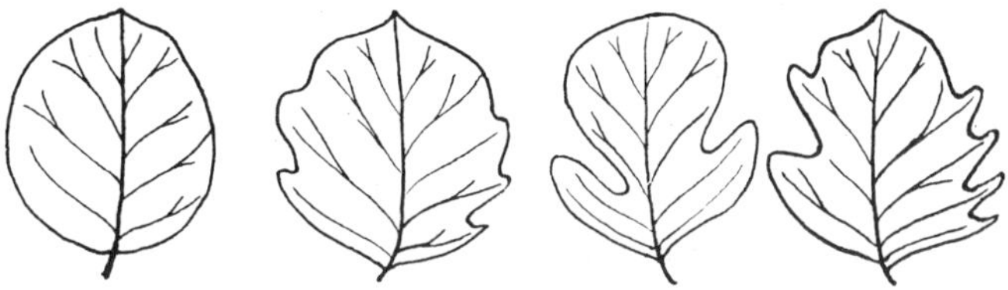

β) Blätter nie gelappt.

1. Die Ansatzstellen der Blattstiele stoßen zusammen. (Zu erkennen an der Verdickung zwischen den Stielen. Mit dem Fingernagel prüfen!) Blätter hell- bis bläulich-grün, oben dunkelgrün. Blüten zu 2, Krone glockig oder röhrig, Saum 2 lippig, dunkelrot bis weiß. **Heckenkirsche.** *Lonícera.*

2. Die Ansatzstellen der Blattstiele stoßen nicht zusammen. Blüten in großen Rispentrauben. **Flieder, Syringe.** *Syrínga.*

b) Blätter wechselständig, klein, kurzgestielt, derb. Blüten klein, rosa oder weiß. Kronblätter 5. Staubgefäße zahlreich. Sparriger Strauch, später mit scharlachroten Beeren. **Zwergmispel.** *Cotoneáster.*

B. Blätter rings gesägt.

a) Blätter gegenständig.

1) Blattrand feingesägt. Blätter eiförmig mit aufgesetzter Spitze. Blüten in armblütigen Trugdolden, röhrigglockig, 5 lappig. Staubgefäße 5. Einjährige Zweige gelbbraun, 2 streifig, Streifen zottig behaart. **Weigelie.** *Diervíllea flórida.*

2. Blattrand fast dorniggezähnt. Blätter länglich eiförmig, behaart. Blüten in armblütigen traubigen Trugdolden. Staubgefäße 10. Einjährige Zweige bräunlich, zweijährige abblätternd. **Deutzie.** *Deutzia.*

b) Blätter wechselständig.

α) Blätter kurzgestielt (Blattfläche mehr als 6 mal so lang wie der Stiel), jederseits mit 3–6 Seitennerven. Blattform je nach Art verschieden. Blüten rot oder weiß, in doldigen oder rispigen Blütenständen. Krone 5 zählig. Staubgefäße zahlreich. **Spierstrauch.** *Spiráea.*

β) Blätter langgestielt (Blattfläche höchstens 4 mal so lang wie der Stiel).

1. Blätter rotgefärbt, elliptisch, bis 6 cm lang. Blüten meist einzeln. Kronblätter 5. Staubgefäße zahlreich. **Kirschpflaume.** *Prunus Pissárdi.*

2. Blätter grün. Blütenstand doldentraubig. Kronblätter 5. Staubgefäße zahlreich. (Apfelblüte.) **Zierapfel.** *Malus.*

Blütenblätter beim Aufblühen dunkelrosa, später hellrosa. Blätter 6–8 cm lang, 3–5 cm breit. Frucht bis $2\frac{1}{2}$ cm dick, Kelch bleibend. **Prächtiger Apfel.** *Malus spectábilis.*

Blüten in der Knospe dunkelrot, später hellrot bis weiß. Blätter im Mittel 5,5 cm lang, 3,5 cm breit. Frucht bis 1 cm dick, Kelch abfallend. **Blütenreicher Apfel.** *Malus floribúndus.*

R

C. Blätter gelappt.

a) Blätter gegenständig. An demselben Strauch gelappte und ungelappte Blätter. Blüten in Büscheln. (Abb. S. 15) **Schneebeere.** *Symphoricárpus racemósus.*

M

b) Blätter wechselständig.

α) Zweige mit Dornen. Blätter fiederteilig gelappt. Blüten in reichblütigen Scheindolden. (R) **Rotdorn.** *Crataégus monógyna.*

β) Zweige dornenlos.

1. Blätter mit 1 Hauptnerv, 3 lappig, mittlerer Lappen

lang und schmal vorgezogen. Blüten hellrosa, meist gefüllt, Kirschblüte. (M) **Mandelbäumchen.**
Prunus triloba.

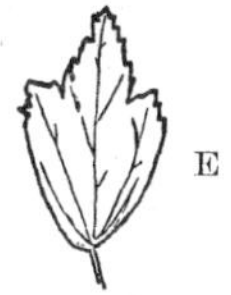

E

2. Blätter mit 3–5 Hauptnerven, die am Ende des Blattstieles beginnen.
 * Blätter 3 lappig, Mittellappen lang vorgezogen. Blüten einzeln in den Blattwinkeln, rot weiß oder violett. (E) **Eibisch.**
Hibiscus syriacus.

** Blätter 3–5 lappig, Mittellappen nicht vorgezogen. Blüten in Trauben. (J) **Rote Johannisbeere.**
Ribes sanguineum.

J

13. Weißblühende Sträucher in Anlagen, Gärten und Friedhöfen

1. Blätter einfach und gegenständig

I. Blätter ganzrandig.

A. Blätter beiderseits kahl.

1. Blüten in reichblütigen Rispentrauben, weiß, lila, blau. Krone mit langer Röhre. **Flieder, Syringe.**
Syringa.

2. Blüten in endständigen Rispen, weiß. Krone trichterig. Viele Arten. **Liguster, Rainweide.**
Ligústrum.

B. Blätter unterseits behaart, mit bogig gekrümmten Nerven. Blüten in Trugdolden, grünlichweiß. **Hartriegel.**
Cornus.

1. Steinfrucht blauschwarz. Zweige im Herbst blutrot. **Blutroter Hartriegel.**
Cornus sanguinea.

2. Steinfrucht schneeweiß. **Weißer Hartriegel.**
Cornus alba.

II. Blätter am Rande gesägt, gezähnt oder gekerbt.

A. Blätter lederartig, derb, immergrün, oberseits glänzendgrün. Blüten grünlichweiß, vierzählig. **Japanischer Spindelbaum.**
Evónymus japónica.

B. Blätter nicht lederartig, rings gesägt.

a) Blüten einzeln, endständig, vierzählig. Staubgefäße zahlreich. Blätter lebhaft grün, meist doppeltgesägt, bis 14 cm

lang. Einjährige Zweige grün, rundlich, kahl. **Scheinkerrie.** *Rhódotypus kerrióides.*

b) Blüten gehäuft, doldig oder rispig.

α) Blüten rispig, stark duftend. Krone 4–5 blättrig, Staubgefäße zahlreich. Hauptnerv der Blätter teilt sich dicht über dem Grund in 3–5 stärkere Nerven. Einjährige Zweige braunrot bis purpurrot, zweijährige Zweige kastanienbraun. **Pfeifenstrauch, Jasmin.** *Philadélphus coronárius.*

β) Blüten doldig.

1. Einjährige Zweige grau, sternfilzig behaart. Blätter meist herzförmig, unterseits dicht graufilzig, oberseits tiefgrün, dicht gezähnt, bis 7 cm lang, 5 cm breit. Blüten 5 zählig. **Wolliger Schneeball.** *Vibúrnum lantána.*
2. Einjährige Zweige gelbbraun, 2 streifig, Streifen zottig behaart; zweijährige Zweige grau, rund. Blätter eiförmig, mit aufgesetzter Spitze, oberseits saftgrün, unterseits heller. Nerven unterseits kurzzottig, filzig. Blüten röhrigglockig, 5 lappig, weiß oder rosa. **Weigelie.** *Dierville flórida.*
3. Einjährige Zweige bräunlich, sternhaarig; zweijährige Zweige graubraun, abblätternd, rundlich. Blätter länglich eiförmig, ober- und unterseits mit mehrstrahligen Haaren besetzt, Rand fast dornig gezähnt. Blüten 5 zählig. Staubgefäße 10. **Deutzie.** *Déutzia.*

III. Blätter durch tiefere Einschnitte gelappt.

Blätter in der Regel 3 lappig, mit 3–5 Hauptnerven. Blüten in dichten Trugdolden. Krone fast glockenförmig, 5 spaltig. **Schneeball.** *Vibúrnum ópulus.*

2. Blätter einfach und wechselständig

I. Blätter ganzrandig.

1. Blätter sehr groß, über 10 cm lang und 6 cm breit. Blüten groß, weiß oder rötlich, ohne besonderen Kelch. Staubgefäße und Fruchtknoten zahlreich. Blüten vor oder mit den Blättern erscheinend. **Magnolie.** *Magnólia.*

2. Blätter kleiner, höchstens doppelt so lang wie breit, kurzgestielt, derb, grün, kahl oder wenig behaart. Blüten klein, weiß oder rosa. Kronblätter 5. Staubgefäße zahlreich. Äste waagrecht ausgebreitet. **Zwergmispel.** *Cotoneáster.*

II. Blätter am Rande gesägt, gezähnt oder gekerbt.

A. Sträucher mit Dornen in den Blattachseln, Dornen 6–14 cm lang. Blätter verkehrt eiförmig, grobgesägt, seltener eingeschnitten, glänzend dunkelgrün. Blüten gehäuft, 5 zählig. Staubgefäße viele. **Weißdorn.** *Cratáegus.*

1. Einjährige Zweige hellbraun oder graubraun. Dorn schlank, zuweilen leicht gebogen, braun oder grau, etwa 6 cm lang. Blätter verkehrt eilänglich, im Mittel 5 cm lang, 1,5 cm breit. Meist baumartig. **Hahndorn.** *Cratáegus crusgálli.*
2. Einjährige Zweige glänzend orange- bis purpurbraun. Dorn glänzend purpurbraun, bis 12 cm lang. Blätter eiförmig, selten etwas gelappt, im Mittel 8 cm lang, 6 cm breit. Meist strauchartig. **Langdorniger Weißdorn.** *Cratáegus macracántha.*

B. Sträucher ohne Dornen.

a) Blätter kurzgestielt (Blattfläche mehr als 6 mal so lang als der Stiel).

1. Blätter feingekerbt oder ganzrandig, unterseits feinfilzig. Blüten einzeln, kurzgestielt, Bau der Apfel- oder Birnblüte. **Mispel.** *Méspilus germánica.*
2. Blätter ziemlich grobgesägt, jederseits mit 3–5 Seitennerven. Blütenstand doldig oder traubig. Blüten weiß oder rot, 5 zählig. Staubgefäße zahlreich. (S. 16) **Spierstrauch.** *Spiráea.*

b) Blätter langgestielt (Blattfläche höchstens 4 mal so lang als der Stiel).

1. Blüten in hängenden Trauben. Blattstiel mit 2 Drüsen (Abb.). Blätter langrund, 6–10 cm lang, fein und scharf gesägt. Seitennerven fast senkrecht auf dem Hauptnerv stehend. **Traubenkirsche.** *Prunus padus.*
2. Blüten in Büscheln, in der Knospe dunkelrot, später hellrot bis weiß. Blätter breitlangrund, zugespitzt, im Mittel

5,5 cm lang, Blattzähne, grannenspitzig (S. 16). **Zierapfel.** *Malus.*

III. Blätter durch tiefere Einschnitte gelappt.

A. Zweige mit Dornen. Blätter fast fiederteilig gelappt. Blüten in Scheindolden, meist reichblütig. Blüten mit 5 Kronblättern, weiß oder rot. Staubgefäße 10–15. Ein behaarter Griffel (S. 16). **Eingriffeliger Weißdorn (Rotdorn).** *Cratáegus monógyna.*

B. Zweige ohne Dornen.

α) Blätter mit einem Hauptnerv, 3–5 lappig, Mittellappen breit, Blattbuchten spitz. Blüten in Doldentrauben, 5 zählig. Staubgefäße viele. **Blasenspiere.** *Physocárpus opulifólia.*

β) Blätter mit 3–5 Hauptnerven, die am Ende des Blattstieles ihren Anfang nehmen. Blattbuchten spitz.

1. Blätter 3 lappig, Mittellappen lang vorgezogen, länger als die Seitenlappen. Blüten 5 zählig, weiß, rot oder violett (S. 17). **Eibisch.** *Hibíscus syríacus.*

2. Blätter 3–5 lappig, Mittellappen nicht länger als die Seitenlappen. Einjährige Zweige hellbraun, mit deutlich erkennbarer Längslinie. **Blasenspiere.** *Physocárpus opulifólia.*

3. Blätter gefiedert oder gefingert und gegenständig

a) Blätter meist mit 5 Blättchen. Blüten in Scheindolden. Junge Zweige mit vielen kleinen Höckern (= Atemlöcher, Lentizellen). **Schwarzer Holunder.** *Sambúcus nigra.*

b) Blätter mit 5–7 Blättchen. Blättchen eng und fein gezähnt. Blüten in hängenden Rispen. Staubgefäße 5. Früchte rund. (Abb.) **Gefiederte Pimpernuß.** *Staphyláea pinnáta.*

Blätter 3 zählig, das mittlere Blättchen etwa so groß wie die beiden seitlichen. Blütenrispen hängend. Staubgefäße 5. Früchte bis 5 cm lang. **Dreizählige Pimpernuß.** *Staphyláea trifoliáta.*

14. Windende und kletternde Holzgewächse an Lauben und Hauswänden

I. Blätter einfach.

A. Blätter gegenständig.

Obere Blätter zu einem rundlichen Blatt verwachsen, das vom Stengel durchbohrt ist. Blüten in endständigen Köpfchen und blattwinkelständigen Quirlen, weißlich, mit verlängerter, rachenförmiger Kronröhre. Staubgefäße 5. Stengel windend. **Jelängerjelieber.** *Lonicera caprifólia.*

B. Blätter wechselständig, einzeln.

a) Blätter rundlich.

1. Blätter ganzrandig, sehr groß, 10–25 cm breit, rundlich-eiförmig, tief herzförmig ausgebuchtet. Blüten einzeln oder zu 2, einem Pfeifenkopf ähnlich, mit flachem, 5 lappigem Saum, grünlichbraun. Staubgefäße 6. Stengel windend. **Pfeifenstrauch.** *Aristolóchia sipho.*

2. Blätter eirundlich, immergrün, lederartig. **Efeu.**

b) Blätter 4–5 lappig, eckig, immergrün, glänzend, lederartig, die oberen und die der blühenden Zweige ungelappt. Blüten in Dolden, 5 zählig, grünlich. Stengel mit Haftwurzeln kletternd. **Efeu.** *Hédera helix.*

C. Blätter wechselständig, in Büscheln. Blätter länglich, ganzrandig, Äste rutenförmig, überhängend, kantig, oft dornig. Blüten zu 1–5 in den Blattachseln, lila, wohlriechend. **Teufelszwirn, Bocksdorn.** *Lýcium halimifólium.*

II. Blätter zusammengesetzt: gefiedert oder gefingert.

A. Blätter gefiedert.

a) Sträucher mit Stacheln. Blätter mit Nebenblättern, die weit über die Hälfte mit dem Blattstiel zusammengewachsen sind. **Rose.** *Rosa.*

b) Sträucher ohne Stacheln. Nebenblätter fehlend oder frei.

α) Blätter gegenständig.

1. Blätter unpaarig gefiedert oder 3 zählig. Blüten einzeln oder in wenigblütigen Blütenständen, rahmweiß, mit 4 Blütenblättern und zahlreichen Staubgefäßen. Stengel kletternd, bis 6 m hoch. (Abb. S. 22) **Gemeine Waldrebe.** *Clemátis vitálba.*

Gemeine Waldrebe

2. Blätter einfach- bis doppeltgefiedert. Blüten oft blau, jedoch auch rot, weiß oder gelb. Verschiedene Arten, meist Mischlinge (Bastarde). *Klematis* (Waldrebe).

β) Blätter wechselständig, unpaarig gefiedert, mit 9–21 Blättchen. Blüten in Trauben, hängend, blau, violett oder weiß. Schmetterlingsblüte (wie Erbse und Bohne). Stengel windend. **Glyzine, Wistarie, Blauregen.** *Wistária chinénsis.*

B. Blätter dreizählig oder gefingert.

a) Blätter gegenständig, ohne Ranken. (Siehe oben: Klematis, Waldrebe.) **Waldrebe.** *Clemátis vitálba.*

b) Blätter wechselständig, mit Ranken, deren Enden häufig zu Haftscheiben verbreitert sind. Blütenstand doldenrispig. Blüten klein, grünlich. **Jungfernrebe.** *Parthenocissus.*

1. Ranken mit 2–5 stark verlängerten Verzweigungen. Haftscheiben fehlend oder nur schwach entwickelt. Junge Zweige grün. Blätter 5-, selten 3 zählig. Blättchen scharf gesägt, unterseits grün. **Wilder Wein.** *P. vitácea.*

2. Ranken mit 5–12 Verzweigungen, deren Enden in Haftscheiben verbreitert sind. Junge Zweige hellrot. Blätter 5- oder 7 zählig. Blättchen elliptisch oder eiförmig, grobkerbig oder gezähnt, oberseits dunkelgrün, unterseits weißlichgrün. **Jungfernrebe.** *P. Engelmánni.*

Hierher gehört auch die an Mauern häufig angepflanzte Jungfernrebe (*P. Veitchi*) mit 3 teiligen oder 3 lappigen, glänzenden Blättern, die nach dem Laubausbruch und im Herbst lebhaft rot gefärbt sind.

15. Blattmosaik

1. Erklärung: Mosaik ist eine Flächenverzierung aus bunten Steinchen. Das Wort wird so gesprochen: Mo-sa-ik. In altrömischen Villen findet man Mosaikfußböden mit prächtigen Bildwerken, aber auch heute noch werden Fußböden und Möbel mit kleinen Steinchen und Holzstückchen mosaikartig ausgelegt. Wenn das Blattwerk einer Pflanze sich mosaikartig aneinanderfügt, so nennen wir diese Anordnung Blattmosaik.

2. Beispiel: Schau das Gefüge der Blätter des wilden Weins an! Sie sind so ineinandergefügt, daß jedes einzelne Blatt möglichst viel Licht erhält.

3. Versuch: Störe das Blattgefüge an einer Stelle und rauhe die glatte Fläche auf. Beobachte einige Tage hindurch, wie sich die Blätter verhalten.

4. Beobachtungen:

   a) Stelle dich bei Sonnenschein unter die Krone folgender Bäume: Linde, Buche, Roßkastanie, Bergahorn, Spitzahorn ... Du siehst deutlich, wie die Blätter von der Sonne durchlichtet werden und daß sie sich fast immer nur am Rande etwas überdecken.

   b) Am Grunde des Stammes der Roßkastanie und der Ahornbäume stehen oft Wurzelschößlinge von ½–1½ m Höhe. Schaue von der Spitze her auf diese Schößlinge hinunter und achte auf die Stellung der Blätter: du kannst von oben her sämtliche Blätter sehen, keins der oberen verdeckt die tiefer stehenden Blätter.

   c) Suche weitere Pflanzen mit Blattmosaik: Taubnessel, Moospolster, Farne, Seerosen, Teichrosen, Laichkraut und andere Pflanzen mit Schwimmblättern.

   d) Wenn du an diesen Beispielen deinen Blick geschult hast, wirst du überall in Wald und Feld Pflanzen mit Blattmosaik sehen.

   e) Versuche, das Blattmosaik eines kleinen Buchenzweiges nachzuzeichnen.

5. Zusammenstellung: Das Blattmosaik wird durch folgende Einrichtungen der Pflanzen erreicht:

   a) Kleine Blätter schieben sich in die Lücken zwischen den großen: Buchenzweig (Abb.) ...

   b) Die Blätter schieben sich in die Buchten der Nachbarblätter: Bergahorn, Spitzahorn ...

   c) Die Blattstiele krümmen sich: Buchenzweig ...

   d) Die Blattstiele verlängern sich: Ahornschößlinge.

e) Die Blätter stehen kreuzweise gegenständig: Ahorn, Bienensaug ...

f) Die Blätter stehen wechselständig: Weiden ...

g) Die Stengelblätter nehmen von unten nach oben an Größe ab: Königskerze ...

16. Die Wasserleitung der Blätter

A. Das Regenwasser wird nach außen abgeleitet.

1. Das Regendach. Beispiel: Linde. Die Krone der Linde leitet das Regenwasser nach außen ab; es läuft von dem Blattwerk ab wie von einem Dach, weil die Blätter dachziegelartig übereinander liegen. Unter der „Dachtraufe" liegen die feinen Faserwurzeln des Baumes. Bei einsetzendem Regen bleibt der Boden unter der Krone lange Zeit trocken.
   Andere Bäume mit Regendach: Buche, Roßkastanie ...
2. Die Träufelspitze. Beispiel: Lindenblatt. Der Regentropfen läuft in der Rinne der Hauptader hinunter nach der Blattspitze hin und hängt hier so lange, bis er zu schwer wird und abfällt (Abb. 12). Andere Blätter mit Träufelspitzen: Bergahorn, Spitzahorn, Esche ...
3. Beobachte diese Vorgänge bei Regenwetter und prüfe sie durch Versuche nach.

B. Das Regenwasser wird nach innen an den Stengel geleitet.

1. Beispiel: Königskerze (*Verbascum thapsus*). Die großen Blätter sind längs der Mittelrippe wie eine Rinne vertieft und leiten das Regenwasser an den Stengel, der es der tief in den Boden ragenden, wenig verzweigten Wurzel zuführt. Die nach außen umgebogenen Blattenden mit ihren Träufelspitzen lassen das aufgefangene Wasser auf die tiefer stehenden Blattflächen ablaufen, die es gleichfalls dem Stengel zuleiten (Abb.).
2. Beobachte diesen Vorgang bei Regenwetter und prüfe ihn durch einen Versuch nach.
3. Es gibt in jeder Gemarkung zahlreiche Pflanzen, deren Blätter das Regenwasser an den Stengel leiten, der es den Wurzeln zuführt. Achte darauf!

B. Tierleben

1. Die Zugvögel kehren zurück

Ein Teil der Zugvögel kehrte bereits im Vorfrühling zurück, der größere Teil trifft im Erstfrühling ein, einige Spätlinge kommen erst im Vollfrühling. Stelle fest:

1. Während des Winters blieben bei uns: Sperling, Kohlmeise, Blaumeise . . . Diese überwinternden Vögel sind allgemein bekannt. Sie singen im Vorfrühling zuerst, du kannst sie daher leicht nach Größe, Gestalt, Flug, Benehmen und Gesang bestimmen, zumal sie in dem noch kahlen Geäst der Bäume gut sichtbar sind.

2. Im Vorfrühling kehrten nach und nach zurück: Singdrossel, Star, Hausrotschwanz . . . Wenn du im Vorfrühling regelmäßig beobachtet hast, kannst du die Reihe vervollständigen und kennst nun schon einen großen Teil der Singvögel.

3. Im Erstfrühling (vom Laubausbruch der Roßkastanie bis zu ihrer Blüte), also im April, treffen ein: Gartenrotschwanz, Fitislaubsänger, Nachtigall . . .

4. Im Vollfrühling (während und nach der Blütezeit der Roßkastanie), also im Mai, treffen die letzten Sänger ein: Pirol, Gartengrasmücke, Gartenlaubsänger.

Wenn du die Vögel deiner Heimat kennenlernen willst, mußt du diese Reihenfolge der Beobachtung innehalten.

2. Die Rückkehr der Zugvögel ist am leichtesten und sichersten an ihrem ersten Gesang festzustellen

Im Jahre 1920 hatte ich Gelegenheit, die Rückkehr der Zugvögel vom Vorfrühling bis in den Vollfrühling täglich zu beobachten. Alle in der folgenden Tabelle genannten Vögel (außer dem Waldschwirrvogel) kamen im Stadtgebiet vor.

	Erster Gesang 1920	1953	1954	1955	1956	1957	1958	1959
Weidenlaubvogel . . .	1. 3.							
Heckenbraunelle . . .	26. 3.							
Gartenrotschwanz . .	26. 3.							
Plattmönch	28. 3.							
Fitislaubsänger	11. 4.							
Kuckuck	16. 4.							
Trauerfliegenfänger . .	25. 4.							
Waldschwirrvogel . .	25. 4.							
Pirol	1. 5.							
Gartengrasmücke . .	2. 5.							
Gartenlaubsänger . .	7. 5.							

3. Beobachte den Wohnraum und die Gewohnheiten der Singvögel!

1. Beobachte während der Sangeszeit einige Singvögel, wie weit sie sich von ihrem Nest entfernen: Ein Kohlmeisenpärchen, ein Starenpärchen, ein Amselpärchen, ein Wendehalspärchen, ein Hausrotschwanzpärchen, ein Gartenrotschwanzpärchen. Sie bauen ihre Nester in Nisthöhlen oder an Hauswänden oder Gartenlauben (Amsel) und sind daher leicht zu beobachten.

   Ergebnis: Sie halten sich in der Nähe ihres Nestes auf und haben ein ziemlich fest abgegrenztes Brutgebiet. — So verhalten sich sämtliche Vögel unserer Heimat (außer dem Kuckuck). Sie kommen von der langen Auslandsreise zurück und werden für die Brutzeit seßhaft. Wenn du sorgfältig beobachtest, kannst du feststellen, daß sie ihr Brutgebiet oft tagelang auswählen, bis sie sich endgültig an einem Orte niederlassen. Beispiel: In meinem Hausgarten sang eines Tages eine Nachtigall; ich freute mich schon, daß sie bleiben würde, doch sie zog wieder ab, weil sie sehr wählerisch ist und an ihren Brutraum ganz besondere Ansprüche stellt.

2. Beobachte während der Sangeszeit die Gewohnheiten einiger Singvögel:

   a) Hausrotschwanz: er hält sich gern auf Dachfirsten auf.

b) Gartenrotschwanz: singt gern von mittelhohen Bäumen herab.

c) Amsel: singt gern von hohen Baumspitzen oder von Dachfirsten herab.

d) Wendehals: singt gern von Obstbäumen herab.

e) Kleiber: singt fast immer von den höchsten Baumspitzen herab.

Ergebnis: Jeder singende Vogel (das sind immer die Männchen) bevorzugt beim Singen seine Lieblingsplätze. Einige Beispiele: eine Feldlerche singt niemals von einem Baume oder einem Telegraphendraht herab; eine Rohrdrossel singt im Röhricht, niemals in einem hohen Baume; eine Nachtigall singt im Gebüsch oder im niedrigen Gezweig eines Laubbaumes, niemals auf einer hohen Baumspitze. Wer diese Gewohnheiten der Sänger kennt, erleichtert sich ihre Bestimmung nach dem Gesang.

4. Wer singt da?

a) Vögel, die vom Dachfirst herabsingen

1. Gefieder einfarbig schwarz, Schnabel gelb. Gesang: melodisches Flöten, das weithin schallt.
Amsel.
Turdus mérula.

2. Kleiner als Amsel. Stahlblau, hell gesprenkelt. Gesang: Ein sehr vielgestaltiges Pfeifen, Flöten, Schnalzen, Schrillen; häufig Anklänge an andere Vogelstimmen. Wendet dabei ständig den Kopf und schlägt mit den Flügeln.
Star.
Sturnus vulgáris.

3. Sperlingsgröße. Schwanz rot! Oberseite aschgrau, Unterseite hellgrau; Kopf, Hals und Brust schwarz. Gesang: Eine kurze, zweizeilige Strophe. Im ersten Teil 4–5 reine Anschläge, im zweiten Teil ein gepreßtes, stotterndes, rauhes Knetschen. Lockruf: $\text{Fid}_{\text{ze}}\text{fid}_{\text{zezeze}}$, wobei der Vogel knickst und auf dem First entlang läuft.
Hausrotschwanz.
Erithacus titys.

4. Kleiner als Sperling. Einfarbig braun. Aufrecht getragener Schwanz! Gesang: Eine frisch herausgeschmetterte Strophe mit einem Roller in der Mitte, als ginge dem Vogel der Atem aus. Schnurrlaut: Zerrrrrr, oft aus niederem Gesträuche zu hören. Unruhiger Vogel, der nirgends lange sitzt und gelegentlich sein Liedchen vom Dachfirst herabschmettert.
Zaunkönig.
Troglodýtes troglodýtes.

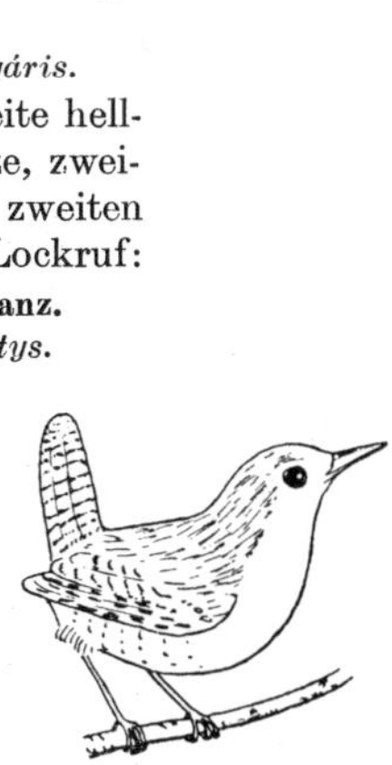

b) Ruhige Sänger auf den Spitzen hoher Bäume

1. Wenn hohe Bäume im Orte stehen, singt auf der Spitze die Amsel oder der Star.
2. Etwas kleiner als Amsel. Oberseite olivgrau; Unterseite hell, mit dunklen Flecken. Gesang laut wie Amselgesang; klangvolle, wechselreiche Strophen, die sich nachpfeifen lassen. Manches klingt so: Judith Judith Judith oder David David David oder Philipp Philipp Philipp. **Singdrossel.** *Turdus músicus.*
3. Auch die übrigen Drosseln singen von hohen Bäumen herab, die Walddrosseln: Misteldrossel, Wacholderdrossel. Sie alle sitzen meist lange und ruhig an ihrem Lieblingsplatze.

c) Unruhige Sänger im Laub hoher Baumkronen

1. Sperlingsgröße. Oberseite olivgrau, Unterseite hell, Kopfplatte schwarz! (Weibchen mit brauner Kopfplatte). Gesang: Liedstrophen mit klangvollen Flötentönen, oft laut und wohlklingend wie Amselgesang. Singt auch im Gebüsch. **Plattmönch.** *Sýlvia atricapílla.*
2. Kleiner als Sperling. Oberseite graugrün, Unterseite heller. Gesang: $\text{Zip}_{\text{zap}}\text{zip}_{\text{zap}}$ oder $\text{Dilm}_{\text{delm}}\text{dilm}_{\text{delm}}$, oft 10–12 solcher Schläge. Nach dieser einförmigen Sangesweise heißt der Vogel auch wohl „Zilpzalp". Singt schon ab März. **Weidenlaubvogel.** *Phyllóscopus collýbita.*
3. Sperlingsgröße. Oberseite graublau, Unterseite rostgelb, Kehle weiß. Stimme: Weithin schallendes Pfeifen, etwa so: $\text{Tu}^{\text{it}}\text{tu}^{\text{it}}$ oder $\text{wi}_{\text{e}}\text{wi}_{\text{e}}$. Klettert an Baumstämmen aufwärts und auch kopfunter abwärts. **Kleiber.** *Sitta pinetórum.*

d) Die häufigsten Sänger in Obstgärten

a) Vögel mit roter Brust.

1. Kopf, Nacken und Hals blaugrau, Rücken rotbraun, Bürzel gelbgrün, ganze Unterseite braunrot. Flügel mit 2 weißen Querbinden. Gesang: Fritze, Fritze, magst du Krüzeberen? oder Ich ich ich schreibe an die Regierung! (Das ü und das i sind zu betonen.) Lockton: Pink pink oder Fink Fink. **Buchfink.** *Fringílla cóelebs.*

2. Oberseite zimtbraun, dunkel gefleckt; Unterseite weißlich; Brust und Scheitel karminrot. Lockton: Gegege, auch im Fluge. Gesang: Sehr eilig, fast jede Strophe anders, das Gegege wird oft eingefügt. Flüchtiger Vogel, immer in Eile, fliegen meist zu zweit (Pärchen). **Hänfling.**
Acánthis cannábina.

3. Oberseite olivbraun, Unterseite hell, Stirn und Brust gelbrot. Gesang: Kurze Liedstrophen, ruhig vorgetragen; wunderbar perlende Tonketten, dazwischen sehr hohe, unschöne Pfeiflaute. Lockton: Scharfe Zick, oft mehrfach nacheinander. **Rotkehlchen.**
Eríthacus rubécula.

4. Vogel mit rotem Schwanz. Oberseite blaugrau, Bauch weiß, Brust rotbraun, Kehle schwarz, Stirn weiß. Lockton: Fu^{id}-teckteckteck. Gesang: Kurze Liedstrophen, fast jede anders, nur der Anfangstakt ist ziemlich gleichförmig, er beginnt fast stets mit drei hohen Pfeiflauten. **Gartenrotschwanz.**
Eríthacus phoenícurus.

b) Gefieder lebhaft bunt: schwarz, weiß, blau, gelb.

1. Oberseite gelbgrün, Unterseite gelb, Wangen weiß; Scheitel, Kehle, Brust schwarz. Gesang: Spitz die Schar oder Spinn dicke, spinn dicke oder Schinkendieb, Schinkendieb. Zetern: Schäschäschäschäschä. **Kohlmeise.**
Parus major.

2. Oberkopf hellblau, Wangen weiß, mit schwarzem Augenstrich! Rücken grüngelb, Unterseite gelb, Flügel und Schwanz blau. Gesang häufig nach folgendem Rhythmus: $\text{Zizi}_{\text{zirrrrr}}$. Zetern: Zerrretetet. **Blaumeise.**
Parus caerúleus.

3. Kopf schwarz-weiß-rot! Rücken bräunlich, Unterseite weißlich, Flügel schwarz, mit gelber Binde. Fluglaut: Ditlit ditlit oder Stiglit stiglit. Gesang: Abwechslungsreich, meist ist das Ditlit deutlich herauszuhören. Flüchtiger Vogel. **Distelfink, Stieglitz.**
Carduélis carduélis.

c) Gefieder mehr oder weniger einfarbig. Die geringe Mehrfarbigkeit ist auf weite Entfernung nicht zu erkennen.

1. Unterseite, Kopf und Hals gelb. Oberseite rötlichgrau, mit dunklen Flecken, Bürzel rostrot. Gesang: Wie hab ich dich so lieb. Oder: Weißt nicht, wo mein Nestchen steht? **Goldammer.**
Emberíza citrinélla.

2. Kopfplatte schwarz. Rücken braungrau, Unterseite weiß, Kinn mit schwarzem Fleck. Gesang: Sehr verschieden, häufig so: Jife jife jife jife. **Graumeise.** *Parus palústris.*

3. Oberseite einfarbig graugrün, Unterseite heller. Gesang ähnlich wie Buchenfinkenschlag, nur viel weicher und wiegend, etwa so: Fitfitfitfitfitfitfitfitfitfitfitfit. **Fitislaubsänger.** *Phyllóscopus tróchilus.*

4. Fast von Stargröße. Oberseite hellgrau, schwarz gestrichelt. Vom Scheitel bis zum Hinterrücken ein dunkler Längsstreifen. Unterseite gelbweiß, mit dunklen Flecken. Hals rostgelb, mit feinen Querlinien. Ruf: Gjägjägjägjägjägjägjägjägjägjä. Eine weiche Rufreihe, die rasch steigt, in der Mitte auf gleicher Höhe aushält und am Schluß wieder abfällt. Die Reihe läßt sich zwischen den Zähnen durch so täuschend ähnlich nachpfeifen, daß der Vogel dadurch bis auf Armlänge angelockt werden kann. Vogel wendet häufig den Kopf nach hinten. **Wendehals.** *Jynx torquílla.*

e) Sänger im Gebüsch der Parkanlagen, Friedhöfe und Gärten

1. Gefieder einfarbig gelbgrün. Oberseite olivgrün, Unterseite schwefelgelb. Gesang: mit viel Abwechslung. Ein immer wiederkehrendes, auffälliges, scharf herausgesungenes Motiv: Sisisi$_{\text{i}}$. Man pfeife es durch die Zähne nach, nicht durch die Lippen. (S. 32) **Garten-Laubsänger. Gelbspötter.** *Hippoláis icterína.*

2. Gefieder graubraun, Unterseite schmutzigweiß. Großes Auge! Spitzer Schnabel! Hochbeinig! Gesang: Auffällig durch Abwechslung, Wohllaut und Kraft. Lockton: Ein tiefes Knarren, etwa so: karrr. **Nachtigall.** *Eríthacus luscínia.*

3. Gefieder einfarbig grau. Oberseite olivgrau, Unterseite heller. Gesang: Der versteckt lebende Vogel wird fast nur durch seinen sehr guten Gesang auffällig, der meist aus niederem Gebüsch ertönt. Langanhaltende, wohlklingende, volltönende Tonreihen, die in schnellem Fluß vorgetragen werden. **Gartengrasmücke.** *Sýlvia hippoláis.*

4. Gefieder einfarbig grau. Oberseite aschgrau, Unterseite hell. Dunkler Augenstreif! Gesang: Meist aus Gebüsch oder dem unte-

ren Teil der Baumkronen. Erster Teil der Strophe ein rauhes, kunstloses Gezwitscher; zweiter Teil ein lautes, schnelles, gleichmäßiges, klapperndes Ticke ticketicketicketicke-ticke. **Zaungrasmücke, Müllerchen.** *Sýlvia currúca.*

5. Gefieder einfarbig braun. Aufrecht getragener Schwanz! Kleiner Vogel, der unruhig von einem Platz zum andern fliegt. Gesang: Eine frisch herausgeschmetterte Strophe mit einem Roller in der Mitte, meist nur einmal oder zweimal am selben Ort gesungen. Schnurrlaut: Zerrrrrr. Oft aus niederem Gesträuch zu hören. **Zaunkönig.** *Troglodýtes troglodytes.*

6. Gefieder mehrfarbig: Oberseite olivbraun, Unterseite hell, Brust und Stirn gelbrot. Gesang: Kurze Liedstrophen, ruhig vorgetragen. Auffällig darin: sehr hohe, unschöne Pfeiflaute und abwärts gerichtete, wunderbar perlende Tonketten. Lockton: Scharfe Zick, oft mehrfach nacheinander. Großes Auge! **Rotkehlchen.** *Eríthacus rubécula.*

f) Sänger im Dickicht von Fichten, Zypressen und Lebensbäumen

1. Brust und Scheitel karminrot! Oberseite zimtbraun, dunkel gefleckt; Unterseite weißlich. Gesang: Fast jede Liedstrophe anders, recht eilig vorgetragen. Der Vogel kommt mit einem schnellen Gegegege angeflogen, das noch während des Fluges in die Liedstrophe übergeht. Fluglaute: Gegegege gegege. Männchen und Weibchen fliegen häufig zusammen. **Hänfling.** *Carduélis cannábina.*

2. Gefieder ziemlich einfarbig, Oberseite bräunlich, Unterseite heller. Kopf und Brust blaugrau! Schnabel dünn. Gesang: Nur im ersten Frühling. Kurze zarte Liedstrophe, die meist von der Spitze eines niedrigen Strauches oder Baumes vorgetragen wird, am liebsten von Nadelhölzern herab. **Heckenbraunelle.** *Prunélla moduláris.*

g) Zwei Vögel, die im Fluge singen

1. Oberseite braungrau, Unterseite weißlich. Flügel rostbraun! Bewohnt dichtes Gebüsch, Hecken und Waldränder. Am besten an Dornhecken zu beobachten, wenn der Vogel sich zwitschernd ein Stück in die Luft erhebt und sich bald wieder im Dickicht niederläßt oder auch auf einen nahen, niedrigen Baum fliegt. Gesang:

Nach dem Rhythmus Didudidóidida. Locktöne: Harte Tze tze oder weiche Woid woid oder Wäd wäd. **Dorngrasmücke.** *Sýlvia commúnis.*

2. Gefieder einfarbig gelbgrün. Stirn, Bürzel und Unterseite gelber. Gesang: $\text{Sisi}_{\text{sisisisi}}{}^{\text{sisisisi}}{}_{\text{sisisisi}}{}^{\text{sisisisi}}$. Alle Töne nahe beieinander, einförmig abschnurrend, wie das Gezirpe eines nicht geölten Kinderwagens. Auffällig: Fledermausartiger Balzflug um hohe Baumkronen, wobei das Liedchen gezwitschert wird. **Girlitz.** *Serinus serinus.*

h) Zwei Vögel, die an Baumstämmen klettern

1. Oberseite rindenbraun, Unterseite weiß. Schnabel lang, spitz und etwas gekrümmt. Gesang: Kurze Liedchen nach dem Rhythmus Ti ti tiroíti. **Haus-Baumläufer.** *Cérthia brachydáctyla.*
2. Oberseite graublau, Unterseite rostgelb. Kehle weiß. Schwarzer Augenstrich! Stimme: Weithin schallendes Pfeifen, meist aus hohen Baumkronen: Tu^{it} tu^{it} oder Wi_{e} Wi_{e} wi_{e}. Aber auch so zu hören, wenn der Vogel an Stämmen und Ästen klettert. Auffällig: Der Vogel kann an Baumstämmen auch kopfunter abwärts laufen! **Kleiber.** *Sitta pinetórum.*

5. Der Gelbspötter

Wenn du dein Ohr schulen willst, so höre dem Garten-Laubsänger zu. Er singt sehr fleißig und kommt fast überall vor. Du kannst ihn nicht überhören, weil sein Gesang wohllautend und sehr abwechslungsreich ist. Seine Lieder sind durchsetzt mit Bruchstücken vieler anderer Singvögel. Daher heißt er Spötter oder Sprachmeister, und seines gelblichen Gefieders wegen Gelbspötter. Lerne die folgenden Strophen so fleißig, daß du sie sehr schnell und mit sinnvoller Betonung aufsagen kannst. Danach höre dem Gelbspötter aufmerksam zu und vergleiche beides: sein Lied mit deinem Wortlaut.

„ICH bin das Genie! ICH bin das Genie! ICH bin das Genie!
Wie, wie, wie, wie, wie?
Bin ich es nicht? Bin ich es nicht? Bin ich es nicht?

Hör doch mal hier! Hör doch mal hier! Hör doch mal hier!
Ist dies nicht ein niedliches Lied?
Äh, äh, äh, äh, äh?
ICH bin das Genie! ICH bin das Genie!

Wie, wie? Wie, wie?
Die Lerche? Die Lerche? Die Lerche?
Singt besser, besser, besser, besser, besser?
Die, die? Die, die?
Hör doch mal hier! Hör doch mal hier!
Tirili! Tirili! Tirili!
Hä, hä? Hä, hä?
ICH bin das Genie! ICH bin das Genie!

Wie, wie?
Der Fitis? Der Fitis? Der Fitis?
Der, der, der, der, der?
Hör doch mal hier! Hör doch mal hier! Hör doch mal hier!
Fit, fit, fit, fit, fit!
Jä, jä, jä!
ICH bin das Genie! ICH bin das Genie!

Wie, wie, wie?
Ich wär fertig, fertig, fertig, fertig, fertig?
Nie, nie! Nie, nie!
Hör doch mal hier! Hör doch mal hier!
Ist dies nicht ein niedliches Lied?
Wie? Wie?
ICH bin das Genie! ICH bin das Genie! ICH bin das Genie!“

(A. Staningk, 1931, Beilage in „Falco“ von Kleinschmidt.)

6. Der Wendehals

Aus meinem Tagebuch für Vogelbeobachtungen: „Hauptfriedhof zu Frankfurt am Main, 24. April 1914, morgens 8 Uhr.

a		b	Bei a = erster Wendehals.
+		+	Bei b = zweiter Wendehals.
			Bei c = ich als Beobachter.
			Entfernung ac = ab = bc = je 4 m.
	+		Ich stand bei c und hörte um 8.04 Uhr bei a
	c		auf der Spitze eines Lebensbaumes einen

Wendehals rufen. Ich antwortete auf seinen Ruf, er erwiderte bis 8.10 Uhr. Da kam ein zweiter Wendehals herbeigeflogen und ließ sich in 4 m Entfernung von mir auf einem anderen Lebensbaum nieder, von Nr. 1 war er gleichfalls 4 m entfernt. Nun riefen wir drei um die Wette bis 8.18 Uhr. Wenn die Vögel aufhörten, brachte ich sie durch meine erneuten Rufe sofort wieder zum Rufen. 8.18 Uhr flog Nr. 1 ab, Nr. 2 blieb bis 8.21 Uhr. Dann lockte ich Nr. 1 noch einmal herbei. Nr. 2 blieb still. Nr. 1 kam diesmal so nahe, daß ich ihn hätte greifen können."

Übe den Ruf des Wendehalses ein und versuche, ob du den Vogel anlocken kannst. Du wirst viel Freude daran haben.

7. Welcher Vogel steht früher auf: der Hausrotschwanz oder der Gartenrotschwanz?

Wenn du das feststellen willst, mußt du noch früher aufstehen als diese beiden Vögel. Ende April beginnt ihr Gesang bald nach 4 Uhr. Den Hausrotschwanz wirst du dann auf dem First eures Hausdaches hören und den Gartenrotschwanz auf einem Obstbaum in eurem Hausgarten. Somit hast du beide Vögel nahe beieinander. Nimm eine Taschenuhr mit!

	25. IV.	1. V.	5. V.	10. V.	15. V.	20. V.	25. V.
Gartenrotschwanz	4.04						
Hausrotschwanz	?						

8. Steht der Buchfink den ganzen Frühling hindurch jeden Morgen um die gleiche Zeit auf?

Wenn du das feststellen willst, mußt du früher aufstehen als der Buchfink. Ende April hört man seinen ersten Schlag morgens gegen 5 Uhr. Du mußt auch wissen, an welchen Plätzen der Buchfink am meisten schlägt.

	25. IV.	1. V.	5. V.	10. V.	15. V.	20. V	25. V.	30. V.	usw.
Buchfink	4.59								

9. Die Vogeluhr

Nicht nur unter den Menschen, sondern auch unter den Vögeln gibt es Frühaufsteher und Langschläfer. Ein Mensch, der gewohnt ist, lange zu schlafen, kann durch seinen Beruf zum Frühaufsteher werden.

Jeder Vogel erwacht morgens fast auf die Minute, wenn seine Zeit gekommen ist. Sein Wecker ist das heraufdämmernde Tageslicht. Der Arzt Dr. Hans Stadler in Lohr am Main, einer unserer besten Vogelkenner, hat in jahrelanger Arbeit den Beginn des Frühgesanges unserer Singvögel beobachtet und die Ergebnisse nach genauen Uhrzeiten zusammengestellt. Man kann solche Zusammenstellungen in der Form des Zifferblattes einer Uhr vornehmen und nennt sie deshalb Vogeluhr. Solche Vogeluhren wurden in den letzten zwanzig Jahren für verschiedene Orte Deutschlands aufgestellt. Die nachfolgenden Angaben sind entnommen einer Arbeit von Hans Stadler aus der Zeitschrift „Kosmos“, 1934, S. 137.

Am 25. April 1934 begannen in Lohr am Main zu singen:

4.04 Uhr:	Gartenrotschwanz	Es ist noch Nacht
4.40 Uhr:	Hausrotschwanz	
4.43 Uhr:	Kuckuck	
4.55 Uhr:	Amsel	
4.57 Uhr:	Kohlmeise	In der Dämmerung
4.59 Uhr:	Buchfink	
5.00 Uhr:	Trauerfliegenfänger	
5.01 Uhr:	Goldammer	
5.09 Uhr:	Blaumeise	
5.11 Uhr:	Graumeise	
5.12 Uhr:	Zaunkönig	
5.13 Uhr:	Gartenbaumläufer	
5.16 Uhr:	Mönchsgrasmücke	Es ist Tag
5.17 Uhr:	Heckenbraunelle	
5.18 Uhr:	Wendehals	
5.23 Uhr:	Girlitz	
5.25 Uhr:	Haussperling	
5.42 Uhr:	Zaungrasmücke	
5.50 Uhr:	Grünfink	Die Sonne geht auf
5.54 Uhr:	Hänfling	
5.58 Uhr:	Stieglitz	

Aufgaben: Fertige ein Zifferblatt an und trage die Zeiten ein! Du mußt das Blatt groß genug nehmen, damit du die Namen der Vögel eintragen kannst.

So sieht die Vogeluhr am 25. April in Lohr aus. Wie sieht sie am 25. April in deiner Heimat aus?

Wie sieht sie am 25. Mai in deiner Heimat aus? Und am 25. Juni?

10. Wo schlafen die Vögel?

I. Übernachtungsplatz im Nest

1. Jungvögel, die noch gehudert werden.
2. Weibchen, solange sie ihre Jungen hudern.
3. Mauersegler, gelegentlich auch Haussperlinge.

II. Übernachtungsplatz in Spiel- oder Schlafnestern

1. Zaunkönig. Das Männchen wählt die Plätze aus und baut mehrere Nester. Das Weibchen sucht eins davon aus und richtet es zum Brutnest her.
2. Haussperling. An alten Gebäuden, die mit Holzverschalung versehen sind, hängen oft Lappen, Fäden und Strohhalme aus den breiten Fugen und Rissen, auch wenn die Brutzeit längst beendet ist.

III. Übernachtungsplatz in Schlafhöhlen

1. In Nistkästen, Spechthöhlen und großen Astlöchern: Spechte, Meisen, Kleiber, Stare.
2. In Baumspalten: Baumläufer.

IV. Übernachtungsplatz an und in Gebäuden

1. An Hauswänden, die mit Efeu und wildem Wein bewachsen sind: Stare, Sperlinge.
2. Unter vorstehenden Dächern: Sperlinge, Stare, Gartenrotschwanz.
3. Auf Hausböden: Hausrotschwanz.

V. Übernachtungsplatz in Bäumen und Gebüschen

Bedingungen: Gute Deckung gegen Sicht, Schutz gegen Wind. Geeignete Bäume: Nadelbäume in jeder Jahreszeit; Laubbäume, die im Sommer dicht belaubt sind oder die im Winter ihr dürres Laub nicht abwerfen: Jungbuchen und Jungeichen.

1. Finkenvögel. In einem großen Bestand Jungbuchen traf ich im Spätwinter in der Abenddämmerung Zehntausende von Bergfinken, die von allen Seiten herbeigeflogen kamen und hier übernachten wollten.
2. Drosseln, Amsel übernachten gleichfalls an solchen Plätzen.

VI. Übernachtungsplatz im Röhricht

1. Vögel, die im Röhricht leben.
2. Schwimmvögel: Enten, Bläßhuhn, Teichhuhn . . .
3. Stare, die von weither das Röhricht aufsuchen, zuweilen aus Entfernungen von 20 km im Umkreis. Im Röhricht der Kelzer Teiche bei Hofgeismar übernachten in den Herbst- und Wintermonaten schätzungsweise 70–80 000 Stare, deren Zuzugsgebiet ich feststellte. Weiteste Flugstrecken über 20 km.

VII. Übernachtungsplatz auf dem Erdboden

Die Bodenbrüter: Rebhühner, Wachteln, Feldlerchen, Haubenlerchen haben ihre Schlafplätze an geschützten Stellen auf dem Erdboden, die überall vorhanden sind. Sie brauchen daher keine festen Plätze, an denen sie übernachten. Woher weiß man das? Ich gehe im Erstfrühling nach Eintritt der Dunkelheit querfeldein. Fliegt ein Vogel vor mir auf, so weiß ich, daß er hier übernachtet. Ich stecke einen Stock in den Boden und gehe in der nächsten Nacht den gleichen Weg. Hätte der Vogel in der Nähe des Stockes seinen ständigen Schlafplatz, so müßte er jetzt wieder auffliegen. Das geschieht jedoch nur selten.

Aufgabe: Im Frühling 1945 kannte ich an meinem Hause und im Hausgarten die Schlafplätze folgender Vögel: 1. Am und im Hause: Haussperling, Gartenrotschwanz, Hausrotschwanz, Star, Segler, weiße Bachstelze. 2. Im Hausgarten: Kohlmeise, Kleiber, Wendehals, Amsel, Gartenlaubsänger, Heckenbraunelle, Gartengrasmücke.

Welche Schlafplätze kennst du? Wenn du die Schlafplätze feststellen willst, mußt du beobachten, wann die Vögel ihre Schlafstellen aufsuchen.

11. Wann suchen die Vögel ihre Schlafplätze auf?

Während der Brutzeit leben die Vögel (mit wenigen Ausnahmen: Saatkrähe, Fischreiher . . .) paarweise und suchen ihre Schlafplätze innerhalb des Brutgebietes einzeln und heimlich auf. Sie sind in dieser Zeit daher schwer zu beobachten. Nach der Brutzeit vereinigen sich zahlreiche Arten am Spätnachmittag zu kleineren Trupps oder auch großen Scharen und fliegen ihrem gemeinsamen Schlafplatz gemeinsam zu. Diese Schwärme sind nicht zu übersehen.

I. Massenflüge zu den Schlafplätzen

1. Stare. Am Spätnachmittag stellen sie in etwa 50 Gemarkungen des Kreises Hofgeismar ihre Futtersuche ein, sammeln sich zu kleinen Trupps, diese wieder zu größeren und schließlich zu Schwärmen und fliegen von allen Seiten her den Kelzer Teichen zu. Hier fallen sie zunächst in die hohen Laubbäume ein, erheben sich wieder, kreisen über den Teichen, kehren in die Baumkronen zurück und wiederholen dieses Gewoge so lange, bis sie schließlich in der einbrechenden Dämmerung in das Röhricht einfallen. Spätsommer bis in den Winter.
2. Raben. Ähnlich verhalten sich die riesigen Rabenschwärme, denen sich zahlreiche Dohlen angeschlossen haben. Sie haben ihre Schlafplätze im Gesundbrunnen-Park bei Hofgeismar. Erst bei Eintritt der Dunkelheit kommen sie zur Ruhe, sämtlich mit dem Schnabel dem Winde zugerichtet. Warum?
3. Bergfinken. Im Winter und Vorfrühling tagsüber im Walde verstreut auf der Nahrungssuche. In der Abenddämmerung in riesigen Scharen am Schlafplatz.
4. Buchfinken. Fliegen vor Eintritt der Dämmerung in ziemlicher Höhe dem Schlafplatz zu. Nicht zu sehen, wohl aber an ihren Fluglauten zu hören: Djüb djüb djüb.

II. Einzelflüge zu den Schlafplätzen

1. Mauersegler. Sehr leicht zu beobachten, wenn er am Hause des Beobachters oder am Hause gegenüber anfliegt. Jagt bis zur Dämmerung in der Luft. Wenn man ihn zum erstenmal beim Einflug beobachtet hat, sofort nach der Uhr sehen. Fliegt am folgenden Abend zur gleichen Zeit ein, im Vorsommer täglich um eine oder einige Minuten später, bei abnehmendem Sonnenstand wieder von Abend zu Abend etwas früher.
2. Amsel. Vor Eintritt der Dämmerung unruhig: fliegt auf Zäune, niedrige Bäume, Gartenlauben; ruft erregt „gix“ „gix“ oder „dsirrb“ „dsirrb“ und treibt sich längere Zeit in dieser Weise in der Nähe ihres Schlafplatzes umher, bis sie plötzlich in schon tiefer Dämmerung verschwunden ist.

3. Kohlmeise. An einer Nisthöhle beobachten. Vogel hält sich vor dem Einflug in der Nähe auf, ist sehr ruhig, hält sich unauffällig im Geäst der Obstbäume zurück und ist — plötzlich verschwunden. Daher nicht nach der Meise, sondern ständig nach dem Nistkasten sehen!

Aufgabe: Am leichtesten ist die Amsel zu beobachten, weil sie in fast jedem Garten vorkommt und sehr unruhig wird, wenn sie ihren Schlafplatz aufsuchen will. Von Ende April bis zur Sommersonnenwende (23. Juni) geht sie mit zunehmender Tageslänge ständig etwas später zu Bett und mit abnehmender Tageslänge etwas früher. Stelle diese Zeiten nach der Uhr genau fest und zeichne aus den Zeitangaben eine „Gute-Nacht"-Kurve!

12. Die Stare füttern

Stelle dich an einem Starennest so auf, daß du das Flugloch sehen kannst, und beobachte 1–2 Stunden lang, wie die Alten ihre Jungen füttern.

Ergebnis:

Alle 5 Minuten etwa wird 1 Raupe zum Nest getragen.

Rechne:

In 1 Stunde	= 12 Raupen
In 1 Tag (14 Stunden)	= 168 Raupen
In 1 Monat	= rund 5000 Raupen

Weiter:

1 Starenpaar verfüttert	5000 Raupen
2 Starenpaare verfüttern	10 000 Raupen
3 Starenpaare verfüttern	

Prüfe die Angaben nach! Wie viele Starennester habt ihr in eurem Dorfe! Der Star ist ein nützlicher Vogel!

Beobachte ebenso: Kohlmeise, Wendehals, Rauchschwalbe; Hausrotschwanz, Gartenrotschwanz!

II. IM FELDE

A. Pflanzenleben

1. Eine Überschau über die Feldmark im Frühling

Im Frühling wirkt die Feldmark wie ein bunter Teppich mit kräftigen Farben. Das verschiedenfarbige Grün der Saaten wechselt ab mit dem leuchtenden Gelb der blühenden Rapsfelder und dem Braun der Äcker, die bereits bestellt, jedoch noch nicht bewachsen sind. Je kleiner die Felder sind, um so bunter ist der Teppich.

Von einem geeigneten Standort aus stellen wir Beobachtungen an.

I. Welche Wirtschaftsbetriebe herrschen in eurer Feldmark vor?
   1. Zeigt die Feldmark lauter kleine, bunt durcheinandergewürfelte Felder, so sind die Besitzer Kleinbauern.
   2. Weist die Feldmark wenige, aber sehr große Ackerflächen auf, so gehört der Besitz einem Gutshof oder einer Domäne.
   3. Mittelgroße Äcker zeigen an, daß ihre Besitzer Großbauern sind.

II. Wie kann man erkennen, womit weit entfernte Äcker bestellt sind?
   A. Alle dicht bewachsenen grünen Äcker tragen Wintersaaten.
      1. Gelbgrüne Wintersaat = Wintergerste.
      2. Hellgrüne Saaten = Weizen.
      3. Dunkelgrüne Saaten = Roggen (Korn).
      4. Sattgrüne Felder = Klee, Luzerne (ewiger Klee).
      5. Sattgrüne Felder = Raps vor der Blüte.
   B. Leuchtend gelbe Äcker = Raps, der blüht.
   C. Alle Äcker, die noch kahl sind, tragen Hackfrüchte: Kartoffeln, Rüben.
   D. Dicht bewachsene Saatfelder, die noch braune Erde durchschimmern lassen, tragen Sommerfrucht: Hafer, Sommergerste, Sommerweizen.

Diese Kennzeichnung trifft nur für eine kurze Übergangszeit im Frühling zu. Wenn alle Felder voll bewachsen sind, muß eine andere, dann zutreffende Kennzeichnung aufgestellt werden. Ein Bauer kann dabei helfen. Ein Dorfjunge sollte von früh auf seinen Blick dafür schulen, die Feldfrüchte auch aus weiter Entfernung zu erkennen. Einem Stadtjungen wird diese Kenntnis auch nicht schaden, die Äcker ernähren auch ihn.

2. Die Kulturpflanzen des Feldes

In Deutschland lebt heute mehr als die Hälfte seiner Bewohner in Städten. Von diesen gewaltigen Menschenmassen ist ein sehr großer Teil der Natur entfremdet. Sie kennen das Brotgetreide auf dem Felde nicht mehr.

Wir bauen auf dem Acker:

1. Getreidearten: Alle sind Gräser mit Halm und Ähre oder Rispe: Roggen, Weizen, Spelz (Dinkel), Gerste, Hafer.
2. Hackfrüchte: Kartoffeln und Rüben.
3. Hülsenfrüchte: Bohnen, Erbsen und Linsen.
4. Futterpflanzen: Alle sind Schmetterlingsblüter: Roter Klee, Inkarnatklee, Luzerne, Esparsette, Wicken, Serradelle, Lupine.
5. Für Gründüngung: Blaue und gelbe Lupine, Serradella, Inkarnatklee.
6. Handelsfrüchte: Raps, Rübsen, Mohn — Flachs, Hanf — Hopfen — Tabak.

3. Wie unterscheidet man unsere Getreidearten, wenn sie noch keine Ähren haben?

I. Blattbildung

	Weizen Tríticum	Gerste Hórdeum	Roggen Secále	Hafer Avéna
Drehung der Blattspreite	rechts gedreht	rechts gedreht	rechts gedreht	links gedreht
Blatthäutchen	länglich rundlich	länglich spitz	kurz halbrund	kurz eiförmig
Zähne des Blatthäutchens	pfriemlich haarförmig	breit dreieckig	kurz dreieckig	pfriemlich haarförmig
Die zwei Blattöhrchen	deutlich: bei manchen Arten groß, bei manchen klein	sehr groß: mondförmig, größer als bei anderem Getreide	klein, abgerundet	fehlen
Sporn(Spitze des Blatthäutchens)	lang, behaart	lang, unbehaart	kurz, behaart	ohne Sporn

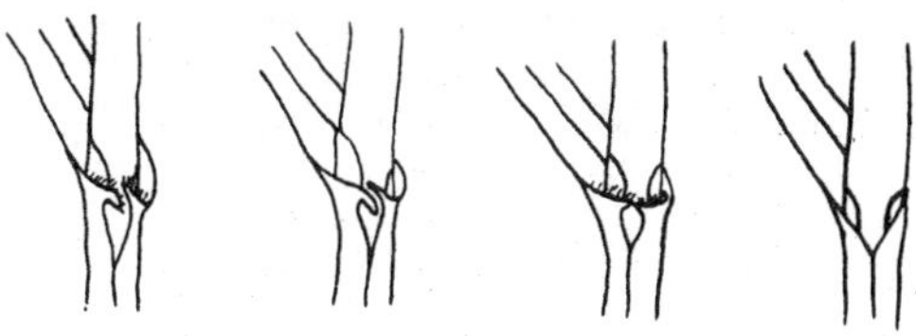

II. Überlegungen

1. Im Herbst wird gesät: Roggen, Weizen, Wintergerste = Wintergetreide, weil es überwintert, also zwei Vegetationsperioden dauert.
2. Im Frühjahr wird gesät: Hafer, Sommerweizen, Sommergerste = Sommergetreide, weil es nur im Sommer, also eine Vegetationsperiode dauert.

Daraus lassen sich auf die Art des Getreides Schlüsse ziehen. Z. B.: Roggen wird im Herbst gesät, entwickelt den längsten Halm, kann im Frühjahr nach der Winterruhe sofort weiterwachsen, muß also im Mai z. B. höher sein als jedes andere Getreide.

Wintergerste steht im Winter meist sehr dicht und hat ein gelbgrünes Blatt.

4. An den Blattspitzen des jungen Getreides sieht man oft Wassertropfen

1. Beobachtungen: a) Die Tropfen hängen an der Spitze des Blattes, das junge Saatfeld sieht aus, als läge der Tau darauf. Die Blätter sind einen halben Finger lang, an älteren Blättern sehen wir diese Tropfen nicht. b) Im Frühjahr also an Hafer, Sommerweizen, Sommergerste; im Herbst an Wintergerste, Winterroggen und Winterweizen. c) Wir sehen die Tropfen in der Morgenfrühe. Wenn die Sonne das Feld bescheint, verschwinden sie.

2. Untersuchung: Stelle fest, ob es getaut hat. Wenn die Umgebung des Saatfeldes (z. B. Rasen, Klee . . .) trocken ist, hat es nicht getaut.

3. Überlegung: Wenn kein Tau gefallen ist, können die Tropfen auch kein Tau sein. Sie müssen also aus dem Blatt ausgetreten sein.

4. Erklärung: Dieser Vorgang heißt Tropfenausscheidung (oder Guttation, Gutta-Tropfen). Die Wasserleitungsbahnen der Pflanze beginnen in der Wurzel, laufen durch den Stengel in den Blattstiel, durchziehen die Blattfläche (Adern!) und endigen in den Blattzähnen am Blattrande und in den Wasserspalten der Blattspitze. Durch Druck von unten her, den Wurzeldruck, wird das Wasser in den Wasserleitungsröhren gehoben und aus den Wasserspalten herausgepreßt. Hier tropft es dann gerade so ab wie aus einem Wasserhahn.

Diese Tropfenausscheidung kann man überall in Feld und Wiese und an Waldwegen leicht beobachten. Die auffälligsten Beispiele sind Gräser, Schellkraut, Springkraut, Doldenpflanzen, Korbblüter und das beste: der Frauenmantel (Abb.).

5. Wann ist die erste Roggenähre sichtbar?

In einem Orte des Oberweserberglandes hatte ein alter Bauer am 10. Mai seinen Geburtstag. Sein Sohn, der den Hof bewirtschaftete, ging zu der Zeit täglich ins Feld und schaute nach, ob der Roggen seine ersten Ähren zeigte. Geschah das gerade an dem Tage, so brachte er seinem Vater, der nicht mehr ins Feld gehen konnte, die erste Ähre zum Geburtstag.

In Frankfurt am Main wurde die erste Ähre sichtbar:

1830	29.4.	1846	22.4.	1853	11.5.	1884	2.5.
1831	22.4.	1847	11.5.	1854	23.4.	1885	30.4.
1841	1.5.	1848	30.4.	1856	28.4.	1886	4.5.
1842	2.5.	1849	28.4.	1857	3.5.	1887	9.5.
1843	28.4.	1850	1.5.	1859	25.4.	1888	15.5.
1844	27.4.	1851	23.4.	1861	4.5.	1889	10.5.
1845	20.5.	1852	1.5.	1863	10.5.	1890	9.5.

Mittel:
1830–90 am 2. Mai.
1883–90 am 7. Mai.

Prüfe nach, ob ich richtig gerechnet habe!

Beobachte, wann in deiner Heimat die erste Roggenähre sichtbar wird und merke dir die Zeiten, indem du sie in eine Tabelle einträgst.

6. Wann stehen die Roggenfelder voll in Ähren?

In Frankfurt am Main:

1883	13. 5.	1886	14. 5.
1884	12. 5.	1889	14. 5.
1885	10. 5.	1890	12. 5.

Mittel: 13. Mai. — Stimmt's?

Beobachte, wann in deiner Heimat die Roggenfelder voll in Ähren stehen und merke dir die Zeiten, indem du sie in eine Tabelle einträgst.

Sprich mit einem Bauern darüber, warum das eine Roggenfeld früher in Ähren steht als ein anderes. Gründe: Warme Lage, frühe Aussaat im Herbst, frühe Sorte, warmer Boden.

7. Kennst du die Getreidearten, wenn sie in Ähren stehen?

Daß du Brot und Kuchen unterscheiden kannst, glaube ich; aber ob du auch Roggen und Weizen auf dem Felde unterscheiden kannst, wenn sie in Ähren stehen, scheint mir nicht so sicher.

I. Mit Ähren

A. Ährchen einzeln auf den Zähnen der Spindel (Ährenachse).

a) Ährchen mit zwei fruchtbaren Blüten. Reife Ähre nickend. Halm bis 2 m hoch, oft höher. Deckspelze kürzer als die Ährchen. Untere Blütenspelze mit langer Granne. Die ausgefallenen Körner nicht von einer Schale (Deckspelzen) umhüllt (Abb. 1 u. 5). **Roggen, Korn.** *Secále cereále.*

b) Ährchen meist vierblütig. Halm bis 1½ m hoch. Ähre vierseitig, dicht dachig. Deckspelzen bauchig, eiförmig. Einige Sorten begrannt. Die ausgefallenen Körner nicht von einer Schale (Deckspelzen) umhüllt (Abb. 2). **Weizen.** *Tríticum vulgáre.*

B. Ährchen zu dreien auf den Zähnen der Spindel. Ährchen einblütig. Halm niedriger als bei Weizen. Untere Deckspelze mit sehr langer Granne. Die Körner bleiben meist von einer Schale (den Deckspelzen) eingeschlossen (Abb. 3). **Gerste.** *Hórdeum vulgáre.*

II. Mit Rispe

Halm etwa von der Höhe des Weizenhalms. Ährchen zweiblütig. Deckspelzen der unteren Blüte mit einer Rückengranne. Die Körner bleiben stets von einer Schale (Spelzen) umschlossen (Abb. 4). **Hafer.** *Avéna sativa.*

8. Der Bau des Roggenhalms

1. Eine Messung:
   Höhe 2 m = 2000 mm (mit Zentimetermaß gemessen).
   Durchmesser oben = 2 mm (mit Zirkel gemessen).
   Durchmesser unten = 5 mm (mit Zirkel gemessen).
   Durchmesser mitten = 3 mm (mit Zirkel gemessen).

2. Eine Rechnung:
   Mittlerer Durchmesser = $(2 + 5 + 3) : 3 = 3^1/_3$ mm.
   Höhe: Durchmesser = $2000 : 3^1/_3 = 600 : 1$. Das heißt: der Halm ist 600 mal höher als dick.

Nimm die Messung an mehreren Halmen vor und rechne nach, ob dieses Verhältnis stimmt!

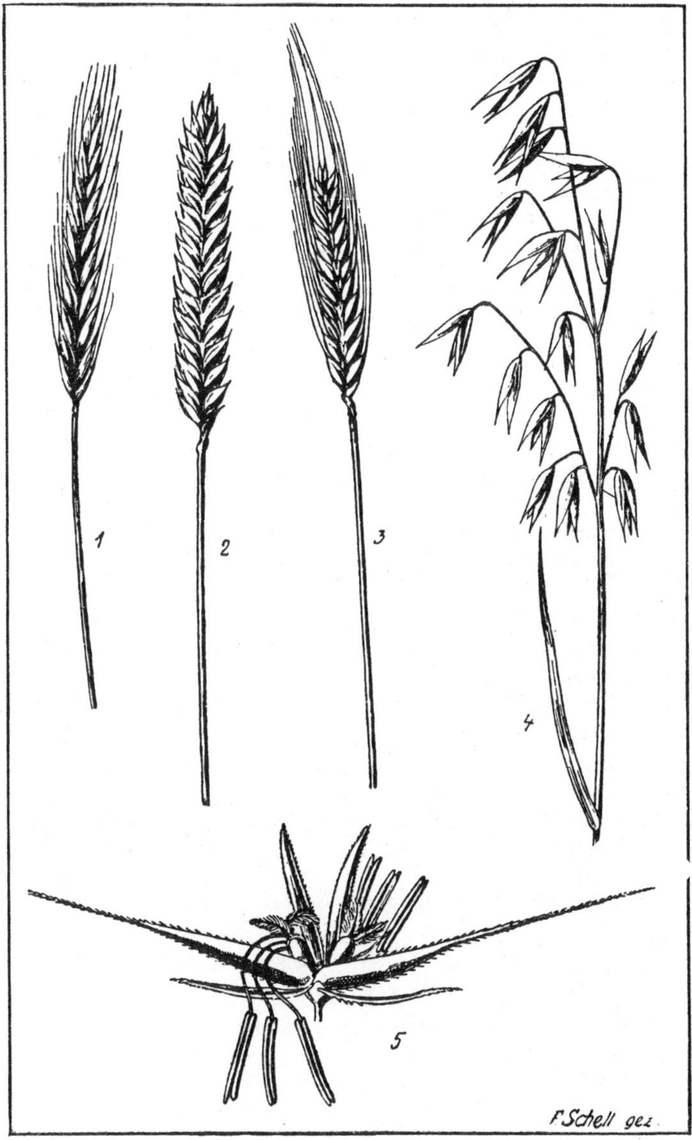
1
2
3
4
5
F. Schell gez.

3. Ein Vergleich:

Bauwerke	Höhe	Untere Breite	Verhältnis
Schornstein	30 m	2,50 m	12 : 1
Turm des Frankfurter Doms	96 m	18,00 m	5 : 1
Cheopspyramide	137 m	233,00 m	1 : 2 (breiter als hoch)
Eiffelturm	300 m	130,00 m	3 : 1
Roggenhalm	2000 mm	5 mm	400 : 1

4. Aufgabe:
Stelle fest: Wie hoch ist ein Sender? Wie breit ist er unten? Berechne danach das Verhältnis seiner Höhe zur unteren Breite!

5. Bestimmung des Schwerpunktes:
Die Halme werden über den ausgestreckten Finger gelegt und ins Gleichgewicht gebracht. Fast bei allen, die ich durchprobierte, lag der Schwerpunkt in der Mitte. Oben auf dem dünnen Halm sitzt die schwere Ähre. Der Halm wird vom Winde bewegt, ohne zu knicken.

6. Aufgabe:

Stelle fest, wie weit der Halm oben mit der Ähre bei starkem Wind ausschlägt. Ergebnis?

Stelle durch Nachfrage bei einem Architekten fest, wie weit ein hoher Schornstein bei starkem Sturm ausschlägt. Ergebnis?

Vielleicht kann dir der Architekt auch sagen, wie weit die Sender bei Sturm ausschlagen. Ergebnis?

Vergleiche diese Ergebnisse mit der Weite des Ausschlages eines Roggenhalms, indem du die Höhe mit der Weite des Ausschlags ins Verhältnis setzt. Also so:

Höhe des Schornsteins ? m Ausschlag des Schornsteins ? m. x : 1.
Höhe des Senders ? m Ausschlag des Senders ? m. x : 1.
Höhe des Roggenhalms ? m Ausschlag des Roggenhalms ? m. x : 1.

Wer leistet mehr: der Mensch oder die Natur?

7. Welche Einrichtungen festigen den Halm? Beachte:
   a) Der Halm ist gegliedert wie ein mehrstöckiges Gebäude. Die Knoten entsprechen den Balkenlagen.

b) Der Halm wird von dem unteren Teil der Blätter scheidenartig umgeben. Löst man die Blattscheiden ab, knickt er um. Prüfe nach!

c) Am Ende der Blattscheide versperrt das festanliegende Blatthäutchen dem herablaufenden Wasser den Weg, daß es nicht zwischen Blattscheide und Halm eindringen und Fäulnis bewirken kann. Prüfe nach!

d) Beim Betasten oder beim Betrachten durch die Lupe kann man eine feine Längsstreifung am Halme feststellen, die beim Aufreißen noch deutlicher erkennbar wird. Diese festen Stränge (Festigungsgewebe) sind Versteifungen. (Siehe den Stengel von Brennessel, Flachs, Hanf!) Prüfe nach!

e) Spaltet man der Länge nach den Schaft einer Zwiebel, so sieht man an der Innenwand die Gefäßbündel wie Säulen angelagert. Beim Abreißen eines Blattes vom großen Wegerich hängen die Gefäßbündel wie lange Fäden heraus, die eine große Festigkeit aufweisen. Der Querschnitt eines Roggenhalms unter dem Mikroskop zeigt die Anordnung des Festigungsgewebes. Laß es dir vom Lehrer zeigen!

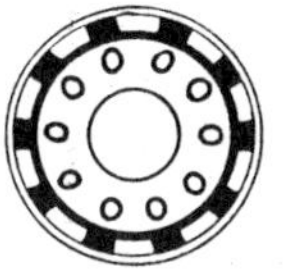

f) Der Halm ist hohl. Hohle Träger zeigen eine große Druck-, Zug- und Drehfestigkeit. Sprich mit einem Baumeister darüber!

g) Die Blätter sind gedreht und stellen sich bei jedem Windstoß so, daß sie dem Winde die scharfe Kante zuwenden. Dadurch wird die Kraft des Windes abgeleitet wie bei einer Wetterfahne.

8. Wozu dieser ganze Aufwand? Warum strebt der Halm so stark in die Höhe? Der Roggen ist ein Windblüter; er strebt danach, die Ähren dem Winde auszusetzen, damit die Bestäubung erfolgen kann. Dieses Bestreben nutzt die Züchtung aus und erzielt die langen Halme.

9. Wie das lagernde Getreide sich wieder aufrichtet

Beobachtung

Über das Feld ist ein starker Regen hinweggegangen und hat die Halme an den Boden geschlagen. Das Getreide „lagert". Häufig bleibt es am Boden liegen. Bestäubung und Fruchtentwicklung sind dann stark behindert. Der Körnerertrag ist gering.

Das lagernde Getreide richtet sich mehr oder weniger wieder auf. Die Halme sind dann geknickt.

Erklärung

Wenn der Halm waagrecht liegt, beginnt alsbald an der Unterseite der Knoten ein verstärktes Wachstum. Hatte der Knoten das Wachstum bereits eingestellt, so erwacht es von neuem. Er wirkt jetzt wie ein Gelenk und richtet den Halm wieder auf. Dieses natürliche Streben des Halmes (wie auch der Stengel und Stämme), sich senkrecht einzustellen, heißt Geotropismus (*gea* = Erde; *trepein* = wenden; also: Erdwendigkeit). Überall in der freien Natur kann man ähnliche Einrichtungen wie am Roggenhalm beobachten: alle Gräser, Hohlzahn, Labkraut, Springkraut, Doldenpflanzen besitzen an den Stengeln Knoten, oft auffällig dick, die wie Gelenke wirken.

Messungen

a) An „Lagerstellen“ sehen wir zahlreiche Halme, die flach am Boden liegenbleiben, andere richten sich ein wenig auf, noch andere richten sich höher auf, erreichen aber ihre frühere Höhe nicht wieder. Vergleiche die Höhe der am meisten aufgerichteten Halme mit der Höhe der nicht lagernden. Miß nach, wie groß der Unterschied ist!

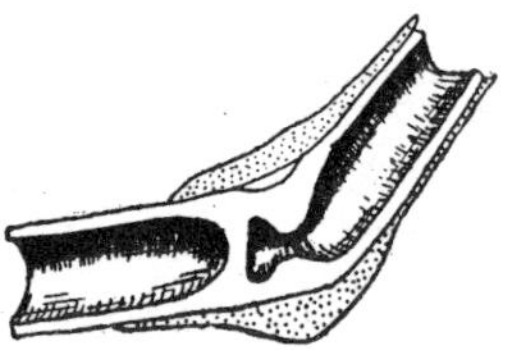

b) Stelle mit dem Winkelmesser die Größe der Winkel an den Knoten fest: an Halmen, die sich nur wenig aufgerichtet haben; an Halmen, die sich stark aufgerichtet haben. Ergebnis: ?

c) Betrachte die Knoten dieser Halme und vergleiche sie mit den Knoten stehender Halme. (Abb.)

10. Wie erkennt man die Futterpflanzen, wenn sie nicht blühen?

Tafel Seite 50

I. Die Blätter sind dreizählig

1. Blättchen eiförmig oder elliptisch. Stengel angedrückt behaart. Bis 40 cm hoch. (Abb. 1) **Roter Wiesenklee.** *Trifólium praténse.*

2. Blättchen verkehrt-eiförmig, Nebenblätter eiförmig. Stengel und Blätter zottig. Bis 40 cm hoch. (2) **Inkarnatklee.** *Trifólium incarnátum.*

3. Blättchen länglich, verkehrt-eiförmig bis lineal-keilförmig. Stengel meist kahl. Bis 80 cm hoch. (3) **Luzerne.** *Medicágo sativa.*

II. Die Blätter sind 5–9zählig

1. Blättchen verkehrt-eiförmig, länglich. Ganze Pflanze weichhaarig. Bis 1¼ m hoch. (5) **Blaue Lupine.** *Lupinus angustifólius.*
2. Blättchen länglich. Pflanze bis 60 cm hoch. (4) **Gelbe Lupine.** *Lupinus lúteus.*

III. Die Blätter sind gefiedert

A. Paarig gefiedert.

1. Blättchen 1–3paarig, am Ende mit weicher Stachelspitze. Stengel steif aufrecht, stark, kantig, bis 1¼ m hoch. (6) **Pferdebohne.** *Vícia faba.*
2. Blättchen 4–8paarig, verkehrt-eiförmig, länglich, ausgerandet oder gestutzt, stachelspitzig. Am Ende mit Wickelranke. Pflanze bis 80 cm hoch. (9) **Saat-Wicke.** *Vícia satíva.*

B. Unpaarig gefiedert.

1. Blättchen zu 10–25, meist schmal, länglich bis lanzettlich. Stengel behaart, bis 60 cm hoch. (8) **Esparsette.** *Onóbrychis viciaefólia.*
2. Blättchen ebenfalls zahlreich, klein, elliptisch bis länglich. Bis 60 cm hoch. (7) **Serradella.** *Ornithopus satíva.*

11. Wie erkennt man die Futterpflanzen, wenn sie blühen?

I. Mit roten Blüten

A. Blätter dreizählig.

1. Kelch 10nervig. Blütenköpfchen kugelig. Krone blaßrot. **Roter Wiesenklee.** *Trifólium praténse.*
2. Kelch zottig. Blütenköpfchen walzig. Krone blutrot. **Inkarnatklee.** *Trifólium incarnátum.*

B. Blätter unpaarig gefiedert.

1. Blüten in einer langgestielten Traube. Krone rosenrot, dunkler gestreift. **Esparsette.** *Onóbrychis viciaefólia.*
2. Blüten in kopfförmigen Dolden. Krone rosa. **Serradella.** *Ornithopus satíva.*

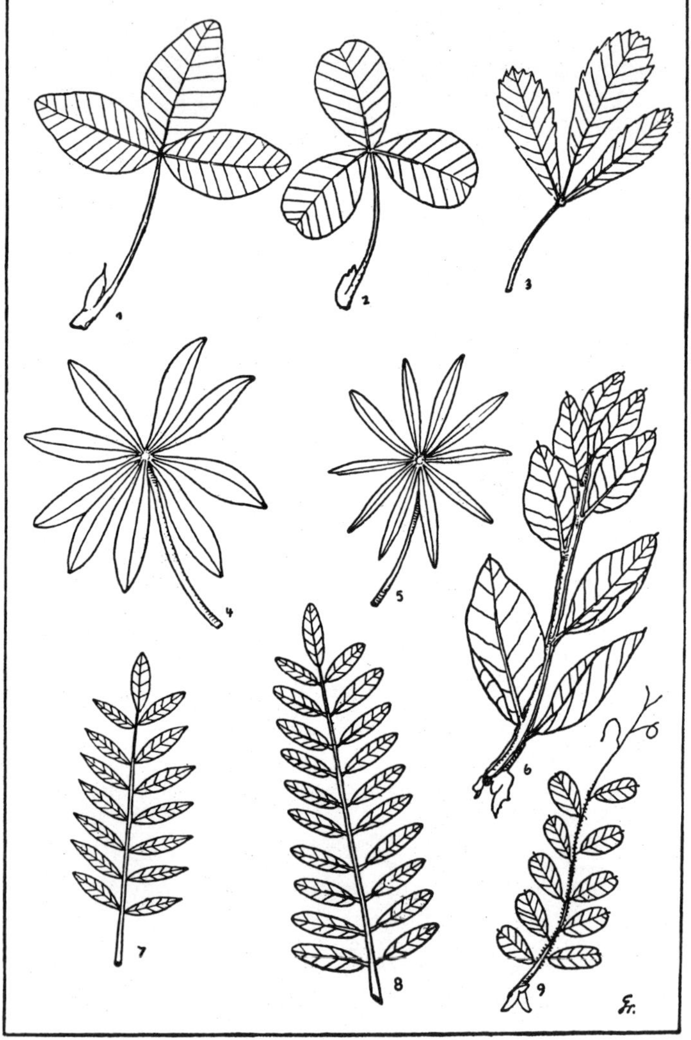
1
2
3
4
5
6
7
8
9
Fr.

II. Mit blauen oder violetten Blüten

1. Blätter 3zählig. Blüten in länglichen Trauben. Krone blau oder violett, dunkler geädert. **Luzerne.** *Medicágo sativa.*

2. Blätter 5–9zählig. Blüten in Trauben. Krone himmelblau. **Blaue Lupine.** *Lupinus angustifolius.*

3. Blätter paarig gefiedert, 4–7paarig, am Ende mit Wickelranken. Blüten einzeln oder zu zweien. Fahne violett, Flügel rot. **Saat-Wicke.** *Vícia sativa.*

III. Mit gelben Blüten

Blätter fünf- und mehrzählig. Blütentraube am Ende der Zweige mit quirlständigen Blüten. **Gelbe Lupine.** *Lupinus lúteus.*

IV. Mit weißen Blüten

Blätter paarig gefiedert, 1–3paarig, am Ende mit weicher Stachelspitze. Krone weiß, beide Flügel mit schwarzem Fleck. **Pferdebohne.** *Vícia faba.*

Merke: Alle diese Futterpflanzen gehören der Familie der Schmetterlingsblüter an.

12. Wir untersuchen eine Schmetterlingsblüte

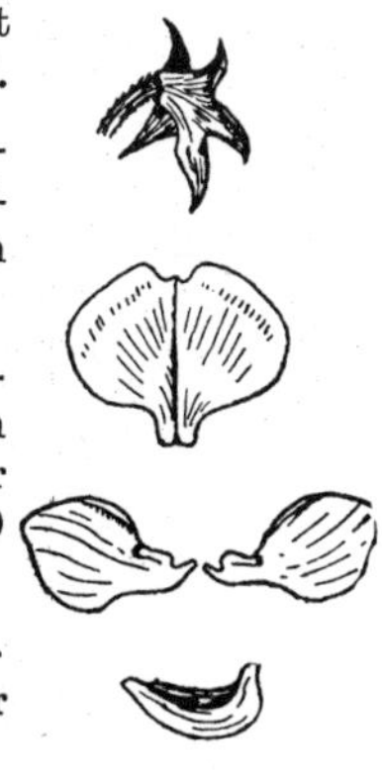

Wir wählen zur Untersuchung zwei Pflanzen mit großen Blüten, damit ihre Teile auch deutlich zu sehen sind.

a) Lupine: Kelch becherförmig. Blumenblätter: Fahne, Flügel, Schiffchen Staubgefäße: 10, die im unteren Teil verwachsen sind.

b) Erbse: Kelch becherförmig. Blumenblätter: Fahne, Flügel, Schiffchen (gerade so gebaut wie die Krone der Lupine). Staubgefäße: 10, davon 9 verwachsen, 1 frei. (Abb.)

Die Früchte aller Schmetterlingsblüter sind so gebaut wie die der

Erbse: eine Hülse, ohne innere Scheidewand, springt an der Bauch- und Rückennaht auf. (Abb.)

Name: Eine Erbsenblüte hat eine gewisse Ähnlichkeit mit einem kleinen weißen Schmetterling. Nimm an, der Kelch sei der Kopf, und die beiden seitlichen Blumenblätter die Flügel. Daher der Name der Familie.

13. Der Raps blüht

Hast du schon einmal an einem sonnigen Frühlingstag in eine Landschaft mit blühenden Rapsfeldern gesehen? In keiner Jahreszeit ist sie prächtiger und kräftiger gefärbt als jetzt. Fünf Farben beherrschen das Bild: grün, braun, gelb, blau und weiß. Grün sind die Saaten und Wälder, braun die noch nackten, mit Kartoffeln und Rüben bestellten Äcker, leuchtend gelb die Rapsfelder, blau der Himmel über der Landschaft und weiß die ziehenden Wolken.

Geh an einem warmen, sonnigen Tage an ein blühendes Rapsfeld!

a) Ein feines Summen tönt dir entgegen. Der Summton schwebt über der ganzen Weite des Feldes. Die Bienen haben Erntetag.

Diesen Ton hörst du auch im Frühling aus blühenden Obstbäumen oder im Sommer aus blühenden Linden. Er wird aber nicht nur von Bienen, sondern auch von den zahllosen Fliegen und Mücken erzeugt, die über den Blüten schweben. Wenn an warmen Maiabenden die Maikäfer in großen Schwärmen fliegen, hört man den tiefen Brummton. Ein fliegender Hirschkäfer erzeugt einen noch viel tieferen Ton. Das sehr hohe Summen der Stechmücke wirst du wohl von dem Ton der Stubenfliege und dem Brummen der Schmeißfliege unterscheiden können.

Das Summen und Brummen der Insekten beginnt im Vorfrühling, wenn die Salweiden blühen, und verstärkt sich im Frühling bis in den Sommer hinein. Kannst du die folgenden Insekten an ihrem Flugton unterscheiden: Hirschkäfer, Maikäfer, Hornisse, Hummel, Wespe, Biene, Fleischfliege, Stubenfliege, Stechmücke?

b) Von welcher Seite her mögen die Bienen das Rapsfeld wohl anfliegen? Wenn du das feststellen willst, mußt du auf die Windrichtung achten. Der Wind treibt den Blütenduft an das Bienenhaus, in dem Duftstrom fliegen sie also dem Winde entgegen, auf dem Heimweg fliegen sie mit dem Winde.

c) Wie viele Bienen mögen sich wohl in dem blühenden Rapsfeld aufhalten? — Stelle fest, wieviel auf 1 qm (etwa Tischgröße) sind. Nimm die Zählung an mehreren Stellen vor und berechne dann den Durchschnitt. Wir nehmen an, daß sie in dieser Anzahl über das ganze Feld verteilt sind. Ich habe bei einer solchen Auszählung einmal im Durchschnitt auf 1 qm 8 Bienen festgestellt. Dann rechnete ich: 1 a = 800, 1 ha = 80 000, 5 ha = 400 000. Also rund eine halbe Million. Was stellst du fest?

d) Was sagte der Imker dazu? Er hatte 20 Völker. Ein Volk hat 10 000 bis 50 000 Bienen, nehmen wir als Durchschnitt 25 000 Arbeitsbienen an. 25 000 mal 20 = 500 000. Also: seine sämtlichen Bienen trugen tagelang Honig und Blütenstaub von dem einen Rapsfeld heim, das gab einen guten Ertrag an Honig.

e) Was sagte der Bauer dazu? Er freute sich, daß sein Rapsfeld so gut bestäubt wurde. Er hatte einen guten Samenertrag zu erwarten.

Geh an einem kalten Tage an ein blühendes Rapsfeld!

Ich kam an einem großen blühenden Rapsfeld vorbei. In der Nacht hatte es gefroren, mittags schien die Sonne so warm, daß die Bienen zahlreich flogen. Als es dann plötzlich wieder recht kalt wurde, erstarrten sie, fielen auf den Erdboden und gingen zugrunde. Ich ging an mehreren Stellen einige Schritte in das Rapsfeld hinein und sah den Boden überall mit toten und sterbenden Bienen bedeckt. In dem Jahre klagten die Imker und die Rapsbauern über geringe Erträge.

Versäume nicht, an einem kalten Tage ein blühendes Rapsfeld aufzusuchen — es ist oft ein Leichenfeld.

Suche den Rapsglanzkäfer (Meligéthes aenéus) in der Blüte!

Er ist 1–2 mm lang, oben meist erzgrün und fein behaart. In der goldgelben Blüte fällt er sofort auf. Biege die Blütentraube vorsichtig etwas zur Seite, halte die andere Hand darunter und schüttele leicht: du hast dann meist zahlreiche Käfer in der Hand und kannst daran abschätzen, wie stark der Käferbefall ist. (Abb. Tafel S. 96, Nr. 6.)

Der Rapskäfer überwintert im Boden und befällt die Pflanzen, wenn sie etwa kniehoch sind und Knospen treiben. Die Larven leben in den Knospen und im Inneren der Blüte und richten großen Schaden an. Durch ein giftiges Spritzmittel werden sie vernichtet. Das muß aber angewandt werden, wenn der Raps noch in der Knospe steht. Erfolgt die Bespritzung erst während der Blüte, hilft sie nicht mehr, die Bienen vergiften sich und gehen ein.

Die Blüte

a) Achte auf die Anordnung der Blüten. An dem oberen Abschnitt des Stengels und der Zweige entspringen zahlreiche Blütenstiele, die je eine Blüte tragen. Die Blüten sind an ihrer gemeinsamen Achse ringsum ziemlich gleichmäßig verteilt. Ein solcher Blütenstand heißt Traube. Die einzelne Blüte ist klein und scheint nicht weithin. Die reich besetzten Blütentrauben der stattlichen Pflanze werfen ihren Schein wie ein vielarmiger Leuchter über den halben Acker hinweg, wie man an einzeln stehenden Rapspflanzen beobachten kann. Ein ganzes Feld aber leuchtet von einer Gemarkung in die andere hinüber.

b) Achte darauf, wie das Aufblühen des Blütenstandes verläuft. Die unteren Blüten öffnen sich zuerst, die obersten zuletzt. Gerade so kannst du es auch an den Blütenständen der Roßkastanie beobachten, oder am Gartenrittersporn, an Ripsengräsern . . . Denke einmal darüber nach, warum das wohl so ist.

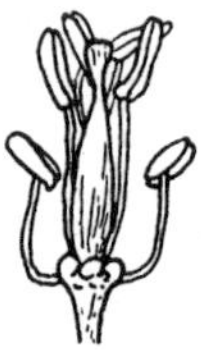

c) Die Blüte hat vier grünlichgelbe Kelchblätter und vier gelbe Kronblätter, die kreuzweise angeordnet sind. Eine solche Blüte heißt „Kreuzblüte". In der Mitte stehen vier lange und zwei kurze Staubgefäße. Am Grunde der Staubfäden sitzen vier grüne Drüsen, die den Nektar absondern. (Abb.)

d) Beobachte eine Biene in der Blüte. Wo fliegt sie an? Saugt sie Nektar oder holt sie Blütenstaub? Die Schienen der Hinterbeine sind besonders stark behaart, unter der Behaarung ist eine Vertiefung. In diesem „Körbchen" sammelt die Biene den Blütenstaub, in einem dicken Ballen hängt er hier fest. Es sieht aus, als hätte sie „Höschen" an. (Abb. S. 6.) Aber auch am ganzen übrigen Körper ist sie mit Blütenstaub eingepudert wie ein Bäcker in der Backstube mit Mehl. Diesen Staub verschleppt sie von Blüte zu Blüte, überall fällt etwas ab, in jeder Blüte wird etwas hinzugenommen, so daß eine Mischung aus zahlreichen Staubkörnchen vieler Rapspflanzen entsteht. Diesen fremden Staub verschleppt die Biene von Blüte zu Blüte und streicht ihn überall auf den Narben ab, wenn sie mit ihrem Rüssel den Nektar von den vier grünen Drüsen holt, die am Grunde der Staubfäden sitzen. Diese Art der Bestäubung heißt Fremdbestäubung. So verlangt es der Raps, damit aus der Bestäubung die Befruchtung und später die Frucht entsteht.

Das Blatt

Ein blühendes Rapsfeld kennt jedermann. Aber kennst du es auch, wenn es nicht blüht? An den Blättern?

a) Der im Frühling blühende Raps wird im Spätsommer gesät und bildet bis zum Eintritt des Winters eine Blattrosette, die dem Boden dicht anliegt. Auf dieser Wachstumsstufe verharrt die Pflanze den Winter hindurch und ist gegen Schneedruck und Frost geschützt. (Ist das Wetter im Herbst sehr günstig, schießt der Stengel schon jetzt ein Stück in die Höhe und geht dann meist in strengen Wintern zugrunde.

An der ausgewachsenen Pflanze stehen die Blätter wechselständig. Die untersten, die überwinterten Rosettenblätter, sind fast bis auf die Mittelrippe tief eingeschnitten, sie sind fiederspaltig. Je höher am Stengel hinauf, um so kleiner werden die Blätter. Die oberen sind ganzrandig, länglich und umfassen den Stengel zur Hälfte mit herzförmigem Grunde. (Abb.)

b) Achte auf die Rinnen in der Mitte der Blätter. Wenn du wissen willst, welche Aufgabe sie im Leben der Rapspflanze haben, so träufele einige Tropfen Wasser darauf. Es wird von den schrägstehenden Blättern dem Stengel zugeleitet und fließt daran hinunter an die Wurzel. Auf diese Weise fängt die Pflanze das Regenwasser auf.

c) Achte auf den blaugrünen Belag der Blätter. Wenn du wissen willst, welche Bedeutung er im Leben der Pflanze hat, so tauche ein Blatt ins Wasser. Wenn du es herausziehst, siehst du, daß es nicht feucht geworden ist. Wische den Belag ab und tauche es abermals ein. Diesmal stellst du fest, daß es sich an der abgeputzten Stelle angefeuchtet hat. Der blaugrüne Belag ist eine Wachsschicht, an der das Wasser wie an einem Gummimantel herunterläuft. Dieser Überzug schützt die Pflanze vor Nässe und hält die winzig feinen Atemlöcher der Blätter und des Stengels frei.

Die Frucht

Wenn der Fruchtstand oben blüht, haben sich in seinem unteren Teile bereits die Früchte gebildet. Die Frucht hat zwei lange Nähte, die bei der Reife unten aufspringen. Dabei klappen die Seitenwände nach oben auf, die Mittelwand mit den Samen bleibt auf dem Fruchtstiel stehen. Eine solche zweifächerige Frucht heißt Schote. Da die Samen leicht abfallen, muß der Raps schon geerntet werden, bevor die Früchte aufspringen. (Abb.)

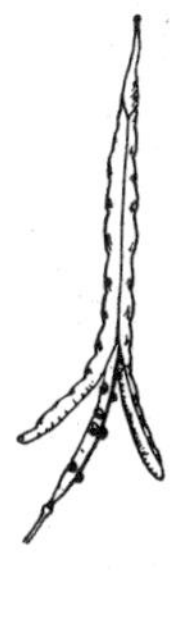

Lege einige Samenkörner zwischen weißes Papier und zerdrücke sie. Es entsteht ein bleibender Fettfleck, weil die Samen ein fettes

Öl enthalten. Dieses Rüböl war in alten Zeiten das einzige Speiseöl und das wichtigste Beleuchtungsmittel für Wohnungen und Arbeitsplätze.

Die Familie der Kreuzblütler

Pflanzen, deren Blüten und Früchte so gebaut sind wie die des Rapses, gehören in die Familie der Kreuzblütler.

Merkmale: Kelchblätter 4, Kronblätter 4, mit den Kelchblättern abwechselnd (gekreuzt!). Staubgefäße 6 (4 lang, 2 kurz). Frucht eine zweifächerige Schote. Kräuter mit wechselständigen, einfachen oder gefiederten Blättern.

Aufgabe: Prüfe an folgenden Pflanzen nach, ob sie zu den Kreuzblütlern gehören. a) Im Garten: Blühende Kohlarten, Goldlack, Rettich, Hirtentäschelkraut ... b) Auf dem Acker: Ackersenf, Hederich ... c) Auf der Wiese: Wiesenschaumkraut ... d) In Gewässern: Brunnenkresse. — In Deutschland kommen weit über hundert Arten vor, die der großen Familie der Kreuzblütler angehören. Davon wachsen viele an Wegen und Schuttplätzen. Versuche, ob du hier einige feststellen kannst und laß dir die Namen von einem Pflanzenkenner sagen.

14. Die Feldhecke blüht

I. Die Sträucher blühen gelb

A. Sträucher ohne Dornen.

1. Blüten einzeln oder zu 2 in den Blattachseln, vom Bau der Erbsenblüte (Schmetterlingsblüte), Äste rutenförmig, grün, kantig. Blätter 3 zählig. **Besenstrauch.** *Sarothámnus scopárius.*

2. Blüten in dichten, eiförmigen Rispen. Blätter gegenständig, meist 5zählig gefiedert. Mark der Zweige gelbbraun. **Traubenholunder.** *Sambúcus racemósus.*

B. Strauch mit Dornen.

Blüten in dichten, hängenden Trauben. Am Grunde der Blätter 3teilige, seltener einfache Dornen. Blätter anfangs büschelig, fein aber scharf gesägt. **Sauerdorn, Berberitze.** *Bérberis vulgáris.*

II. Die Sträucher blühen weiß

A. Sträucher mit Dornen.

1. Der Strauch blüht vor dem Laubausbruch. **Schwarzdorn, Schlehe.** *Prunus spinósa.*

2. Blüht nach dem Laubausbruch. Blüten in aufrechten Sträußen. (Unangenehmer Geruch der Blüten, werden von Fliegen und Käfern bestäubt). Blätter 3–5 lappig. **Weißdorn.**
Cratáegus oxyacántha.

B. Sträucher ohne Dornen.

a) Blüten in hängenden Trauben.
Blüte vom Bau der Kirschblüte. Blattstiel mit 2 Drüsen (Abb.). Blätter länglich-verkehrt-eiförmig. **Traubenkirsche.**
Prunus padus.

b) Blüten in Dolden.

α) Blätter einfach.

*) Blätter gegenständig.

1. Blätter ganzrandig, elliptisch zugespitzt. Zweige im Herbst und Winter blutrot. **Hartriegel.**
Cornus.

2. Blätter gesägt, elliptisch, unterseits graufilzig. Blüten wohlriechend. **Wolliger Schneeball.**
Vibúrnum lantána.

3. Blätter gelappt, 3–5 lappig, oberseits kahl, unterseits flaumig behaart. Großer Blütenstand. Krone glockenförmig, Randblüten strahlend. (Lockapparat!) **Schneeball.**
Vibúrnum ópulus.

**) Blätter wechselständig.

1. Blätter unterseits grau bis schneeweiß filzig. Blütenstiele weißfilzig. **Mehlbeere.**
Pirus ária.

2. Blätter unterseits nicht filzig. Blütenstiele am Grunde von Knospenschuppen umhüllt. Blattstiele mit 1–2 roten Drüsen (Abb.). Rinde in der Jugend glatt, glänzend, löst sich ringförmig in bandartigen Streifen ab. **Vogelkirsche.**
Prunus ávium.

β) Blätter gefiedert.

1. Blätter gegenständig. Blütenstand schirmförmig, meist 5-strahlig. Geruch: Fliedertee. **Schwarzer Holunder.**
Sambúcus nigra.

2. Blätter wechselständig. Blütenstand in Doldentrauben. Geruch: unangenehm. **Eberesche, Vogelbeere.**
Pirus aucupária.

III. Die Sträucher blühen gelblichweiß

1. Stengel windend. Blüten an den Zweigenden kopfig gehäuft. Blätter gegenständig. (Legt sich oft so fest um die Baumstämme, daß tiefe, spiralige Einschnürungen entstehen. Diese so entstandene Schraubenzieherform an Hainbuchen heißt „Ziegenhainer", der ehemals viel als Wanderstab benutzt wurde, man sieht ihn auch heute noch bei wandernden Zimmerleuten.) **Geißblatt.** *Lonicera periclýmenum.*

2. Stengel nicht windend. Blüten paarweise in den Blattachseln. Blätter gegenständig, elliptisch, ganzrandig. **Heckenkirsche.** *Lonicera xylósteum.*

IV. Der Strauch blüht gelblichgrün

Blüten in Doldentrauben, blaßgrün, gelblichgrün. Blätter gegenständig, elliptisch. Zweige 4 kantig, grün. **Pfaffenhütlein, Spindelbaum.** *Evónymus europǽus.*

V. Die Sträucher blühen rosenrot

Strauch mit Stacheln. Äste lang überhängend. Blätter gefiedert, Blättchen 5–7. Blüten meist hellrosa, seltener weiß. Kommt in vielen Formen vor. **Hundsrose.** *Rosa canina.*

15. Dorn oder Stachel?

1. Alle Heckensträucher mit Dornen führen in ihrem Namen das Grundwort Dorn: Weißdorn, Schwarzdorn oder Schlehdorn, Sauerdorn (Berberitze), Kreuzdorn, Bocksdorn (Teufelszwirn).

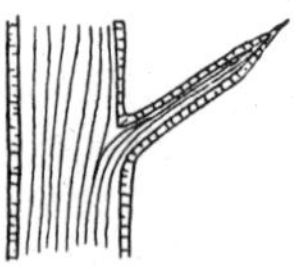

Stachelbeere, Brombeere, Himbeere, Rose tragen Stacheln.

2. Versuche, vom Weißdornzweig den Dorn und vom Stachelbeerzweig oder vom Rosenzweig den Stachel abzulösen!

   Ergebnis: a) Der Dorn läßt sich nicht ablösen, er kommt aus dem Holz, ist von der Rinde überwachsen und ist ein kurzer, starrer, in eine stechende Spitze auslaufender Zweig. — b) Der Stachel läßt sich ablösen, er kommt aus der äußeren Rindenschicht und ist ein Gebilde der Oberhaut.

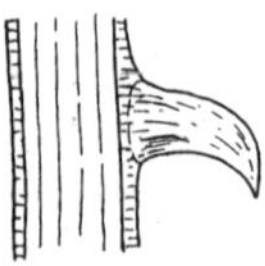

3. Untersuche jetzt, ob die Rose Dornen oder Stacheln hat! Beurteile das Sprichwort: Keine Rose ohne Dornen!

   Untersuche weiter, ob folgende Pflanzen Dornen oder Stacheln haben: Wilder Apfelbaum, junge Zwetschgenschößlinge, Brombeere, Stechginster, Robinie, dornige Hauhechel, Distel!

Das Dorngesträuch der Hecke trägt also zum Teil Dornen, zum Teil Stacheln. Der Hopfen hat ankerartige Klimmhaken, mit denen er sich festhält. Achte auf den Bau der Stacheln an den Heckenrosen: Welche Bedeutung hat es, daß sie sich mit der Spitze nach unten krümmen?

16. Heckensträucher mit Dornen

A. Die Dornen sind einfach.

a) Die Zweige sind starr, aufrecht. Die Blätter und Blüten stehen in Büscheln.

1. Blätter lanzettlich. Rinde schwärzlich. Blüten weiß. **Schlehe, Schwarzdorn.** *Prunus spinósa.*

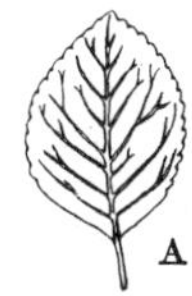
A

2. Blätter rundlich, doppelt so lang wie ihr Stiel, mit wenigen Seitenrippen, die unterseits vortreten. Blüten zartrosa. (A) **Holzapfel, Wilder Apfelbaum.** *Pirus malus.*

B

3. Blätter rundlich, etwa so lang wie ihr Blattstiel, mit zahlreichen Seitenrippen, die unterseits nicht vortreten. Blüten weiß, Staubbeutel rot. (B) **Holzbirne.** *Pirus commúnis.*
4. Blätter verkehrt eilänglich. Dorn schlank, zuweilen leicht gebogen, braun oder grau, bis 6 cm lang. Früchte mit 2 (3) Steinkernen. (S. 19) **Hahndorn.** *Cratáegus crusgálli.*
5. Blätter eiförmig, zuweilen gelappt. Dorn glänzend purpurbraun, bis 12 cm lang. Früchte mit 2 (3) Steinkernen. **Langdorniger Weißdorn.** *Cratáegus macracántha.*

6. Blätter fast fiederteilig gelappt. Früchte mit 1 Steinkern. **Eingriffliger Weißdorn.** *Cratáegus monógyna.*

b) Die Zweige sind sehr schlank, teilweise aufrecht, teilweise überhängend. Blätter länglich, graugrün. Blüten einzeln oder zu mehreren in den Blattachseln, violettrot. Bis 3 m lang. (S. 21) **Bocksdorn, Teufelszwirn.** *Lýcium halimifólium*

♀ ♂

B. Die Dornen sind einfach oder gabelästig, immer am Ende der Zweige. Blätter gegenständig. Blüten gelbgrünlich, in Büscheln. Holz im Kern orangerot. Zweig durchschneiden! **Kreuzdorn.** *Rhamnus cathártica.*

C. Die Dornen stehen zu zweien am Grunde der gefiederten Blätter. Blüten weiß, in langen, hängenden Trauben. **Robinie, Akazie.** *Robinia pseudacácia.*

D. Die Dornen stehen meist zu dritt am Grunde der Blätter. Blätter anfangs büschelig, verkehrt-eiförmig, feingesägt. Blüten gelb, in gestielten, hängenden Trauben. **Sauerdorn, Berberitze.** *Bérberis vulgáris.*

Heckensträucher mit Stacheln: Stachelbeere, Heckenrose (Hundsrose), Himbeere, Brombeere.

17. Schlinggewächse der Hecke

Aus dem Dickicht der Heckensträucher streben einige, durch besondere Einrichtungen dazu befähigte dem Lichte zu. Sie winden oder klettern. Der Hopfen hat Klimmhaken.

I. Die Blätter sind einfach, länglichrund

A. Blätter gegenständig, quirl-köpfig.

1. Blätter alle getrennt, die oberen sitzend. Blüten in gestielten Köpfen, gelblichweiß, wohlriechend, zuweilen purpurn. 2–3 m hoch. **Waldgeißblatt.**
2. Blätter (der blühenden Zweige) am Grunde verwachsen. Blüten in einem sitzenden Kopfe, hellpurpurn, gelblichweiß oder weiß. 3–5 m hoch. An Gartenlauben und verwildert. **Gartengeißblatt, Jelänger-jelieber.** *Lonícera caprifólium.*

B. Blätter wechselständig, länglich, ganzrandig. Zweige sehr lang, rutenförmig, überhängend, kantig, oft dornig. Blüten zu 1–5, lila, violett, wohlriechend. 1–3 m hoch. **Bocksdorn, Teufelszwirn.** *Lýcium halimifólium.*

Hopfen

II. Die Blätter sind einfach, tief 3–5lappig

1. Blätter glänzend, immergrün, lederartig, 5eckig gelappt; Blätter der blühenden Zweige ungelappt, eirundlich. Blüten in einfachen Dolden, gelblichgrün. Stengel mit Klammerwurzeln, bis 15 m hoch. **Efeu.** *Hédera helix.*
2. Blätter sehr rauh, 3–5 lappig. Männliche Blüten in lockeren Rispen, weibliche in Kätzchen; zweihäusig:

d. h. auf einer Pflanze nur männliche, auf einer anderen nur weibliche Blüten. Stengel rechts windend, mit ankerartigen Klimmhaken versehen, bis 6 m hoch. **Hopfen.**
Húmulus lúpulus.

III. Die Blätter sind zusammengesetzt

Unpaarig gefiedert oder 3zählig, gegenständig. Blüten in Turgdolden, gelblichweiß. Bis 5 m hoch. **Waldrebe.**
Clemátis vitálba.

18. Lichthunger der Heckenpflanzen

Viele Heckenpflanzen, Sträucher wie Kräuter, streben aus dem dichten, beschattenden Gestrüpp ins Licht.

1. Die Heckenpflanzen haben besondere Einrichtungen, durch die sie sich in den Lichtgenuß setzen.
   a) Windender Stengel: Hopfen, Zaunwinde . . .
   b) Ranken: Zaunrübe, Wicken . . .
   c) Klimmhaken: Hopfen.
   d) Stacheln: Rosen, Brombeeren . . .
   e) Borsten: Klebkraut . . .
   f) Verstärktes Längenwachstum: Große Brennessel, Kälberkropf . . .
2. Das Innere der Hecke ist beschattet. Was wächst hier?
3. Das Blattwerk an der Außenseite der Hecke wendet sich dem Licht zu. Es stellt sich so ein, daß möglichst kein Blatt das andere verdeckt. Suche deutliche Beispiele dafür! Diese Blattstellung nennt man Blattmosaik. (S. 23.)

19. Die Taubnessel- oder Bienensaug-Arten der Hecke

1. Jedes Kind kennt:
   a) Den Unterschied zwischen Brennessel und Taubnessel: die eine brennt, die andere nicht, sie ist taub.
   b) Die weißen und roten Blüten der Taubnesseln, die von den Hummeln beflogen werden, um den Honig zu saugen.
2. Taubnesselarten:
   An der Hecke und nebenan auf dem Acker wachsen verschiedene Taubnesselarten. Alle haben den gleichen Bau: Stengel 4 kantig, Blätter gegenständig; Krone röhrig, mit 2 deutlichen Lippen;

Kelch 5 zähnig; Staubblätter 4 (2 lang, 2 kurz), unter der helmförmigen Oberlippe liegend; Griffel 1, mit 2 spaltiger Narbe; Fruchtknoten am Grunde der Blüte, tief 4 teilig. — Prüfe diese Angaben an der weißen Taubnessel nach!

I. Blüten weiß

Blüten in Scheinquirlen. Blätter herzförmig, grob gesägt. Hecken, Gebüsche, Schuttstellen. Gemein. **Weiße Taubnessel.**
Lámium album.

II. Blüten rot

a) Kronröhre gerade.
1. Kronröhre innen mit Haarring. Alle Blätter gestielt. Äcker, Gärten, Schuttplätze. Gemein. **Rote Taubnessel.**
Lámium purpúreum.

2. Kronröhre innen ohne Haarring. Obere Blätter sitzend, den Stengel umfassend. Auf bebautem Boden häufig. (Die kleinen Blüten bleiben geschlossen, sie befruchten sich selbst.) **Stengelumfassende Taubnessel.**
Lámium amplexicáule

b) Kronröhre gekrümmt.
Kronröhre innen mit querlaufendem Haarring.

Blüten hellpurpurn, Unterlippe dunkler gefleckt. Blätter weißlich gefleckt. Hecken, Gebüsch, Laubwälder. Häufig. **Gefleckte Taubnessel.**
Lámium maculátum.

III. Blüten gelb

Untere Blätter größer als die oberen, langgestielt, oft gefleckt. Meist in Laubwäldern und Gebüsch, oft auch in Hecken. Solche Hecken liegen fast immer in der Nähe des Waldes und waren ehemals der Waldrand, bei der Rodung blieb der Waldrand als Hecke zurück und mit ihm die Waldblumen. **Goldnessel.**
Lámium lúteum.

20. Ein Mischling in der Hecke

An Waldrändern und vereinzelt auch in Hecken blühen in den Frühlingsmonaten zwei Bäume, die auch als Sträucher vorkommen, deren weiße, schirmförmige Blütenstände auffallen: die Vogelbeer-Eberesche und die Mehlbeer-Eberesche. Beide sind allgemein als Vogelbeerbäume durch ihre scharlachroten Früchte bekannt.

Das Blatt der Vogelbeere ist unpaarig gefiedert, es hat 5–11 sitzende

Blättchen. Das Blatt der Mehlbeere ist einfach, langrund, kleingelappt oder doppelt gesägt; es hat 7–10 Seitennerven, die auf der Unterseite kräftig hervortreten; oberseits ist es glänzend dunkelgrün, unterseits schneeweiß filzig.

Das Blatt der Vogelbeere ist also sehr deutlich von dem Blatt der Mehlbeere verschieden.

Vogelbeere *(Pirus aucuparia)* und Mehlbeere *(Pirus ária)* sind die Stammeltern der Mischlings-Eberesche, die häufig in Gärten angepflanzt wird, hier und da aber auch im Freien vorkommt. Ihre Blätter sind länglich, in der unteren Hälfte teils gefiedert, teils fiederspaltig; in der oberen Hälfte sind sie eingeschnitten-gelappt; unterseits sind sie dünnfilzig. (Abb.)

Aufgabe: Welche Merkmale hat der Mischling von der Mehlbeere geerbt? Welche Merkmale hat er von der Vogelbeere geerbt?

Merke: Der Mischling (Bastard) ist hervorgegangen aus einer Kreuzung zwischen Vogelbeere und Mehlbeere. Das wird so geschrieben: *Pirus aucupária* $\times$ *Pirus ária* = *Pirus hýbrida*. (*hybrida* vom gr. *hybris* = unecht, Bastard, Mischling.)

Familie — Gattung — Art — Rasse — Schlag

Vogelbeere und Mehlbeere sind zwei Arten. Die Mischlings-Eberesche ist also ein Art-Mischling. Die Kreuzungen zwischen Hühnern und Hühnern, zwischen Tauben und Tauben, zwischen Hunden und Hunden, Pferden und Pferden, Rindern und Rindern, Schafen und Schafen sind Rassenkreuzungen. Die Kreuzungen zwischen Haushuhn und Fasan ist eine Gattungskreuzung. Unsere Haustiere und Kulturpflanzen werden vielfach gekreuzt, um neue Rassen (so sagt man bei Tieren) oder Sorten (so sagt man bei Pflanzen) zu züchten. Diese Kreuzungen sind also fast immer Rassenkreuzungen.

Familie: Kernobst.

Gattungen:	Eberesche Weißdorn Quitte Apfel Mispel
Arten:	Vogelbeere Mehlbeere Elsbeere Apfel Birne
Rassen (Sorten):	Grafensteiner Reinette Parmäne
Spielart (Schlag):	Graureinette Kasseler Reinette

B. Tierleben

Je mehr im Frühling das Getreide in die Höhe schießt und die Kartoffel- und Rübenäcker ergrünen, um so mehr Deckung finden die Tiere des Feldes und um so aufmerksamer mußt du durch die Gemarkung gehen, wenn du etwas beobachten willst.

1. Wie mußt du dich auf einem Feldweg verhalten, wenn du etwas beobachten willst?

Je höher das Getreide wird, um so mehr gleicht der Feldweg einer engen Gasse. Wie in den Gassen der Dörfer und Städte, so ist auch in des Kornes engen Gassen Verkehr. Wenn du die Anwohner und Passanten sehen und hören willst, mußt du dich entsprechend verhalten.

1. Biege vorsichtig in den Feldweg ein und laß deinen suchenden Blick lang darüber hinweggehen. Es könnten da sein: Reh, Fuchs, Hase, wildernde Katze, Wiesel, Iltis, Raubvogel, Rebhühner . . .
2. An einer Wegekreuzung sei besonders vorsichtig und aufmerksam.
3. Suche die Wand der hohen Getreidefelder immer ein Stück Weges im voraus ab und halte den Blick dabei auf den Boden gerichtet. Ich sah mehrfach den Kopf einer Katze aus Roggenfeldern hervorschauen. Merke dir diese Stelle genau: die Katze steht entweder in einer Ackerfurche oder in einer sehr weiten Drillspur, in der sie entlanglaufen und links wie rechts den Boden in den nächsten Halmreihen nach Beute absuchen kann. Ehemals als das Korn noch mit der Hand gesät wurde, konnte die Katze (wie auch Fuchs, Iltis, Wiesel) nur in der Ackerfurche entlang laufen. Heute haben die Feldräuber leichtere Jagd. Ein Bauer, der schlecht drillt und die Radspuren der Sämaschine doppelt laufen läßt, erleichtert dem Raubzeug die Jagd.
4. Im Erstfrühling sind die mit Hackfrüchten (Kartoffeln und Rüben) bestellten Äcker noch kahl. Sie werden von Rebhühnern, Wachteln, Wieseln überquert, die von einem Getreidefeld in das gegenüberliegende laufen. Gehe nicht achtlos daran vorüber!
5. Richte deinen Blick auch auf die Getreidefelder. Ein Jäger sieht sofort, ob das Gehörn eines Rehbockes aus den Ähren hervorragt. Wenn bei Windstille die Halme sich bewegen, so ist anzunehmen, daß sich an der Stelle ein Tier aufhält. Störe es nicht, sondern beobachte es!
6. Vergiß nicht, immer wieder auch den Weg selber abzusuchen.

2. Achte auf die Mäuse, die der Pflug auswirft!

Nach einem milden Winter kannst du im Frühjahr auf Äckern und Wiesen und Hecken Mäuse beobachten. Bei der Frühjahrsbestellung werden sie vom Pfluge ausgeworfen. Eine ausführliche Bestimmungstabelle findest du in Heft 3 Sommer, Herbst; bei der Ernte und Herbstbestellung laufen sie oft in Scharen auf dem Felde umher. Achte jetzt auf ihren Lauf!

A. Sie laufen in langen, hohen Bogensätzen davon: Springmäuse. Sofort zu erkennen an dem langen Schwanz und den großen Ohren. Es kommen nur zwei in Frage: Waldmaus und Gelbhalsmaus.

B. Sie laufen in flachen Bogensprüngen davon.
   a) Auf dem Rücken vom Kopf bis zur Schwanzwurzel ein schwarzer Strich: Brandmaus.
   b) Oberseite ohne Rückenstrich: Hausmaus und Ährenmaus.

C. Sie springen senkrecht in die Höhe, wenn sie erschreckt werden.
   a) Sie ducken sich vor dem Aufsprung: Waldmaus und Gelbhalsmaus.
   b) Sie ducken sich nicht erst vor dem Aufsprung: Hausmaus und Ährenmaus.

D. Sie laufen in der Regel ohne Bogensprünge, dicht auf dem Boden hin. Sofort zu erkennen an dem walzenförmigen Körper, der stumpfen Schnauze und dem kurzen Schwanz.
   a) Kleine Arten: Feldmaus, Erdmaus, kurzohrige Erdmaus.
   b) Eine große Art: Wühlmaus (Mollmaus).

3. Auch Spitzmäuse werden oft vom Pfluge ausgeworfen

Du kannst die Spitzmäuse auf den ersten Blick von den Mäusen an folgenden Merkmalen unterscheiden: Kopf in eine vorgestreckte Schnauze zugespitzt (daher Spitzmaus!); kleiner als Mäuse; Schwanz kürzer als der Körper. Siehe S. 65! Nicht töten!

1. Schwanz kürzer als der halbe Körper. Körperlänge 10 cm. Feldspitzmaus.
2. Schwanz länger als der halbe Körper. Körperlänge 7 cm. Hausspitzmaus.

4. Achte auf die Kleintiere, die der Pflug auswirft!

A. Tiere, die davonlaufen.

a) Käfer, Ohrwürmer, Tausendfüßler.

b) Käferlarven (6 Füße!) Nicht zu verwechseln mit Tausendfüßlern, die viele Beine haben!)

1. Körper walzig, steif, hornig (daher „Drahtwurm"), dunkelbraun. Mehrere Arten in Gärten, Wiesen und auf Äckern. Oft in großen Mengen, fressen die Wurzeln des keimenden Getreides ab und richten großen Schaden an. (In einigen Gegenden nennen die Bauern diesen Wurzelfraß „meken".) Werden von Spitzmäusen und dem Maulwurf gefressen. Die Käfer, die sich aus diesen Larven entwickeln, sind die Saat-Schnellkäfer; man findet sie oft auf den Blüten der Doldenpflanzen. **Drahtwurm.** *Agriótes lineátus.*

2. Körper flachgedrückt, bis 2 cm lang. 2 Fußklauen. Schnell laufende Tiere. Larven mehrerer Arten von Laufkäfern, die alle nützlich sind. **Laufkäfer-Larve.** *Carabiden.*

3. Ähnliche Larven wie die der Laufkäfer, aber nur mit einer Fußklaue. Gleichfalls nützliche Tiere. **Kurzdeckflügler.** *Staphyliniden.*

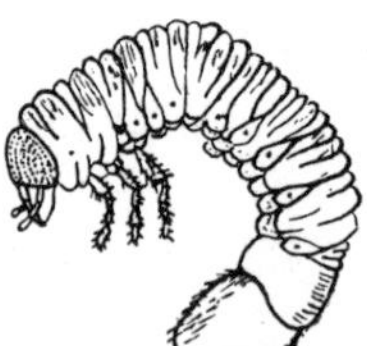

B. Tiere, die nicht davonlaufen.

1. Käferlarven. In der Regel 6 Beine. Larve weiß, bis fingerdick. Kopf und Beine gelb. Großer Schädling. **Engerling.** *Larve des Maikäfers.*

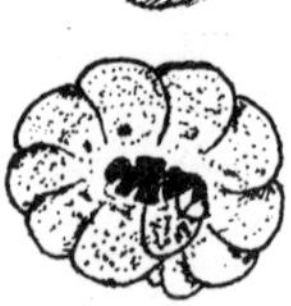

2. Schmetterlingslarven: Raupen. 16 füßig. Viele verschiedene Arten: behaart oder nackt, meist erdfarben. Alle in der gleichen Weise schädlich wie der Engerling. Aus ihnen entwickeln sich als Schmetterlinge die Erdeulen. **Erdraupen.** *Agrótis.*

5. Kennst du die Regenwürmer, die der Pflug auswirft?

Beim Pflügen des Ackers und beim Graben des Gartens werden Regenwürmer ausgeworfen. Du findest sie unter alten Düngerhaufen, im Kompost, in der Laubstreu und unter Steinen. Wenn du sie genau betrachtest, kannst du vier Arten unterscheiden.

A. Zwei große Arten, bis 36 cm lang. Der Fortsatz des hinteren Kopflappens reicht bis an den 2. Körperring. (Abb.)

1. Bis 36 cm lang. Gelbbraun. 180 Körperringe. Gürtel vom 31. bis 37. Ring. In Acker- und Gartenerde. **Großer Regenwurm.** *Lúmbricus terréstris.*
2. Bis 15 cm lang. Rücken rotbraun, Bauch heller. 120 Körperringe. Gürtel weiter vorn, 26.–32. Ring. In Acker-, Garten- und Walderde und alten Baumstümpfen. **Roter Regenwurm.** *Lúmbricus rubéllus.*

B. Zwei kleine Arten, bis 15 cm lang. Der Fortsatz des hinteren Kopflappens reicht nicht bis an den 2. Körperring. (Abb.)

1. Bis 15 cm lang. Ganzer Körper fleischfarben, jeder Ring mit einem purpurfarbigen Querstreifen. 110 Körperringe. Gürtel umfaßt 5–9 Ringe. In Misthaufen, unter faulenden Pflanzen. **Dungwurm.** *Eisénia fóetida.*
2. Bis 6 cm lang. Gelb fleischfarben, Körper durchscheinend. 120–150 Körperringe. Gürtel umfaßt 5–9 Ringe. In Gartenerde. **Kleiner Regenwurm.** *Eisénia rósea.*

Beobachtungen:

1. Du kannst die Regenwürmer aus dem Boden heraustreiben, wenn du fest mit dem Fuß stampfst. Achte dabei auf die Wurmlöcher!
   a) Es kommen heraus: der große und der rote Regenwurm.
   b) Es kommen nicht heraus: Dungwurm und kleiner Regenwurm.
2. Nach Regen siehst du die Kriechspuren der Regenwürmer im weichen Boden auf den Straßen und Wegen, oft auch die Würmer.
   a) Die Kriechspuren hinterlassen: Großer und roter Regenwurm.
   b) Bei Regen kommen nicht heraus: Dungwurm und kleiner Regenwurm.
3. Gehe abends in eurem Garten an eine Stelle mit vielen Wurmlöchern und verhalte dich eine Weile sehr ruhig. Leuchte von Zeit zu Zeit den Platz mit der Taschenlampe ab. Du wirst Regenwürmer draußen sehen.

a) Es kommen nachts heraus: Großer und roter Regenwurm.
b) Es kommen nachts nicht heraus: Dungwurm und kleiner Regenwurm.

4. In den Wurmlöchern stecken oft Strohhalme, Vogelfedern, Blätter, Papier, Wollfäden u. a.
   a) Untersuche diese Stoffe: sie sind angefault, wenn sie längere Zeit im Boden gesteckt haben; sie bilden die Nahrung der Würmer.
   b) Wenn du siehst, daß diese Stoffe sich in dem Wurmloch bewegen, achte auf, ob der Wurm sie weiter zu sich hereinzieht. Ist der Erdboden sehr locker, stich mit einem Spaten tief genug hinein und hebe den Wurm heraus. Versuche das auch an solchen Stellen, wo kurz zuvor ein Misthaufen oder ein Komposthaufen weggeräumt wurde, unter denen sich die Dungwürmer aufhalten. Wenn du diesen Versuch vielfach wiederholst, wirst du feststellen, daß alle vier Regenwurmarten Halme, Federn und dergleichen Stoffe in ihre Löcher ziehen.
   c) Wer Geduld (und Glück) hat, kann beobachten, wie der Regenwurm die Stoffe in sein Loch zieht. Wähle dazu eine Stelle, wo viele Wurmhäufchen liegen: z. B. vor einer Gartenlaube. Auf solche Plätze mußt du recht behutsam zugehen, in einiger Entfernung stehenbleiben und sie überblicken. (Ich habe es mehrfach beobachten können.)
5. Laß einen Regenwurm über Zeitungspapier kriechen und achte auf das feine Geräusch, das dabei entsteht. Ursache: Borsten an der Bauchseite des Körpers. Untersuche sie mit der Lupe: je 2 in 4 Längsreihen, hakenförmig. Damit kann er sich an den glatten, senkrechten Wänden der Wurmlöcher festhalten, außerdem durch seinen zusammenziehbaren Körper.
6. Beim Pflügen und Graben werden zahlreiche Regenwürmer durchgeschnitten. Die Wundstellen verheilen. Dabei entwickelt sich die Schnittstelle des Vorderendes zum After, und die Schnittstelle des Hinterendes wird ein neuer Mund, so daß aus dem einen Wurm zwei geworden sind.

6. Die Wühlmaus *(Arvícola amphíbius)*

Die Frühjahrsbestellung im Garten ist beendet, sauber liegen die Beete da, die ersten Aussaaten laufen auf — da muß der Besitzer zu seinem großen Verdruß sehen, daß sich quer durch mehrere Beete ein aufgeworfener Erdgang zieht. Sein Sohn hat ihn auch schon gesehen und meint, es sei ein Maulwurfsgang. Der Vater sagt: „Nein, wir haben die Wühlmaus im Garten.“ Wer hat recht? — Auch auf den frischbestellten Äckern ziehen Maulwurf und Wühlmaus ihre Gänge. Versuche, sie zu unterscheiden!

Wühlmausgang oder Maulwurfsgang?

Lassen sich die Gänge der beiden Tiere unterscheiden? Das Flugblatt Nr. 98 vom Juli 1936 der „Biologischen Reichsanstalt für Land- und Forstwirtschaft“ sagt: Nein. Die Gebrüder Adolf und Wilhelm Müller schreiben in ihrem Buche „Tiere der Heimat“ (1882), daß man die Gänge der Wühlmaus von denen des Maulwurfs sehr wohl unterscheiden könne. Die beiden Brüder waren Förster und gute Naturbeobachter. Wer hat recht?

Berufsgärtner und Gartenbesitzer, die unter der Wühlmausplage zu leiden haben und auch den Maulwurf aus ihren frisch angelegten Beeten vertreiben müssen, irren sich selten. Die große Wühlmaus zieht ihre Gänge viel seichter als der Maulwurf und wühlt auch oft auf weite Strecken hin den Boden kreuz und quer auf. Da sie sich dabei dicht unter der Oberfläche hält, drückt sie die Schollen hoch, so daß der Gang deutlich zu sehen ist. Ist der Boden spröde und brüchig, so bricht die gewölbte Decke des Ganges in kleinere oder größere Stücke, so daß Risse und Öffnungen entstehen. Verfolgt man die Richtung der Gänge, so erkennt man bald, daß sie nach den Nahrungsquellen der Wühlmaus führen, namentlich nach den Beeten mit Schwarzwurzeln, Möhren, roten Rüben und anderer Wurzelgemüse.

Der Maulwurf gräbt tiefer unter dem Boden hin, darum sind seine Gänge weniger hoch gewölbt. Wer einen sich eingrabenden Maulwuf beobachtet, kann wahrnehmen, wie schnell er seinen Gang vortreibt und wie die Bodenschicht über ihm sich kaum merkbar bewegt. Seine Gänge verlaufen auch weniger kreuz und quer, sondern durchweg in gerader Linie, wie die aufgeworfenen Haufen zeigen, die wie an einer Schnur aufgereiht in kurzrasigen Wiesen oder auf jungen Saatfeldern zu sehen sind. Maulwurfsgänge in Gärten sind auch nicht regelmäßig auf die Beete mit Wurzelgemüse gerichtet, denn der Maulwurf ist kein Pflanzenfresser und geht nur tierischer Nahrung nach.

Wühlmaushaufen oder Maulwurfshaufen?

Beide Tiere werfen Haufen auf, oft recht hohe. In einem Maulwurfshaufen sind die Erdkrümel viel feiner als in einem Maushaufen. Will man sie aber völlig sicher unterscheiden, so schiebe man die Erde beiseite. Der Maulwurf läßt den Zugang zu der Laufröhre, der mitten unter dem Hügel liegt, meist offen, während die Wühlmaus den Eingang am Rande des Hügels anlegt und ihn fest verstopft, so daß man danach suchen muß, um ihn aufzufinden.

Die Wühlmaus legt ihren Bau an trockenen und sicheren Plätzen an: unter Baum- und Strauchwurzeln, unter Hecken und Büschen, unter Rainen und Hügeln. Er steht mindestens einen halben Meter, oft sogar über einen Meter tief im Boden und hat mehrere Zugänge. Die bei der Herrichtung des Baues freiwerdende Erde schafft die Maus hinaus und wirft sie in einem ansehnlichen Hügel auf. Das Nest baut sie nach Art der Feld- und Hausmäuse, es besteht aus zernagten und zerschlitzten Pflanzenteilen, Moos, Gras, Stroh und feinen Wurzeln. Das Weibchen wirft mehrmals im Jahre zwei bis sieben Junge.

Was tun?

Vertreiben? Vergiften? Schießen? Fangen? Als Hausmittel werden angeboten: Glasscherben, Dornen, Maschendraht. Sie helfen nicht. Die „Biologische Reichsanstalt“ empfiehlt Fallen, Giftgase und Giftköder. Wenn die Gartennachbarn sich an der Bekämpfung nicht gleichzeitig beteiligen, wandern die Wühlmäuse bald wieder ein. Ich versuchte sie zu schießen; wenn ich stundenlang auf dem Anstand gelegen hatte, ging ich ohne Jagdbeute heim. Ich suchte sie durch Überschwemmung ihrer Gänge zu vertreiben, schloß einen langen Gartenschlauch an den Hahn der Wasserleitung und ließ das Wasser sechs Stunden lang bei voll aufgedrehtem Hahn laufen. Es lief ununterbrochen ab, ohne sich zu stauen, und füllte sicher sämtliche Gänge, auch die der Nachbargärten. Erfolg: Nach kurzer Zeit waren die Wühlmäuse wieder da. Ich habe alle Mittel angewandt, von denen ich las oder hörte. Sie halfen nicht, weil die Gartennachbarn die Bekämpfung nicht gleichzeitig vornahmen.

Was tun? Ich verschaffte mir einen Igel, setzte ihn in meinen Garten, dichtete die Umzäunung so ab, daß er nicht entweichen konnte, und — überließ ihm die Bekämpfung, die mir nicht gelingen wollte. Erfolg? Schon im ersten Sommer war mein Garten frei von Wühlmäusen, obgleich die Gartennachbarn noch ständig klagten. Für den Winter richtete ich ihm ein geeignetes Lager her. In dem kalten Winter 1939/40 ging er ein, auch mehrere Jungigel lagen im Frühjahr erfroren in ihren Lagern. Schon im Sommer waren die Wühlmäuse wieder da. Im Herbst besorgte ich mir wieder einen Igel, den ich gut überwinterte. Erfolg ? Seither hat sich keine Wühlmaus wieder spüren lassen. Der Igel hat den Garten fünfzehn Jahre freigehalten.

Wir haben sie!

Wenn wir schließlich nach mancherlei Mühen die Maus gefangen haben, können wir in vielen Fällen nicht mit Sicherheit sagen, ob sie wirklich die Wühlmaus ist, die man auch Hamaus, Reutmaus oder Schermaus nennt. Eine alte, ausgewachsene Schermaus ist sofort als solche zu erkennen. Ein Jungtier aber kann man leicht mit den kleineren verwandten Arten verwechseln, die gleichfalls im Garten vorkommen.

Merkmale der ausgewachsenen Wühlmaus: Körperlänge 16 cm, Schwanzlänge 8 cm. Kopf stumpfschnauzig. Oberseite braun bis schwarzbraun, allmählich übergehend in die hellere Färbung der Unterseite, jedoch unten nicht weiß, sondern mit rötlichem bis gelbem Schimmer.

Wenn der Garten an das offene Feld grenzt oder in der Nähe des Waldes liegt, können außer der großen Wühl-, Scher-, Reut- oder Hamaus noch vier kleinere Arten vorkommen. Sie sind der großen Art insofern ähnlich, als sie alle eine stumpfe Schnauze und einen kurzen Schwanz haben. Sie unterscheiden sich von der großen Art aber dadurch, daß sie an der Unterseite weiß, weißlich oder weißgrau behaart sind. Die Schermaus ist an der Unterseite wohl heller gefärbt als an der Oberseite, aber niemals weiß oder weißgrau.

7. Wir finden einen toten Maulwurf

I. Der Körper ist noch gut erhalten

1. Der walzenförmige Leib: Vorn kräftiger als hinten. Bedeutung beim Graben?
2. Die Grabfüße: Breit wie Hände, die Scharrkralle am „Daumen“, die scharfen Nägel an den „Fingern“. Schaue sie genau an! Betaste sie!
3. Das dichte, weiche Fell: Es hat keinen „Strich“, keine bestimmte Richtung, legt sich nach allen Seiten glatt an; behindert also nicht in der Bewegung. Es ist sauber, man findet keine Erde darin. Prüfe nach!
4. Die sehr kleinen, im Pelz versteckten Augen: In der dunklen Erde ist der Maulwurf auf den Gesichtssinn nicht angewiesen. Suche sie auf!

5. Ohrmuscheln sind nicht vorhanden: Sie würden nur hinderlich sein, die im Pelz versteckten Ohröffnungen sind verschließbar. Der Maulwurf hört gut; wenn man ihn beim Stoßen beobachten will, muß man sehr ruhig stehen. Die dichte Erde ist ein guter Leiter des Schalles.

2/3 nat. Gr.

II. Der Körper ist in Verwesung übergegangen

Wende den toten Maulwurf mit einem Stöckchen um: du wirst in vielen Fällen Käfer darin finden, die ihre Eier am Aas ablegen. Die daraus sich entwickelnden Larven ernähren sich davon.

A. Käfer, die über 1 cm groß sind.

1. Schwarzer Käfer von 2–3 cm Größe, dessen Flügeldecken die letzten 3 oder 4 Hinterleibsringe frei lassen; Seitenrand der Flügeldecken rötlich. **Deutscher Totengräber.** *Necróphorus germánicus.*
2. Die schwarzen Flügeldecken tragen 2 rotgelbe, gezackte Querbinden, von denen die vordere breiter ist. **Gemeiner Totengräber.** *Necróphorus vespíllo.*
3. Einfarbig schwarze Käfer von 1–2 cm Größe und eiförmiger Gestalt, manche Arten mit Längsrippen auf den Flügeldecken. **Aaskäfer.** *Silpha.*

B. Käfer, die unter ½ cm groß sind.
Kleine, einfarbigschwarze Käferchen von einigen Millimetern Größe. Eine der häufigsten Arten mit rotem Punkt auf jeder Flügeldecke. **Glanzkäfer.** *Nitídula bepunctáta.*

III. Wir skelettieren den Maulwurf

Lege den Körper in eine kleine Schachtel, verschließe sie fest und bohre mehrere kleine Löcher hinein, durch die Ameisen ein- und auslaufen können. Stelle die so zubereitete Schachtel in einen Ameisenhaufen: die Tiere werden alle Weichteile sehr sauber von den Knochen abnagen. Untersuche das Skelett von Zeit zu Zeit und nimm die Schachtel heraus, sobald alles Fleisch entfernt ist, damit die Ameisen nicht auch die Bänder zernagen, durch die die Knochen zusammengehalten werden. Ist das jedoch trotz deiner Aufmerksamkeit geschehen, werden die Ameisen versuchen, die einzelnen kleinen Knöchelchen wegzutragen. Daher dürfen die Löcher in der Schachtelwand nicht zu groß sein.

8. Wir hören anhaltenden Vogelgesang aus Getreidefeldern

Wenn der Roggen in die Höhe schießt und die Ähren noch kerzengerade stehen, kehrt ein Feldvogel zurück, der sich in den Getreidefeldern (Roggen, Weizen, sehr gern auch in Bohnen) ansiedelt. Alsbald ertönt sein Lied aus dem Halmenmeer. Es ist nicht leicht, den Sänger darin aufzufinden. Nur bei völliger Windstille sieht man, wie sich bald hier, bald dort ein Halm leise bewegt. Aber nur selten erhebt sich der Vogel bis zur Höhe der Ähren; bevor wir ihn richtig gesehen haben, ist er schon wieder verschwunden. Steht aber ein Bäumchen im oder nahe bei dem Getreidefeld, so fliegt der Vogel von Zeit zu Zeit hinauf und hält Umschau oder läßt auch wohl hier oben sein Lied ertönen.

Das ist der Getreidesänger *(Acrocéphalus palústris)*. Eine Verwechslung ist nicht möglich, da außer ihm kein anderer Vogel in Getreidefeldern singt. Er ist von Sperlingsgröße und hat oben braunes, unten helles Gefieder. Sein Gesang ist sehr wechselreich: klangvolles Pfeifen, helles Schlagen und jubelnde Wirbellaute entströmen in bunter Folge seiner nimmermüden Kehle. Wer an einem warmen Tage seinen Liedern eine Weile lauscht, weiß, daß er den Sommervogel gehört hat.

Lies die folgenden Strophen so lange laut durch, bis du sie sehr schnell und mit sinngemäßer Betonung sprechen kannst, und dann gehe hinaus ans Ährenfeld und höre dem Sänger zu. Du wirst die Stimmen der Lerche, Meise, Schwalbe, Dorngrasmücke, Bachstelze, des Grünfinken und des Rebhahns deutlich heraushören.

Tip tip tip tip tip!
Ich bin der Sommervogel, ich bin der Sommervogel, Sommervogel, Sommervogel.
Dju^{i} dju^{i} dju^{i}!
Wohne im Ährenfeld, Ährenfeld, Ährenfeld.
Djuldjuldjuldjuldjuldjuldjuldjul!
Schön warm, warm, warm, warm.
Schärrr schärrr schärrr schärrr!
Singe den ganzen Tag, ganzen Tag, ganzen Tag.
Dju^{i} dju^{i} dju^{i}!

Witt witt, witt witt witt!
Hochoben die Lerche singt schön, singt schön, singt schön.
Tirili tirili tirili!
Der Pieper, der Pieper kanns auch, kanns auch.
Zia zia zia zia zia!

Wi^{it} wi^{it} wi^{it}!
Ich bin der Sommervogel, Sommervogel, Sommervogel.
Die Sense, die Sense, Sense, Sense, Sense.
Sst Sst Sst! O weh o weh o weh! Sst Sst Sst!
Gibt Brot, Brot, Brot.
Tirili tirili tirili!

U^{i} u^{i} u^{i}! Der Wind, der Wind! U^{i} u^{i} u^{i}!
Gibt Regen, gibt Regen. Pluckpluckpluckpluck!

Zi^{witt} zi^{witt} zi^{witt} zi^{witt}!
Die Schwalbe, die Schwalbe: Jü$_{\text{ü}}$ jü$_{\text{ü}}$ jü$_{\text{ü}}$! Ziwitt ziwitt ziwitt!
Der Rebhahn, mein Nachbar, der Rebhahn, mein Nachbar:
Girräh girräh girräh girräh!

Der Fink, der Fink:
Pinkpink pinkpink! Dju^{i}dju^{i} dju^{i}dju^{i}! Djuldjul djuldjul!

Tip tip tip tip tip!
Ich bin der Sommervogel, Sommervogel, Sommervogel.
Die Meise, die Meise! O je o je o je!
Trärä trärä! Dädädä dädädä! Zerrretet zerrretet!
Die Grasmück, die Grasmück: Wo^{id} wo^{id} wo^{id} wo^{id}!
Die Welt wie weit, die Welt wie weit
weit weit weit weit woid woid woid woid woid! (H. G. 1911)

9. Vogelrufe aus Getreidefeldern oder von Äckern

1. Ein helles, frisches „Pickwerwick“, vereinzelt oder mit Unterbrechungen öfter nacheinander, einmal hier, dann wieder dort. Volkstümliche Übersetzung des Rufes: Bück den Rück! (S. 138.) **Wachtel.**
2. Ein lautes Girhick oder Girhäck, vereinzelt oder mit kurzen Unterbrechungen öfter nacheinander, am häufigsten frühmorgens oder spätabends. (S. 138.) Girhick: Ruf der Henne. Girhäck: Ruf des Hahnes. **Rebhuhn.**

10. Drei Feldvögel, die von Bäumen herab singen

1. Vogel von mehr als Sperlingsgröße, einfarbig, erdgrau. Läßt vom März bis in den Hochsommer von Straßenbäumen, Telegraphenstangen, Weidepfählen, Grenzsteinen und Feldscheunen herab seinen kunstlosen Gesang hören: Zick zick zick schnirrrrps. Ein „Strumpfwirkerstückchen". Läßt den Beobachter meist sehr nahe an sich herankommen, ehe er mit schwerfälligem Fluge abfliegt. Dicker Schnabel, der beim Singen weit aufgerissen wird. **Grauammer.** *Emberiza calándra.*

2. Vogel von Sperlingsgröße, Kopf und Hals gelb, Bürzel rostrot. Singt von Bäumen und Telegraphendrähten herab: eine Strophe von kurzen, gleichklingenden Tönen mit einem langgezogenen, etwas höher liegendem Schlußton. Etwa so: _ _ _ ___. Im Volksmund: „Wie wie hab ich dich so lieb!" oder: „Weißt nicht, wo mein Nestchen steht?" oder: „Sichelche Sichelche schnied!" **Goldammer.** *Emberiza citrinélla.*

3. Größe und Gestalt wie Goldammer. Kopf und Hals grau; Gesicht und Kehle blaßgelb; Rücken rotbraun, schwarz gestrichelt; Unterseite hell-rostfarben. Gesang ähnlich wie bei Goldammer, Schlußtöne sinken ab. Etwa so: — — — — oder — — — _ . . . Hebt beim Singen den Kopf hoch. In Ostdeutschland häufig, im Westen nicht überall. **Gartenammer, Ortolan.** *Emberiza hortulána.*

Alle drei Ammern lieben offenes Gelände mit wenig Baumwuchs. In einer weiten Getreidelandschaft verstärken ihre einförmigen Lieder die schwermütige Stimmung.

11. Beobachtungen und Überlegungen an Erdnestern der Feldvögel

Wenn im Frühling die Feldvögel brüten, sind die Getreidefelder und die Äcker mit Sommerfrüchten nicht mehr betretbar. Nester auf dem Ackerboden sehen wir daher fast nur bei Feldarbeiten: beim Hacken und Mähen. Einige Feldvögel nisten an unbebauten Plätzen, wo wir zufällig auf ihre Nester stoßen. Finden wir ein Nest, möchten wir wissen, von welchem Vogel es ist. Stelle folgende Überlegungen und Beobachtungen an:

I. Ein Nest im Felde, namentlich mitten im Felde, weitab von Ortschaften, Waldungen und Wiesen, muß von einem Feldvogel sein; also von: Trappe, Fasan, Rebhuhn, Wachtel, Feldlerche, Haubenlerche, Grauammer, Goldammer, Gartenammer (Ortolan), Baumpieper. Vögel, die außerdem noch im Felde leben, brüten nicht am Boden.

II. Wir beobachten die Größe des Nestes. Große Nester gehören großen Vögeln an, kleine Nester kleinen Vögeln. Also:
a) Großes Nest: Trappe, Fasan.
b) Mittelgroßes Nest: Rebhuhn, Wachtel.
c) Kleines Nest: Feldlerche, Haubenlerche, Grauammer, Goldammer, Gartenammer, Baumpieper.

III. Wir beachten Bau- und Lebensweise der Vögel.
a) Trappe, Fasan, Rebhuhn und Wachtel leben so wie das Haushuhn, das sich sein Futter scharrend sucht; die derben Krallen sind zum Scharren geeignet. Sie legen ihr Nest in Bodenvertiefungen an, die sie sich selber ausscharren. Aus der Größe der Nestmulde ist also zu ersehen, von welchem der vier Vögel das Nest angelegt ist: sehr große Mulde = Trappe, Fasan; mittelgroße Mulde = Rebhuhn; kleinere Mulde = Wachtel.
b) Alle übrigen Bodenbrüter scharren keine Mulden, ihre Füße sind dazu nicht geeignet.

IV. Wir beachten die Umgebung des aufgefundenen Nestes: ob Bäume, Hecken oder Büsche in der Nähe sind oder nicht.
a) Ist weit und breit weder ein Baum noch Buschwerk, so muß das Nest einem Vogel angehören, der am Boden lebt und auch nur auf dem Boden brütet, also: Fasan, Rebhuhn, Wachtel, Feldlerche, Haubenlerche. (Auch die Grauammer lebt oft in Feldlagen ohne jeden Baumbestand).
1. Ist das Nest in einer Kratzmulde, so gehört es Trappe, Fasan, Rebhuhn oder Wachtel. Es ist stets ein großes oder mittelgroßes Nest.
2. Das Nest ist klein und steht hinter Erdschollen oder in kleinen Bodenvertiefungen, die aber nicht ausgekratzt sind: Feldlerche, Haubenlerche oder Grauammer.
b) Sind Bäume, Hecken oder Büsche in der Nähe, so wird die Bestimmung schwieriger. Zu den genannten Feldvögeln kommen dann noch die übrigen hinzu: Grauammer, Goldammer,

Gartenammer, Baumpieper. Alle vier singen gern von Bäumen herab und haben daher ihr Nest in der Nähe, in einem Umkreis bis zu hundert Schritten.

V. Wir beobachten, welche Vögel in der Umgebung des Nestes sich sehen oder hören lassen. Finden wir das Nest mit Eiern, so ist eine Bestimmung danach möglich. Ist das Nest jedoch leer, so muß man nicht nur das Nest selber, sondern auch die ganze Umgebung berücksichtigen. Sie sagt oft ganz eindeutig, welche Vögel an bestimmten Örtlichkeiten vorkommen können und welche nicht.

12. Bestimmung eines Erdnestes im Felde

I. Nest in einer ausgescharrten Mulde

A. Sehr große Nestmulde.

1. Nistplatz: in großen Getreidefeldern. Nestmulde: seicht, zuweilen mit einigen dürren Halmen und Stoppeln ausgelegt. Eier: groß, 7–8 cm lang, Grundfarbe bleich-olivgrün oder mattgraugrün, dunkel gefleckt. In Ackerbaugegenden Norddeutschlands, hier und da auch in Mittel- und Süddeutschland. **Großtrappe.** *Otis tarda.*
2. Nistplatz: im Gestrüpp, Gras, Klee, Getreide; oft sehr versteckt. Nest: lockerer Bau aus Pflanzenstengeln, Halmen, Reisern, Laub und Moos. Eier: 8–15, olivengrünlichgrau, heller oder dunkler, ins bräunliche oder grünliche gezogen, glänzend. **Jagdfasan.** *Phasiánus cólchicus.*

B. Mittelgroße Nestmulde.
Nistplatz: in Getreidefeldern, Raps, Erbsen, sehr gern in Klee und Luzerne, auch in hohem Wiesengras, im Gestrüpp der Hecken und Waldränder. Nest: lockerer Bau aus Halmen. Eier: 7–12, glänzend, lehmgelb, ohne Flecken. 2 Bruten. Wenn 20 und mehr Eier im Nest, dann Gelege von zwei Hennen. **Rebhuhn.** *Perdix perdix.*

C. Kleinere Nestmulde.
Nistplatz: in Getreidefeldern, Raps, Wicken, sehr gern in Erbsenäckern, seltener im Sommergetreide und Wiesengras. Nest: kunstlos zusammengelegte Grashälmchen, Nestmulde gut versteckt. Eier: 8–14, birnförmig, graugelb, bräunlichgelb oder olivenbraun, mit schwarzbraunen Flecken und tiefen, gefärbten Poren. **Wachtel.** *Cotúrnix cotúrnix.*

II. Nest in einer natürlichen Bodenvertiefung

A. Nest in einer kleinen Bodenvertiefung hinter Erdschollen.

1. Nistplatz: auf Äckern und Wiesen, wo niedriger Pflanzenwuchs ist. Nest: lockerer Bau aus Halmen, Wurzeln und Pferdehaaren. Eier: 3–5, grau, braun gewölkt, oft kranzförmig gefleckt. **Feldlerche.** *Aláuda arvénsis.*

2. Nistplatz: weniger auf Äckern, in der Regel an unbebauten, trockenen Plätzen, gern bei Ortschaften, an Wegen, bei Ziegeleien. Nest: lockerer Bau aus Halmen und Wurzeln, zuweilen mit einigen Pferdehaaren. Eier: 4–5, auf roströtlich weißem oder gelblichem Grunde feinere oder gröbere violette oder auch bräunliche Flecken. **Haubenlerche.** *Galerída cristáta.*

B. Nest unter kleinen überwachsenen Erdüberhängen.

1. Nistplatz: in Kleefeldern, auf Wiesen, an Rainen und Grabenrändern, im Moos, unter Büschen oder auch dicht über der Erde zwischen starken Halmen. Nest: lockerer Bau aus Strohhalmen, Stoppeln, Blättern, feinen Hälmchen und Pferdehaaren, selten mit Federn. Eier: 4–7, graulichweiß oder violettrötlich, mit violettgrauen Punkten und Flecken, darüber braune Linien. 2 Bruten. **Grauammer.** *Emberíza calándra.*

2. Nistplatz: im langen Grase, an Steinen, Rainen, Gräben und Feldwegen; oft steht das Nest auch etwas über der Erde in niedrigem Gesträuch. Nest: dickwandig mit viel Baustoff; außen Halme, Ranken, Strohhalme, Heu; innen ausgelegt mit feinen Würzelchen, Grasblättern und häufig noch mit Roßhaaren. Eier: 3–6, trübweiß, rötlich, mit schwarzbraunen verschlungenen Haarzügen und Punkten. 3 Bruten. **Goldammer.** *Emberíza citrinélla.*

3. Nistplatz: an Grabenrändern unter überhängenden Grasbüscheln. Nest: gewöhnlich mit Pferdehaaren ausgepolstert. Eier: 5, rötlichgrauweiß mit schwarzbraunen Flecken und Strichelchen. **Gartenammer.** *Emberíza hortulána.*

4. Nistplatz: an Wegrändern und Böschungen, wo Baumbestand im Felde ist (Obstbäume); in Gras und Heidekraut gut versteckt; meist von oben sichtbar, doch auch unter überhängenden Grasbüscheln an Abhängen. (Das bevorzugte Wohngebiet des Baumpiepers sind Waldblößen.) Eier: 4–6, sehr verschieden

gefärbt; Grundfarbe grauweiß, violettgrau, fleischfarbig, schokoladenbraun; gesprenkelte Zeichnungen rötlichbraun. 2 Bruten.

Baumpieper.
Anthus triviális.

13. Gehe vorsichtig auf die Feldhecke zu!

1. Die Feldhecke dient vielen Tieren als Wohnung. Hier leben Wiesel, Igel, Spitzmäuse, Mäuse, Heckenvögel, Eidechsen, Kröten, Käfer, Schmetterlinge, Bienen, Wespen, Ameisen, Fliegen, Spinnen, Tausendfüßler, Asseln, Schnecken, Würmer. Außer Fischen sind hier fast sämtliche Tierklassen vertreten.
2. Die Feldhecke bietet den Verfolgten Schutz. Kleinvögel suchen hier Schutz vor dem Sperber. Hasen, Kaninchen und Rebhühner finden im Winter dort warme Lagerplätze.
3. Die Feldhecke bietet den Verfolgern Deckung. Der Sperber streicht dicht an der Hecke entlang und stürzt sich plötzlich über sie hinweg an die andere Seite auf die ahnungslosen Vögel oder unter die Feldtauben. Daß sein Verfahren nicht ohne Erfolg bleibt, zeigen die häufigen Rupfungen an Feldhecken.

Wie mußt du dich benehmen?

a) Bleibe in einiger Entfernung vor der Hecke stehen und überschaue die Lage!

Sitzt ein einzelner Vogel auf einem hervorragenden Zweig? (Wahrscheinlich ein Würger.) — Treibt sich ein lärmender Schwarm von Kleinvögeln darin herum? (Wahrscheinlich Sperlinge.) — Sitzt ein Vogelpärchen in der Hecke? (Wahrscheinlich Hänflinge.) — Steigt ein einzelner Vogel singend in die Luft und läßt sich, wenn er etwa Baumhöhe erreicht hat, wieder in die Hecke zurückfallen? (Dorngrasmücke!) — Singt ein Vogel in der Hecke? Etwa so: Woid woid woid woid. (Dorngrasmücke.) — Singt ein Vogel auf einem hoch herausragenden Zweig? (Wahrscheinlich Hänfling.) — Schakkert ein größerer Vogel laut? (Elster.) — Ruft ein Vogel kurz und rauh: ga oder gwä oder gäck gäck oder gedämpft grä^{i} grä^{i} oder auch erregt grä^{i} grä^{i} grä^{i}? (Neuntöter.) — Dieses alles mußt du aus der Entfernung feststellen! Wenn du stürmisch auf die Hecke zugehst oder gar läufst, wirst du wenig oder nichts sehen und hören.

b) Beobachte die Bäume und Büsche in der Umgebung der Hecke, bevor du herangehst!

In einem einzeln stehenden Feldbaum könnte ein Sperber seinen Sitz genommen haben, von dem aus er die Hecke beobachtet. Warte ab, was er tut! — Vielleicht fliegen Kleinvögel zwischen Hecke und Baum hin und her. Stelle fest, welche es sind! — Vielleicht sitzen Feldflüchter (Tauben) in dem hohen Baum. Warte ab, ob der Täuber ruckst!

c) Beobachte den Boden der Hecke entlang, bevor du herangehst!
Es könnten da sein: ein Hase, ein Fuchs, ein Wiesel, Rebhühner, ein Raubvogel, der an seiner Beute frißt.

d) Erst wenn du dieses alles befolgt hast, gehe an die Hecke heran und schleiche dich an das Ende der Hecke!
Schaue vorsichtig auf die Rückseite und beobachte, was hier vorgeht: vielleicht ein Sperber, der seine Beute rupft; oder ein Wiesel, das der Hecke zustrebt; oder . . .

14. Heckenvögel

Die Hecken an Waldrändern sind reich an Vogelarten, denn hier treffen die Vögel des Waldes und des offenen Landes zusammen. Die Feld- und Wiesenhecken hingegen sind artenarm, weil die eigentlichen Waldvögel nicht sehr weit aufs Feld hinausfliegen und die eigentlichen Feld- und Wiesenvögel sich nicht im Gesträuch aufhalten. Nur die Vögel der Feldhecken sollen hier gekennzeichnet werden.

I. Der Vogel ist auffällig durch freien Sitz und lebhafte Färbung

A. Vogel von Amselgröße. Unterseite weiß, Oberseite aschgrau, Flügel schwarz mit mehreren weißen Flecken. (Abb. S. 82) **Raubwürger.** *Lánius excúbitor.*

B. Vogel von über Sperlingsgröße. Bauch weiß, Rücken rotbraun, Kopf aschgrau, schwarzer Augenstrich. **Rotrückiger Würger, Neuntöter.** *Lánius collúrio.*

C. Vogel von Sperlingsgröße.

1. Oberseite rostfarben mit dunklen Flecken; Unterseite, Kopf und Hals gelb. **Goldammer.** *Emberíza citrinélla.*
2. Oberseite zimtbraun, dunkel gefleckt; Unterseite weißlich: Brust und Scheitel karminrot. **Hänfling.** *Acánthis cannábina.*

3. Kopf schwarz-weiß-rot. Flügel schwarz mit gelber Binde. Rükken bräunlich, Unterseite weißlich. **Stieglitz, Distelfink.** *Carduélis carduélis.*

II. Die Vögel sind auffällig durch ihre große Anzahl

a) Vögel mit einfarbig grauem Gefieder.
   1. Weiße Wangen ohne schwarzen Fleck. Scheitel grau. Flügel mit einer weißen Querbinde. (Männchen mit braunem Nacken, Weibchen nicht.) **Haussperling.** *Passer domésticus.*
   2. Weiße Wangen mit schwarzem Fleck. Scheitel rostbraun. Flügel mit zwei weißen Querbinden. (Männchen und Weibchen gleichgefärbt.) **Feldsperling.** *Passer montánus.*

b) Vögel mit lebhaft gefärbtem Gefieder: Goldammern, Hänflinge, Stieglitze, Buchfinken.

III. Der Vogel ist auffällig durch kurze, scharfe Rufe

1. Gäck gäck gäck oder däck und ähnlich. Der Rufer ist leicht festzustellen. **Neuntöter.**
2. Ein kurzes, schmatzendes Tze tze oder auch ein rauhes Dschrä dschrä (beides bei Beunruhigung). Ein weiches, gedämpftes Woidwoidwoidwoidwoid oder auch Wädwädwädwäd (wenn der Vogel nicht beunruhigt ist). Der Vogel hält sich sehr versteckt. **Dorngrasmücke.** *Sýlvia commúnis.*

IV. Der Vogel ist auffällig durch kurze Liedstrophen, die im Fluge vorgetragen werden

1. Der Vogel erhebt sich beim Singen aus der Hecke oder einem Busch ein Stück in die Luft. Gesang: ein eiliges Gezwitscher, teilweise weich und angenehm, teilweise rauh und kratzig. Oberseite graubraun, Unterseite weißlich, Flügel rostbraun. **Dorngrasmücke.**
2. Der Vogel singt hastig, wenn er auffliegt oder abfliegt. Rote Brust. **Hänfling.**

V. Der Vogel ist auffällig durch kurze Liedstrophen, die im Sitzen vorgetragen werden

1. Das Lied hat den Rhythmus: „Wie wie hab' ich dich so lieb!“ **Goldammer.**

2. Das Lied hat den Rhythmus: „Didlit ditlit hi sitz i!“ oder Pickelnick pickelneia. **Stieglitz.**
3. Das Lied hat den Rhythmus: Zick zick zick schnirrrp. Derber Vogel, dicker Schnabel, Lerchenfarbe, ruhiges Benehmen, schwerer Abflug. **Grauammer.**
4. Zartes Pfeifen und Flöten, von knäckenden Tönen durchsetzt. Rote Brust. **Hänfling.**

15. Die vier Würger

Erkennungsmerkmale

I. Gemeinsame Merkmale.
  1. Alle Würger sind an der Unterseite weiß.
  2. Alle Würger haben einen schwarzen Augenstrich.
  3. Alle Würger haben einen starken, an der Spitze abwärts gekrümmten Oberschnabel (wie die Raubvögel).

II. Unterschiede.
  A. Rücken aschgrau.
    1. Amselgröße. Stirn weiß! Flügel schwarz mit mehreren weißen Flecken. (Abb.) **Großer Würger, Raubwürger.** *Lánius excúbitor.*

    2. Stargröße. Stirn schwarz! Flügel schwarz mit weißem Fleck. **Schwarzstirnwürger.** *Lánius minor.*
  B. Rücken schwarz oder rot.
    1. Etwas unter Stargröße. Hinterkopf und Nacken braunrot. Rücken schwarz, Schultern weiß. Flügel schwarz mit weißem Fleck. **Rotkopfwürger.** *Lánius senátor.*
    2. Deutlich über Sperlingsgröße. Rücken und Flügeldecken braunrot. Kopf aschgrau. **Rotrückiger Würger, Neuntöter.** *Lánius collúrio.*

Beobachtungen:

1. Die Würger fallen auf durch ihren freien Sitz: auf Strauchspitzen der Hecken, vorstehenden Zweigen einzeln stehender Feldbäume, Telegraphenleitungen. Wenn sie ihren Platz wechseln, fliegen sie zunächst in einem Bogen abwärts, streichen dann flach über die Erde hin und zeigen sich erst wieder am neuen, sicheren Auslug.

2. Auf freiem Felde (nicht zu weit von Bäumen entfernt) sieht man gelegentlich einen schwarzweißen Vogel in der Luft rütteln wie einen Raubvogel, um auf Beute zu stoßen. Es ist der große Würger.
3. Wer an Dornhecken entlanggeht, sieht gelegentlich auf Dornen aufgespießte Käfer, Heuschrecken, Hornissen, auch wohl kleine Vögel, Frösche, Eidechsen oder Mäuse. Wer war der Täter? Der „Neun“töter, „Dorndreher“.

16. Vogelnester in Feldhecken

In Feldhecken, die weit vom Walde und von Ortschaften entfernt sind, brüten nur einige Vögel: Neuntöter, Dorngrasmücke, Goldammer, Hänfling, Elster, Rebhuhn. Am häufigsten stößt man auf das Nest des Neuntöters, das Nest der Elster fällt wegen seiner Größe schon von weither auf, die Nester von Goldammern, Dorngrasmücken und Hänflingen sind gut versteckt. Andere Vögel, die Feldhecken aufsuchen, haben ihre Nistplätze in nahen Ortschaften, im Walde oder im freien Felde auf dem Erdboden.

I. Das Nest fällt durch seine Größe auf

Nest: Grundlage aus dünnen Reisern und Dornen, wirr durcheinander; darin das eigentliche Nest, gut gebaut, innen mit Lehm; oben Dach aus Reisig und Dorngestrüpp; seitlich ein Schlupfloch. Meist in hohen Feldbäumen. Eier: 5–8, auf grünem Grunde braun gesprenkelt. **Elster.** *Pica pica.*

II. Ein kleines Nest, das ½–2 m hoch steht

1. Nicht gut versteckt, fällt beim Vorübergehen leicht auf. Dickwandig, außen mit Wurzeln, Quecken, Halmen, Gras, Moos; innen mit feinen Hälmchen und Pflanzenwolle ausgelegt. Eier: 4–7, grünlich, gelblich oder rötlich, mit einem Kranz rotbrauner und grauer Flecken. **Neuntöter.** *Lánius collúrio*
2. Sehr gut versteckt. Dickwandig, außen mit Halmen, Quecken, Würzelchen, Heidekraut, Moos; innen mit viel Tier- und Pflanzenwolle (zuweilen auch mit Federn) ausgelegt. Kann auch auf dem Boden stehen, auch hier gut versteckt. **Bluthänfling.** *Acánthis cannábina.*

III. Ein kleines Nest, das in der Regel dicht über oder auf dem Boden steht

1. Meist dünnwandig, aus feinen Hälmchen und Würzelchen, durch Insektengespinste, Weiden- und Pappelwolle lose verbunden;

innen meist einige Pferdehaare. Eier: 4–6, grünlich, mit olivbraunen Punkten überspritzt. **Dorngrasmücke.** *Sýlvia commúnis.*

2. Dickwandig, außen eine Menge groben Materials, Halme, Ranken, Strohhalme, Heu; innen fein verflochten mit Grasblättern, Würzelchen und einigen Roßhaaren (nie mit Federn). Eier: trübweiß, rötlich, mit schwarzbraunen verschlungenen Haarzügen und Punkten. **Goldammer.** *Emberiza citrinélla*

IV. Ausgescharrte Nestmulde auf dem Boden

Nest: Lockerer, flacher Bau aus Halmen. Eier: 7–12, glänzend, lehmgelb, ohne Flecken. **Rebhuhn.** *Perdix perdix.*

17. Wir finden Gewölle

Was ist das?

Am Fuße von Grenzsteinen, Erdhaufen, Bäumen oder Felswänden findet man oft knollige oder längliche Gebilde, die ähnlich aussehen wie Hundekot. Sie sind stark mit Haaren, Federresten, Knochensplittern oder Insektenresten durchsetzt. Weil sie oft wollig aussehen, heißen sie Gewölle. Sie stammen von Raubvögeln.

Wie entstehen die Gewölle?

Die Raubvögel verschlingen ihre Beute zum Teil mit Haut und Haaren. Die unverdaulichen Teile (Haare, Federn, Krallen, Zähne, Knochen) ballen sich im Magen zusammen. Der Vogel würgt sie wieder aus. Manche Raubvögel bevorzugen dabei bestimmte Plätze, die sie immer wieder aufsuchen, wo man die Gewölle dann in Mengen findet. (Raubvögel in der Gefangenschaft, die Fleisch ohne Haare und Knochen als Fraß bekommen, gehen bald ein.)

Welcher Vogel würgte die Gewölle aus?

Die Frage läßt sich mit Sicherheit nur dann beantworten, wenn man dem Vogel beim Würgen zusieht: entweder einem Käfigvogel oder im Freien einem Vogel, den man zufällig dabei beobachten kann.

Wer im Felde oft Bussarde beobachtet und die Grenzsteine kennt, auf denen sie zu sitzen pflegen, darf mit einiger Sicherheit annehmen, daß die Gewölle an solchen Plätzen vom Bussard stammen.

Durch folgende Überlegungen ist eine annähernde Bestimmung möglich. Etwa so: Wo liegt das Gewölle? Von welchen Tieren enthält es Überreste? Die Ergebnisse dieser beiden Fragen sind zueinander in Beziehung zu setzen.

Wo liegt das Gewölle?

Im Walde: Waldkautz, Waldohreule.
Im Dorfe oder nahe dabei: Schleiereule.
In Parkanlagen und auf großen Friedhöfen mit hohen Bäumen: Waldkauz.
In Baumgärten, am Rande von Feldgehölzen: Steinkauz.
Auf Waldlichtungen, am Waldrand, im Felde: Tagraubvögel.

Wenn in einer Gemarkung außer dem Bussard keine Tagraubvögel vorkommen, darf man annehmen, daß die Gewölle vom Bussard stammen. Sammle solche Gewölle und vergleiche sie nach Form und Größe!

Gehe auf den Kirchenboden deines Ortes, wo im Frühjahr die Schleiereulen ihre Jungen aufziehen. Dort kannst du die Gewölle dieser Eule in Mengen finden. Vergleiche auch sie nach Form und Größe

Nicht selten jedoch nistet auch der Waldkauz auf dem Kirchenboden. Verfahre mit seinen Gewöllen geradeso!

Wo der Steinkauz häufig ist, wirst du auch seine Gewölle finden.

Wenn du in dieser Weise verfährst, wirst du die Gewölle von Bussard, Schleiereule, Waldkauz und Steinkauz kennenlernen. Das sind die häufigsten, die von den übrigen Raubvögeln sind seltener.

Was fressen die einzelnen Raubvögel?

Waldkauz: Alle Mäusearten, Maulwürfe, Frösche, Insekten, Raupen, kleinere Vögel bis Taubengröße.
Waldohreule: Die gleiche Nahrung.
Steinkauz: Mäuse aller Arten, Fledermäuse, Sperlinge, kleine Lurche, Insekten.
Schleiereule: Mäuse aller Arten, Ratten, Fledermäuse, große Insekten.
Turmfalk: Mäuse, Frösche, Eidechsen, große Insekten.
Hühnerhabicht: Mäuse, Hamster, Eichhörnchen, Wiesel, Hasen, kleine Vögel, Feldhühner, Tauben, Krähen, Fasan.
Sperber: Vorwiegend Vögel bis Taubengröße, in der Not auch Mäuse und Insekten.
Roter Milan: Mäuse, Hasen, Maulwürfe, Frösche, Schlangen, Eidechsen; zur Brutzeit auch Enten und Hühner.
Schwarzbrauner Milan: Vorwiegend Fische und Frösche, auch Mäuse, Hamster, junge Hasen und Vögel.

Mäusebussard: Vorwiegend Mäuse, Hamster, Ratten, Maulwürfe; ferner Frösche, Kröten, Schlangen; in der Not Engerlinge, Käfer, Raupen, Regenwürmer; zur Brutzeit auch Hasen, Kaninchen, Rebhühner, Krähen und Kleinvögel.

Wespenbussard: Namentlich Wespen, Bienen, Hummeln, Käfer, Raupen; zur Brutzeit auch Kleinvögel, Mäuse und andere kleine Säugetiere.

Denke nach!

Aus dem Fundort und dem Inhalt der Gewölle kannst du schließen, von welchem Vogel sie stammen. Beispiele: Gewölle am Waldrand mit nur Resten von Vögeln (Federn, Kopf mit Schnabel) = Sperber. Gewölle in der Nähe eines Stromes mit Fischschuppen = Schwarzbrauner Milan. Gewölle in Obstbaumanlagen mit Resten von Mäusen, Vögeln, Käfern = Steinkauz.

18. Wir untersuchen Gewölle

Wenn wir feststellen wollen, welche Tiere von den Raubvögeln erbeutet wurden, müssen wir die Gewölle untersuchen. Eine vorläufige Untersuchung kann am Fundort vorgenommen werden, eine gründliche zu Hause am Tisch.

Eine Untersuchung am Fundort

I. Das Gewölle enthält Chitinteile: Insekten.
   1. Deutlich erkennbare Teile von Flügeldecken: Käfer.
   2. Reste von Gliedmaßen, Kopfbrust u. a. ?

II. Das Gewölle enthält Knochen: Wirbeltiere.
   A. Wirbelknochen, die an beiden Enden vertieft sind (Abb.), und Fischschuppen: Fische.
   B. Wirbelknochen von anderem Bau, Knochen von Gliedmaßen oder vom Kopf.
      1. Kopf mit Schnabel, dazu Federn im Gewölle: Vögel.
      2. Kopf oder nur Unterkiefer mit Zähnen, dazu Haare im Gewölle: Säugetiere.
      3. Kopf ohne Zähne: Reptilien, Lurche.

Eine genauere Untersuchung am Tisch daheim

Die Gewölle werden mit einer Nadel vorsichtig zerzupft, alle Teile sorgfältig sortiert und auf einer Unterlage ausgebreitet, damit der gesamte Inhalt zu überschauen ist. Nach der Bestimmung werden die ermittelten Funde in Streichholzschachteln gelegt, dazu ein Zettel mit Angaben: Name des Tieres, Fundort, Zeit. Sehr anschaulich wirkt eine Übersichtstafel z. B. der Mäuse. Dazu nimmt man eine feste, schwarze Pappe und klebt die feinen Unterkiefer oder auch den ganzen Schädel in systematischer Übersicht darauf.

Nagetiere

Gebiß: Oben und unten je 2 Schneidezähne (Nagezähne), Backenzähne von den Nagezähnen durch eine große Lücke getrennt, Backenzähne (2–6) auf der Kaufläche mit Schmelzfalten, Höckern oder Schlingen.

A. Backenzähne auf der Kaufläche mit querlaufenden Schmelzfalten.
   a) Die Tiere leben im Walde, die Gewölle werden also im Walde oder in der Nähe des Waldes abgesetzt. Das Gebiß ist seiner Größe nach einem der folgenden Tiere zuzuordnen.
   1. Eichhörnchen (Körper 25 cm); 2. Siebenschläfer (18 cm); 3. Gartenschläfer (12 cm, kleiner als Schermaus); 4. Baumschläfer (9 cm, wie Hausmaus); 5. Haselmaus (7 cm, kleiner als Hausmaus).
   b) Das Tier lebt im Felde (Ostdeutschland), das Gewölle wird also vorwiegend im Felde abgesetzt. Ziesel (20 cm, kleiner als Eichhörnchen).

B. Backenzähne auf der Kaufläche mit Höckern.
   a) Die Tiere leben im Walde, die Gewölle werden also im Walde oder in seiner Nähe abgesetzt.
   Waldmaus (11 cm, etwas größer als Hausmaus).
   b) Die Tiere leben im Felde, wo auch in der Regel die Gewölle abgesetzt werden.
   1. Hamster (20–22 cm); 2. Ratte (19 cm); 3. Echte Mäuse: Waldmaus, Gelbhalsmaus, Zwergmaus.

C. Backenzähne auf der Kaufläche mit Schmelzschlingen, an den Seiten mit deutlichen Längsrillen.
   a) Die Tiere leben im Walde: Rötelmaus, Feldmaus.
   b) Die Tiere leben im Felde: Feldmaus, Erdmaus, Schermaus.

Insektenfresser

Gebiß: Kiefer mit geschlossener Zahnreihe. Eckzähne klein. Vordere Backenzähne einspitzig, hintere mehrspitzig.

A. Unterkiefer über 2 cm lang. Schädel mit Jochbögen. Maulwurf.

B. Unterkiefer unter 2 cm lang. Schädel ohne Jochbögen (Wangenknochen).
   a) Zahnspitzen weiß. Im Oberkiefer jederseits 3 einspitzige Backenzähne: Feldspitzmaus und Hausspitzmaus.
   b) Zahnspitzen rotbraun.
   Im Oberkiefer jederseits 4 einspitzige kleine Backenzähne vor den mehrspitzigen hinteren: Waldspitzmaus und Zwergspitzmaus.

Die Gebisse des Maulwurfs und der Spitzmäuse erweisen, daß diese Tiere keine Pflanzennahrung verzehren können. Sie ernähren sich von Insekten und sind daher zu schonen.

Fledermäuse

Fledermausknochen kommen nur in Eulengewöllen vor. Gewölle auf dem Kirchenboden sind Eulengewölle, du kannst sie hier in Massen sammeln. Bei ihrer Untersuchung wirst du Schädel und Unterkiefer von Fledermäusen finden. An welchen Merkmalen sind sie zu erkennen? Vergleiche:

A. Zwischen Schneidezähnen und Backenzähnen eine große Lücke: Mäuse.

B. Zwischen Schneidezähnen und Backenzähnen keine Lücke, Zahnreihe geschlossen.
   1. Eckzähne klein. Der vorderste Schneidezahn jedes Unterkiefers langgestreckt und fast waagrecht vorstehend. Schädel ohne Jochbögen (Wangenknochen): Spitzmäuse.
   2. Eckzähne groß. Die vorderen Schneidezähne senkrecht stehend. Schädel mit Jochbögen: Fledermäuse.

Wiesel

In den Gewöllen der großen Raubvögel sind zuweilen auch Knochen von Wieseln enthalten. Großes Wiesel: bis 28 cm lang (Eichhorn); kleines Wiesel: bis 17 cm lang (Ratte). Die Gebisse beider Wiesel sind gleich, nur die Schädelgröße ist verschieden.

Raubtiergebiß: Im Oberkiefer 6 Schneidezähne, 2 Eckzähne, 8 Backenzähne; im Unterkiefer 6 Schneidezähne, 2 Eckzähne, 10 Backenzähne. Die Zahnformel sieht also so aus:

$$\frac{4\;1\;3\;|\;3\;1\;4}{5\;1\;3\;|\;3\;1\;5}\,. \quad \text{Oder:} \quad \frac{|\;3\;1\;4}{|\;3\;1\;5}\,.$$

Die Schneidezähne sind klein und gleichgroß, die Eckzähne spitz, stark und vorspringend, die vorderen Backenzähne scharfspitzig, die hinteren stumpfhöckrig. Der größte Backenzahn jederseits oben und unten heißt Reißzahn, er ist 2- oder 3zackig.

19. Wir finden eine tote Spitzmaus

Wo finden wir tote Spitzmäuse?

An Feldhecken, Feldwegen, Waldwegen, Parkwegen, gelegentlich auch am Ufer der Gewässer. Was fehlte ihnen? Sind sie eines natürlichen oder eines gewaltsamen Todes gestorben? Sie wurden von Katzen, Hunden, Füchsen, Mardern oder Wieseln gefangen und sofort wieder ausgespien, weil sie einen starken Moschusgeruch an sich tragen. Es mag auch sein, daß die Spitzmaus in einer kalten Nacht erstarrt ist, denn sie kann Kälte nicht gut ertragen.

Wo begegnen wir lebenden Spitzmäusen?

1. In Scheunen, Wagenschuppen, Kellern: Hausspitzmaus.
2. Unter Gartenlauben, an Komposthaufen, unter Abfallhaufen, unter alten Reisighaufen, in Parkanlagen: Hausspitzmaus.
3. Im Felde an Hecken, unter Steinhaufen: Feldspitzmaus, Hausspitzmaus, Waldspitzmaus.
4. Im Walde, hier am ehesten in trockenen Wagenspuren, wo sie ihrer Beute nachjagen: Waldspitzmaus, Zwergspitzmaus.
5. Am Wasser: Teichen, Flüssen, Bächen, am häufigsten an klaren Gebirgsbächen: Wasserspitzmaus.

Nicht fangen!

Spitzmäuse sind sehr gefräßige Tiere. Sie brauchen an einem Tag so viel Nahrung, wie ihr eigenes Körpergewicht beträgt. Darum sind sie in Gefangenschaft schwer zu halten, sie verhungern leicht. Ich nahm eine Waldspitzmaus mit nach Hause und hatte nach dem Fang drei Stunden zu wandern; als ich heim kam, war sie tot — verhungert. Sie fressen Mäuse, ihre eigenen Artgenossen (lassen nur Haut und Knochen übrig), Käfer, Schnecken, Würmer, Raupen, Engerlinge ... Wer Spitzmäuse tötet, ist dumm oder roh — oder beides.

Bestimme!

A. Ohren deutlich sichtbar. Zahnspitzen weiß.

1. Schwanz länger als der halbe Körper. Oberseite graubraun, Unterseite grau, beide Farben gehen allmählich ineinander über. Körperlänge 7 cm. **Hausspitzmaus.** *Crocidúra rússula.*

2. Schwanz kürzer als der halbe Körper. Oberseite dunkelbraun. Unterseite weiß, beide Farben scharf voneinander geschieden. Körperlänge bis 10 cm. **Feldspitzmaus.** *Crocidúra leúcodon.*

B. Ohren kurz, fast oder ganz im Fell verborgen. Zahnspitzen rotbraun.

a) Schwanz gleichmäßig behaart.

1. Schwanz kürzer als der Rumpf. Oberseite schwarzbraun, Unterseite weiß. Körperlänge 6,5 cm. **Waldspitzmaus.** *Sorex aráneus.*

2. Schwanz länger als der Rumpf. Oberseite dunkelbraun, zuweilen schwärzlich; Unterseite weißlichgrau; an den Flanken fuchsig. Schwanz dicht- und kurzhaarig, rundlich oder vierkantig. Körperlänge bis 6 cm. **Zwergspitzmaus.** *Sorex minútus.*

b) Schwanz an der Unterseite mit einem Streifen längerer, borstiger Haare, fast so lang wie der Körper. An den Füßen Schwimmborsten. Körperlänge bis 8 cm. **Wasserspitzmaus.** *Cróssopus fódiens.*

20. Wiesel und Marder halten sich gern an Hecken auf

Wer aufmerksam durch die Gemarkung geht, trifft in allen Jahreszeiten Wiesel und Marder oder ihre Spuren an. Hecken, Waldränder, dichtes Gesträuch eines verlassenen Steinbruches, Holzstapel, Steinhaufen oder alte Grabenbrücken bieten ihnen sicheren Unterschlupf. Von hier aus unternehmen sie ihre Raubzüge ins Feld. Oft sind Wiesel in Mengen auf Steinhaufen zu sehen, die am Rande einer überschwemmten Wiese liegen. Auf den Iltis oder auf seine Spur trifft man gelegentlich an Gräben, Wasserläufen oder einsamen Feldbrücken. Das kleine Mauswiesel ist der beste Mäusejäger des Feldes. Tötet es nicht!

Bestimme!

A. Die beiden Marder des Feldes. Im Sommer halten sie sich im Freien auf, im Winter kommen sie in die Nähe der menschlichen Wohnungen. Schlanke Tiere von fast Katzengröße, die in Bogensprüngen laufen.

1. Fällt sofort durch den weißen Brustfleck auf! (Edelmarder mit einem größeren rotgelben Brustfleck, lebt nur im Walde.) Schwanz von halber Körperlänge. Körper graubraun, bis 50 cm lang. **Hausmarder, Steinmarder.** *Martes foina.*
2. Ohne weißen Brustfleck! Schwanz kürzer als die halbe Körperlänge. Körper oben hellbraun, unten dunkelbraun bis schwarz, bis 45 cm lang. Lippen, Kinn, Kopfseiten weißlich. **Iltis, Ratz.** *Putórius putórius.*

B. Die beiden Wiesel. Sie sind ausgesprochene Feldtiere. Der schlanke, schlangenartige Körper befähigt sie, sich mit größter Gewandtheit zu bewegen, sie sind hervorragende Schlüpfer. Sie laufen in Bogensprüngen.

1. Achte sofort auf die Schwanzspitze, die im Sommer und im Winter schwarz ist! Körperlänge bis 28 cm, Schwanz bis 6 cm. Oberseite braunrot, Unterseite weißlich. Winterkleid: ganzer Pelz weiß, bis auf die schwarze Schwanzspitze. **Großes Wiesel, Hermelin.** *Mustéla erminea.*
2. Schwanzspitze nie schwarz! Körperlänge bis 17 cm, Schwanz bis 4 cm. Oberseite braunrot, Unterseite weiß. (Im Winter selten weiß.) (Abb.) **Kleines Wiesel, Heermännchen.** *Mustéla nivális.*

21. Welcher Vogel wurde hier gerupft?

An Feldhecken und Waldrändern, in kleinen Feldgehölzen und auf stillen Waldwegen, auf Felsen, in Gartengeländen und Parks findet man manchmal eine kleinere oder größere Anzahl von Federn, die so dicht beisammenliegen, daß man ohne weiteres erkennt: Hier wurde ein Vogel gerupft.

Wenn die Eulen und Tagraubvögel im Frühjahr ihre Jungen großziehen, müssen sie viel Futter herbeischaffen, und die Alten wollen auch satt sein. In dieser Zeit trifft man häufig auf Rupfungen.

Wer hat hier gerupft?

A. Die Großfedern sind ausgerupft, sie sind also unbeschädigt: Raubvögel.

1. Die Rupfung liegt an stillen, versteckten Plätzen: Habicht, Sperber.
2. Sie liegt an einer Feldhecke und besteht aus kleinen Federn: Sperber.
3. Sie liegt auf freistehenden Felsen: Wanderfalk.
4. Gefieder von Lerchen und Schwalben (also von schnellen Fliegern, die nur von einem noch schnelleren geschlagen werden können) am Fuße von Wiesenpfählen: Baumfalk (Lerchenfalk).
5. In der Nähe von Dörfern und Bauernhöfen liegt eine Rupfung von Hausgeflügel: Roter Milan, Habicht.

S

St

B. Die Großfedern sind wie mit einer Schere abgeschnitten, also abgebissen: Raubtiere (Fuchs, Marder, Wiesel).

Die großen Flügelfedern — Schwungfedern oder Schwingen (S.) — sind alle mehr oder weniger gebogen und ziemlich fest; im allgemeinen nehmen sie von außen nach innen an Länge ab.

Die Schwanz- oder Steuerfedern (St.) sind durchweg gerade und weicher. Die äußersten sind an ihrer geschwungenen Form und dem etwas abgebogenen Spulenteil gut zu erkennen.

Wer wurde hier gerupft?

I. Die gesamte Rupfung ist einfarbig schwarz

1. Steuerfedern (Schwanzfedern) über 15 cm lang. **Krähe.**
2. Steuerfedern 10–12 cm lang. **Amsel.**

II. In der Rupfung sind neben anderen auch schwarze Federn vorhanden

1. Federn schwarz (dunkel) mit violettem und grünem Glanze und hellen Flecken. Steuerfedern 6 cm lang. **Star.**
2. Federn schwarz und gelb (vielleicht noch einige weiße dabei). Steuerfedern schwarzgrau, 7 cm lang. **Kohlmeise.**
3. Federn schwarz-gelb-rot-weiß. Steuerfedern schwarz mit weißer Spitze. **Stieglitz.**

4. Federn schwarz-weiß-rot-schieferblau-grün. Steuerfedern schwarz. Flügelfedern mit auffällig weißem Fleck am Anfang der Außenfahne. **Buchfink.**

III. In der Rupfung sind sehr viele gelbe Federn

1. Federn gelb und blau. Außenfahne der Flügel- und Schwanzfedern leuchtendblau. **Blaumeise.**
2. Federn gelb und grün. Steuerfedern über 5 cm lang, Wurzelhälfte gelb, Spitzenhälfte dunkel. **Grünfink.**
3. Federn gelb und braun. Grundfarbe der Steuerfedern schwarzbraun, die äußerste mit schrägem, weißem Band; Länge über 7½ cm. **Goldammer.**

IV. In der Rupfung sind sehr viele braune Federn

A. Steuerfedern sehr lang (bis 40 cm), gelbbraun mit dunklen Querbinden. Übrige Federn rötlichbraun, grünblau. **Fasan.**

B. Steuerfedern 15 cm lang. Kleingefieder zum großen Teil weinrot. Große Flügelfedern mit schwarzen, blauen und weißen Querbinden. **Eichelhäher.**

C. Steuerfedern viel kürzer, 6–8 cm lang.

1. Steuerfedern rostrot. Flügelfedern graubraun mit helleren Querbinden. Kleingefieder braun, aschgrau, weißlich. **Rebhuhn.**
2. Steuerfedern schwarzbraun, die äußersten mit schrägem, weißem Band. Kleingefieder braun, gelb, rostrot. **Goldammer.**
3. Steuerfedern dunkelbraun (schwärzlich scheinend). Innenfahne der Flügelfedern grauweiß, nach innen zu allmählich heller werdend. **Haussperling.**
4. Steuerfedern hellbraun. Der helle Teil der Flügelfedern deutlich abgesetzt. **Feldsperling.**

22. Heckenschnecken

Nach Regen oder nach einer taufrischen Nacht sieht man an der Hecke zahlreiche Schnecken. Sie haben ihre schützenden, feuchten Verstecke verlassen und suchen sie bei eintretender Trockenheit wieder auf. Überall auf dem Boden, an Steinen und am Gesträuch glänzen die Schleimspuren. Leere Gehäuse, farbig gebänderte und einfarbige, liegen oft in Mengen umher.

Ich habe noch nie erlebt, daß ein Kind sich vor einer Schnecke fürchtete oder sie gar quälte. Sie spielen mit ihnen und singen: Schneckhaus, Schneckhaus, strecke deine Hörner aus.

Bestimme!

I. Gehäuse kugelförmig oder scheibenförmig

A. Gehäuse groß, bis 4 cm breit und hoch. Bräunlich, hornfarbig, mit dunklen Bändern. Größte deutsche Landschnecke. **Weinbergschnecke.** *Helix pomátia.*

B. Gehäuse höchstens halb so groß.

a) Gehäuse ohne Nabel (Hohlraum innerhalb der Windungen), kugelig, lebhaft rötlich oder gelb gefärbt oder gebändert. Durchmesser 2–3 cm. Mundsaum zurückgebogen.

1. Mundsaum weiß. (Abb.) **Garten-Bänderschnecke.** *Cepaea horténsis.*
2. Mundsaum schwarzbraun. **Hain-Bänderschnecke.** *Cepaea nemorális.*

b) Gehäuse mit tiefem Nabel, kugelig, $1\frac{1}{2}$–2 cm Durchmesser. Mundsaum scharf, am Nabel zurückgeschlagen, mit weißer Lippe.

1. Gehäuse einfarbig weiß, gelblich, rötlich oder rotbraun. Nabel weit, bis zur Spitze offen. Mundsaum nach außen etwas zurückgebogen, besonders stark nach dem Nabel zu. **Buschschnecke.** *Eulóta frúticum.*

2. Gehäuse rötlich bis dunkelbraun, mit einem hellen, durchscheinenden Kielstreifen. Nabel eng. Mundsaum zurückgebogen, außen mit braunrotem Rand, innen mit fleischroter Lippe. **Rötliche Laubschnecke.** *Mónacha incarnáta.*

c) Gehäuse mit weitem Nabel, flachkugelig, 7–9 mm breit, 4 bis 5 mm hoch, hornfarbig, kurz behaart. **Borstige Laubschnecke.** *Fruticicula híspida.*

d) Nabel durch den verstärkten Rand des Mundsaumes fast verdeckt. Gehäuse kugelig, 1½–3 cm Durchmesser. Lippe weiß. Gehäuse kastanienbraun, mit zahlreichen gelben Flecken, unregelmäßig gesprenkelt, meist läuft ein dunkles Band über die Mitte der Windungen. **Baumschnecke.** *Ariánta arbustórum*

II. Gehäuse turmförmig oder spindelförmig

1. Gehäuse mit 7 Windungen, weiß, 1–2 cm hoch, 1 cm breit. **Weiße Turmschnecke.** *Cebrína detríta.*

2. Gehäuse mit 9–14 Windungen, sehr schlankspindelförmig (Größe und Form wie spitze Buchenknospen), hornfarbig. Das sich zurückziehende Tier schließt das Gehäuse mit einem Deckel! **Schließmundschnecken.** *Clausília.*
   Nachtschnecken siehe Wald S. 226.

23. Heckenkäfer

Im Mai und Juni blühen die Heckensträucher. Dann ist die Käferzeit. Aus vielen Familien sind sie da, vereinzelt oder in Massen, einfarbige und bunte, große und kleine. Jeder Käfer hat seinen Artnamen, wir nennen hier nur den Familiennamen. (Siehe Tafel S. 96)

1. Die Käfer sind auffällig durch ihre langen Fühler, die so lang oder länger sind als der Leib. Kleine Käfer von ½–2 cm Länge mit bunten Flügeldecken. (1) **Bockkäfer.** *Cerambyciden.*
2. Die Käfer sind auffällig durch ihren in einen „Rüssel" verlängerten Kopf. Fühler fast immer gekniet, am Ende verdickt. (2) **Rüsselkäfer.** *Curculioniden.*
3. Die Käfer sind auffällig durch die verkürzten Flügeldecken, die den Hinterleib größtenteils frei lassen. (3) **Kurzflügler.** *Staphyliniden.*
4. Die Käfer sind auffällig durch ihren kugelrunden Körper (zu ihnen gehört der Marienkäfer). (4) **Kugelkäfer.** *Coccinelliden.*

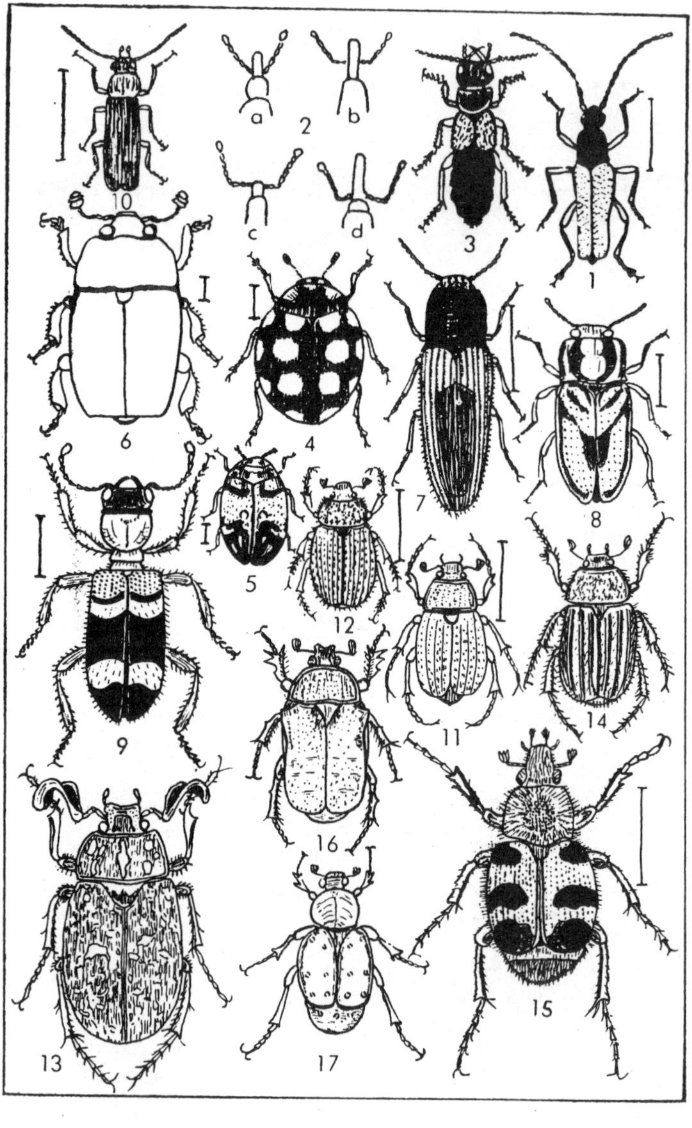
1
2
a
b
c
d
3
4
5
6
7
8
9
10
11
12
13
14
15
16
17

5. Die Käfer sind auffällig durch ihre Menge. Fühler am Ende keulenförmig verdickt. **Keulenhörnige.** *Clavicórnia.*

 a) Kleine rundliche Käfer, 2–5 mm lang. Oberseite buntgefleckt. Halsschild nach hinten ausgebuchtet. Im Frühling oft in großen Mengen, namentlich auf Doldenpflanzen. (5) **Blütenkäfer.** *Anthrénus.*

 b) Sehr kleine Käfer, 1–3 mm lang. Länglich rund. Die Flügeldecken lassen den letzten Hinterleibsring frei. Halsschild hinten gerade. Metallisch blau, grün oder violett. Oft in Mengen auf Blüten. (6) **Glanzkäfer.** *Meligéthes.*

6. Die Käfer können sich aus der Rückenlage knipsend in die Höhe schnellen. Körper schmal, ½–2 cm lang. Flügeldecken schwarz, braun, rot, gelbbraun oder metallisch. Untersuche: Vorderbrust hinten mit einem Fortsatz, der in eine Aushöhlung der Mittelbrust paßt. Käfer in der flachen Hand auf den Rücken legen und abwarten! (7) **Schnellkäfer.** *Elateriden.*

7. Die Käfer haben gesägte oder gekämmte Fühler (oder verlängerte Endglieder). Körper schlank.

 a) Vorderbrust mit einem Fortsatz, der in eine Aushöhlung der Mittelbrust eingreift. (Käfer kann aber nicht schnellen.) Flügeldecken nach hinten verschmälert. Prächtig gefärbte Käfer, die an Holz und Blüten leben. (8) **Prachtkäfer.** *Buprestiden.*

 b) Vorderbrust ohne Fortsatz.

 Körper walzig und rauhhaarig, ¼–2 cm lang. Prächtig gefärbte Käfer auf Blüten und Baumstämmen. Stellen Insekten nach. (9) **Buntkäfer.** *Cleriden.*

 Körper weich, ½–2 cm lang, schlank. Flügeldecken einfarbig schwarz, braun, blau, violett, rot, gelb. Auf Blumen und Gesträuch häufig. (10) **Weichkäfer.**

8. Die Käfer haben kurze, gekniete Fühler mit Blätterkeule. Beispiel: Maikäfer. Blätterkeule beim Männchen meist größer als beim Weibchen. Körper gedrungen. **Blatthörnige.** *Lamellicornia.*

A. Krallen der Füße ungleich.

 1. Vorderfüße mit 2 ungleichen Krallen. Hinterfüße mit einer Kralle (die eingeschnitten sein kann). Körper 5–10 mm lang,

gedrungen, mit glänzenden Schuppen besetzt. Häufig. (11) **Blatthornkäfer.** *Hóplia.*

2. Die größere Kralle nur an den vier vorderen Füßen oder an allen Füßen gespalten. Körper 10 mm lang, behaart. Flügeldecken gelbbraun. Halsschild und Kopf grünlichblau. Unterseite metallisch grün, blau oder schwarz. Oft in Mengen. (12) **Gartenkäfer. Junikäfer.** *Phyllopértha horticola.*

B. Krallen der Füße gleich.

a) Fühlerkeule mit 4–7 Blättern.

1. Hinterleib mit abwärts gerichteter Spitze. **Maikäfer.** *Melolóntha.*
2. Hinterleib rund. Länge 25–35 mm. Flügeldecken mit vielen weißen Flecken. (13) **Walker.** *Polyphýlla fullo.*

b) Fühlerkeule mit 3 Blättern. **Junikäfer.**

1. Körper braun, grau behaart, 10–18 mm lang. (14) **Brachkäfer.** *Amphimállus.*
2. Körper schwarz, graugelb pelzig behaart, 10–13 mm lang. Flügeldecken gelb, mit 3 schwarzen Querflecken. Auf Blüten. (15) **Pinselkäfer.** *Trichius fasciátus.*
3. Körper goldglänzend, meist kahl, 10–30 mm lang. Flügeldecken hinter der Schulter ausgebuchtet. Auf Blumen, gern auf Rosen. Mehrere Arten. (16) **Goldkäfer, Rosenkäfer.** *Cetónia.*
4. Körper metallisch grün, 15–18 mm lang. Flügeldecken hinter der Schulter nicht ausgebuchtet. Unterseite oft kupferrot. Brust (beim Weibchen auch Bauch) grau behaart. Auf Blüten. (17) **Edelmann.** *Gnórimus nóbilis.*

24. Heckenfliegen

Die Sonne brennt. Es ist Fliegenwetter. Wir gehen an der Hecke entlang. Das Gesträuch ist übersät von Fliegen. Sie erregen unsere Aufmerksamkeit durch ihre glänzenden Farben, durch merkwürdige Bewegungen, durch die Menge ihres Auftretens oder durch auffällige Körperformen. Sicheres Erkennungsmerkmal: Fliegen und Mücken haben 2 häutige Flügel. (Alle übrigen fliegenden Insekten haben 4 Flügel.)

I. Die Fliegen sind auffällig durch ihre Färbung

A. Der ganze Körper ist metallisch glänzend: grün, blau oder schwarz.

a) Glänzend grün oder blau.

1. Über 1 cm lang.

α) Augen behaart, auf der Stirn zusammenstoßend. Metallischgrün. Schlanke Gestalt. Sehr lebhaft. **Goldfliege.** *Chrysomýia.*

β) Augen nackt, getrennt. Metallisch-grün. Schlanke Gestalt. Sehr lebhaft. **Metallfliege.** *Geosárgus.*

2. Etwa 1 cm lang. Schwarzblau, rauhborstig. (Abb.) **Fleischfliege.** *Sarcóphoga.*

3. Unter 1 cm lang.

α) Metallisch-grün. Flügel gelblich. *Lauxánia.*

β) Schwarzblau oder schwarzgrün. Mit vorstehender Legeröhre. Körper plump, Flug träge. *Loncháea.*

b) Glänzend schwarz.

1. Körper schlank, über 1 cm lang. Schienen der Hinterbeine keulenförmig verdickt. Flügel zum Teil dunkel gefärbt. Im Gesicht ein Knebelbart. Die Fliege sitzt auf Zweigspitzen und lauert auf Beute. **Raubfliege.** *Holopógon.*

2. Körper gedrungen, unter 1 cm lang. Füße gelb. **Kugelfliege.** *Pachygáster.*

B. Der Hinterleib ist farbig gefleckt oder gebändert

1. Über 1 cm lang. Schillernd stahlblau. Kopf dick. Hinterleib metallisch schwarz oder grün, mit hellen Binden. **Schwebfliege.** *Syrphus.*

2. Etwa 1 cm lang. Hinterleib abwärts gebogen. **Singfliege.** *Pipíza.*

3. Unter $\frac{1}{2}$ cm lang. Schwarzgelb gefärbt. (Abb.) **Halmfliege.** *Chlorops.*

C. Der Hinterleib ist einfarbig rotgelb.

1. Mittelgroße Fliegen. Rückenschild mit 4–8 Dornen. Augen dicht behaart. **Holzfliege.** *Beris.*

2. Kleine Fliegen, die schnell umherrennen. Schenkel dick. Stirn mit Borsten. Augen groß, nackt. **Buckelfliege.** *Phora.*

D. Die Flügel sind auffällig gefärbt.

a) Flügel gelblich. Fliege schwarz-metallisch-grün. *Lauxánia.*

b) Flügel schwarz oder braun. Fliege dünnleibig, 15 mm lang. **Habichtsfliege.** *Dióctria.*

c) Flügel glashell mit dunklen Querbinden oder Flügel lichtbraun mit weißen Tropfen. Die Fliegen zittern im Sitzen mit den Flügeln. **Schmuckfliege.** *Ortális.*

d) Flügel schwarz-weiß gescheckt.

1. Untergesicht am Mundrand sehr stark aufgeworfen. Bauch gelb. Träge Tiere. **Breitmund-Schmuckfliege.** *Platýstoma.*

2. Schlanke kleine Fliegen, die mit den Flügeln schwingen. Flügel schmal, waagrecht abstehend, mit schwarzen Pünktchen. **Schwingfliegen.** *Sepsiden.*

3. Glänzend schwarze Fliegen. Weibchen mit vorstehender Legeröhre. Die Tiere verstecken sich gern. **Bohrfliegen.** *Trypéta.*

e) Flügel am Vorderrande tiefschwarz. Hinterleib schwarz behaart, mit silbrigen Flecken und Binden. **Trauerschweber.** *Argyramóeba.*

II. Die Fliegen sind auffällig durch ihre Bewegungen

A. Bewegungen in der Luft. Schwebeflug: Die Fliegen stehen einen Augenblick auf einem Punkte in der Luft, dann schießen sie plötzlich blitzschnell weiter.

1. Wespen- oder bienenartige Fliegen. Hinterleib meist schwarz mit gelben Binden. Fast haarlos. (Abb.) **Schwebfliegen.** *Syrphiden.*

2. Hummelartige, mittelgroße bis kleine Fliegen mit farbigen Flügeln. Manche Arten mit langem Rüssel. Behaart. Schweben über Blüten. (Abb.) **Hummelfliegen.** *Bombylliiden.*

3. Eine große Mücke mit sehr langen Beinen, die ihre Flügel weit spannt. **Zuckmücke.** *Chirónomus.*

B. Bewegungen auf den Blättern.

1. Die Flügel sind in zitternder Bewegung.
   a) Flügel glashell mit dunklen Querbinden oder Flügel lichtbraun mit weißen Tropfen. **Schmuckfliege.** *Ortális.*
   b) Flügel schwarz-weiß gescheckt, rechtwinklig abstehend. **Schwingfliegen.** *Sepsiden.*
2. Flügel im Sitzen gespreizt. Hinterleib abwärts gebogen, farbig gefleckt. **Singfliege.** *Pipiza.*
3. Vorderbeine zucken im Sitzen. Körper sehr schlank. Beine lang. Fühler gebüschelt. (Abb.) **Zuckmücke.** *Chirónomus.*

4. Kleine schwarze Fliegen mit grünen Augen, die sehr schnell im Kreise umherrennen. (Larven leben in Pilzen.) **Pilzfliege.** *Platypéza.*
5. Kleine Fliegen mit einem rotgelben Hinterleib, die sehr schnell geradeaus rennen. **Buckelfliege.** *Phora.*
6. Große graue Fliegen mit schlankem Körper und kräftigen Beinen, dolchartigem Rüssel und einem Knebelbart im Gesicht. Sie warten auf Insekten, die sie überfallen. Wenn sie sich sonnen, legen sie ihren Körper etwas auf die Seite. (Abb.) **Raubfliege.** *Ásilus.*

III. Die Fliegen sind auffällig durch ihre Menge

a) Ein Fliegenschwarm (Fühler kurz!)

1. Kräftige Fliegen mit langem Rüssel, der auf die Brust zurückgeschlagen wird. Gern über Tümpeln und Pfützen. (Abb.) **Tanzfliege.** *Empis.*

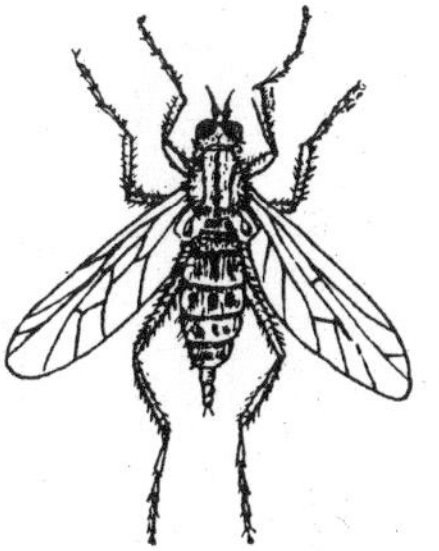

2. Eine Mücke von fliegenartigem Aussehen, über 1 cm groß, schwarz, dicht behaart. Oft in großen Mengen auf dem Gesträuch. Im Fliegen hängen die Hinterbeine lang herab! (Abb.) **Haarmücke.** *Bíbio.*

b) Ein Mückenschwarm (Fühler lang!).
1. Siehe Haarmücke.
2. Siehe Zuckmücke.

III. AUF DER WIESE

A. Pflanzenleben

1. Wie der Bauer eine Wiese beurteilt

„Der Wiesengrund ist schon so bunt und malt sich täglich bunter“. So sieht der entzückte Dichter die Wiese, so auch die Kinder, junge Mädchen und Stadtdamen, die Blumen pflücken wollen. Der Bauer urteilt anders: ihm ist ihr buntes Kleid ein Zeichen dafür, daß ihr Ertrag minderwertig ist. — Wie muß der Pflanzenbestand einer ertragreichen Wiese zusammengesetzt sein?

I. Eine ertragreiche Wiese sieht grün aus: die Gräser herrschen vor. Auf den Wiesen wachsen zwei große Gruppen von Gräsern: Süßgräser und Sauergräser.

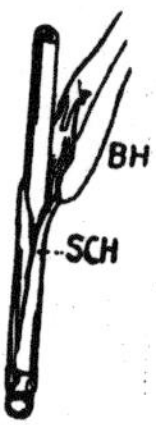

A. Die Süßgräser sind die echten Gräser. Stengel hohl, durch Knoten gegliedert = Halm. Das Blatt umfaßt in seinem unteren Teil den Halm scheidenartig = Blattscheide (Sch). Wo die Blattscheide aufhört, sitzt das Blatthäutchen (BH), das den Halm so fest umfaßt, daß kein herablaufendes Regenwasser eindringen kann. Die Süßgräser wachsen auf gut entwässerten Wiesen und liefern gutes Viehfutter. Sie müssen 80–90 v. H. der Fläche bedecken.

1. Obergras: Gräser, die hohe, kräftige Halme bilden. Sie wachsen in Horsten, in lückenhaften Beständen. Sie müssen 45–50 v. H. der Fläche bedecken.
2. Untergras: Gräser, die viel Blattwerk entwickeln und einen dichten Rasen bilden. Sie müssen 35–40 v. H. der Fläche bedecken.

Wenn eine Wiese Obergräser und Untergräser in richtiger Mischung hat, liefert sie die höchsten Erträge.

B. Die Sauergräser oder Riedgräser sind Halbgräser. Sie sehen den echten Gräsern sehr ähnlich. Ihr Stengel ist in der Regel dreikantig und knotenlos. Blattscheide ganz geschlossen, Blatthäutchen nicht vorhanden. (Unterschiede im Blütenbau sind gleichfalls vorhanden.) Sauergräser wachsen auf feuchten, sumpfigen Wiesen und sind als Viehfutter ungeeignet, wohl aber kann man sie als Streu verwenden. Wiesen mit Sauergräsern nennt man „saure" Wiesen.

II. Eine bunte Wiese ist meist nicht ertragreich: die Blumen herrschen vor. Fast sämtliche Wiesenblumen sind für den Bauer Unkräuter. Nur die Kleearten sind gute Futterkräuter, sie dürfen mit 10–20 v. H. auf der Fläche vertreten sein.

2. Das Wiesen-Schaumkraut *(Cardámine praténse)*

Ich gehe an einem sonnigen Tag im Erstfrühling am Rande einer großen Wiese entlang. Das Gras sprießt in frischem Grün hervor, bunte Blumen sind noch nicht zu sehen. Hinten in der Wiese scheint an einer nassen Stelle noch Wasser zu stehen, es schimmert bläulichweiß wie Wasser zu mir herüber. Aber ist das wirklich Wasser? Ich gehe darauf zu, um mich zu überzeugen, und sehe, daß ich mich habe täuschen lassen. An der nassen Stelle steht ein dichter Bestand von kniehohen Pflanzen mit lila gefärbten Blüten — die ersten Blumen auf dieser Wiese: das Wiesen-Schaumkraut. — Geradeso kannst du diese Beobachtung auch machen, wenn du zur rechten Zeit eine feuchte Wiese aufsuchst.

Woher kommt es, daß das Schaumkraut so früh blüht?

Hebe eine einzelne Pflanze mit ihren Wurzeln aus dem Boden. Sie hat einen schräg in der Erde liegenden Wurzelstock, der mehrere Jahre alt wird; er ist ausdauernd und enthält Nährstoffe, die der Entwicklung der ersten Blätter dienen. Diese ersten Blätter bilden eine grundständige Rosette mit unpaarig gefiederten Blättern. Sie nehmen sofort die weitere Ernährung der jungen Pflanze auf und bilden im Sonnenlicht neue Nährstoffe für den Aufbau des Stengels mit seinen Blättern und Blüten.

Beobachte die Blüten bei Regenwetter!

Bei Regenwetter und auch gegen Abend, wenn es kühl wird, neigen sich die Blütenstände, die Blüten schließen sich, und die Farbe erlischt. Auf diese Weise schützen sich die zarten Blüten gegen Nässe und Kälte.

Untersuche den Bau der Blüten!

Du wirst finden, daß die Blüte des Schaumkrautes gerade so gebaut ist wie die Rapsblüte (Abb. S. 54)

Untersuche die grundständigen Blätter!

Wenn die grundständigen Blätter dem feuchten Boden dicht aufliegen, bilden sich am Grunde der Fiederblättchen Knospen, aus denen sich neue Pflanzen entwickeln. Diese winzigen Pflänzchen treiben ihre zarten Wurzeln in den weichen Boden und können sich bald selbst ernähren. Wenn das alte Blatt später abstirbt, wachsen die Abkömmlinge selbständig weiter. Auf diese Weise entstehen durch ungeschlechtliche Vermehrung zahlreiche neue Pflanzen, und es wird verständlich, warum das Schaumkraut gerade an den nassen Stellen in so reichen Beständen wächst.

Streiche mit dem Finger am Stengel entlang!

Du bemerkst dabei, daß die Pflanze mit einem feinen Belag überzogen ist, der sich abwischen läßt wie der Hauch deines Mundes von der Fensterscheibe. Das ist eine Wachsschicht, an der Regen und Tautropfen abfließen. Bliebe das Wasser an der Pflanze haften, würde es die zahlreichen feinen Öffnungen in der Oberhaut verstopfen und die Luft könnte nicht in das Innere eindringen.

Einen solchen Wachsbelag kannst du an vielen Sumpf- und Wasserpflanzen feststellen. Auch an Äpfeln, Birnen, Pflaumen, Zwetschen, Kirschen, Weintrauben und vielen anderen Früchten kommt er vor und schützt sie vor Fäulnis. Wenn es lange regnet, wird er abgespült und die Früchte faulen.

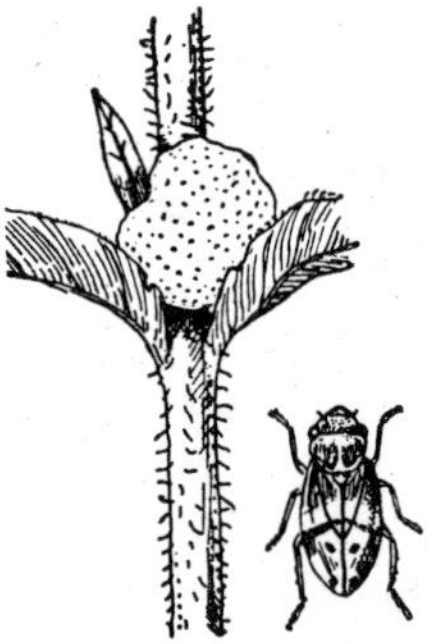

Untersuche die weißen Schaumflocken am Stengel!

Ein aufgeweckter Junge kennt diesen Schaum und weiß auch, daß ein kleines blaßgrünes Tierchen darin sitzt. Er hat wohl auch schon das Tierchen mit einem dünnen Grashalm aus dem Schaum heraus gelockt. Und wenn kleine Kinder zugegen waren, hat er ihnen vorgeredet, das sei „Kuckucksspeichel". (Abb.)

Er wird aber nicht wissen, wie der Schaum entstanden ist und was das Tierchen darin treibt. Es ist die Larve der Schaumzikade oder Schaumzirpe. Sie bohrt ihren Rüssel so tief in die Pflanze, bis sie die Saftleitungsbahnen erreicht und den Nährstrom angezapft hat. Da der Saft aber nur wenig Nährstoffe enthält, muß die Larve große Mengen aufsaugen. Was der Körper an Baustoffen benötigt, nimmt er auf, den größten Teil der Flüssigkeit scheidet er wieder aus. Zugleich sondert die Larve an ihren Hinterleibsringen eine wachsartige Masse ab, die sich mit der Flüssigkeit zu einer seifigen Brühe mischt. In diese Seifenlösung bläst sie ihre ausgeatmete Luft. Was geschieht? Die Lösung schäumt gerade so auf, als wenn du mit einem Strohhalm in eine Seifenlösung bläst oder den Speichel deines Mundes durch schnelles Atmen zwischen den Zähnen durch in Schaum verwandelst. Will die Larve frische Luft einatmen, so schiebt sie die Spitze ihres Hinterleibes etwas aus dem Schaumballen heraus. Wenn du Geduld hast, kannst du es beobachten. In dieser Schaumhülle ist die zarte Larve gegen Austrocknen durch zu starke Sonnenbestrahlung und auch vor Feinden geschützt. Nachdem sie sich mehrfach gehäutet hat, verläßt sie als voll entwickelte Zikade (Abb.) den Schaum und lebt auf anderen Pflanzen. Sie ist etwa 6 mm lang, hat vier gleichgestaltete Flügel und hat Ähnlichkeit mit einer kleinen Heuschrecke. Das Männchen kann zirpen, daher heißt das Tier auch Schaumzirpe. Solche Schaumflocken findest du auch an vielen anderen Pflanzen, an Weiden sieht man sie oft zu Tausenden. Ist der Befall sehr stark, kann den Pflanzen so viel Saft entzogen werden, daß sie kümmern oder sogar absterben.

Betrachte eine gut ausgewachsene Pflanze!

Schlanker Wuchs — Grundständige Blätter mit rundlichen Blättchen — Stengelblätter mit schmalen, linealen Blättchen — Blütentraube locker — Blüte eine Kreuzblüte — Frucht eine Schote.

Aufgaben: Präge dir das Wuchsbild ein! Kennst du die Pflanze wieder, wenn sie nicht blüht? — Kannst du ein grundständiges Blatt ohne Vorlage zeichnen? Versuche es mit einem Stengelblatt. — Zeichne die ganze Pflanze.

3. Sauergräser

1. Stengel durch Knoten in Abschnitte gegliedert, hohl, ohne Mark. **Süßgräser.**
2. Stengel ohne Knoten, mit Mark. **Sauergräser.**

A. Stengel 3kantig, mit Blättern.

1. Blütenstand in Ähren. Ähren mit männlichen Blüten und Ähren mit weiblichen Blüten auf einer Pflanze = einhäusig. Ähren

mit männlichen Blüten und Ähren mit weiblichen Blüten auf verschiedenen Pflanzen = zweihäusig. Blätter lang-lineal, an der Ansatzstelle ohne Blatthäutchen, meist scharf schneidend. Etwa 100 Arten. **Seggen.**
Carex.

2. Blütenstand in einer endständigen Ripse. Blüten zwittrig, mit 3 Staubgefäßen. **Simsen.**
Scirpus.

B. Stengel, stielrund, meist ohne Blätter.

1. Blütenstand eine seitliche Rispe. Blüten klein, mit 6 grünen, kelchartigen Blättern; Staubblätter 6 oder 3. Stengel fein gerillt, bis $^3/_4$ m hoch. **Binsen.**
Juncus.

2. Blütenstand eine Ähre an der Spitze des Stengels. Blüten klein. Staubgefäße 3. **Sumpf-Binse.**
Heleócharis.

4. Die besten Futtergräser der Wiese

Eine gute Wiese soll gutes und viel Futter liefern. Das geschieht, wenn sie nicht nur einen dichten Halmbestand, sondern auch massenhaft Blätter hervorbringt. Die Obergräser treiben mehr Halme, die Untergräser mehr Blätter und Blattbüschel. Eine Wiese mit zuviel Obergräsern ist dünnrasig und liefert wenig Heu. Eine Wiese mit fast nur Untergräsern ist wohl dichtrasig, jedoch auch nicht ertragreich. Eine gute Wiese muß eine richtige Mischung von Obergräsern und Untergräsern enthalten: 45–50 v. H. Obergräser und 35–40 v. H. Untergräser. — Versuche, ob du den Grasbestand einer Wiese beurteilen kannst!

Bestimme!

I. Obergräser: Halme durchweg 1 m und höher

Tafel Seite 107

A. Gräser mit Ähren. (Die Ährchen sitzen ungestielt auf den Zähnen der Spindel. Beispiele: Roggen, Weizen, Gerste.)

Ähre 2seitig, wie plattgewalzt, weil die Ährchen mit der schmalen Seite der Spindel zugekehrt sind. Ährchen bis 20, einzeln gestellt, Halm oberwärts rauh, bis 1 m hoch. Blätter hellgrün, unterseits glänzend, die jüngsten zusammengerollt. Italienisches Raigras. (1) **Welsches Weidelgras.**
Lólium multiflórum

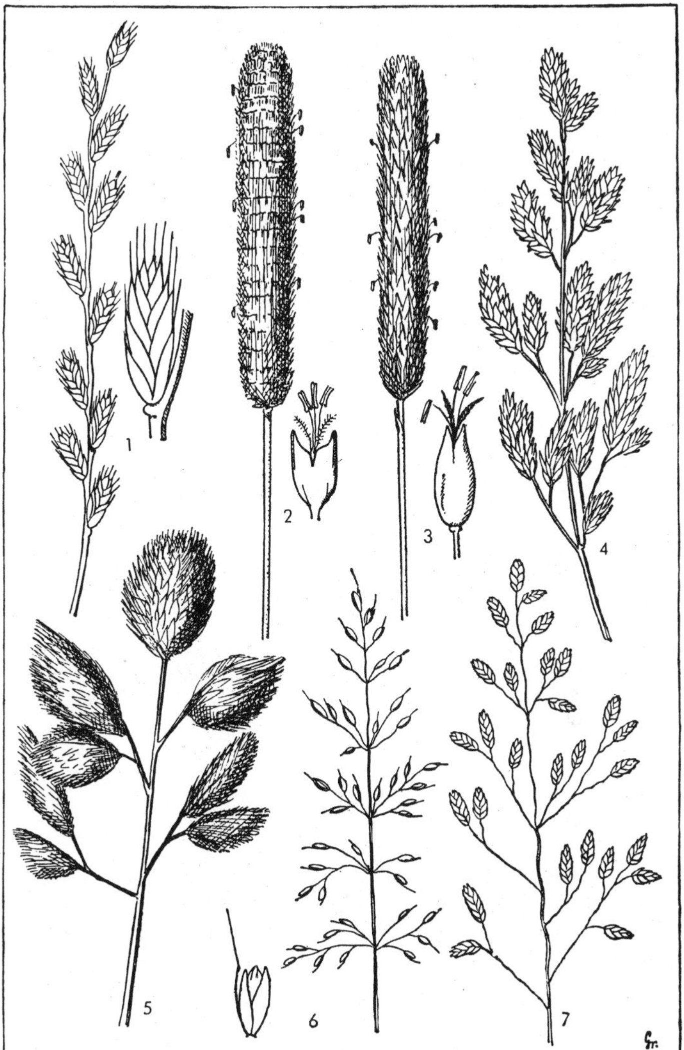
1
2
3
4
5
6
7
Gr.

B. Gräser mit Scheinähren (vom Aussehen eines Zylinderputzers!)
Ährchen kurzgestielt, stehen zu mehreren an gemeinsamen, verästelten Stielchen (Scheinähre umbiegen!)

1. Ährchen oben gestutzt, 2spitzig. Scheinähre an beiden Enden stumpf. Halm bis 1 m hoch. (2) **Wiesen-Lieschgras, Timotheusgras.** *Phleum praténse.*
2. Ährchen oben spitz. Scheinähre oben stumpf, unten spitz zulaufend. Halm bis 1 m hoch. (3) **Wiesen-Fuchsschwanz.** *Alopecúrus praténsis.*

C. Gräser mit Rispe. (Die Ährchen sind langgestielt; Beispiel: Hafer.)

a) Ährchen 1blütig. Rispe zur Blütezeit ausgebreitet, einseitswendig, gelappt, meist rötlich überlaufen. Blätter am Rande vorwärts rauh. Halm oft bis 2 m hoch. (4) **Glanzgras.** *Phálaris.*

b) Ährchen mehrblütig.

α) Ährchen in knäuelartig-gelappter, meist einseitswendiger Rispe. Rispenäste steif und rauh. Blattscheiden rückwärts rauh. Halm bis 1½ m hoch. (5) **Gemeines Knäuelgras.** *Dáctylis glomeráta.*

β) Ährchen in haferartiger Rispe.

1. Untere Spelze an der Spitze 2spaltig oder 2zähnig, mit langer geknieter, am Grunde meist gedrehter Granne. Rispe aufrecht, während der Blütezeit ausgebreitet, zuweilen violett überlaufen. Halm bis 1½ m hoch. (6) **Hoher Wiesenhafer.** *Arrhenathérum elátius.*
2. Untere Spelze ohne Rückengranne. Rispe wenigästig, ihre unteren Äste zu 2, der eine Ast mit 1, der andere mit 3 oder 4 Ährchen. Halm und Blätter glatt, bis 1 m hoch. (7) **Wiesen-Schwingel.** *Festúca elátior.*

II. Untergräser: Halme durchweg unter 1 m Höhe

Tafel Seite 109

A. Gräser mit Ähren. Ähre 2seitig, wie plattgewalzt, weil die Ährchen mit der schmalen Seite der Spindel zugekehrt sind. Stengel glatt. Blätter dunkel- oder trübgrün, die jüngeren gefaltet. Halm bis 60 cm hoch. (8) **Deutsches Weidelgras. Englisches Raigras.** *Lólium perénne.*

B. Gräser mit Scheinähren. Scheinähre einseitswendig. Ährchen am Grunde mit einem kammförmigen Seitenährchen. Halm und Blätter glatt, bis 60 cm hoch. (9) **Kammgras.** *Cynosúrus cristátus.*

8
9
10
11
12
13
14
Gr.

C. Gräser mit Rispen.

a) Ährchen 1blütig, von der Seite zusammengedrückt, klein. Rispe im Umriß länglich-kegelförmig, nach dem Verblühen zusammengezogen rauhästig. Bildet dichten Rasen, indem es Ausläufer treibt, die Wurzeln entwickeln und zahlreiche Halme in die Höhe senden. Bis 1 m hoch. (10) **Fioringras, Weißliches Straußgras.** *Agróstis alba.*

b) Ährchen mehrblütig.

α) Untere Spelze mit geknieter Rückengranne. Ährchenachse behaart. Ährchen aufrecht, glänzend gelblich. Längere Äste der Rispe mit 5–8 Ährchen. Blätter behaart. Halm bis 60 cm hoch. (11) **Goldhafer.** *Trisétum flavéscens.*

β) Untere Spelze ohne Rückengranne.

1. Rispenäste zahlreich. Untere Spelze auf dem Rücken gekielt, mit 3 stark hervortretenden Nerven.

*) Pflanze mit langen Ausläufern. Halm schwach zusammengedrückt, glatt, bis 80 cm hoch. (12) **Wiesen-Rispengras.** *Poa praténsis.*

) Pflanze ohne lange Ausläufer. Halm stielrund, etwas rauh, bis 1m hoch. Wird auch zu den Obergräsern gerechnet. (13) **Gemeines Rispengras. *Poa triviális.*

2. Rispenäste nicht zahlreich. Rispe aufrecht, oft rötlich oder violett überlaufen. Blätter grobborstlich, 5kantig. Pflanze meist graugrün, mit Ausläufern, bis 80 cm hoch. (14) **Roter Schwingel.** *Festúca rubra.*

5. Die Rasenschmiele

Die Rasenschmiele, *Deschámpsia caespitósa* (S. 176), ist ein gemeines Gras, das vom Flachlande bis in die Schneestufe der Hochgebirge verbreitet ist. Wir treffen sie an in Flachmooren, Erlenstandmooren und Sumpfwiesen, an Gräben und Feldwegen, auf Waldwegen, Waldwiesen und Alpenweiden. Sie ist an den dichten, festen Polstern und an den hohen Halmbüscheln mit den pyramidenförmigen, großen Rispen, deren Äste waagerecht abstehen, leicht zu erkennen. Die Blattspreiten haben oberseits kräftige, scharf gekielte, rauhe Rippen, die durch ein farbloses Gewebe miteinander verbunden sind und sich beim Trocknen einrollen.

Die Rasenschmiele wächst an trockenen Stellen. Die von ihr besiedelten feuchten oder nassen Standorte sind im Sommer oft trockengelegt. Es mag auch sein, daß die Pflanze dem Moor- und Sumpfboden doch nicht so viel Wasser zu entziehen vermag, wie zu ihrer regelmäßigen Versorgung erforderlich ist; denn sie zeigt den Bau einer Trockenlandpflanze, wie übrigens noch sehr viele andere Gewächse auf Torfboden. Das Blatt der Rasenschmiele hat eine überaus einfache, überraschend sinnvolle Einrichtung zur Regelung des Wasserhaushaltes. Die Abbildung zeigt einen Querschnitt durch ein Blatt. Rollblätter haben: Kopfgras, Schwingel, Heidekraut u. a.

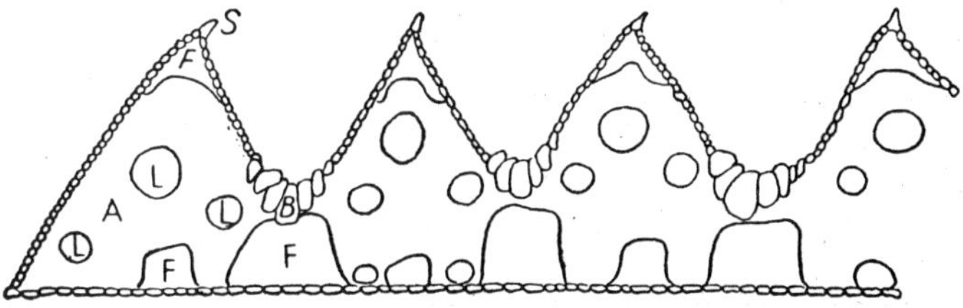

S = verkieselte Spitzen der Blattrippen. Man fahre mit dem Finger über die Rippen hinweg: einmal vom Blattgrunde nach der Blattspitze zu, sodann umgekehrt (Lupe!). In den Spitzen ist Kieselsäure abgelagert, sie stehen wie die Zähne einer Säge. Das Weidevieh meidet dieses Gras, es frißt um die Polster herum.

B = Blasenzellen. Diese Zellen enthalten kein Blattgrün, sie sind als farbloser Gewebestreifen in der Tiefe der Rillen zu erkennen. Steht der Pflanze hinreichend Wasser zur Verfügung, so sind die Blasenzellen prall gefüllt und spreizen die Rippen auseinander. Damit kann die Verdunstung durch die Spaltöffnungen einsetzen, die in der Oberhaut der Rippen liegen. Wenn jedoch in Trockenzeiten die Pflanze die Wasserabgabe möglichst einschränken muß, entleeren sich die dünnhäutigen Blasenzellen zuerst (schrumpfen): die Rippen legen sich aneinander und das ganze Blatt rollt sich von den beiden Seiten her zusammen. Damit aber werden die Spaltöffnungen verdeckt und müssen ihre Tätigkeit je nach dem Grad der Zusammenrollung entweder einschränken oder einstellen. Die Blasenzellen wirken bei diesem Vorgang der Verdunstungsregelung als Gelenke.

F = Festigungsgewebe. Man versuche ein Blatt zu zerreißen, schütze aber die Hand dabei durch ein Tuch.

L = Leitungsgewebe. Es liegt mit seinen größeren Gefäßen inmitten des Assimilationsgewebes (*A*), um dieses ausreichend zu versorgen. Kleinere Leitungsbahnen liegen in der Nähe der Blasenzellen und stehen offensichtlich mit im Dienst der Verdunstungsregelung.

6. Die Kleearten der Wiese

Unter den Gräsern der Wiese wachsen in größerer oder geringerer Menge nahrhafte Futterkräuter. Die wichtigsten sind die Kleepflanzen, von denen eine gute Wiesenbewirtschaftung folgende Arten bevorzugt: Schwedenklee, Gelbklee, Hornklee, Rotklee, Weißklee. Sie liefern ein vorzügliches Kleegrasheu.

Merkmale der Kleepflanzen

1. Die Blätter sind 3zählig = Kleepflanzen.
   Die Blätter sind gefiedert = Kleeartige Pflanzen.
2. Die Blüten stehen gehäuft in Köpfchen, Dolden oder Trauben. Die einzelne Blüte ist gebaut wie die Blüte der Erbse (Schmetterlingsblüte).

R

Bestimme!

I. Die Blätter sind 3zählig: Kleepflanzen

A. Blüten rot, in Köpfchen.

1. Kelchröhre außen behaart. Köpfe meist zu 2, von 2 Blättern umhüllt. Nebenblätter (am Grunde des Blattst.) grannenartig zugespitzt. (R) **Rotklee, Wiesenklee.** *Trifólium praténse.*
2. Kelchröhre außen kahl, nur die Zähne gewimpert. Köpfe einzeln, kugelig, meist unbehüllt. Nebenblätter gewimpert. (M) **Mittlerer Klee.** *Trifólium médium.*

M

B. Blüten weiß, in Köpfen.

W

1. Stengel kriechend, wurzelnd. Blättchen meist keilig-verkehrt-herzförmig. (W) **Weißklee.** *Trifólium repens.*
2. Stengel fast aufrecht, behaart. Blättchen länglich-lanzettlich, unterseits behaart. (B) **Bergklee.** *Trifólium montánum.*

C. Blüten anfangs weiß, dann rötlich, in Köpfen. Blättchen langrund oder verkehrt-eiförmig. Stengel aufsteigend oder niederliegend, nicht wurzelnd, röhrig, kahl. **Bastardklee, Schwedenklee.** *Trifólium hýbridum.*

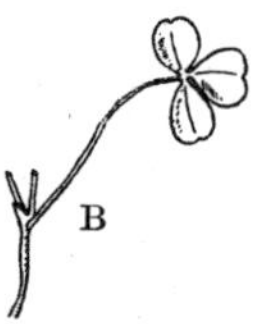
B

D. Blüten blau (violett), dunkler geadert, in kopfigen Trauben. Pflanze bis $^3/_4$ m hoch. **Luzerne.** *Medicágo sativa.*

E. Blüten gelb.

a) Schiffchen der Blüte zugespitzt. 9 Staubfäden verwachsen, 1 frei. Blüten in kopfförmigen Dolden.

1. Köpfe meist 5blütig. Blüten beim Aufblühen oft blutrot überlaufen. Stengel kantig, engröhrig oder nicht röhrig, hart. **Wiesen-Hornklee.** *Lotus corniculátus.*

S

2. Köpfe meist 10–20blütig. Stengel stielrund, meist weitröhrig, weich. (S) — **Sumpf-Hornklee.** *Lotus uliginósus.*

b) Schiffchen nicht zugespitzt.

1. Kronblätter mit den Staubfäden und unter sich verwachsen, beim Welken nicht abfallend. Köpfchen sehr klein.

F

α) Köpfchen 5–15blütig. Stengel niederliegend. — **Kleiner Klee.** *Trifólium dúbium.*

β) Köpfchen 20–40blütig. Stengel niederliegend. Mittleres Blättchen länger gestielt als die seitlichen. (F) — **Feldklee.** *Trifólium campéstre.*

G

γ) Alle Blätter gleich kurz gestielt. Blüten goldgelb. (G) — **Goldklee.** *Trifólium strépens.*

2. Kronblätter nicht mit den Staubfäden verwachsen, abfallend. Einzelblüten klein (3 mm lang). Köpfchen fast kugelig. Stengel vom Grunde aus ästig, bald aufrechtstehend, bald niederliegend. Je nach diesem Wuchs hat die Pflanze ein sehr veränderliches Aussehen. — **Hopfenklee.** *Medicágo lupulína.*

V

II. Die Blätter sind gefiedert: Kleeartige Pflanzen

A. Blüten rosa, in Trauben. Blätter unpaarig gefiedert, mit 13–25 Blättchen. — **Esparsette.** *Onóbrychis viciaefólia.*

B. Blüten blau, violett oder lila, einzeln oder in Trauben. Blätter paarig gefiedert. Blättchen 4–12paarig. (V) — **Wicken.** *Vícia.*

C. Blüten gelb.

A

1. Blätter unpaarig gefiedert, 1–7paarig. Blüten in kugeligen Köpfchen. Krone hellgoldgelb, oft rot überlaufen. Kelch filzig. (A) — **Wundklee.** *Anthýllis vulnerária.*

2. Blätter paarig gefiedert, 1paarig, mit Wickelranke. Stengelkantig, weichhaarig, kletternd. Blüten in Trauben. (L) — **Wiesen-Platterbse.** *Láhtyrus praténsis.*

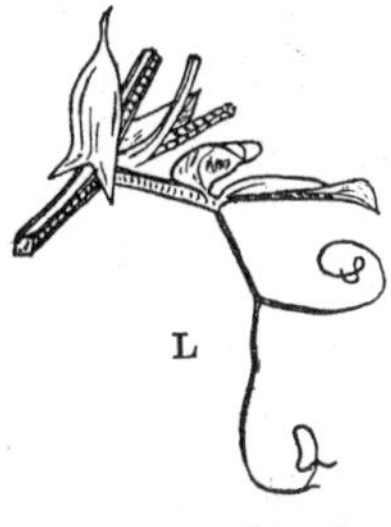
L

7. Achte auf die Verfärbungen der Wiese

Vom Vorfrühling bis zum Frühsommer, also den ganzen Frühling hindurch, trägt die blumige Wiese alle zwei Wochen ein anderes gefärbtes Kleid. Durch die massenhaft auftretenden Unkräuter wird sie abwechselnd gelb-weiß-gelb-weiß gefärbt.

März-April:	Wenn Schlüsselblumen zahlreich vorkommen, leuchtet die Wiese weithin gelb.
Mitte April:	Das Wiesenschaumkraut kommt auf manchen Tal- und Wässerwiesen oft in ungeheurer Menge vor, seine lila Blüten färben die Wiesen rötlichweiß, so daß sie aussehen wie von Wasser überflutet.
Ende April-Mai:	Die gewaltigen Blütenmassen des Löwenzahns färben die Wiesen leuchtend gelb.
Mitte Mai:	Das Gelb des Löwenzahns wird abgelöst von dem Gelb des scharfen Hahnenfußes.
Mai-Juni:	Die hochragenden Dolden des Wiesenkerbels färben die Wiese wieder weiß. Bergwiesen die Bärwurz.
Juni:	Das Weiß wird verstärkt durch die weißen Randblüten der Wucherblume. Auf feuchten Wiesen sieht man oft die rötlich-weißen Bestände des Wiesen-Knöterichs.

8. Wächst auf euren Wiesen noch Kümmel?

In meiner Jugendzeit mußten wir Kinder den Kümmel, den die Hausfrauen in der Küche zum Würzen der Speisen nötig hatten, am Tage des Grasmähens auf den Wiesen sammeln. Heute ist er in vielen Gegenden von den Wiesen geschwunden. Gründe: Ständiges Sammeln, Weidebetrieb . . .

Der Kümmel ist eine Doldenpflanze. Im Frühling blühen auf den Wiesen nur zwei Doldenpflanzen: Kümmel und Waldkerbel (Wilder Kerbel), auf Bergwiesen die Bärwurz. Im Sommer und Herbst blühen einige andere, die häufigsten sind Bärenklau und die wilde Möhre.

Bestimme!

1. Stengel $^{2}/_{3}$–$1^{2}/_{3}$ m hoch, unten rauhhaarig. Blätter doppelt gefiedert, Blättchen fiederspaltig. Dolde zusammengesetzt, vielstrahlig. Blüte weiß. Frucht kurz geschnäbelt. **Waldkerbel.** *Anthriscus silvestris.*

2. Stengel = –1 m hoch. Blätter doppelt gefiedert; Blättchen fiederteilig-vielspaltig, die beiden untersten Paare kreuzweise gestellt. Dolde vielstrahlig; Hülle fehlend, Hüllchen fehlend oder wenigblättrig. Blütenblätter weiß, verkehrt herzförmig. **Kümmel.**
Frucht reiben. Kümmelgeruch! *Carum carvi.*

3. Stengel bis ½ m hoch. Blätter doppelt gefiedert, Blättchen in viele haarfeine, quirlige Zipfel geteilt. (Reiben: sehr stark nach Fenchel riechend!) Dolden vielstrahlig. Hülle 1–8blättrig, Hüllchen aus 3–8 pfriemlichen Blättchen bestehend. Krone weiß. Frucht eilänglich. Pflanze liebt feuchte Triften der Berge, selten, wo sie vorkommt, kann sie ganze Wiesen bedecken **Bärwurz.**
und im Frühling schneeweiß färben. *Meum athamánticum.*

9. Die häufigsten Korbblüter der Frühlingswiese

Untersuche den Blütenkopf eines Löwenzahns!

Der Blütenkopf auf dem blattlosen Stengel (Schaft) enthält zahlreiche kleine Blüten, die von einer gemeinsamen Hülle umgeben sind, in der sie wie in einem Körbchen vereinigt sind, daher der Name Korbblüter.

Die Einzelblüte: Kelch als Haarkrone (Pappus) ausgebildet; Blumenkrone zungenförmig; Staubgefäße 5, deren Beutel zu einer Röhre verwachsen, die den Griffel umschließt.

Unterscheide!

1. Gruppe: Alle Blüten im Körbchen sind zungenförmig: Löwenzahn.
2. Gruppe: Alle Blüten im Körbchen sind röhrig: Kornblume.
3. Gruppe: Die Scheibenblüten sind röhrig, die Strahlenblüten (Randblüten) sind zungenförmig: Sonnenblume.

Bestimme!

I. Alle Blüten des Körbchens sind zungenförmig, gelb.
Jede einzelne Blüte besitzt statt des Kelches einen Haarkranz *(Pappus)*, der nach dem Abblühen auf dem Früchtchen stehenbleibt. (Pusteblumen! Verbreitung der Samen durch den Wind.)

A. *Pappus* mit einfachen Haaren.
1. Frucht geschnäbelt. Der *Pappus* sieht daher gestielt aus. Blätter schrotsägeförmig oder fiederspaltig. Schaft hohl

(die Kinder machen Ketten daraus), bis 30 cm hoch. **Kettenblume, Löwenzahn.** *Taráxacum officinále.*

b) Frucht nicht geschnäbelt. Der Pappus sitzt ihr auf und erscheint daher ungestielt.

1. *Pappus* weiß, mit weichen, biegsamen Haaren. Hüllkelch hat noch einen Außenkelch. Blätter meist fiederspaltig. Stengel bis 1,20 m hoch, unten oft rot, fast vom Grunde an verästelt. Obere Blätter ungeteilt, lanzettlich; die unteren fiederspaltig; auf den Nerven mit kurzen, steifen Haaren besetzt. Äußere Hüllblätter mit häutigem Rand, die inneren an der Innenseite seidig behaart. **Zweijährige Grundfeete.** *Crepis biénnis.*

2. *Pappus* graugelb, mit steifen, zerbrechlichen Haaren. Hüllkelch meist ohne Außenkelch. Blätter nie fiederspaltig. **Habichtskraut.** *Hierácium.*

B. *Pappus* mit gefiederten Haaren.

a) Fiederchen des *Pappus* ineinander verwebt.

Hüllkelch einreihig, mit 8 Blättern, am Grunde verwachsen. Krone an der Spitze abgeschnitten, 5zähnig. Körbchen öffnen sich bei schönem Wetter bei Sonnenaufgang und schließen sich kurz vor Mittag. Blätter lang, lanzettlich, oft an der Spitze zurückgebogen und eingerollt, am Rande wellig. Stengel kahl, knotig, bis 60 cm hoch. **Wiesen-Bocksbart.** *Tragopógon praténsis.*

b) Fiederchen des *Pappus* frei.

1. Blätter stehen in einer grundständigen Rosette.

α) Stengel stets 1köpfig, unverzweigt, nur mit 1–2schuppenförmigen Blättern besetzt, grün, bis 40 cm hoch. Blütenköpfe vor dem Aufblühen nickend. Randblüten unterseits oft blaugrün gestreift. Blätter länglich-lanzettlich, gezähnt oder fiederspaltig, mit geflügeltem Stiel, Blätter kahl oder mit gegabelten Haaren besetzt. **Rauher Löwenzahn.** *Leóntodon híspidus.*

β) Stengel zwei- bis mehrköpfig, ästig, blattlos, grün, bis 50 cm hoch. Blütenköpfe immer aufrecht. Köpfchenstiel nach oben verdickt. Randblüten außen rotgestreift. Grundblätter lang, buchtig-gezähnt oder fiederspaltig, kahl oder schwach behaart. Blüht später als der vorige. **Herbst-Löwenzahn.** *Leóntodon autumnális.*

2. Blätter stehen am Stengel, mit herzförmigem Grunde umfassend, länglich, die unteren buchtig gezähnt, die oberen ganzrandig. Äußere Hüllblätter abstehend, mit steifborstigem Mittelstreifen! Ganze Pflanze rauhhaarig, bis $^2/_3$m hoch. **Bitterich.** *Picris hieracióides.*

II. Alle Blüten des Körbchens sind röhrenförmig, Kronen trüb-blaßpurpurn. Hüllblätter mit trockenhäutigen Anhängseln. Blätter länglich-lanzettlich bis lineal, ungeteilt, die oberen oft buchtig oder fiederspaltig. Bis 80 cm hoch. **Wiesen-Flockenblume.** *Centauréa jácea.*

III. Kronen der mittleren (Scheibenblüten) sind röhrig, die der Randblüten zungenförmig und bilden einen Strahl (Strahlenblüten). Strahlenblüten weiß, Scheibenblüten gelb.

1. Pflanze bis 15 cm hoch. Blätter rosettig. **Gänseblümchen.** *Bellis perénnis.*
2. Pflanze bis 60 cm hoch. Blätter langgestielt, verkehrt-eiförmig-spatelig, obere Blätter sitzend, am Grunde oft fiederspaltig. Stengel 1köpfig oder mit wenigen 1köpfigen Ästen. **Wiesen-Wucherblume.** *Chrysánthemum leucánthemum.*

10. Hahnenfußarten auf Wiesen

Untersuche die Blüte vom scharfen Hahnenfuß!

Der scharfe Hahnenfuß steht im Frühjahr auf vielen Wiesen in solchen Mengen, daß sie weithin leuchtend gelb erscheinen. Wenn du eine dieser Blüten untersucht hast, wirst du alle verwandten Arten sogleich erkennen.

Merkmale: Kelchblätter 5, Kronblätter 5, Staubgefäße zahlreich, Griffel zahlreich. — Abweichungen bei entfernten Verwandten: Kelchblätter nur 3 oder keine. Kronblätter mehr als 5. — Festes Merkmal: Staubgefäße zahlreich.

Bestimme!

I. Blätter alle ungeteilt.

1. Kelchblätter 3, Kronblätter 8 oder mehr. Stengel liegend oder aufsteigend, bis 15 cm lang. **Scharbockskraut.** *Ranúnculus ficária.*

2. Kelchblätter 5, Kronblätter 5. Krone hellgelb. Untere Blätter elliptisch, obere lanzettlich. Stengel bis 50 cm hoch. **Brennender Hahnenfuß.** *Ranúnculus flámmula.*

II. Blätter alle oder die meisten geteilt oder gespalten.

A. Kelch zurückgeschlagen. Krone klein, blaßgelb. Blütenboden walzlich. Wurzelblätter 3zählig oder doppelt-3zählig, etwas fleischig. Stengel hohl, saftig, kahl, ästig; bis $^2/_3$ m hoch. Feuchte Wiesen. **Gift-Hahnenfuß.** *Ranúnculus scelerátus.*

B. Kelch der Krone angedrückt oder locker anliegend.

a) Blütenstiele gefurcht. Blätter 3zählig oder doppelt-3zählig. Stengel bis 50 cm hoch, mit kriechenden Ausläufern. Auf feuchten Wiesen. **Kriechender Hahnenfuß.** *Ranúnculus repens.*

b) Blütenstiele stielrund.

1. Wurzel- und Stengelblätter verschieden: Wurzelblätter nierenförmig oder herzförmig-kreisrund, gekerbt, ungeteilt oder 3– mehrspaltig; Stengelblätter handförmig geteilt mit linealen Zipfeln. Krone goldgelb. Pflanze meist grasgrün oder hellgrün, bis 50 cm hoch. Waldwiesen. **Gold-Hahnenfuß.** *Ranúnculus auricomus.*

2. Wurzel- und Stengelblätter ähnlich. Untere Blätter 5teilig, obere 3teilig. Stengel meist mehrblütig, bis 80 cm hoch. Gemeinste Art auf Wiesen. **Scharfer Hahnenfuß.** *Ranúnculus acer.*

Anmerkung: Außer dieser Gattung Hahnenfuß kommen auf Wiesen noch zwei entfernte Verwandte vor: die Trollblume und das Buschwindröschen.

1. Stengel meist 1blütig, bis 60 cm hoch. Kelchblätter 10–15, kugelig zusammenschließend, hellgelb; Kronblätter 5–10, schmal-lineal, orangegelb, an der Spitze löffelartig verbreitert. Untere Blätter gestielt, 5teilig, obere 3teilig. In der Ebene sehr zerstreut, auf feuchten Bergwiesen hier und da noch in schönen Beständen, die weithin leuchten und dadurch die Sonntagsausflügler anlocken, die sie schon an vielen Standorten ausgerottet haben. Die Pflanze steht unter Naturschutz! **Trollblume.** *Tróllius europáeus.*

2. Stengel meist 1blütig, bis 25 cm hoch. Blütenblätter weiß, außen oft rötlich, meist 6. Unter der Blüte 3 quirlständige, gestielte, 3zählige Blätter. In lichten Laubwäldern und auf Waldwiesen. **Buschwindröschen.** *Anemóne nemorósa.*

11. Drei rotblühende Pflanzen auf feuchten Wiesen, die herdenweise auftreten

Wenn eine Wiese an einzelnen Stellen weithin rot aufleuchtet, darf man annehmen, daß dort der Wiesenknöterich oder der Sauerampfer oder die Kuckuckslichtnelke blüht. Die Pflanzen wachsen herdenweise und zeigen Feuchtigkeit an.

Bestimme!

1. Pflanzen bis $^3/_4$ m hoch, die weite Flächen der Wiese überziehen können und sie rötlich färben. Blüten in langen, blattlosen Rispen, die rötlich überlaufen sind. Blütenhülle 6teilig. Staubblätter 6. Blätter pfeil- oder spießförmig (und von saurem Geschmack). **Sauerampfer.** *Rumex acetósa.*

2. Pflanzen bis 1 m hoch, herdenweise an feuchten Stellen der Wiese, wo sie durch ihre weißrötliche Blütenfarbe auffallen. Auf dem einfachen Stengel eine einzige, walzliche Ähre. Blätter länglich-eiförmig, am Rande etwas wellig, am Grunde abgestutzt oder herzförmig, die oberen sitzend, die unteren in einen langen, geflügelten Stiel übergehend. **Wiesen-Knöterich.** *Polygonum bistórta.*

3. Pflanzen bis $^3/_4$ m hoch, an feuchten Stellen oft herdenweise. Kelch verwachsenblättrig. Kronblätter 4spaltig, rosenrot. Blätter gegenständig schmal-lanzettlich. **Kuckucksnelke.** *Lychnis flos cúculi.*

Beobachte!

1. Ein Bestand Wiesenknöterich steht manchmal inmitten einer Wiese so gedrängt beisammen wie eine Schafherde, die Grenze wird von kaum einer einzelnen Pflanze überschritten. Es sieht aus, als hielte ein unsichtbarer Schäferhund sie zusammen. Prüfe die Bodenfeuchtigkeit dieser Stelle nach, wenn die Wiese gemäht ist.
2. Auf Hangwiesen sieht man zuweilen, wie der Wiesenknöterich eine Bodensenke, die von oben nach unten verläuft, rot färbt.
3. Die Bärwurz liebt feuchte Bergwiesen, wo sie oft in solchen Mengen auftritt, daß die Hänge zur Blütezeit wie verschneit aussehen. Ein

Zeichen, daß der Boden überall gleichmäßig feucht ist. Die talwärts ziehenden Senken mit der höheren Bodenfeuchtigkeit hat der Wiesenknöterich besetzt, der die weiße Fläche farbig feldert.

4. Der Sauerampfer liebt einen bestimmten Grad von Bodenfeuchtigkeit, er geht weder in die Nässe noch in die Dürre. Die Grenzlinien sind oft sehr scharf gezogen, so daß zur Blütezeit die Unterschiede der Bodenfeuchtigkeit deutlich sichtbar werden.

12. Wiesenblumen, die nicht gepflückt werden dürfen

Es ist nichts dagegen einzuwenden, wenn der Blumenfreund sich einen Strauß Wiesenblumen pflückt. In manchen Gegenden wachsen auf den Wiesen jedoch Blumen, die durch ihre prächtige Farbe oder durch ihren auffälligen Blütenstand oder durch ihren merkwürdigen Blütenbau das Auge auf sich lenken, aber nicht gepflückt werden dürfen. Sie sind anderwärts so selten, daß der Staat sie unter Naturschutz gestellt hat, um sie vor der gänzlichen Ausrottung zu bewahren. Die wichtigsten dieser gesetzlich geschützten Pflanzen sind: Trollblume, Knabenkraut und Enzian. Sie sind an den folgenden Merkmalen zu erkennen:

1. Die Blume blüht gelb: Trollblume (Abb. 1)

Stengel oben ästig, bis 30 cm hoch. Blätter handförmig-geteilt, mit 3spaltigen Zipfeln. Kelch kugelförmig zusammengeschlossen, zitronengelb. Krone dottergelb. Blütezeit: Mai-Juni.

2. Die Blume blüht rot: Knabenkraut, Kuckucksblume (Abb. 2)

Blätter längsnervig. Blütenstand eine endständige Ähre oder Traube. Blütenhülle 6teilig, eins der 6 Blättchen (die Lippe) auffällig gestaltet, Blüte mit einem Sporn. Fast ein Dutzend verschiedene Arten auf Wiesen, die größten von ihnen ½ m hoch. Blütezeit: Mai-Juni.

3. Die Blume blüht weiß: Zweiblättrige Kuckucksblume (Abb. 3)

Blätter längsnervig, meist zu 2 gegenständig, langrund. Sporn der Blüte fadenförmig. Bis 40 cm hoch. Blütezeit: Juni-Juli.

4. Die Blume blüht außen bräunlichgrün, innen rötlichweiß: Sumpfwurz (Abb. 4)

Blätter längsnervig, lanzettlich. Blüte ohne Sporn. Bis ¼ m hoch. Blütezeit: Juni-Juli.

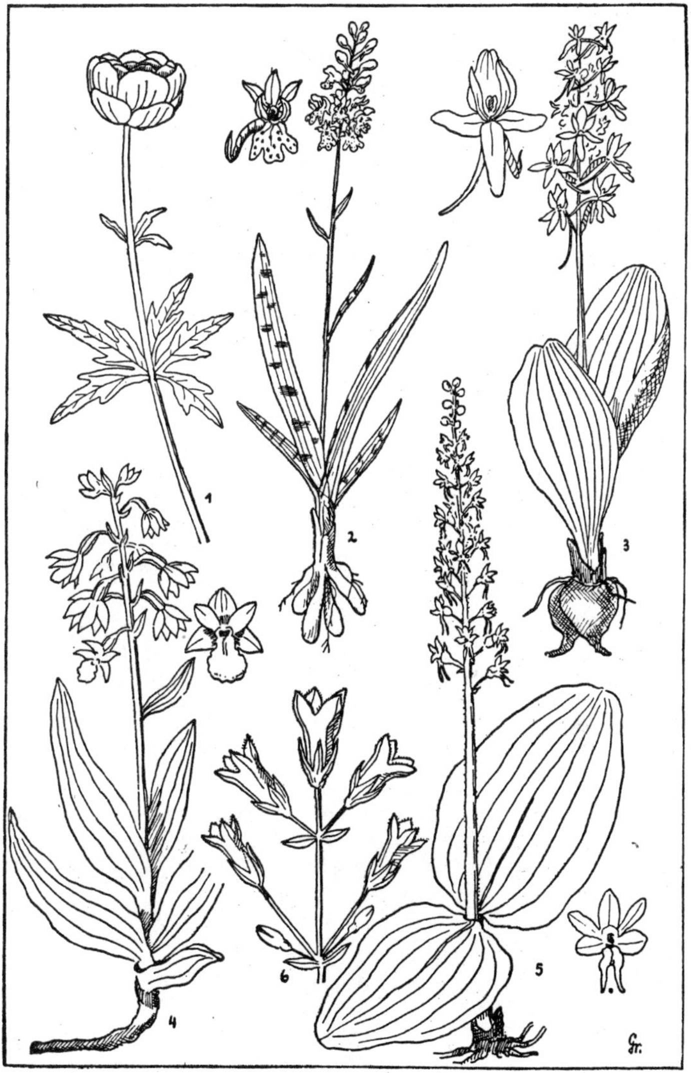

1
2
3
4
5
6
Gr.

5. Die Blume blüht anfangs grün, später gelblichgrün: Zweiblatt (Abb. 5)

Blätter längsnervig, zu 2 gegenständig, eiförmig. Blüte ohne Sporn; Lippe gelblich, lang, 2spaltig. Bis ½ m hoch. Blütezeit: Juni-Juli.

6. Die Blume blüht blau: Enzian (Abb. 6)

Pflanze 5–10 (20) cm hoch. Grundblätter rosettig, 3nervig; Stengelblätter entfernt stehend. Blüte stieltellerförmig, mit walziger Röhre, azurblau.

a) Stengel 1blütig, meist mehrere, mit nichtblühenden Laubrosetten. Blätter elliptisch oder lanzettlich, spitz. Kelch röhrig, mit schmal geflügelten Kanten. Krone azurblau, außen grünlich. 5–10 cm hoch. Auf feuchten Bergwiesen, in der Ebene selten. **Frühlings-Enzian.** *Gentiána verna.*

b) Stengel meist vom Grunde an ästig, mehrblütig, ohne nichtblühende Laubtriebe. Blätter eiförmig oder länglich, stumpf. Kelch aufgeblasen, länglich-eiförmig, mit breitgeflügelten Kanten. Krone azurblau. Bis 20 cm hoch. Auf feuchten Wiesen in Süddeutschland. Mai-Juni. **Schlauch-Enzian.** *Gentiána utriculósa.*

13. Wann ist die beste Mähezeit?

Darüber gab es früher in den verschiedenen Gegenden Deutschlands mancherlei Meinungen. Heute sagt man allgemein so: Wenn der Wiesenschwingel *(Festúca elátior)* blüht, ist die beste Mähezeit. Kennst du ihn?

Merkmale:

Rispengras, bis 1 m hoch. Rispe vor und nach der Blüte zusammengezogen, während der Blüte ausgebreitet, einseitswendig, mit wenigen Ästen. Ihre unteren Äste zu 2, der eine Ast mit 3 oder 4 Ährchen, der andere Ast viel kürzer, mit 1 oder 2 Ährchen. Halm und Blattscheiden glatt, Blätter ziemlich glatt (Abb. 7, Tafel Seite 107).

14. Die Blumenuhr

„Jede Pflanze benötigt zum Blühen wie zur Erschließung ihrer Blüten eine bestimmte Menge Sonnenlichtes, die je nach der Gattung wie auch nach dem Vorkommen verschieden sein kann. Wenn wir nun diese Pflanzen in Gruppen ordnen, je nach der Tageszeit, in der sie blühen, so erhalten wir eine bestimmte Reihenfolge von Sonnenaufgang bis Sonnenuntergang“ (W. v. Roeder, Kosmos 1931).

Es öffnen sich:

7.00 Uhr	Einköpfiges Habichtskraut	*Hierácium pilosélle*
	Mauerhabichtskraut	*Hierácium murórum*
	Gänsedistel	*Sonchus arvénsis*
	Ackergauchheil	*Anagállis arvénsis*
8.00 Uhr	Steinnelke	*Diánthus silvéster*
	Pfingstnelke	*Diánthus caésius*
	Herbstlöwenzahn	*Leóntodon autumnális*
9.00 Uhr	Ringelblume	*Caléndula officinális*
	Öhrchen-Habichtskraut	*Hierácium aurícula*
	Sprossende Steinnelke	*Túnica prolífera*
10.00 Uhr	Gelbe Taglilie	*Hemerocállis flava*
11.00 Uhr	Pfauenlilie	*Ferrária tigrídia*
18.00 Uhr	Nachtkerze	*Oenothéra*

Es schließen sich:

11.00 Uhr	Pippau, Grundfeste	*Crepis praemórsa*
12.00 Uhr	Gänsedistel	*Sonchus arvénsis*
	Wegwarte	*Cichórium íntybus*
13.00 Uhr	Lungenkraut	*Pulmonária*
	Orangeroter Pippau	*Crepis aúrea*
14.00 Uhr	Ringelblume	*Caléndula officinális*
	Sandkraut	*Arenárea serpyillifólia*
15.00 Uhr	Mauerhabichtskraut	*Hierácium murórum*
	Ästige Graslilie	*Anthéricum ramósum*
16.00 Uhr	Öhrchen-Habichtskraut	*Hierácium aurícula*
	Ackergauchheil	*Anagállis arvénsis*
17.00 Uhr	Zaunrübe	*Bryónia*
18.00 Uhr	Weiße Seerose	*Nympháea alba*
19.00 Uhr	Gartenmohn	*Papáver somníferum*

Aufgaben:

1. Prüfe die vorstehenden Angaben an einer Pflanze nach, die du kennst und leicht erreichen kannst: Ringelblume, *Caléndula.*

2. Beobachte eine bunt blühende Wiese
   a) an einem sonnigen Mittag,
   b) am frühen Morgen, wenn sie noch nicht abgetaut ist,
   c) am Abend gegen Sonnenuntergang.
3. Überalterte Äcker mit Luzerne sind meist vom Löwenzahn (Kettenblume) durchwuchert und blühen im Frühling leuchtend gelb.
   Beobachte ein solches Feld
   a) vor Sonnenaufgang, nach Sonnenaufgang,
   b) kurz vor Mittag, nach der Mittagszeit,
   c) am späten Nachmittag, vor Sonnenuntergang, nach Sonnenuntergang,
   d) an einem Regentag.

B. Tierleben

1. Beobachtungen während der Frühjahrswässerung der Wiesen

Erkundige dich rechtzeitig, wann die Frühjahrsbewässerung der Wiesen vorgenommen wird und versäume nicht, hinzugehen! Jetzt ist viel zu sehen.

Beobachtungen an Maulwürfen

Bei Beginn der Bewässerung ziehen sich die Maulwürfe in die hochgelegenen Teile der Wiese, namentlich in die Dämme der Zuleitungsgräben. Frisch aufgeworfene Haufen umsäumen den Rand der bewässerten Gebiete. Oft ist es möglich, einen Maulwurf auf seiner Flucht zu beobachten, wenn er seinen Gang dicht unter der Oberfläche des Rasens aufwühlt.

Beobachtungen an Mäusen

Wenn das Wasser die Löcher füllt, kommen die Mäuse oft scharenweise geschwommen, um sich aufs trockene Land zu retten.

Beobachtungen an Raben

Die Raben kommen scharenweise herbei und empfangen die flüchtenden Mäuse. Du kannst ziemlich nahe an sie herangehen, wenn du keinen Stock in der Hand hast. Versuche es mit Stock und ein anderes Mal ohne Stock! Wirf in einer Entfernung von mehreren hundert Metern deine Mütze hoch in die Luft! Durch diese und ähnliche Versuche kannst du feststellen, wie vorsichtig und klug die Raben sind.

Beobachtungen an Bussarden

Auch Bussarde stellen sich ein. Sie hüpfen aber nicht wie die Raben ständig am Rande des Wassers entlang, sondern warten auf einem Grenzstein, einem Weidepfahl oder auf einem Erdhügel auf Beute.

Beobachtungen an Wieseln

Ich wußte am Rande einer Wiese, die in jedem Frühjahr bewässert wurde, einen großen Steinhaufen, an den ich mich heranschlich. Jedesmal traf ich dort Wiesel, zuweilen 50–60 Stück. Aus einer Entfernung von nur drei Schritten konnte ich ihrem eifrigen Treiben zusehen.

Beobachtungen an Engerlingen

Man sollte meinen, die Engerlinge müßten durch das Wasser vernichtet werden. Sorgfältige Beobachtungen haben jedoch ergeben, daß sie nach langen winterlichen Überschwemmungen im Frühjahr in unverminderter Zahl wieder erschienen. Engerlinge, die 5 Tage im Wasser lagen, rührten sich nicht mehr, wachten aber wieder auf, als man sie herausnahm, und lebten munter weiter.

Die Grundregeln jeder Bewässerung

1. Es darf nur dann gewässert werden, wenn das Wasser wärmer ist als die Luft.
2. Bewässerung und Trockenlegung müssen abwechseln.

Achte darauf, ob beides bei euren Bewässerungswiesen geschieht!

Warum müssen diese Regeln befolgt werden?

Der Wechsel zwischen Bewässerung und Entwässerung ist notwendig, damit während der Ruhepausen der Boden sich wieder mit Luft füllen kann. Der mit der Luft eindringende Sauerstoff regt die Pflanzen zur Assimilation an. (Laß dir sagen, was das ist!) Die Assimilation veranlaßt die osmotischen Kräfte *(Osmose:* Stoffaustausch zwischen zwei Flüssigkeiten, die durch eine poröse Haut, hier Wurzelhaut, getrennt sind) zur Aufnahme der Nährstoffe aus dem Boden.

Die Frühjahrsbewässerung

Die wichtigste Bewässerung der Wiesen erfolgt im Herbst, ihr Hauptzweck ist die Düngung durch die im Flußwasser enthaltenen Nährstoffe. Durch die Frühjahrsbewässerung will man in erster Linie die hervorsprossenden Gräser gegen den Witterungswechsel, namentlich gegen Spätfröste, schützen. Darum dürfen jetzt die Wiesen nur abends, nachts und morgens überrieselt werden, und zwar nur so lange, als das Wasser wärmer ist als die Luft. Sobald die Luft wärmer geworden ist als das Wasser, muß die Bewässerung eingestellt werden, damit der Boden sich erwärmen kann; denn jetzt ist den Pflanzen die Wärme nötiger als die Feuchtigkeit, die schon ausreichend vorhanden ist. — Stelle in einer frostkalten Frühjahrsnacht mit dem Thermometer die Wärme der Luft und des Fluß- oder Bachwassers fest!

2. Der Maulwurf *(Talpa europāea)*

Zu keiner Jahreszeit wird die Arbeit des Maulwurfs so gut sichtbar wie im Vorfrühling und Frühling, bevor auf den Wiesen das Gras in die Höhe schießt. Manche Wiesen sind dann mit einer Unzahl von Maulwurfshaufen geradezu „besät“. Das ist die Arbeit des Maulwurfs vom Herbst bis zum Frühjahr. In diesem Zustande kann der Bauer die Wiese nicht liegen lassen; sobald das Gras wächst, kommt er mit der Wiesenschleppe und verstreut die aufgeworfene Erde. Wenn wir etwas über die Lebensweise des Mulls erfahren wollen, müssen wir die Wiese aufsuchen, bevor die Hügellandschaft eingeebnet ist.

Wir wollen eine solche Wiese untersuchen

Am besten geeignet ist eine Wiese, die sich vom Bach- oder Flußufer an einem Hange hinaufzieht und sehr stark von Maulwürfen durchwühlt ist.

a) Wir überschauen sie im Vorfrühling oder Erstfrühling vom Hange aus. Unten in der Talsohle am Wasser entlang sehen wir zu dieser Zeit auf manchen Wiesen keinen einzigen Maulwurfshaufen. Wir können eine scharfe Grenzlinie feststellen. Warum? — Das Ufer war vom Frühjahrshochwasser überflutet, der Maulwurf flüchtete nach dem trockenen Hange hinauf.

b) Kommen wir einige Zeit später wieder an diese Wiese, so sehen wir in der vorher leeren Uferzone einzelne Haufen. Warum? — Der Maulwurf hat sein Jagdgebiet wieder vorgeschoben.

c) Wir überschreiten die Wiesen vom Hange her nach der Talsohle hin. Dabei stellen wir alte und frisch aufgeworfene Haufen fest. Was bedeutet das? — Wir erkennen daraus die alten und die neuen Jagdgebiete.

Wir wollen einen Gang freilegen

a) Wir stellen fest, daß er im Rasen nicht sichtbar ist. Warum nicht? — Der Maulwurf gräbt fast immer so tief unter der Erdoberfläche, daß die Erde sich nicht aufwölbt. In der lockeren Erde der frischen Gartenbeete und auf den frisch bestellten Saatfeldern wühlt der Mull oft so flach, daß die Gänge zu sehen sind.

b) Wir überschauen die Menge der Erdhaufen und stellen fest, daß viele oft in einer schnurgeraden Reihe liegen. Warum? – Wir schließen daraus, daß der Gang in gerader Linie von Haufen zu Haufen führt.

c) Auf dieser Linie stechen wir mit dem Spaten einen Rasenstreifen von Spatenbreite, Spatentiefe und etwa 1 m Länge quer zur Gangrichtung ab und heben den Boden heraus. — In der Regel werden wir dabei auf den Gang stoßen. (Die ausgehobene Erde ist wieder einzuschaufeln und mit den Rasenscheiben so abzudecken, daß die Spuren unserer Arbeit nicht zu sehen sind.)

Wir wollen einen Maulwurfshaufen freilegen

a) Wir stellen fest: alle Haufen sind regelmäßig aufgeworfen, meist halbkugelig, die aufgewühlte Erde ist fein zerteilt. — Die Erdhaufen der Wühlmaus (Hamaus, Schermaus, Reutmaus) sind unregelmäßig aufgeworfen, die aufgeworfene Erde besteht aus groben und feinen Stücken.

b) Wir heben von oben her die Erde vorsichtig ab und streuen sie seitab aus. In der Mitte des abgetragenen Haufens sehen wir den Gang, der in der Regel offen ist. — Die Wühlmaus legt den Gang am Rande des Hügels an und verstopft ihn.

Wir wollen die Wohnung des Maulwurfs freilegen

a) Wir stellen zunächst eine Überlegung an. Der Bauer hat einen Wohnraum (sein Gehöft) und einen Nahrungsraum (seine Ländereien), die in vielen Fällen rings um das Gehöft liegen. Der Wohnraum liegt also innerhalb des Nahrungsraumes. Der Industriearbeiter wohnt in einer Siedlung am Stadtrand oder in einem Dorfe, er geht oder fährt in die Fabrik, in seinen Nahrungsraum. Wohnraum und Nahrungsraum sind also getrennt. Wird nun der Wohnraum des Maulwurfs wohl innerhalb oder außerhalb seines Nahrungsraumes liegen? Natürlich innerhalb. Warum?

b) Wenn wir die Wohnung auffinden wollen, könnten wir lange suchen, wenn wir jeden beliebigen Haufen abtragen wollten. Wir müssen weiter überlegen: Alle die vielen Haufen wirft der Mull auf, um die Erde aus den Gängen zu schaffen, sie sind daher auch fast sämtlich gleich hoch, weil die Erde aus einer gewissen Ganglänge herrührt. Für eine Wohnung aber hat der Maulwurf viel mehr Raum nötig als nur für den Laufgang. Wir schließen daraus, daß dieser Haufen wohl erheblich höher sein wird als die Haufen über den Gängen.

c) Wir suchen den höchsten Erdhaufen aus der Masse heraus, tragen die Erde von oben her sorgfältig ab und streuen sie seitwärts aus. Dabei stoßen wir bald auf das Nest (Abb.). In trockenen Wiesen liegt es 5 bis 15 cm unter der Oberfläche, in sehr feuchten oder Überschwem-

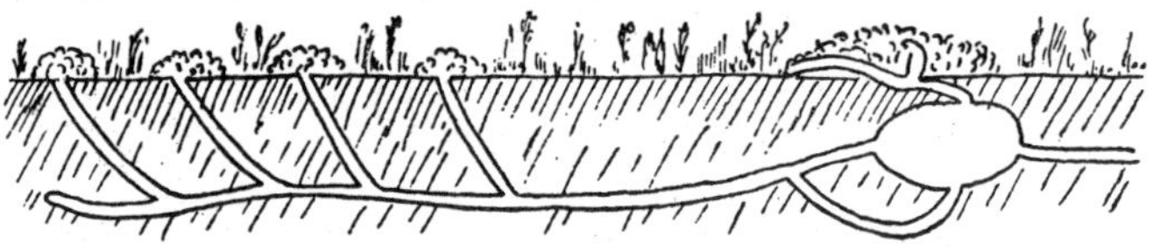

mungswiesen über der Erde. Vom Nest aus führt ein kürzerer oder längerer Gang, der gewunden oder gerade ist, nach oben. Darin hat der Maulwurf die Erde hochgeschafft. Der Hügel ist von Laufgängen durchsetzt. Von dem Neste aus führen auch Laufgänge nach außen. Sie sind weit genug, so daß der Mull darin leicht laufen kann. Zudem sind die Wände geglättet. Das Nestpolster besteht aus Gras oder trockenen Blättern. Das Männchen legt noch ein Fallrohr im Boden an, aus dem es bei Gefahr flüchten kann; ist der Untergrund aber naß, fehlt dieses Fallrohr. Es kommt auch vor, daß mehrere Nester übereinanderliegen; in solchen Fällen war die untere Wohnung zu feucht und mußte höher gelegt werden. Die Nester der Weibchen weisen kein Fallrohr auf. Die ersten Jungen, meist drei oder vier, höchstens sieben, sind so groß wie eine Bohne und werden frühestens Mitte April, spätestens im Juni geboren.

Wie schnell wühlt sich der Maulwurf durch den Boden?

a) Wenn du das beobachten willst, mußt du im Nachwinter oder im Vorfrühling an eine Überschwemmungswiese gehen, wenn das Wasser steigt. Dann flüchten die Mäuse aus ihren Löchern und schwimmen dem trockenen Lande zu, oft in Scharen, und werden hier dann von Raben und Fischreihern gefressen. Der Maulwurf aber, als wenn er die Gefahren ahnte, bleibt dicht unter dem Rasen, so daß man in diesem Falle seinen Gang genau verfolgen kann. Ab und zu stößt er den Kopf durch die dünne Decke in die freie Luft, zieht ihn aber sofort wieder zurück. Er gräbt so eilig vor dem steigenden Wasser her, daß er in der Regel schnell genug den trockenen Boden erreicht, wo er dann sofort tiefer geht. (Der Reiher könnte die dünne Schicht über ihm leicht durchstoßen.) Die Flucht geht erstaunlich schnell, etwa so, wie man in langsamem Schritt Fuß vor Fuß setzt.

b) Du kannst die Schnelligkeit seiner Wühlarbeit aber auch beobachten, wenn du zufällig einen Maulwurf auf dem Boden antriffst oder wenn einer im Garten ausgegraben wird. Er wühlt sich dann sofort wieder ein.

Wir graben einen Maulwurf aus

Der ewige Hunger treibt den Maulwurf ständig durch sein Jagdgebiet. Er jagt zu vier verschiedenen Zeiten, das kann man im Frühjahr im Garten auf den frisch bestellten Beeten beobachten, wenn er die Haufen aufwirft. Das geschieht morgens bis 7 Uhr, mittags um 12 Uhr, nachmittags gegen 17 Uhr und abends gegen 19 Uhr.

Zu diesen Zeiten kann man ihn mit dem Spaten durch einen geschickten Stich ausgraben. Das habe ich mehrfach getan, wenn er mir meine Gartenbeete aufwühlte. Ich setzte ihn dann jedesmal in einen Karton und trug ihn ins Feld. Sobald er den lockeren Ackerboden unter sich fühlte, grub er sich so schnell hinein, daß ich ihn nicht wieder greifen konnte.

Wir finden einen toten Maulwurf

Ein Maulwurf läßt sich sehr schwer in Gefangenschaft halten, weil er täglich das $1\frac{1}{2}$fache seines Lebendgewichtes, das gegen 80 g beträgt, an Regenwürmern oder Engerlingen verzehrt. Wir betrachten daher den Körper eines toten Maulwurfs.

Das Fell ist dicht und weich. Es hat keinen Strich, keine bestimmte Richtung, legt sich nach allen Seiten glatt an, behindert also die Bewegung nicht. Es ist sauber, man findet keine Erde und keinen Staub darin. (Abb.)

Die sehr kleinen Augen liegen tief im Pelz versteckt, in der dunklen Erde ist er auf den Gesichtssinn nicht angewiesen. Ohrmuscheln sind nicht vorhanden; sie würden nur hinderlich sein. Die im Pelz versteckten Ohröffnungen sind verschließbar. Der Maulwurf hört gut; wenn man ihn beim Stoßen beobachten will, muß man sehr ruhig stehen.

Der Körper ist walzenförmig, vorn kräftiger als hinten; der Vorderkörper hat die meiste Arbeit zu leisten.

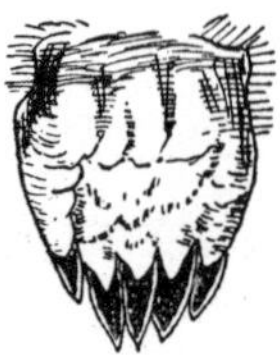

Die Grabfüße sind kurz und breit wie Hände. Der „Daumen“ ist mit einer Scharrkralle versehen, die Finger mit scharfen Nägeln. (Abb.)

Willst du das Skelett (den Knochenbau) kennenlernen, so lege den Körper in eine kleine Schachtel, verschließe sie fest und versehe sie mit kleinen Öffnungen. Dann stelle sie in einen Ameisenhaufen, die Ameisen werden alle Weichteile sehr sauber von den Knochen entfernen. Die Öffnungen in der Zigarrenkiste oder Pappschachtel müssen so groß sein, daß die Ameisen hindurch können; sind sie zu weit, so schleppen die Ameisen die kleineren Knochen weg. Schaue von Zeit zu Zeit nach und nimm das Skelett rechtzeitig heraus, damit die Ameisen nicht erst die Bänder zerfressen, durch die die einzelnen Knochen zusammengehalten werden. (Abb.)

Schont den Maulwurf!

Er hat schon genügend Feinde, die ihm nachstellen: Füchse, Marder, Raben, Bussarde, Falken, Eulen, Störche, Reiher holen ihn aus den Gängen und Erdhaufen heraus, sobald sich der Boden bewegt; das kleine Mauswiesel aber verfolgt ihn unterirdisch in seinen Gängen. Die Erdhummeln suchen seine Kessel auf und legen darin ihre Nester an.

Der Mensch aber sollte den Maulwurf nicht töten, auch dann nicht, wenn er im Garten lästig wird. Hier vertreibt man ihn, wenn man seine Gänge verstänkert; denn scharfe Gerüche sind seiner empfindlichen Nase zuwider. Man steckt Heringsköpfe, grüne Holunderstengel oder Petroleumlappen in die Gänge.

Der Maulwurf verzehrt hauptsächlich Engerlinge und Regenwürmer. Engerlinge sind immer schädlich. Regenwürmer aber sind nützliche Tiere, weil sie den Ackerboden umarbeiten und durchlüften. Kommen sie aber in zu großen Massen vor, so schaden sie, weil sie die jungen Pflänzchen in ihre Röhren ziehen. Wenn der Maulwurf auf solchen Äckern unter ihnen aufräumt, ist er nützlich. Findet er nicht genügend Nahrung mehr, verläßt er das Gebiet und sucht nahrungsreichere auf.

Wie groß der Schaden ist, den die Engerlinge auf einer Wiese anrichten, konnte ich vor längeren Jahren beobachten. Ich ging an einer Wiese entlang, die im Überschwemmungsgebiet eines Flusses liegt. Die Grasnarbe war noch kurz, an vielen Stellen zeigte sie eine gelbe Farbe und schien abgestorben. Ich trat hinzu und hob sie auf. Sie ließ sich abrollen wie ein Teppich. Ich rollte etwa 1 qm Fläche auf und zählte auf dem nackten Boden über hundert Engerlinge, große, mittelgroße und kleine. (Abb. S. 66.) Auf der langen, schmalen Wiese war kein einziger Maulwurfshaufen zu sehen. Der Grund dafür war leicht erkenntlich: der Maulwurf wurde durch das häufige Hochwasser vertrieben und konnte die Wiese nicht besiedeln, denn sie ist der Länge nach zwischen den Fluß an der einen Seite und einen felsigen Hang an der anderen Seite eingeklemmt. Die Grasnarbe wurde abgehoben, die Engerlinge wurden sofort von Schulkindern und Erwachsenen zentnerweise abgelesen, und später mußte die Wiese neu eingesät werden. Diese Arbeit nimmt der Maulwurf den Menschen ab.

3. Große Vögel, die über Wiesen fliegen

Ein Teil der Wiesenvögel zeigt sich ungescheut: Alle Kleinvögel; Würger, die an Wiesenhecken leben; Raubvögel, die über der Wiese kreisen; Storch und Brachvogel, die wegen ihrer Größe im Grase keine Deckung finden.

Ein anderer Teil lebt versteckt im hohen Grase: Wiesenknarrer, Rallen, Wachteln. Man sieht sie nur zufällig einmal.

I. Vor dem Auffliegen erfolgt ein Anlauf mit Luftsprüngen.

1. Gefieder weiß und schwarz. Schnabel und Füße rot. — **Weißer Storch.** *Cicónia cicónia.*
2. Gefieder aschgrau. Größer als der Storch. — **Kranich.** *Grus grus.*
3. Oberseite okerbraun, mit schwarzen Flecken und Bändern. Unterseite weiß. Flügel mit weißer Querbinde. Schwanz mit schwarzer Querbinde. Vogel lebt in weitem Ackergelände. — **Große Trappe.** *Otis tarda.*

Storch Reiher Kranich

II. Der Vogel fliegt im Schwebeflug, d. h. er hält sich längere Zeit ohne Flügelschlag schwebend in der Luft.

1. Hals und Beine sind lang ausgestreckt. **Weißer Storch.** *Cicónia cicónia.*
2. Der Hals ist Sförmig zurückgebogen. Kopf mit Federschopf. Gefieder grau. **Fischreiher.** *Árdea cinérea.*
3. Der Vogel kreist lange in der Luft. **Raubvögel.**

III. Der Vogel rüttelt: er hält sich längere Zeit mit schnellem Flügelschlag und schräg gestelltem Körper an einer Stelle in der Luft.

1. Ein mittelgroßer Raubvogel. **Turmfalk.** *Falco tinnúnculus.*
2. Ein weißgrauer Vogel von Amselgröße. Nur dort, wo Bäume in der Wiese stehen. **Großer Würger.** *Lánius excúbitor.*

IV. Der Vogel wirft sich im Fluge von der einen Seite auf die andere.

1. Oberseite metallisch-grün. Unterseite weiß und schwarz. Kopf mit schwarzem Federschopf. Ruf: Knu^{i} oder Knu^{iii} knu^{i}. **Kiebitz.** *Vanéllus vanéllus.*
2. Raubvögel, die im niedrigen Fluge das Gelände absuchen und dabei die Spitzen der Flügel hochhalten.

a) In Größe und Färbung dem Mäusebussard ähnlich, aber schlanker und mit längerem Schwanz. Kopf hell. Steigt auch sehr hoch in die Luft und stürzt sich mit gaukelndem Flug herab, überschlägt sich, zieht weite Bogen und Windungen. Stößt dabei klägliche quäkende Schreie aus. Lebt an schilfreichen Gewässern und Sümpfen. **Rohrweihe.** *Circus aeruginósus.*

b) Etwas größer und schlanker als ein Sperberweibchen. Bürzel weiß. **Wiesen- u. Kornweihe.** *Circus.*

V. Der Flug ist schnurrend, geradeaus gerichtet und nur von kurzer Dauer.

1. Ein auffällig großer Vogel. (Abb.) **Große Trappe.** *Otis tarda.*
2. Ein großer Vogel mit auffällig langem Schwanz. **Jagdfasan.** *Phasiánus cólchicus.*

3. Meist zu 2 oder in einer „Kette“ zu vielen. Gefieder braun. Taubengröße — **Rebhuhn.** *Perdix perdix.*

4. Vogel von Stargröße. Oberseite braun, Unterseite hell. — **Wachtel.** *Cotúrnix cotúrnix.*

VI. Der Vogel läßt im Fluge die Beine lang herunterhängen.

1. Vogel von fast der Größe und dem Aussehen eines Rebhuhns. (Wiesenrebhuhn läßt die Beine nicht lang herabhängen.) — **Wiesenknarrer.** *Crex crex.*

2. Vogel von Rebhuhngröße. Schnabel rot, gerade, länger als der Kopf. Gefieder dunkel. Kehle weißlich. — **Wasserralle.** *Rallus aquáticus.*

3. Vogel von Amselgröße. Oberseite olivbraun. Unterseite schiefergrau. Schnabel und Füße grün. — **Gesprenkeltes Sumpfhuhn.** *Ortygométra porzána.*

4. Vogel von etwa Taubengröße. Oberseite olivbraun. Unterseite schieferfarben. Stirn rot. — **Grünfüßiges Teichhuhn.** *Gallínula chlóropus.*

5. Vogel von Krähengröße. Gefieder schwarz, Stirn weiß. — **Bläßhuhn.** *Fúlica atra.*

VII. Der Vogel steigt plötzlich dicht vor uns auf, schießt niedrig dahin und macht blitzschnelle Wendungen.

Achte sofort auf den langen, schräg nach unten gerichteten Schnabel! Oberseite schwarzbraun, mit 3 hellen Längsstreifen. Unterseite in der Mitte weiß. Etwas größer als Amsel. — **Bekassine.** *Gallinágo gallinágo.*

VIII. Der Vogel steigt mit reißend schnellem Fluge in beträchtliche Höhen hinauf.

Achte sofort auf den langen, schräg nach unten gerichteten Schnabel. In der Luft zieht er sehr weite waagrechte Kreise. Von Zeit zu Zeit läßt er sich in ziemlich steilen Abstürzen ein Stück fallen. Dabei ist ein meckerndes „Huhuhuhuhuhuhu“ zu hören, dessen Tonhöhe in der Mitte ansteigt und dann wieder abfällt. Darauf steigt der Vogel wieder empor. Dieser Balzflug kann ununterbrochen eine Stunde dauern. — **Bekassine.** *Gallinágo gallinágo.*

IX. Der Vogel fliegt mit angezogenem Hals und ausgestreckten Füßen.

1. Vogel von Hühnergröße. Sein Flug ist schwimmend und vor dem Niederlassen schwebend. Schnabel lang und gebogen. Gefieder bräunlich, Unterrücken weiß. **Großer Brachvogel.** *Numénius arquátus.*
2. Vogel von Storchgröße. Hals im Flug Sförmig gebogen. Beine weit nach hinten ausgestreckt. Gefieder aschgrau. Kopf mit Schopf. **Fischreiher.** *Árdea cinérea.*

4. Kleine Wiesenvögel

Wenn Feld und Gartengelände in der Nähe sind, fliegen von dort her Vögel über die Wiese hinweg oder halten sich auch wohl kürzere oder längere Zeit darin auf. Meist sind es Goldammern, Hänflinge, Distelfinken, Buchfinken, Girlitze, Stare, Sperlinge . . . Sie alle sind Gäste in der Wiese. Je besser du sie kennst, desto leichter wird dir die Bestimmung der eingesessenen Wiesenvögel.

I. Auffällig durch lange anhaltenden Gesang in der Luft.

1. Der Vogel steigt hoch in die Luft. Lied abwechslungsreich. **Feldlerche.** *Aláuda arvénsis.*
2. Der Vogel steigt singend nur 10–20 m hoch. Lied eintönig, immer wieder dieselbe Strophe, bis zu 50mal: Djill djill djill . . . oder dipp dipp dipp . . . oder Dzi dzi dzi . . . Fliegt während des Singens eine Strecke geradeaus und schießt dann herab. **Wiesenpieper.** *Anthus praténsis.*

II. Auffällig durch kurze Liedstrophen, die im Fliegen gesungen werden.

Der singende Vogel erhebt sich aus einer Wiesenhecke etwa baumhoch in die Luft und fällt gleich wieder zurück. Zwitschernde Liedstrophe etwa so: Dididudidóidida (sehr schnell, Betonung in der Mitte). Vogel von Sperlingsgröße, Oberseite graubraun, Unterseite weißlich. Flügel rostbraun! **Dorngrasmücke.** *Sýlvia commúnis.*

III. Auffällig durch kurze Liedstrophen, die im Sitzen gesungen werden.

1. Der singende Vogel steckt verborgen in der Hecke, wo er hin und her schlüpft, oder im hohen Wiesengras oder in einem einzelnen Busch in der Wiese. Gesang: Didudidoidida. **Dorngrasmücke.** *Sýlvia commúnis.*

2. Der singende Vogel sitzt an einem hohen Krautstengel oder, wenn solche nicht vorhanden sind, auf niederem Gebüsch, kleinen Bäumen, Weidepfählen oder Telegraphenleitungen. Liedstrophen meist sehr kurz, wie abgebrochen, mit nur 3 bis 7 Tönen, die zum Teil gepreßt und gequetscht herauskommen, wie beim Hausrotschwanz. Lockton: Harte Teck teck oder weiche Dü dü. Beachte: Kopfseiten mit schwarzem Fleck, der oben und unten mit weißen Streifen eingefaßt ist; gelbe Brust; weißer Flügelstrich! **Braunkehlchen.** *Pratíncola rubétra.*

3. Der Vogel sitzt plump und träge auf einem Baum, einem Weidepfahl, einer Telegraphenleitung oder auf dem Stengel einer kräftigen Wiesenpflanze und singt unermüdlich: Zick zick zick zick schnirrrrps. Beachte: Größer als Sperling, einfarbig grau, dicker Schnabel, derbe Gestalt. **Grauammer.** *Emberíza calándra.*

IV. Auffällig durch kurze, scharfe Rufe.

1. Von der Spitze einer höheren Krautpflanze, eines Pfahles oder Busches ertönt ein oft wiederholtes ein- oder zweisilbiges Psüib, psieb. Eine Liedstrophe hört man von dem Vogel sehr selten. Beachte: Gelbe Unterseite, langer Schwanz! **Schaf- oder Wiesenstelze.** *Budýtes flavus.*

2. Kurze Rufe: Ist ist oder Zirp zilip oder Dzi dzi. Im Fluge: Ist ist (daher sein Name Hister). Beachte: Unruhiger Vogel. Sperlingsgröße, grau, Unterseite hell, mit dunkler Längsstrichelung. **Wiesenpieper.** *Anthus praténsis.*

3. Kurze, rauhe Rufe: Gä oder gwä oder kräw, oder mit hartem Schlag: däck oder zäck oder zäckäckäckäck. Alle diese Rufe kommen aus Hecken heraus oder von einem Wiesenbaume herunter. Beachte: Größer als Sperling, rotbrauner Rücken, helle Unterseite mit rötlichem Anflug, grauer Oberkopf, schwarzer Augenstreif. **Rotrückiger Würger, Neuntöter.** *Lánius collúrio.*

4. Kurze, schnalzende Rufe: Teck teck, oft mit einem weichen Dü oder Diu vorweg, das am Schluß betont ist. **Braunkehlchen.** *Pratíncola rubétra.*

V. Auffällig durch das Gefieder.

Schon aus der Ferne zu erkennen: Vogel macht oft Verbeugungen, bewegt den Schwanz langsam auf und ab; im Fortfliegen dicht über dem Boden hin leuchten der kreideweise Bürzel und Unterschwanz weithin. Beachte: Sperlingsgröße; oberseits hellaschgrau, Unterseite rost-gelblichweiß, schwarzer Augenstrich. Vorkommen: liebster Aufenthalt Berghalden, öde Steinfelder und Steinbrüche; aber auch in der Ebene, an Dämmen, hohen Ufern, in Viehweiden und Wiesen. **Steinschmätzer.** *Saxícola oenánthe.*

VI. Auffällig durch ihren Sitz an den Stengeln hoher Wiesenpflanzen.

1. Der Vogel sitzt fast immer allein am Krautstengel. **Braunkehlchen.**

2. In der Regel treiben sich zwei Vögel am Stengel umher. **Wiesenstelze.**

3. Von den Dorfgärten her kommen zwei oder mehrere bunte Vögel herbei, die die hohen Distelpflanzen absuchen. (Abb.) **Distelfink.** *Carduélis carduélis.*

5. Laute Rufe in der Wiese

I. Laute Rufe aus der Luft.

1. Hoch in den Lüften kreisender Vogel. Flugbild: Langsamer Flügelschlag, versteckter Kopf, kurzer, ausgebreiteter Schwanz, breite Flügel. Rufe: langgezogene Hiäh hiäh oder gedehnte Miau miau; am Ende abfallend. **Mäusebussard.** *Búteo búteo.*

2. In der Luft kreisender Vogel. Flugbild: Schwanz tief gegabelt, Flügel lang, Farbe rötlich. Rufe: Ein hohes Hiäh, hi-hi-hia; Freudengeschrei: ein trillerndes Pfeifen; Hungerruf: Fiiiii-ih ih ih. **Roter Milan. Gabelweihe.** *Milvus milvus.*

3. Balzflugspiele eines Vogels von Bussardgröße in bedeutender Höhe: weite Kreise, Schlangenlinien, Abstürze mit Überschlägen bei angezogenen Flügeln. Rufe: kläglich quäkende Kuäh, Kuih, Quih, hinaufziehend und wieder absinkend. In der Nähe von Sümpfen und Gewässern. **Rohrweihe.** *Circus aeruginósus.*

4. Balzflugspiele eines Vogels von Sperbergröße, ähnlich denen der Rohrweihe. Rufe: ägrih gä gä gä gä gä, am Ende absinkend, oder gegegegege. **Kornweihe und Wiesenweihe.** *Circus cyáneus und pygárgus.*

5. Großer graugefärbter Vogel mit langen Beinen und Sförmig zurückgebogenem Hals. Etwa Storchgröße. Rufe: laute, kreischende Schreie, wie verunglückte Trompetenstöße oder wie eine kreischende Säge: Kräik krik oder chroä chroä oder chräth chräth oder chrüth chrüth. **Fischreiher.** *Árdea cinérea.*

6. Großer Vogel mit langem, gebogenem Schnabel. Gefieder bräunlich, Unterrücken weiß. Balzflug bis haushoch, dann im Gleitflug abwärts mit schräg nach oben gehaltenen Flügeln. Rufe: klangvolle Flötentöne Thloit oder thlaü; ein-, zwei- oder dreisilbig, am Schluß 3 bis 5 Töne hinaufgezogen. **Großer Brachvogel.** *Numénius arquátus.*

7. Hoch in der Luft kreisender Vogel von Amselgröße. Ruf: Huhuhuhuhuhuhuhu. **Bekassine.** *Gallinágo gallinágo.*

II. Laute Rufe aus Wiesenbäumen.

1. Kuckuck kuckuck. **Kuckuck.** *Cúculus canórus*

2. Turrr turrr, einzeln oder in Touren zu 3–5, die alle in gleicher Höhe liegen oder ansteigen können. **Turteltaube.** *Turtur turtur.*

3. Gru gruh grugru gru. Ringeltauben halten sich gern in Feldgehölzen auf, auch in hohen Wiesenbäumen. **Ringeltaube.** *Colúmba palúmbus.*

4. Murrkurruh oder mahurkuku — murrkuckurruuh. Verwilderte Rasse, die in Färbung und Lebensweise der Felsentaube (Stammform der Haustaube) gleicht, hat sich vom Menschen fortgewöhnt. **Feldtauben, Feldflüchter.**

5. Ghuk ghuk, gedehnt. Oder Kuit kuit, laut und gellend. Oder Kuwiff kuwiff („Komm mit! Komm mit!“ Ruf des Leichhuhns oder Totenvogels). Oder Gwiwkuck gwiwkuck, lebhaft. **Steinkauz.** *Athéne nóctua.*

III. Laute Rufe aus hohem Wiesengras.

1. Rerrrp rerrrp, auffällig laut und knarrend, am Tage vereinzelt, abends lebhafter, in der Nacht oft stundenlang ununterbrochen. **Wiesenknarrer.** *Crex crex.*
2. Pickwerwick pickwerwick, frisch und überraschend. (Vom Landmann übersetzt in „Bück den Rück!“) Der Ruf ertönt einmal hier, einmal da, der Vogel läuft schnell weiter. **Wachtel.** *Cotúrnix cotúrnix.*
3. Girrää oder girrhäk oder gärhik. Paarungsruf im Frühling. Ruf des Hahns: Girhäk, der Henne: Girhik. (Abb.) **Rebhuhn.** *Perdix perdix.*
4. Gaaaak, einsilbig, ein lautes, schnarrendes, weithin hörbares Krähen. Meist im Walde, doch auch aus angrenzenden Wiesen. **Jagdfasan.** *Phasiánus cólchicus.*

6. Nester der Wiesenvögel

Beachte!

Wenn du ein Vogelnest in der Wiese findest, darfst du nicht voreilig sagen, daß es einem Wiesenvogel angehört. Die Truthenne ist bestimmt kein Wiesenvogel, und doch traf ich sie eines Tages im hohen Wiesengras auf ihrem Neste brütend an.

1. Wo die Wiese feucht und sumpfig ist, stellen sich Sumpfvögel ein: Kiebitze, Bekassinen, Rotschenkel, Schnepfen . . . Sie halten sich überall an den zahlreichen Gräben auf, die die Wiesen durchziehen. Hier können auf kleinen Hügelchen oder in Grasbüschen ihre Nester stehen.
2. Trockene Stellen der Wiese werden von Feldvögeln aufgesucht: Rebhühnern, Wachteln, Trappen . . . Sie nisten jedoch am liebsten in den Feldfrüchten, die Trappe und die Wachtel fast immer; das Rebhuhn hingegen legt sein Nest auch in hohem Wiesengras an.
3. Aus dem Ufergebüsch benachbarter Gewässer kommen gleichfalls Vögel in die Wiese; als Buschvögel brüten sie nicht auf dem Boden, sie haben ihre Nester in Gebüschen und Hecken.

4. Auch die Dorfvögel suchen die Wiese auf, nisten aber nicht darin: Schwalben, Sperlinge, Meisen, Stare, Rotschwänze . . .

5. Stößt die Wiese an einen Wald, ist damit zu rechnen, daß auch einige der kleinen Waldvögel ihr Nest in der Wiese anlegen. Das Nest eines Fitislaubsängers fand ich etwa 30 m vom Walde entfernt.

6. Findest du ein Nest inmitten eines weiten Wiesengeländes, darfst du annehmen, daß es einem Wiesenvogel gehört. Diese Nester stehen immer auf dem Boden.

Bestimme!

1. Feldlerche

Nistplatz: Auf Äckern und Wiesen, wo niedriger Pflanzenwuchs ist, in einer kleinen Vertiefung hinter Erdschollen gut versteckt.

Nest: Lose zusammengefügter Bau aus Halmen, Wurzeln und Pferdehaaren.

Eier: 3–5, grau, braun gewölkt, oft kranzförmig gefleckt. Zwei bis drei Bruten.

2. Grauammer

Nistplatz: In Wiesen und Kleefeldern, an Grabenrändern und Wegen. Meist auf dem Boden, aber auch dicht über der Erde.

Nest: Derb und massig, außen grobe Halme, Stoppeln, Blätter und Stengel; innen feine Hälmchen, Pferdehaare, nur selten Federn.

Eier: 4–7, auf bräunlichweißem Grunde mit vielen violetten Punkten und Flecken, dunkelbraunen Schnörkeln und Haarzügen verziert. Zwei Bruten.

3. Schaf- oder Wiesenstelze

Nistplatz: Im Wiesengras, auf Äckern, in Kleefeldern, an grasreichen Grabenufern, immer auf dem Boden.

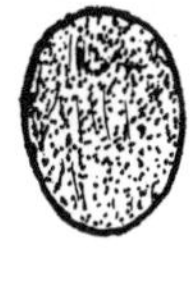

Nest: Aus Würzelchen, Halmen und Moos; innen mit Haaren, Distelflocken, zuweilen auch einigen Federn ausgepolstert.

Eier: Meist 5, auf weißlichem Grunde über und über mit rötlichen oder graubraunen Punkten, Strichen und Flecken marmoriert. Eine Brut.

4. Braunkehlchen

Nistplatz: Im Wiesengras, stets am Boden, in einer kleinen Vertiefung, oft unter einem Laubbusch. Sehr gut versteckt und ungemein schwie-

rig aufzufinden. Das Braunkehlchen fliegt einfach nicht auf das Nest, sowie es sich beobachtet weiß. Noch vorsichtiger ist darin das Schwarzkehlchen.

Nest: Aus Würzelchen, Halmen und Moos, innen mit Haaren ausgekleidet.

Eier: 4–6, dunkel grünblau, zuweilen rötlich überspritzt.

5. Wiesenpieper

Nistplatz: In einer kleinen Bodenmulde: hinter einem Stein, einem Grasbüschel, einem Binsenhorst, einer Erdscholle oder einem überwachsenen Ameisenhaufen sehr gut versteckt und außerordentlich schwer aufzufinden. Der brütende Vogel bleibt ruhig sitzen, wenn die weidende Kuh dicht am Nest steht; erst wenn sie mit der Schnauze den Nesteingang verdunkelt, fliegt er ab, so daß die Kuh zurückspringt.

Nest: Aus Hälmchen und Moos halbkugelartig geformt, innen mit Kuh- und Pferdehaaren ausgepolstert.

Eier: 4–6, auf grauweißem Grunde überall dicht mit graubraunen Punkten und Flecken bedeckt. Zwei Bruten.

7. Wiesenvögel nach der Mahd

Bedenke!

Vor dem Mähen steht das Gras hoch. Niemand stört die Vögel, weder bei der Nahrungssuche, noch beim Brüten, noch bei der Fütterung der Jungen, noch während des Singens. Es herrscht Ruhe und Frieden — soweit nicht Raubtiere und Raubvögel den Frieden stören.

Sobald die Sense erklingt oder der lärmende Grasmäher auf der Wiese erscheint, werden die Lebensverhältnisse der Wiesenvögel schlagartig anders. Statt Ruhe herrscht Unruhe, die Deckung ist gefallen, die Wiese ist kahl. Die erste Brut ist beendet, mit der zweiten Brut sind noch nicht alle Vögel fertig geworden. Die gesamte Vogelwelt ist in Aufregung geraten. Versäume nicht, jetzt das Benehmen der Vögel zu beobachten!

Beobachtungen

a) Das allgemeine Verhalten der Vögel

In den ersten Tagen aufgeregt — gewohnte Deckung verloren — sie suchen daher jeden stehengebliebenen Grasbüschel — ziehen sich zum Teil in das Ufergebüsch der Gräben und Bäche zurück.

b) Unterschiedliches Verhalten der einzelnen Arten

1. Braunkehlchen: Fliegt aufgeregt hin und her, hält sich in der Nähe noch stehender Grasbüschel, fliegt an die Stengel kräftiger Wiesenpflanzen, die hier und da noch stehen. Man merkt ihm deutlich das Unbehagen an.
2. Grauammer: Ändert sein bisheriges ruhiges Verhalten nicht, zwirnt unverdrossen sein kurzes Liedchen auf Telegraphendrähten und Buschspitzen auch weiterhin. Der Vogel findet sich sofort mit der neuen Lage ab.
3. Dorngrasmücke: Singt jetzt nur noch in Hecken und einzeln stehenden Sträuchern, während sie vor der Mahd auch häufig aus hohem Wiesengras zu hören war. Sie streicht jetzt über die kahle Wiese dahin und stößt im Fluge Bruchstücke ihres kurzen Liedchens aus. Da die Hecke ihr eigentliches Wohngebiet ist, macht ihr der Wegfall des zweiten nicht viel aus.
4. Wiesenstelze: Sie macht nur eine Brut, die beendet ist; deshalb zieht sie davon in Gebiete, die ihr mehr zusagen als die kahle Wiese.
5. Feldlerche: Sie macht 2–3 Bruten; aber da sie schon im April damit begann, sind bis zur Heuernte zwei Bruten durch. Findet sie im Felde kein neues Brutrevier, unterbleibt die dritte Brut. Die Lerchen lassen im Singen nach, halten sich nicht mehr an das frühere Brutrevier und bleiben vorwiegend am Boden. Hier sitzen sie auf Grenzsteinen, Erdschollen, erhöhten Plätzen, die Umschau gewähren. Sie dulden hier keinen fremden Vogel, vertreiben ihn mit Schnabelhieben. Sie laufen gewandt, oft auch in kurzen Absätzen.

c) Die Erdsucher kommen auf die Wiese

Auf der abgeernteten Wiese stellen sich zahlreiche Vögel des Waldes und des Feldes ein, die nach Bodentieren suchen, die nun leichter zu erreichen sind als vorher im hohen Grase.

1. Schwarze Vögel: Raben, Saatkrähen, Dohlen, Amseln, Stare (diese in Schwärmen).
2. Schwarzweißer Vogel mit langem Schwanz: Elster.
3. Einfarbig graue Vögel.
   a) Grauspecht und Grünspecht: Sie heißen Erdspechte, weil sie ihr Futter auf der Erde suchen. Auf leeren Wiesen hacken sie die Ameisenhügel auf und holen sich die schwarzbraunen Rasenameisen und die gelben Wiesenameisen mit der langen,

klebrigen Zunge heraus. Suche auf den aufgehackten Ameisenhügeln nach dem Kot der Erdspechte! Er liegt oft in bleistiftdicken, halbfingerlangen Enden darauf und enthält die Chitinreste der verzehrten Ameisen.

b) Von Amselgröße.
Singdrosseln und Misteldrosseln: Wenn der Wald in der Nähe ist, sieht man sie häufig. Beide sind an ihrem Benehmen zu unterscheiden. Misteldrossel: Die größte einheimische Drossel, sehr unruhig, sitzt alle Augenblicke auf einem Erdhaufen, um zu sichern. Im Fluge läßt sie häufig das Schnärren hören; man kann den Ton nachahmen, wenn man mit den Zähnen eines Kammes über den Rand einer leeren Streichholzschachtel fährt. — Die Singdrossel verhält sich ruhiger.

Weder die Erdspechte noch die Drosseln lassen den Beobachter so nahe an sich herankommen, daß er ohne Fernglas sie an ihrer Färbung unterscheiden kann.

4. Bunter Vogel von Taubengröße: Eichelhäher. Er wagt sich nie weit hinaus auf Wiesen oder Felder, er ist kein gewandter Flieger und fürchtet die Raubvögel. Bleibt daher am Waldrand. Der auffliegende Vogel ist sofort an dem weißen Bürzel zu erkennen.

8. Weißt du, wie man eine Grille fängt?

Du hörst die Grillen zirpen

In den Sommermonaten ertönt ein vielstimmiges Zirpen aus dem Grase der Wiese. Feldgrillen und Heuschrecken sind die Musikanten. Kannst du sie an ihrem Zirpen unterscheiden? Merke: Im Frühling (Mai, Juni) zirpen nur Grillen, im Sommer kommen die Heuschrecken hinzu, und im Spätsommer und Frühherbst zirpen nur noch Heuschrecken. Wenn du also eine Grille am Zirpen kennenlernen willst, mußt du im Vollfrühling ihre Wohngebiete aufsuchen: Wiesen, Weiden, Feldraine und Grabenränder.

Hast aber noch keine gesehen

Merkmale der Feldgrille, *Liogrýllus campéstris:* 2–3 cm lang; Kopf glänzend schwarz; Flügeldecken braun, an der Wurzel gelb; Unterseite der Hinterschenkel rot. Nach der Eiablage, spätestens im Juli, sterben die Grillen. Wenn das Zirpen der Heuschrecken beginnt, ist das der Grillen meist schon verstummt.

Anweisung: Wenn du das Zirpen hörst, bleibe still stehen und suche zunächst mit den Ohren. Wende den Kopf nach verschiedenen Seiten und vergleiche den Unterschied in der Tonstärke. In der Richtung des stärksten Tones suche sodann mit dem Auge. — Sie bewohnt ein Mauseloch.

Weißt auch nicht, wie sie den Ton hervorbringt

Die Grille kommt beim Zirpen bis nahe an den Eingang ihres Loches, oft auch bis zur halben Körperlänge heraus. Wenn du dich geschickt an sie herangepirscht und nicht vergrämt hast, warte ab, bis sie beim Zirpen so weit draußen ist, daß du ihre Flügel beobachten kannst. Es wird dadurch hervorgebracht, daß eine starke, sehr fein gefurchte Ader an der Unterseite der Vorderflügel schnell auf dem darunterliegenden Hinterflügel gerieben wird. Der Ton ist laut und schrill. Die Bewegung kann man sehen.

Möchtest eine fangen und kannst nicht

Verfahre zunächst so, wie wohl jeder Junge versucht, eine Grille zu fangen: Lege dich vor ihr Loch, warte ab, bis sie weit genug draußen ist, und —. Bis sie zum zweitenmal erscheint, kannst du lange warten. Wiederhole den Versuch mit einer anderen Grille, mit einer dritten, einer vierten ... Dabei lernst du sie kennen. Und lernst noch etwas anderes — Geduld. Die Grillen sind flinke, sehr scheue Tiere, sie haben viele Feinde.

Wenn du versprichst, sie wieder frei zu lassen, will ich dir verraten, wie du sie schnell und sicher fangen kannst. Schiebe langsam einen Grashalm in die Röhre und ziehe ihn langsam wieder zurück — die Grille folgt dem Halm dicht nach und kommt dabei weit aus der Röhre heraus. Warum? Aus Neugier? Aus Angst? — Lasse sie in einiger Entfernung von der Röhre frei und beobachte, ob sie die Umgebung ihrer Wohnung kennt! — Die Feldgrille fühlt sich im Feld wohler als in einem Kasten in deinem Hause.

9. Weiße Schaumflocken an Wiesenpflanzen

Wir sehen

im Frühling und Sommer an Wiesenpflanzen (auch an Krautpflanzen im Walde und an den Wegen) weiße Schaumflocken, die wie Speichel aussehen, oft in solchen Mengen, daß sie auch einem unaufmerksamen

Wanderer auffallen. An manchen Weidenbäumen hängen sie zu Hunderten. Im Volksmund heißen sie Kuckucksspeichel (Abb. S. 104).

Entferne den Schaum!

Nimm dazu einen dünnen Grashalm und schiebe den Schaum vorsichtig beiseite. Am Stengel sitzt eine kleine weißlichgrüne Larve, die ihren Schnabel in das saftige Fleisch gebohrt hat. Sie saugt den Saft. (Lupe!)

Beobachte durch die Lupe!

Nachdem der Schaum entfernt ist, sitzt die Larve nackt da. Nach einiger Zeit bildet sich an ihrem Hinterleib neuer Schaum. Dazu wird der flüssige Darminhalt benutzt, in den die Larve den Hinterleib eintaucht. Durch die Hinterleibsöffnung treibt sie in Abständen von etwa einer Sekunde so lange Luftblasen in die Flüssigkeit, daß sie schaumig wird. Die Schaumbildung wird dadurch gefördert, daß aus dem 7. und 8. Hinterleibsring ein Wachs abgesondert wird, das mit der laugigen Flüssigkeit eine Seifenlösung bildet. — Die Larve lebt also in ihrem eigenen schaumigen Kot, der sie gegen Vögel und Raubinsekten schützt.

Nach mehrfachen Häutungen entwickelt sie sich zum fertigen Insekt, der fast 1 cm langen Schaumzirpe, *Philaénus spumárius*. Die Schaumzirpen sehen aus wie kleine Heuschrecken, sie können mit ihren Hinterbeinen weite Sprünge machen, ihre Flügel sind gleichartig.

10. Insektenbesuch auf Wiesenpflanzen

Nimm dein Notizbuch zur Hand!

Gehe an einem sonnigen Frühlingstag langsam an einer buntblühenden Wiese entlang und stelle fest, welche Blumen von Insekten besucht werden: ob die weißen, die gelben, die roten oder die blauen. Trage jedes Insekt mit einem Strich in eine Tabelle ein, die so aussieht:

Weiße Blumen: / / / /

Gelbe Blumen: / /

Rote Blumen: / / /

Blaue Blumen: / / / /

Vergleiche das Ergebnis mit den folgenden Angaben!

1. Am meisten werden Blüten mit leuchtenden Farben besucht: Weißblüher und Gelbblüher. Die dunkelblühenden Pflanzen haben weniger Besuch.
2. Honigreiche und stark duftende Blüten werden gut besucht.
3. Die besuchtesten Blüten sind die der Doldenpflanzen; auf ihnen treffen wir die zahlreichsten Insektenarten an. (Geruch!)
4. Dann folgen die Korbblüter.
5. Viel weniger Besuch empfangen die Schmetterlingsblüter und die Lippenblüter, sie werden fast nur von Hummeln und Bienen beflogen.

Für die Nummern 2–5 mußt du andere Tabellen aufstellen und erneut beobachten.

11. Von welchen Insekten werden die Wiesenblumen besucht?

Es sind durchweg die Insekten, die man auch an der blühenden Hecke antrifft. Benutze die Bestimmungstabelle auf Seite 95 u. 98.

12. Ameisenhaufen auf Wiesen

Auf manchen Wiesen findet man die mit einer Rasendecke überzogenen Erdhügel der Ameisen in solchen Mengen, daß das Mähen dadurch behindert wird. Es sind in der Hauptsache vier Ameisenarten, von denen die Nester angelegt wurden.

A. Hinterleibstielchen (die tiefe Einschnürung zwischen dem Vorder- und Hinterleib des Körpers) eingliedrig.

1. Kleine Ameisen von 3–4 mm Länge. (Weibchen mehrfach größer als die Männchen und Arbeiter). Kopf und Hinterleib schwarz oder schwarzbraun, Brustteil bräunlich. Fühlerschaft und Beinschiene mit abstehenden Borstenhaaren besetzt. Die gemeinste aller Ameisen.

   Nistplatz in Gärten, Feldern, Wäldern und Wiesen. Nest unterirdisch, unter Steinen. Errichtet dauerhafte Erdhügel, die von Kammern und Gängen durchzogen sind. Grashalme sind dabei wie stützende Träger eingebaut. **Schwarzbraune Wegameise.** *Lásius niger.*

2. Kleine Ameisen von 2–4 mm Länge. (Weibchen größer als Männchen und Arbeiter.) Ganzer Körper einfarbig gelb, Kopf und Hinterleib oft etwas bräunlich.

   Nistplatz auf Wiesen und an Wegrändern. Nest unter einer Erdkuppel, die keine Öffnung hat. Die Ameisen leben rein unterirdisch und verlassen den Bau nicht. **Gelbe Wiesenameise.** *Lásius flavus.*

B. Hinterleibstielchen zweigliedrig.

1. Kleine Ameisen von 2–3½ mm Länge. (Männchen und Weibchen 6–8 mm.) Braun oder schwarzbraun gefärbt; Oberkiefer, Fühler und Gelenke der Beine heller. Rücken kurz und breit, grob und tief gerunzelt.

   Nest unterirdisch, von einer Erdkugel überwölbt. **Rasenameise.** *Tetramórium caéspitum.*

2. Mittelgroße Ameisen von 4–8 mm Länge. Heller oder dunkler rotbraun gefärbt. Verschiedene Arten. Stich sehr empfindlich. **Knotenameise.** *Mýrmica.*

IV. IM WALDE

A. Pflanzenleben

1. Der Wald ergrünt

Möge der Kalendermann sagen: der Frühling beginnt am 21. März, und mögen die Gelehrten bestimmen: er beginnt, wenn die Roßkastanie sich belaubt — für alle anderen Menschen in Deutschland beginnt er, wenn der Wald ergrünt.

Achte auf die Ergrünung der folgenden Bäume!

	In Frankfurt/Main			In deiner Heimat			
	frühester Tag	spätester Tag	mittlere Zeit	1953	1954	1955	1956
Lärche . .	6. 4. 1886	19. 4. 1888	13. 4.				
Birke . .	6. 4. 1884	28. 4. 1888	21. 4.				
Buche . .	22. 3. 1846	1. 5. 1853	17. 4.				
Stieleiche .	9. 4. 1884	4. 5. 1888	25. 4.				

In Frankfurt a. M. wurden beobachtet: Lärche von 1885–1890, Birke von 1873–1890, Buche von 1841–1890, Stieleiche von 1849 bis 1890. Beobachte du den Laubausbruch dieser vier Bäume einige Jahre hindurch und merke dir die früheste Lärche, die früheste Birke, die früheste Buche und die früheste Stieleiche. Vergiß nicht, den Tag der Belaubung zu notieren! — Ich kannte in meinen Kinderjahren alte Männer, die für viele Jahre zurück genau wußten, an welchem Tage die alte Buche an der Waldecke ergrünte; sie war sämtlichen übrigen Buchen um mehrere Tage voraus.

2. Die häufigsten Laubbäume des Waldes

1. Blätter einfach und wechselständig

I. Blätter ganzrandig. Stamm glatt, mit hellgrauer Rinde. (1) **Rotbuche.** *Fagus silvática.*

II. Blätter gesägt, gezähnt, gekerbt.

A. Blätter vorn abgerundet, ohne Spitze.

1. Bätter fast kreisrund, lang gestielt, buchtig gezähnt. Blattstiel seitlich stark zusammengedrückt. Rinde mit längsrissiger, grauer Borke. (9) **Zitterpappel.** *Pópulus trémula.*

2. Blätter rundlich bis verkehrt herzeiförmig, in der Jugend klebrig. Rinde dunkelbraun, im Alter mit schwarzbrauner Tafelborke. (3) **Schwarzerle.** *Alnus glutinósa.*

B. Blätter vorn mit Spitze.

a) Der Blattstiel teilt sich in 3–5 etwa gleichstarke Nerven. Blätter breitherzförmig, am Grunde schief.

1. Blätter beiderseits kahl, oben dunkelgrün, unten bläulichgrün, in den Nervenwinkeln rostrote Haarbüschel. (4) **Winterlinde.** *Tília ulmifólia.*

2. Blätter unterseits weichhaarig, beiderseits gleichfarbig grün, in den Nervenwinkeln weißbärtig. (5) **Sommerlinde.** *Tília platyphýllos.*

b) Der Blattstiel setzt sich als Hauptnerv fort.

α) Blätter am Grund stark ungleichhälftig, Blattrand meist doppelt gesägt. (7) **Ulmen-Arten.** *Ulmus.*

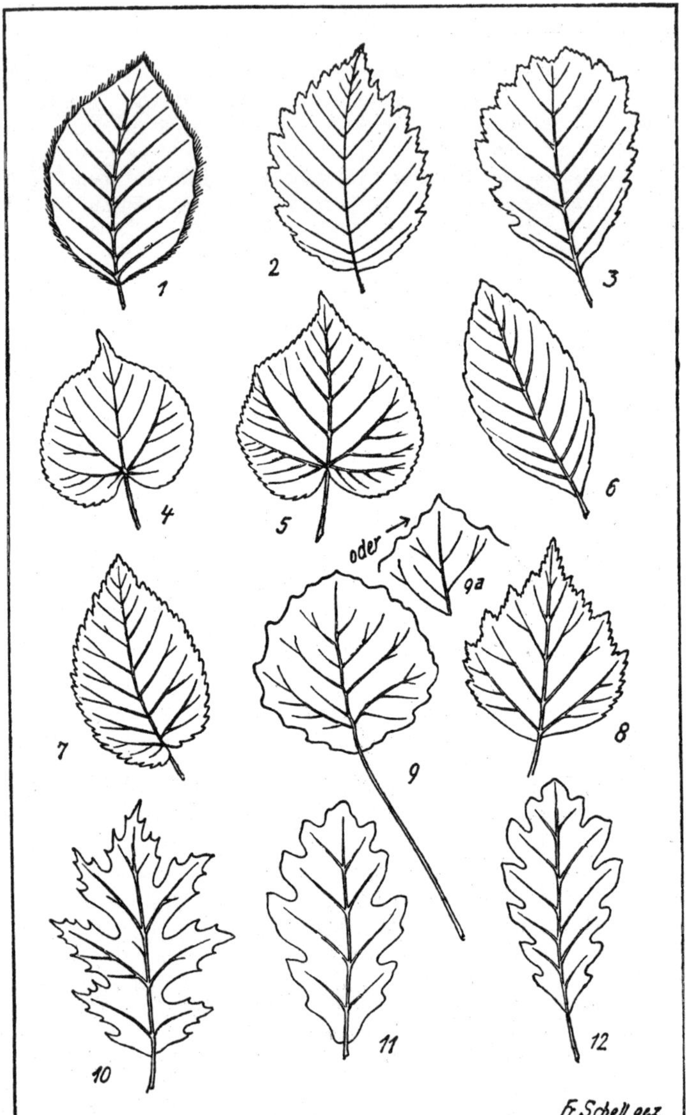
1
2
3
4
5
6
oder
9a
7
9
8
10
11
12
Fr. Schell gez.

β) Blätter dreieckig-eiförmig, am Grund abgeschnitten oder breit-keilförmig. Rinde des Stammes stark rissig, Äste ledergelb. **Schwarzpappel.** *Pópulus nigra.*

γ) Blätter dreieckig-rautenförmig, lang zugespitzt. Stamm glänzend weiß. (8) **Weißbirke.** *Bétula verrucósa.*

δ) Blätter gleichhälftig, rundlich bis eiförmig oder elliptisch.

1. Blattzähne drüsig verdickt, umgeschlagen, Blattspitze meist zurückgebogen. (6) **Salweide.** *Salix cáprea.*

2. Blattzähne nicht drüsig verdickt.

*) Blattstiel etwa so lang wie die Blattfläche. Blätter rundlich, oberseits dunkelgrün, unterseits heller, scharf gesägt. (17) **Holzbirnbaum.** *Pirus commúnis.*

**) Blattstiel höchstens ½ der Blattfläche.

+) Seitennerven treten nicht in die Blattzähne ein. Blätter spitz-eiförmig, mit wenigen, unterseits hervortretenden Seitenrippen, flach gekerbt oder gesägt, oben kahl, unten filzig. (18) **Holzapfelbaum.** *Pirus malus.*

++) Seitennerven endigen in den Blattzähnen. Blätter länglich-eiförmig, doppelt bis dreifach gesägt. Stamm mit glatter, hellgrauer Rinde, wie gedreht aussehend; das schwerste und härteste deutsche Holz. (16) **Weißbuche, Hainbuche.** *Carpinus bétulus.*

III. Blätter buchtig gelappt.

A. Blätter unterseits weißfilzig oder blaß, rundlich-eiförmig, am Rande unregelmäßig ausgeschweift, oft 5lappig, am Grunde mehr oder weniger herzförmig. **Silberpappel.** *Pópulus alba.*

B. Blätter unterseits nicht weißfilzig.

a) Blattabschnitte rund.

1. Blätter kurzgestielt, fast sitzend, am Grunde meist geöhrt oder herzförmig, am Zweigende büschelig gehäuft. Stamm kurz, dick, löst sich stets in knorrige, starke Äste auf, die eine weitausgreifende Krone bilden. Borke dick, tiefrissig (Sommereiche.) (11) **Stieleiche.** *Quercus robur.*

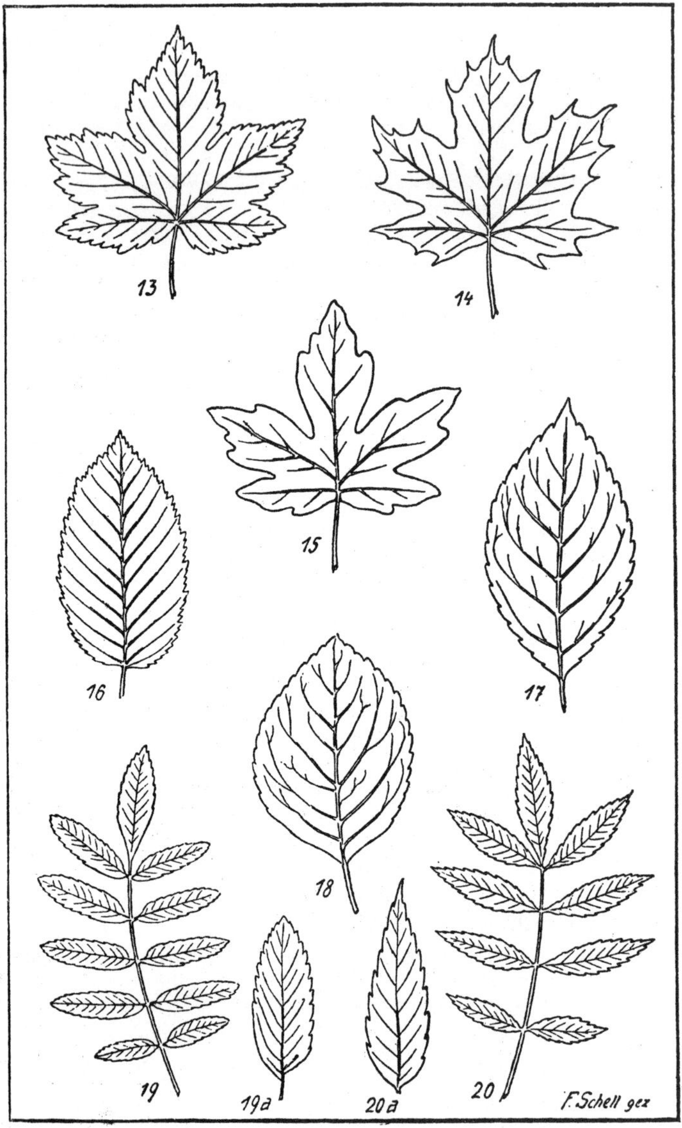
13
14
15
16
17
18
19
19a
20a
20
F. Schell gez

2. Blätter langgestielt, Stiel länger als die halbe Breite des Blattgrundes, am Grunde meist keilförmig verschmälert. Stamm läuft fast bis zur Spitze in die Krone hinein, daher die Krone schlanker als die der Stieleiche. (Winter- oder Steineiche.) (12) **Traubeneiche.** *Quercus séssilis.*

b) Blattabschnitte spitz. Blätter beiderseits mit meist 5 Lappen, grob gezähnt, in eine Endborste auslaufend. Im Herbst mit karminroter Färbung. Aus Nordamerika eingeführt. (10) **Roteiche.** *Quercus rubra.*

2. Blätter einfach und gegenständig

A. Lappen des Blattes vorn stumpf.
Blätter 3–5lappig, Lappen vorn stumpf, ganzrandig, Mittellappen vorn wieder schwach 3lappig; unterseits weichhaarig, Buchten zwischen den Lappen spitz. Blattstiel mit Milchsaft. Rinde rissig. (Maßholder.) (15) **Feldahorn.** *Acer campéstre.*

B. Lappen des Blattes vorn spitz.
1. Blätter 5lappig; Lappen vorn spitz, ungleich gesägt; oben glänzend dunkelgrün, kahl, unterseits mattgrau. Blattbuchten spitz. Rinde bleibt lange glatt, später mit breitschuppiger Borke, die abblättert. (13) **Bergahorn.** *Acer pseudoplátanus.*
2. Blätter 5–7lappig; Lappen vorn spitz, grob gezähnt. Blattbuchten gerundet. Rinde mit längsrissiger Borke, die nicht abblättert. (14) **Spitzahorn.** *Acer platanoídes.*

3. Blätter zusammengesetzt, gefiedert

A. Blätter gegenständig.
Blättchen 9–13, lanzettlich, vorn spitz, gesägt. Knospen schwarz. Blüten vor dem Laubausbruch, in rötlichen Büscheln. (20) **Esche.** *Fráxinus excélsior.*

B. Blätter wechselständig.
1. Blättchen 7–13, lanzettlich, gesägt. Knospen schwarzviolett, filzig. (19) **Eberesche, Vogelbeere.** *Pirus aucupária.*
2. Blättchen 9–17, eiförmig. Rinde des Stammes stark rissig. Oft noch vorjährige Hülsen in der Krone. (Abb.) **Gemeine Robinie.** *Robínia pseudacácia.*

3. Der Laubwald blüht

Es gibt nur wenig Menschen, die im Frühling den Wald blühen sehen. Blühte er weiß oder rot wie die Obstbäume, färbte er die Landschaft im Frühling so auffällig durch seine Blüten wie im Herbst durch sein Laub. Nun aber blüht er grün und verstärkt dadurch den Eindruck des Laubausbruchs.

1. Vor der Belaubung blühen:

Hasel, Erle, Ulme, Schwarzpappel, Zitterpappel, Salweide, Esche, Spitzahorn. Außer Esche und Spitzahorn sind alle diese Bäume Kätzchenträger; sie stehen verstreut im Walde und ihre farblosen Blüten lichten die weiten grauen und graubraunen Flächen der Baumkronen nicht auf.

2. Während oder kurz nach der Belaubung blühen:

Die in dieser Zeit blühenden Bäume: Birke, Rotbuche, Eiche und Weißbuche (Hainbuche) sind bestandbildend. Ihr Laubausbruch färbt die Landschaft grün.

Weißbirke

(Tafel S. 153, Abb. 1)

Einhäusige Pflanze: männliche Blüten und weibliche Blüten getrennt, aber auf einer Pflanze. Abbildung: Zweig mit lang herabhängenden, walzigen männlichen Kätzchen (m) und dünneren aufrecht stehenden weiblichen Kätzchen (w). — M = Deckblatt mit 3 darunter liegenden männlichen Blüten mit je 2 Staubgefäßen. — W = Deckblatt mit 3 Fruchtknoten und je 2 Narben. — F = Fruchtkätzchen mit entblößter Spindel. — GF = Geflügelte reife Frucht.

Rotbuche

(Abb. 2)

Einhäusige Pflanze: Abbildung: Zweig mit männlichen (m) und weiblichen (w) Blüten. — M = männliche Blüten in kugeligen, hängenden Kätzchen. Die einzelne Blüte mit 5–6 spaltiger Hülle und 10–15 Staub-

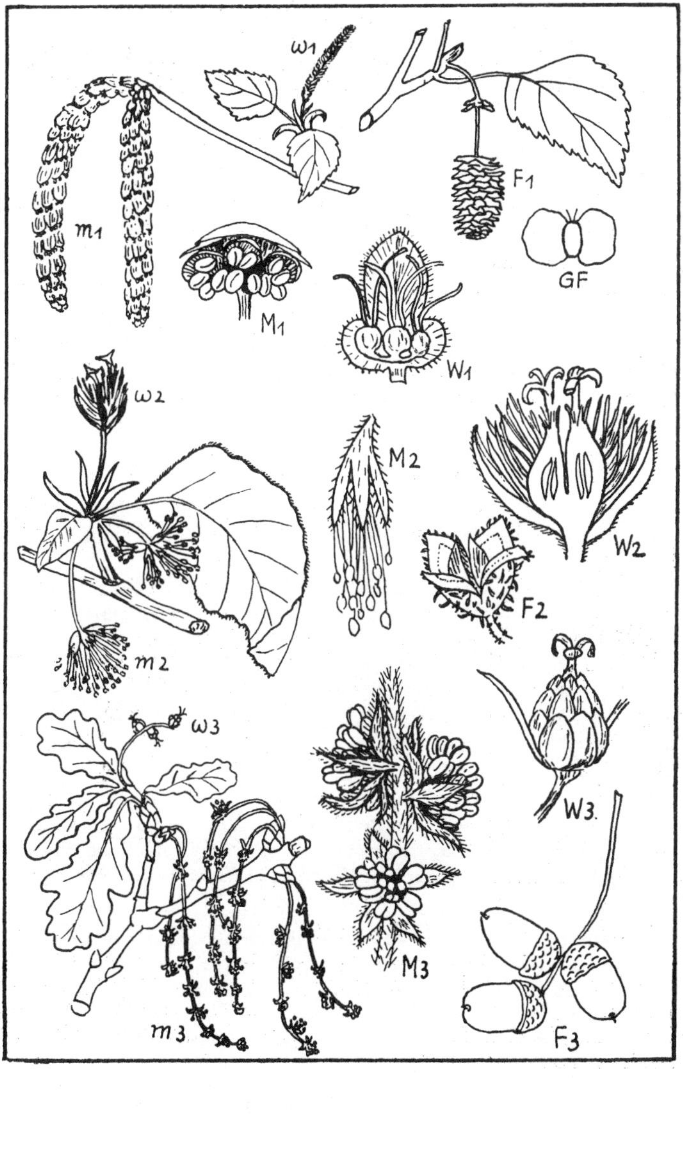

ω1
F1
m1
GF
M1
W1
ω2
M2
W2
F2
m2
ω3
W3.
M3
F3
m3

gefäßen. — W = weibliche Blüten, aufrecht, einzeln, in 4spaltiger Hülle mit 2–3 Blüten. Hülle später als Fruchtbecher (F) stachelig.

Stieleiche

(Abb. 3)

Einhäusige Pflanze. Abbildung: Zweig mit männlichen (m) und weiblichen (w) Blütenständen. — M = eine männliche Blüte mit mehrblättriger Hülle und 6–12 Staubgefäßen und den großen Staubbeuteln. — W = eine weibliche Blüte mit 3teiliger Narbe. — F = Frucht.

Aufgabe: Gehe zur Blütezeit in den Wald und stelle fest, ob eine reiche Eichelmast oder eine reiche Buheckernernte zu erwarten ist! Untersuche mit der Lupe den Bau der Kätzchen und einzelnen Blüten!

4. Die Pollen unserer häufigsten Laubbäume

Nimm sieben Briefumschläge und schreibe darauf: Buche, Eiche, Birke, Hasel, Erle, Weißbuche, Ulme. Trage sie bei dir, wenn du in den Wald gehst und sammele darin etwas von dem Blütenstaub der blühenden Waldbäume. Laß dir in der Schule unter einem Vergrößerungsglas die Pollenkörner zeigen. Sie sehen so aus: 1 u. 2 Buche — 3, 4, 5 Eiche — 6 Birke — 7, 8 Hasel — 9 Erle — 10 Weißbuche — 11 Ulme.

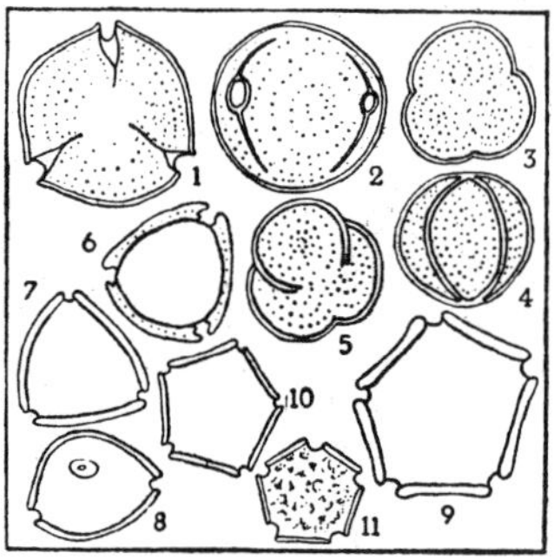

Erlen wachsen gern am Wasser. Wenn sie blühen, kannst du den Blütenstaub in Massen auf der Oberfläche des Wassers schwimmen sehen. Allmählich sinkt er darin unter und lagert sich auf dem Grunde ab. Nimm eine kleine Schlammprobe mit in die Schule und laß dir unter dem Mikroskop zeigen, ob Pollenkörner darin enthalten sind.

Man sollte meinen, die winzigen Pollenkörner seien sehr vergänglich und müßten im Bodenschlamm schnell verfaulen. Sie erhalten sich aber Jahrtausende darin, und nicht nur die Pollen der Erle, sondern auch die Pollen der übrigen Waldbäume und auch die der Gräser und Krautpflanzen. Laß dir in der Schule sagen, welche Bedeutung das hat. (Pollenanalyse.)

5. Einheimische Nadelhölzer des Waldes

1. Nadeln quirlständig

Nadeln zu 3 quirlständig, abstehend, stechend. Beeren schwarz, bläulich bereift. Sträucher oder Bäume von steifem, säulenförmigem Wuchs. **Gemeiner Wacholder.** *Juniperus commúnis.*

2. Nadeln in Büscheln

Nadeln an älteren Zweigen in Büscheln von 5–40, nur sommergrün, im Herbste abfallend, nicht stechend und starr wie bei den übrigen Nadelhölzern. Zapfen 3 cm lang. Bis 54 m hoch. Krone hoch angesetzt, licht. Borke dick, braunrot. **Lärche.** *Larix decidua.*

3. Nadeln zu 2 oder 5 in einer Scheide

A. Nadeln zu 2 in der Scheide.

a) Nadeln 3–7 cm lang.

1. Nadeln blaugrün, Baum daher von weitem bläulich schimmernd. Zapfen 3–7 cm lang, hängend, glanzlos. Rinde im oberen Teil des Baumes rötlich. Bis 48 m hoch, im Alter mit schirmförmiger Krone. (Föhre, Gemeine Kiefer.) **Sand-Kiefer.** *Pinus silvéstris.*
2. Nadeln grasgrün oder dunkelgrün, Baum daher von düsterem Aussehen. Zapfen fast sitzend, aufrecht, waagrecht oder schief abstehend, glänzend. Baum bis 10 m hoch, Rinde überall schwarz, Krone kegelförmig. In höheren Gebirgslagen. **Berg-Kiefer.** *Pinus montána.*

b) Nadeln 8–15 cm lang, steif dunkelgrün. Zapfen sitzend, glänzend gelbbraun, 4–9 cm lang. Baum bis 30 m hoch, Rinde schwarzgrau. An manchen Orten als Waldbaum angepflanzt, stammt aus Österreich. **Schwarz-Kiefer.** *Pinus nigra.*

B. Nadeln zu 5 in der Scheide.

1. Junge Triebe rotbraun-filzig. Nadeln zu (3–) 5, steif. Zapfen aufrecht, sitzend, 6–8 cm lang. Samen ungeflügelt, fast haselnußgroß, eßbar. Rinde grauschwärzlich, gefurcht und rissig. Bis 15 m hoch. Alpen, oft angepflanzt. **Zirbel-Kiefer, Arve.** *Pinus cembra.*

2. Junge Triebe kahl. Nadeln zu 5, dünn, schlaff, Zapfen hängend, 10–15 cm lang. Samen geflügelt. Rinde grau, lange glatt bleibend. Bis 20 m hoch. Oft angepflanzt, aus Nordamerika. **Weymouths-Kiefer.** *Pinus strobus.*

4. Nadeln meist gleichmäßig rings um den Zweig gestellt

Nadeln fast 4kantig, spitz. Zapfen walzig, hängend. Borke rötlich. Bis 60 m hoch. Mittelgebirge, im Hochgebirge bis an die Baumgrenze. **Fichte.** *Picea excélsa.*

5. Nadeln zweireihig gestellt

1. Nadeln am Grunde scheibenförmig verbreitert (bei der Fichte nicht!), auf der Unterseite mit 2 weißen Längsstreifen. Zapfen walzig, steif aufrecht gestellt. Bis 60 m hoch. Krone pyramidenförmig, im Alter oben abgewölbt. Mittelgebirge. **Edeltanne, Weißtanne.** *Abies alba.*
2. Nadeln am Grunde nicht scheibenförmig verbreitert, flach, auf der Oberseite mit einer erhabenen Linie, unterseits grün. Beere rot, Samenmantel nicht giftig, Samen giftig! Baum oder Strauch, meist mehrgipfelig. Rinde braun, abblätternd. Zerstreut, an felsigen Kalkhängen. **Eibe.** *Taxus baccáta.*

6. Der Nadelwald blüht

Fichte

(Tafel S. 157, Abb. 1)

Wenn du an einem sonnigen Maitage in den Wald gehst, versäume nicht, den Blick auf die hohen Fichten zu richten, die jetzt blühen. Den stärksten Eindruck hast du, wenn du am Rande eines alten Fichtenwaldes entlang gehst, der der Sonne zugekehrt ist. Die Blütenstände leuchten blutrot ins Land hinein.

Abbildung: M = Zweig mit männlichen Blütenständen. — W = Zweig mit weiblichem Blütenstand. — Z = Zapfen, der sich aus dem weiblichen Blütenstand entwickelt. N = Nadel der Fichte im Querschnitt. — P = Pollen der Fichte.

Tanne

(Abb. 2)

Die Tanne blüht nicht so farbig wie die Fichte: ihre männlichen Blütenstände sind gelb, die weiblichen grünlich.

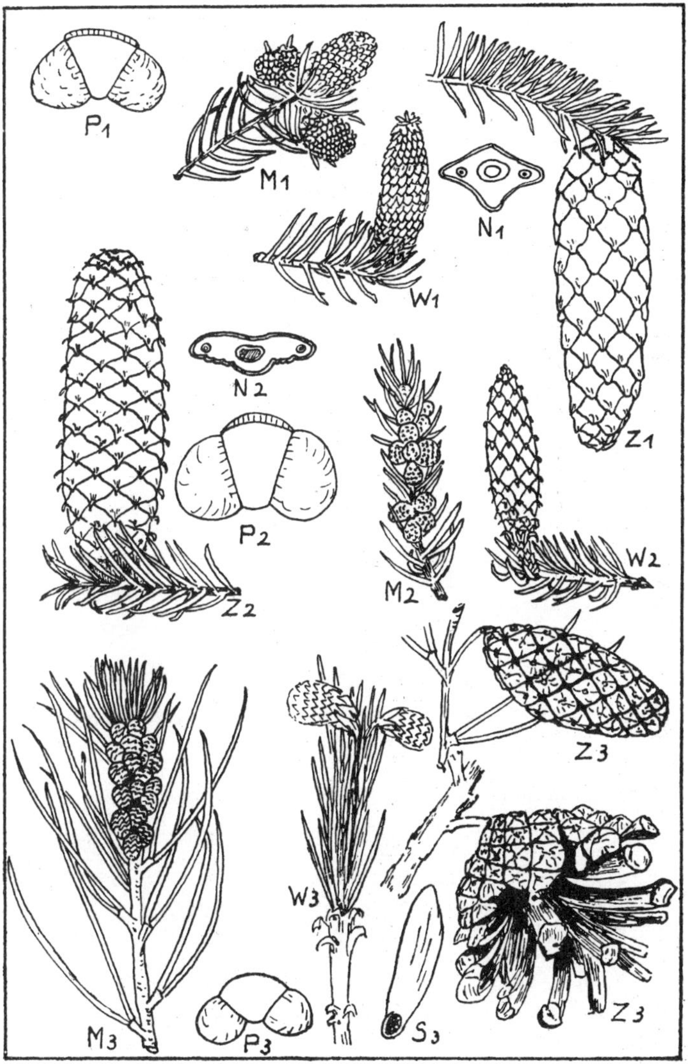
P1
M1
N1
W1
Z1
N2
P2
M2
W2
Z2
Z3
M3
W3
P3
S3
Z3

Abbildung: M = männliche Blütenstände. — W = weiblicher Blütenstand. — Z = Zapfen, der sich aus dem weiblichen Blütenstand entwickelt. — N = Nadel der Tanne im Querschnitt. — P = Pollen der Tanne.

Kiefer

(Abb. 3)

Auch die Kiefer blüht nicht so farbenfreudig wie die Fichte: ihre männlichen Blütenstände sind gelb, die weiblichen rötlich.

Abbildung: M = männlicher Blütenstand. — W = weibliche Blütenstände. — Z = einjähriger halbreifer Fruchtzapfen. Z = zweijähriger reifer Fruchtzapfen. — S = Geflügelter Samen. — P = Pollen der Kiefer.

7. Wann blühen die Nadelhölzer?

	In Frankfurt/Main			In deiner Heimat			
	frühester Tag	spätester Tag	mittlere Zeit	1953	1954	1955	1956
Eibe . .	8. 3. 1884	14. 4. 1888	29. 3.				
Lärche .	29. 3. 1885	15. 4. 1887	7. 4.				
Fichte .	29. 4. 1890	9. 5. 1888	5. 5.				
Kiefer .	8. 5. 1880	24. 5. 1887	14. 5.				

8. Die Kiefer blüht

1. Wann? — In der zweiten Hälfte des Monats Mai. Wenn du sehen willst, wie die Kiefer blüht, mußt du also von Mitte Mai an eine einzelne Samenkiefer oder noch besser einen Kiefernbestand mehrmals aufsuchen, um den rechten Augenblick nicht zu versäumen.

2. Achte auf die jungen Triebe! Sie brechen in großer Zahl hervor und heißen Maitriebe. Kennzeichen: Stehen senkrecht, jedes Nadelpaar von einer silberweißen Haut umgeben, der ganze Trieb in braune Schuppen eingehüllt, die durch Harz verklebt sind. Schutz gegen Sonnenbrand und Kälte.

3. Achte auf den Stand der Blütenstände! Männliche: am Grunde der Maitriebe; weibliche: an der Spitze der Maitriebe.

4. Untersuche eine männliche Blüte! Löse ein einzelnes Büschel aus der Ähre heraus und zerlege es. Wenn du sorgfältig und geschickt ver-

fährst, wirst du folgende Einrichtung finden: die Staubgefäße sind blattartige Gebilde, die an einer gemeinsamen Achse stehen; die Staubbeutel entleeren ihren Blütenstaub auf das tiefer stehende Staubblatt, wo er bei windstillem Wetter zunächst liegen bleibt. Der nächste Wind treibt ihn hinweg, ein Sturm oft 100 km weit. Die beiden Luftblasen machen den Pollen leicht (Abb.). Während und kurz nach der Bestäubung liegt eine gelbe Staubschicht auf Wegen, Pfützen, Teichen und Kräutern. Von diesen gewaltigen Staubmassen gelangen auch genügend Körner auf die weiblichen Blütenstände.

5. Untersuche eine weibliche Blüte! Löse die Schuppen eines Zapfens ab und untersuche mit einer Lupe. Abbildung: Sch = Schuppe, von oben gesehen; sie trägt auf dem Rücken einen rotgefärbten Kiel; am Grunde des Kiels sitzen links und rechts je eine Samenanlage (S), aus denen sich die Frucht entwickelt. Daher ist die Schuppe ein Fruchtblatt. Wende das Fruchtblatt um und betrachte die Unterseite: sie trägt ein hell gefärbtes Deckblatt.

6. Die Befruchtung erfolgt nun in folgender Weise. Der Pollen gelangt durch den Wind auf den weiblichen Blütenstand, dringt zwischen die Schuppen und bildet den Pollenschlauch, der bis zu den beiden nackt daliegenden Samenanlagen hingleitet. Nachdem die Bestäubung erfolgt ist, schließen sich die Schuppen und verkleben sich durch Harz; die vorher aufrecht stehenden Zapfen senken sich und lassen Tau und Regen an sich ablaufen. Die Befruchtung der Samenanlagen durch den Pollenschlauch erfolgt erst im folgenden Frühjahr. Im ersten Jahr sind die Fruchtzapfen grün und fest verklebt, im zweiten Jahr verholzen sie und im dritten Frühjahr ist die Samenreife beendet. Die Schuppen spreizen sich und lassen die geflügelten Samen frei. — An warmen, sonnigen Tagen trocknen die reifen Zapfen aus; die Schuppen knistern, wenn sie sich lösen. Du kannst es hören, wenn du aufmerksam hinhorchst.

9. Beobachtungen an den Zapfen der Fichten und Kiefern

Beobachtung

Zu Tausenden liegen die Kiefernzapfen im Kiefernwalde umher. An heißen Frühlings- und Sommertagen sind die Schuppen weit auseinandergespreizt. Bei Regenwetter sind sie geschlossen und liegen fest zusammen. An den Fichtenzapfen kannst du die gleiche Beobachtung machen.

Versuch

Lege einen trockenen Zapfen ins Wasser: die geöffneten Schuppen schließen sich nach einer Weile.

Erklärung

Die Schuppen saugen das Wasser langsam auf. Dabei quillt die Außenseite stärker als die Innenseite, die Schuppen neigen sich daher der Achse des Zapfens zu. Diese Bewegungen sind Quellungsbewegungen.

Ein Stück Zucker ist von zahllosen Hohlräumen durchsetzt. Legt man es in Wasser, so dringt das Wasser in die Hohlräume ein. Der Rauminhalt des Zuckerstückchens vergrößert sich dabei nicht. Dieser Vorgang heißt Haarröhrchenanziehung oder Kapillarität (*Kapillaren* = Haarröhrchen).

Bei der Quellung hingegen muß sich das Wasser den Hohlraum erst selber schaffen, es dringt ein und vergrößert dabei den Rauminhalt.

Beobachtung

An heißen Tagen lösen sich die Schuppen der Kiefernzapfen mit einem deutlich hörbaren Knistern, das man aus der Spitze des Baumes vernehmen kann. Achte darauf!

10. Eine Lichtmessung im Laubwald

Viele Jungen haben einen fotografischen Apparat, also auch einen Lichtmesser. Wenn nicht, so haben sie doch Gelegenheit, bei einer Lichtmessung zuzusehen. Laß dir die Handhabung zeigen und nimm den Lichtmesser mit in den Wald.

Ergebnis einer Lichtmessung

Ich nahm in einem hochstämmigen Buchenwald im Juli 1926 um 16 Uhr eine Lichtmessung vor, die folgendes Ergebnis hatte. Erste Messung im Freien, zweite Messung vorn im Walde (10 m vom Waldrande entfernt), dritte Messung mitten im Walde.

1. Der Boden des „Waldrandes“ (10 m im Walde) war 15mal schwächer belichtet als das freie Feld.
2. Der Boden des Waldinnern war 90mal schwächer belichtet als das freie Feld.
3. Der „Waldrand“ erhielt jedoch 6mal mehr Licht als das Waldinnere. — Was hast du festgestellt? Erkläre die Unterschiede!

11. Eine Lichtmessung im Nadelwald

Bei dem Laubwald zieht sich das Gebüsch des Waldrandes ein Stück in den Wald hinein, bei dem Fichtenwald nicht. Die Außenwand des Fichtenwaldes hält Licht und Pflanzen zurück.

Im Juli 1926 um 16 Uhr nahm ich eine Lichtmessung in einem dünnstämmigen Fichtenbestand vor, der noch nicht ausgehauen war. Der Himmel war leicht bewölkt. Erste Messung auf freiem Felde; zweite Messung im Fichtenbestand, 2 m vom Rande entfernt.

Ergebnis: Das Innere des Fichtenbestandes erhielt 360mal weniger Licht als das freie Feld.

12. Lichtbäume und Lichtsträucher

Beobachtungen

1. In dichten Beständen wachsen: Buche, Eiche — Fichte, Tanne.
2. In lichten Beständen wachsen: Birke, Esche — Kiefer.
3. An lichten Waldstellen eingestreut stehen: Pappel, Ahorn, Linde — Lärche.
4. Am Waldrande oder auf Waldlichtungen wächst der Schwarzdorn (Schlehe). Am Waldrande gedeiht er üppig und reichblütig, im Waldinnern verkümmert er um so mehr, je schattiger er steht.

Lichtmessungen

A.	Schwarzdorn	$1-{}^1/_3$	B.	Eiche	$1-{}^1/_{26}$
	Lärche	$1-{}^1/_5$		Feldahorn	$1-{}^1/_{43}$
	Esche	$1-{}^1/_6$		Spitzahorn	$1-{}^1/_{55}$
	Birke	$1-{}^1/_9$		Weißbuche	$1-{}^1/_{56}$
	Schwarzpappel	$1-{}^1/_{11}$		Rotbuche	$1-{}^1/_{60}$

(Nach J. Wiesner, Der Lichtgenuß der Pflanzen. Leipzig 1907.)

Erklärung

Der Schwarzdorn gedeiht am besten bei einem normalen Lichtgenuß = 1; bei weniger als ${}^1/_3$ des normalen Lichtgenusses geht er zugrunde. Er hat also — im Vergleich zur Rotbuche — sehr viel Licht nötig, um leben zu können: der Schwarzdorn ist ein „Lichtstrauch".

Lärche, Esche, Birke, Schwarzpappel sind „Lichtbäume".

Aufgaben

1. Achte auf Weißdorn und andere Waldsträucher, ob sie besser im Licht oder im Schatten gedeihen!
2. Achte auf das Unterholz im Buchenwalde: Viel? Wenig? Wo gar nichts?
3. Achte auf die Blumen in Buchenwald: Unter der schattenden Krone keine, nur in den „Lichtschächten".
4. Die Buche ist ein „unverträglicher" Baum. In welchem Sinne?
5. Achte auf die Sträucher und Blumen im Eichenwald. Wachsen unter der Krone einer Eiche Sträucher und Blumen? Wenn ja, warum?
6. Wie verhält sich die Birke den Sträuchern und Blumen gegenüber?
7. Wie sieht es in dieser Beziehung im Kiefernwalde aus?
8. Wie im Fichtenwalde?

13. Bleiche (gelbe oder weiße) Keimlinge

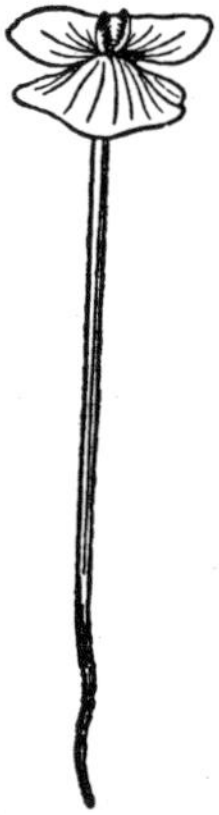

Beobachtung

Im Frühjahr sieht man überall am Boden des Waldes bleiche Keimlinge, die sich durch die Laubdecke dem Lichte zurecken. Entfernt man das Laub, so ist man erstaunt über die große Zahl der kleinen, blassen Pflänzchen. (Abb. Buchenkeimling.)

Erklärung

Sie alle sind im Finstern gewachsen. Ihre Stengel sind übermäßig verlängert; der grüne Farbstoff, das Blattgrün *(Chlorophyll)* hat sich nicht entwickeln können. — Diese Erscheinung heißt Vergeilung, auch Bleichsucht oder Gelbsucht. Der gelbe Farbstoff heißt *Etiolin.* Wenn die in dem Samen, der Knolle oder der Zwiebel aufgespeicherten Nährstoffe verbraucht sind, verhungert die Pflanze. Ohne Blattgrün kann sie nicht leben. — Das allbekannte Beispiel für Vergeilung ist die im finstern Keller treibende Kartoffel, deren lange, blasse Triebe („Keime") dem Kellerfenster zustreben. Wenn die alte Kartoffel keine Nahrung mehr liefert, muß der Trieb langsam verhungern. — Die Vergeilung stellt der Mensch in seinen Dienst: Spargel, Kopfsalat, Endiviensalat, Weißkohl . . .

Aufgabe

Merke dir einige Keimlinge, indem du ein Stöckchen daneben steckst, und schaue von Zeit zu Zeit nach, ob sie blaß bleiben oder langsam ergrünen.

14. Die Waldgrenze

Die Waldgrenze im Hochgebirge ist die obere Grenze des geschlossenen Waldes. Sie ist keine scharfe Grenzlinie, sondern ein breiter Gürtel, in dem sich der Kampf des Waldes mit den immer härter werdenden Gewalten der Natur abspielt. Er liegt je nach geographischer Breite, Sonnenlage, Bodenuntergrund und Waldart verschieden hoch.

Übersicht

Holzart	Obere Grenze des Vorkommens in Metern: Harz	Thüringer Wald	Schwarzwald	Bayrische Alpen	Zentralalpen
Traubeneiche	580	580	970	920	1600
Rotbuche	650	800	1300	1500	1780
Esche	600	650	1200	1300	1650
Edeltanne	fehlt	812	1300	1500	2000
Fichte	1000	1000	1500	1800	2250
Kiefer	650	780	1200	1600	2000

(Aus Walter, Einführung in die allgemeine Pflanzengeographie Deutschlands. Jena, Fischer.)

Aufgabe: Wie sind diese Unterschiede zu erklären?

15. Die Maiblumen blühen

Wer das erste Maiglöckchen aus dem Walde heimbringt, wird eifrig befragt: Sind sie schon da? Wo hast du es gefunden? — Das erste Maiglöckchen ist ein ebenso großes Ereignis im Walde wie der erste Kuckucksruf. In dem einen Jahr blüht es früh, in einem andern Jahr spät.

In Frankfurt a. M. wurde von 1841 bis 1890 der Tag notiert, an dem das erste Maiglöckchen sich zeigte.

Frühester Tag	Spätester Tag	Mittlere Zeit	In deiner Heimat
21. 4. 1880	12. 5. 1879	3. 5.	

16. Das Maiglöckchen *(Convallária majális)*

Der Wald hat sich belaubt. Durch das geschlossene Kronendach fällt nur spärliches Licht in die hohen Säulenhallen. Aus dem Dämmerschein leuchtet das erste Maiglöckchen den Kindern schneeweiß entgegen. Niemand könnte sagen, wer ihnen die Nachricht überbracht hätte: fast auf den Tag, wenn das erste Glöckchen heraus ist, sind sie da. Ein Mailüftchen muß den feinen Glockenton wohl ins Dorf hineingetragen haben, den nur Kinderohren hören können.

Bärenlauch

1. Wo sucht ihr die Maiglöckchen?

Immer nur im Laubwald, niemals im Nadelwald, und im Laubwald nur an lichten Stellen. Warum? Die Antwort weißt du, wenn du den Boden eines dichten Fichtenwaldes mit dem Boden eines lichten Laubwaldes vergleichst.

Schattenblume

Das Maiglöckchen hat zwei Blätter. Aber irre dich nicht! Manches Kind meinte schon, einen Maiblumenstrauß gepflückt zu haben, und hatte einen scharf nach Zwiebeln riechenden Strauß von — Bärenlauch in der Hand. Dieser Waldlauch hat ähnliche Blätter wie das Maiglöckchen, sie sind aber langgestielt, die des Maiglöckchens nicht. (Abb).

Einbeere

Wenn du dich im Laubwalde umsiehst, wirst du noch eine dritte Pflanze mit zwei Blättern finden. Sie ist nur 15 cm hoch und trägt die beiden herzförmigen Blätter oben am Stengel. Das ist die Schattenblume. (Abb.) Vielleicht findest du auch noch die vierblättrige Einbeere. Sie trägt oben an dem 20–30 cm hohen Stengel vier quirlständige Blätter und in deren Mitte eine einzelne grünliche Blüte, später eine schwarze Beere. Alle diese Pflanzen sind miteinander verwandt. (Abb.)

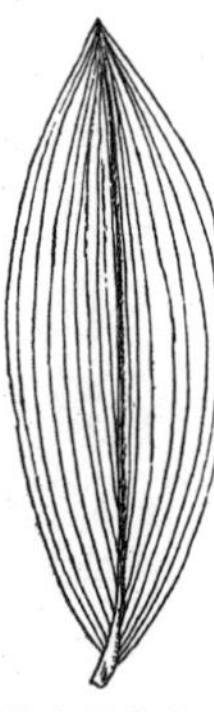

Maiglöckchen

Ihre Blätter sind breit und flächig und fangen daher möglichst viel Licht auf. Im lichtlosen Fichtenwald gedeihen sie nicht, das volle Sonnenlicht können sie nicht vertragen, sie lieben den schattigen Laubwald. Alle diese Schattenpflanzen haben zarte Blätter, die von dem spärlichen Licht noch voll durchleuchtet werden, die aber auch ein begehrtes Futter für Schnecken, Raupen, Käfer und Wild sein müßten. Doch untersuche sie! Du wirst kaum ein angefressenes Blatt finden. Warum nicht? Die Antwort weißt du sofort, wenn du ein Stückchen zerkaust. Am besten nimmst du dazu das Blatt vom Aronstab, es schmeckt brennend scharf. Die Blätter fast aller Schattenpflanzen enthalten Giftstoffe, dadurch sind sie vor den Pflanzenfressern geschützt.

2. Suche einen Maiglöckchenplatz vor der Blütezeit auf!

Du wirst solche Plätze kennen. Wenn nicht, so schaue dich auf dem Waldboden nach aufbrechenden jungen Blättern um. Sie treiben wie angespitzte, bläulichrot gefärbte Bleistifte aus der Erde oder durch die Laubdecke, oft schieben sie sich durch ein Loch in einem vorjährigen Eichen- oder Buchenblatt und schieben es mit hoch. Öffne einen solchen „Stift“. Du findest unter der farbigen Hülle das aufgerollte grüne Blatt und in der Blattrolle den eingewickelten Blütenstand. (Abb.)

3. Lege die unterirdischen Teile einer Pflanze frei!

Du brauchst die Pflanze nicht aus dem Boden zu ziehen; du siehst mehr, wenn du die Laubschicht und den Boden abhebst. Die Blattstiele stehen mehr als 10 cm tief im Boden und entspringen dem waagrecht liegenden Wurzelstock, der in mehreren Abständen reich bewurzelt ist. Mit diesem Wurzelstock überwintert die Pflanze; darin speicherte sie im Vorjahre die Stoffe auf, die der diesjährigen Pflanze als erste Nahrung dienen. (Abb.)

Hast du eine Stelle freigelegt, wo viele Pflanzen beieinander stehen, so weißt du auch, woher es kommt, daß die Maiglöckchen in so dichten Beständen wachsen. Sie drängen sich an den günstigsten Plätzen dicht zusammen, nämlich da, wo sie am meisten Licht und Nahrung haben.

Wenn du die unterirdischen Teile gesehen hast, mußt du sie wieder mit Erde und Laub bedecken. Es ist verboten, den Wurzelstock zu beschädigen oder auszuheben.

4. Kannst du Maiglöckchen richtig pflücken?

Fünf, sechs, sieben, acht Glöckchen hängen an dem geneigten Stiel, jedes hat einen sechszipfeligen Rand und schützt sechs gelbe Staubgefäße vor Regen und Tau. Die schneeweiße Blütentraube steht zwischen zwei saftgrünen Blättern. (Abb.)

Dieses Frühlingswunder hat die Natur gestaltet: mit nur zwei Farben, grün und weiß; mit nur zwei Blättern, eins wäre zu wenig, drei schon zu viel; mit nur einer Blütentraube, die zweite würde den Eindruck stören; mit nur wenigen Glöckchen, noch weniger wäre zu arm, mehr wäre schon überladen.

Abseits von dem dichten Bestand steht ein einzelnes, gut ausgewachsenes Maiglöckchen. Das schaue dir einmal an! Der Waldboden mit der rotbraunen Buchenlaubdecke sei der Tisch, der weite Raum zwischen den hohen Buchenstämmen mit dem grünen Laubdach sei das Zimmer, und auf diesem leuchtend rotbraunen Tische schaukeln im Winde die schneeweißen Glöckchen.

Und dann schaue in den dichten Bestand: Blatt an Blatt, eine grüne Fläche; Blüte an Blüte, weiße Flecken auf grünem Grund. Auch schön — aber was würde ein Maler malen: das erste oder das zweite Bild?

Eine weithalsige Vase ist mit Maiblumen prall gefüllt. In einem anderen Zimmer steht auf dem Tische eine zierliche Vase, darin die zwei grünen Blätter und die weiße Blütentraube. Welche wählst du?

Eine große Frauenhand umfaßt einen dicken Maiblumenstrauß. Neben der Mutter geht das Kind und hält eine einzelne Maiblume mit den zwei grünen Blättern und den weißen Glöckchen zwischen den Fingern. Wie pflückst du Maiblumen: wie die Mutter oder das Kind?

Wie ich sie pflücke? Gar nicht — eine lebende Blume im Walde ist mir lieber als eine sterbende im Zimmer.

17. Der Waldmeister ist da!

Der Vater sagt: „Wenn am 1. Mai der Waldmeister schon da ist, wollen wir eine Maibowle trinken. Junge, geh in den Wald und schaue nach!“ — Der Junge kommt heim und hat Waldmeister mitgebracht. — Im Juni soll noch einmal Waldmeisterbowle getrunken werden. Diesmal kommt der Junge heim und hat — eine falsche Pflanze mitgebracht. Wie ist der Irrtum zu erklären?

	Waldmeister	Wald-Labkraut
Stengel	4kantig, bis 30 cm hoch	stielrund, mit 4 feinen Leisten, bis $1^1/_3$ m hoch.

Blätter	lanzettlich, einnervig, borstig, unten zu 4 oder 6, oben zu 8 in Quirlen.	länglich-lanzettlich, stumpf, stachelspitzig, am Rande rauh, zu 8 im Quirl;
Blüte	Kronröhre etwa so lang wie die Saumabschnitte.	Kronröhre kurz, daher Krone flach, radförmig, Zipfel zugespitzt;
Früchte	mit hakigen Borsten 	kahl, runzelig; 
Geruch	ganze Pflanze wohlriechend	Pflanze geruchlos.

Wann blüht der Waldmeister?

In Frankfurt a. M.: 26. 4. 1885 — 17. 5. 1887 — mittlere Zeit: 5. Mai.

In deiner Heimat?

Der Waldmeister blüht im Mai und Juni — das Waldlabkraut von Juni bis August.

18. Waldblumen

In unseren Wäldern blühen im Laufe des Frühlings und Sommers 250 bis 300 verschiedene Blumen. Sie können im „Kleinen naturkundlichen Wanderbuch“ längst nicht alle in Bestimmungstabellen aufgenommen werden. Wer sie bestimmen will, muß das große „Naturkundliche Wanderbuch“ oder ein anderes Bestimmungsbuch zur Hand nehmen. Hier sollen nur solche Pflanzen aufgeführt werden, die durch ihre dichten Bestände für jeden Wanderer auffällig sind.

19. Weiße Waldblumen, die durch ihre dichten Bestände auffallen

Beispiele: Maiglöckchen, Bienensaug . . .

A. Blätter einfach und gegenständig.

Staubblätter 10. Kronblätter 5, bis zur Mitte gespalten, doppelt so lang wie der Kelch. Stengel 4kantig, bis $^1/_3$ m hoch. Blätter sitzend, lanzettlich, lang zugespitzt. **Stern-Miere.** *Stellária holóstea.*

B. Blätter einfach und quirlständig.

a) Staubblätter 4. Blüten klein.

1. Kronröhre etwa so lang wie die Saumabschnitte. Ganze Pflanze riecht angenehm. (S. 166.) **Waldmeister.** *Aspérula odoráta.*

2. Kronröhre kurz, daher die Krone radförmig, flach. Stengel stielrund. Blätter unterseits blaugrün. (S. 166.) **Wald-Labkraut.** *Gálium silváticum.*

b) Staubblätter 7.
Krone tief, 7teilig, radförmig. Blüten langgestielt. Stengel bis 20 cm hoch. Obere Blätter quirlig zusammengedrängt, sitzend, untere wechselständig. **Siebenstern.** *Trientális europǽa.*

C. Blätter grundständig, längsnervig. Staubblätter 6.

1. Blumenblätter bis zur Mitte glockig verwachsen; Blütenstand traubig; angenehm duftend. Blätter elliptisch, meist 2, sich am Grunde scheidenartig umschließend. Unterirdische Dauerorgane gesetzlich geschützt! **Maiblume.** *Convallária majális.*

2. Blumenblätter nur am Grunde verwachsen, sternförmig ausgebreitet; Blütenstand doldenähnlich. Die ganze Pflanze riecht stark nach Knoblauch! Blätter langgestielt, meist 2, breit lanzettlich. **Bären-Lauch.** *Állium ursínum.*

D. Blätter gefingert.

a) Staubblätter 10. Krone 5blättrig, weiß, mit rötlichen Adern und gelben Flecken am Grunde. Blätter 3zählig, Blättchen verkehrt-herzförmig. Mit saurem Geschmack. Vorsicht beim Essen! **Hain-Sauerklee.** *Óxalis acetosélla.*

b) Staubblätter viele, auf dem Kelchrand.

α) Blätter 3zählig. Fruchtboden zur Zeit der Reife fleischig (Erdbeere). Blütenblätter an der Spitze nicht ausgerandet. **Erdbeere.** *Fragária.*

1. Fruchtkelch zur Zeit der Reife von der Frucht abstehend.

+) Blütenstiele mit angedrückten Haaren. Stengel und Blattstiele mit abstehenden Haaren. **Wald-Erdbeere.** *F. vesca.*

++) Blütenstiele, Stengel und Blattstiele mit abstehenden Haaren. **Zimt-Erdbeere.** *F. moscháta.*

2. Fruchtkelch zur Zeit der Reife an die Frucht angedrückt. Behaarung wie bei der Walderdbeere. Beere hart, daher der Name. **Knackelbeere, Hügelerdbeere,** *F. viridis.*

β) Blätter 3zählig oder 5zählig. Fruchtboden zur Zeit der Reife nicht fleischig. Blütenblätter an der Spitze ausgerandet. **Fingerkraut.** *Potentilla.*

1. Blätter 3zählig. Stengel 1–3blütig, bis 10 cm hoch. Der Erdbeere sehr ähnlich. **Erdbeer-Fingerkraut.** *P. stérilis.*
2. Blätter 5zählig. Stengel meist 3blütig, bis 25 cm hoch. **Weißes Fingerkraut.** *P. alba.*

20. Gelbe Waldblumen, die durch ihre dichten Bestände auffallen

Beispiele: Scharbockskraut, Sumpfdotterblume.

I. Korbblüter: Randblüten zungenförmig, Scheibenblüten röhrenförmig (Beispiele: Marienblümchen, Wucherblume).

a) Hüllkelch einreihig, mit kürzerem oder längerem Außenkelch.

1. Blätter ungeteilt elliptisch bis schmal-lanzettlich, sägezähnig. Strahlblüten meist 5. Stengel oft rot überlaufen, bis $1\frac{1}{2}$ m hoch. **Hain-Kreuzkraut, Fuchs-Kreuzkraut.** *Senécio Fúchsii.*

2. Blätter fiederspaltig, spinnwebig-wollig. Außenkelch angedrückt. Bis $^{3}/_{4}$ m hoch. **Wald-Kreuzkraut.** *Senécio silváticus.*

b) Hüllkelch 2- oder mehrreihig, dachig.

Untere Blätter gestielt, eiförmig, gesägt; obere kurz, lanzettlich, gezähnelt oder ganzrandig. Strahlblüten 5–10. Bis 1 m hoch. **Echte Goldrute.** *Solidágo virga áurea.*

II. Blüten nicht in Körbchen.

A. Staubblätter 4 (2 lang, 2 kürzer). Krone lippenförmig. Blätter gegenständig.

1. Kelch 5spaltig, mit begrannten Zähnen. Blätter grob- und tiefdoppelt gesägt, herzeiförmig. Bis 50 cm hoch. **Goldnessel.** *Lámium lúteum.*

2. Kelch 4spaltig. Krone rachenförmig, röhrig-glockig, fast vollständig geschlossen. Blätter ganzrandig, lanzettlich bis lineal. Bis 30 cm hoch. **Wachtelweizen.** *Melampýrum.*

B. Staubblätter 5.

Blüte in den Blattachseln, mit 3–4 hängenden Blüten. Krone mit zurückgebogenem Sporn. Blätter wechselständig, langgestielt, grobgezähnt. Stengel knotig, saftig, bis $1\frac{1}{4}$ m hoch. Reife Früchte berühren! Die Samen werden weit fortgeschleudert. **Echtes Springkraut.** *Impátiens noli tángere.*

C. Staubblätter zahlreich, auf dem Blütenboden angewachsen.

1. Stengel aufrecht, dick und hohl, bis ½ m hoch. Blätter herznierenförmig, gekerbt, die unteren langgestielt, die oberen kurzgestielt. An sumpfigen Waldstellen. **Sumpfdotterblume.** *Caltha palústris.*

2. Stengel niederliegend, bis 15 cm lang. Blätter rundlich-herzförmig, glänzend. **Scharbockskraut.** *Ranúnculus ficária.*

21. Gelbblühende Waldsträucher

I. Alle Blätter 3zählig. Blüten in Trauben. Zuweilen verwildert in Wäldern. **Goldregen.** *Cý[illegible]us.*

II. Untere Blätter 3zählig, obere einfach. Blüten einzeln oder zu 2 in den Blattachseln. Strauch bis 2 m hoch, mit langen, grünen, kantigen Ruten, die zu Besen verwendet werden. **Besenginster.** *Sarothámnus scopárius.*

III. Alle Blätter einfach.

A. Blätter eiförmig bis lanzettlich. Kelch bis etwa zur Mitte zweilippig. Blüten in endständigen Trauben. **Ginster.** *Genísta.*

a) Stengel breit geflügelt, gegliedert, niederliegend, bis 25 cm lang. **Geflügelter Ginster.** *G. sagittális.*

b) Stengel nicht geflügelt.

1. Stengel ohne Dornen, aufrecht, bis 60 cm hoch. Kelch, Krone und Hülse kahl. **Färber-Ginster.** *G. tinctória.*

2. Stengel und Äste (wenigstens unten) mit Dornen.

α) Junge Triebe, Blüten und Hülsen kahl. Blätter blaugrün. Bis 80 cm hoch. **Englischer Ginster.** *G. ánglica.*

β) Junge Triebe, Blüten und Hülsen rauhhaarig. Blätter grasgrün. Bis 60 cm hoch. **Deutscher Ginster.** *G. germánica.*

B. Blätter nadelförmig, steif, stachelspitzig. Kelch bis zum Grunde 2teilig. Ganzer Strauch oft dornig, bis 1½ m hoch. **Gaspeldorn, Stechginster.** *Ulex europáeus.*

22. Rote (purpurn, lila) Waldblumen, die durch ihre dichten Bestände auffallen

Beispiele: Weidenröschen und Fingerhut auf Waldblößen.

I. Blüten in Körbchen, alle Blüten röhrenförmig (wie Kornblume).

A. Blätter stachelig gezähnt.

1. *Pappus* mit gefiederten Haaren. Bis 2 m hohe Pflanzen. **Kratzdistel.** *Cirsium.*

2. *Pappus* mit einfachen Haaren. Bis 2 m hohe Pflanzen. **Distel.** *Cárduus.*

B. Blätter nicht stachelig gezähnt, 3–5teilig, gegenständig. Stand der Körbchen doldig-rispig! Stengel ästig, bis 2 m hoch. **Wasserdost, Kunigundenkraut.** *Eupatórium cannábinum.*

II. Blüten nicht in Körbchen.

A. Staubblätter 4 (2 lang, 2 kürzer).

a) Krone 2lippig. Blätter gegenständig. Stengel 4kantig. (Lippenblüter, Seite 61.)

α) Kelch deutlich 2lippig: Oberlippe 3zähnig, Unterlippe zweizähnig.

1. Stengel niedergestreckt, bis 25 cm lang. Pflanze in Polstern. Reiben! Würziger Geruch. **Feld-Thymian.** *Thymus serpýllum.*

2. Stengel aufrecht, bis 60 cm hoch.

*) Blütenquirle am Grunde von vielen borstenförmigen Deckblättern umgeben, reichblütig. Blüten am Ende der Zweige und in den Achseln der oberen Blätter, purpurn. **Wirbeldost.** *Calamíntha clinopódium.*

) Blütenquirle ohne borstenförmige Deckblätter, 3–5blütig. Krone purpurn, bis 1½ cm lang. Blätter groß, eiförmig, grob gezähnt. **Wald-Quendel. *Calamíntha officinális.*

β) Kelch fast gleichmäßig 5zähnig.

1. Unterlippe der Krone mit 3 fast gleichen Zipfeln. Staubblätter zur Blütezeit seitlich unter der Oberlippe hervortretend. Blüten gehäuft, in kugeligen Sträußen. Krone blaßrot. Blätter eiförmig, ganzrandig. **Echter Dost.** *Origanum vulgáre.*

2. Unterlippe der Krone mit 3 verschiedenen großen Zipfeln, Staubblätter zur Blütezeit unter der Oberlippe liegend.

*) Unterlippe der Krone am Grunde beiderseits mit einem hohlen Höcker (Zahn). **Hohlzahn.** *Galeópsis.*

) Unterlippe der Krone ohne Höcker. **Ziest. *Stachys.*

3. Unterlippe der Krone 5spaltig (scheinbar: Zipfel der Oberlippe liegen der Unterlippe an). Blütenquirle 6blütig, traubig. Kelch und Deckblätter meist rotbraun. Krone purpurn, selten weiß. Blätter gestielt, länglich, keilförmig in den Blattstiel verschmälert. Bis 30 cm hoch. **Gemeiner Gamander.** *Teúscrium chamáédrys.*

b) Krone bauchig-röhrig, mit kurzem, 4lappigem Saum, abwärts geneigt, hell purpurn, mit weiß umrandeten Flecken. Blätter wechselständig. Bis $1\frac{1}{4}$ m hoch. Giftig! **Roter Fingerhut.** *Digitális purpúrea.*

B. Staubblätter 5.

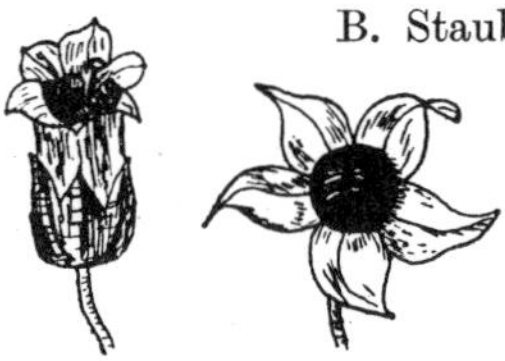

Stengel bis $1\frac{1}{2}$ m hoch, gabelästig. Blätter ungeteilt, eiförmig. Blüten blattwinkelständig, einzeln, dunkel geadert. Beere schwarz, glänzend, mit rotem, sehr giftigem Safte, sieht der Kirschenfrucht ähnlich. **Tollkirsche.** *Átropa belladónna.*

C. Staubblätter 8.

Kronblätter 4, rot. Früchte lang, 4fächerig. Samen mit Haarschopf (Flugapparat!) Blätter schmal (wie Weidenblätter: daher der Name). Auf Waldblößen in großen Beständen. **Weidenröschen.** *Epilóbium.*

23. Eine grünlich blühende Waldblume, die durch ihre dichten Bestände auffällt

Blätter gegenständig, eilanzettlich, gesägt. Blüten 2häusig: männliche Blüten mit 3teiliger Hülle, weibliche Blüten mit 2fedriger Narbe. Meist in dichten Beständen. Bis 30 cm hoch. (In Gärten wächst ihre Verwandte: Jähriges Bingelkraut, *M. annua*) **Wald-Bingelkraut.** *Mercuriális perénnis.*

24. Orchideen des Waldes

Merkmale

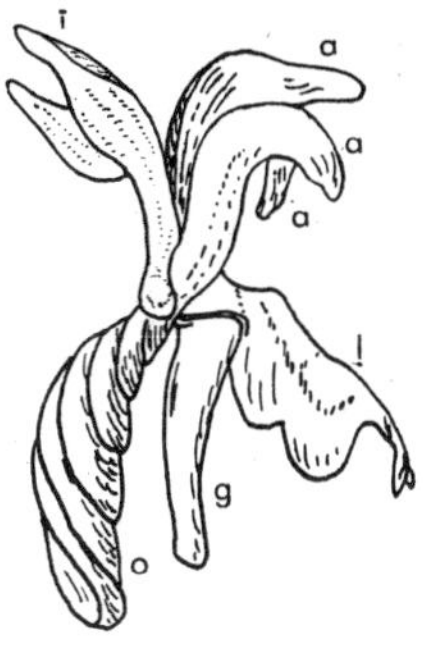

Höhe: Die meisten Arten 30–40 cm, einige Arten höher, andere kleiner.

Blätter: Einfach, wechselständig, längsnervig.

Blütenstand: Meist in Ähren oder Trauben.

Blütenfarbe: Dunkelrot, rosenrot, purpurn, lila, violett, gelb, weiß, grünlich.

Blütenbau: Abbildung der Blüten des breitblättrigen Knabenkrautes.
A von der Seite; B von vorn — o der gedrehte Fruchtknoten; a a a die 3 äußeren Blütenblätter; i i zwei der inneren Blütenblätter; l das dritte innere Blütenblatt, die Unterlippe mit dem Sporn (g); p das einzige Staubgefäß mit seinen zwei Fächern, die den Pollen enthalten; n Narbe.

Die meisten Orchideen sind gesetzlich geschützt!

Wer viel wandert, kann immer wieder hören: Hier gabs früher Orchideen — heute sind sie nicht mehr da. Wo sind sie? Ein Teil liegt getrocknet in den Herbarien der Pflanzensammler, die Handel damit treiben. Der andere Teil wandert alljährlich in die Markthallen der Städte. Was dort nicht verkauft wird, fliegt auf den großstädtischen Müllhaufen. Daher sind die meisten Orchideenarten heute sehr selten, viele stehen vor dem Aussterben. Häufig sind von den rund 50 einheimischen deutschen Arten nur noch zwei: Breitblättriges Knabenkraut *(Orchis latifolius)* und Salep-Knabenkraut *(Orchis morio)*. Wie lange noch? — Das „Kleine naturkundliche Wanderbuch“ bringt keine Bestimmungstabelle der Orchideen, damit die Pflanzen bei dem Bestimmen nicht abgerissen werden.

25. Doldengewächse des Waldes, die durch ihre Größe auffallen

Alle hohen Doldengewächse des Waldes haben eine zusammengesetzte Dolde. (Abb.) — Pflanzen 1 m bis 2 m hoch.

I. Blätter einfach fiederteilig.

a) Hüllchen vielblättrig (Hülle fehlend).
Blätter rauhhaarig. Blattscheiden aufgeblasen. Krone weiß. Stengel dick, röhrig, gefurcht, mit steifen Borsten besetzt, bis 1½ m hoch. **Bärenklau.** *Herácleum sphondýlium.*

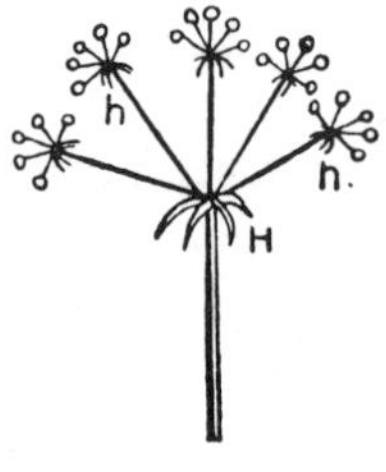

H Hülle, h Hüllchen

b) Hüllchen fehlend (Hülle fehlend).
Blättchen kurzgestielt, gezähnt. Krone weiß oder rötlich. Stengel kantig, gefurcht, bis 1 m hoch. **Große Bibernelle.** *Pimpinélla magna.*

II. Blätter 2–3fach gefiedert. Krone weiß.

A. Frucht (auch schon der Fruchtknoten!) mit Borsten oder Stacheln. Hülle und Hüllchen vielblättrig, borstenförmig. Blätter 2fach gefiedert, Fiederchen länglich, eingeschnitten gesägt. Bis 1½ m hoch. **Kletten-Kerbel. Borstendolde.** *Tórilis anthríscus.*

B. Frucht (auch der Fruchtknoten!) kahl.

a) Hülle vielblättrig.
Hüllblätter meist 5, zurückgeschlagen, mit häutigem Rand. Hüllchenblätter 3–4, am Grunde verwachsen. Blätter 3fach gefiedert, oberseits dunkelgrün, unterseits heller, beim Reiben unangenehm riechend. Stengel fein gerillt, kahl, am Grunde braunrot gefleckt. Auch die hohlen Blattstiele oft mit roten Flecken. Bis 2 m hoch. Sehr giftig! **Gefleckter Schierling.** *Cónium maculátum.*

b) Hülle wenigblättrig oder fehlend. (Hüllchen vielblättrig.)

1. Frucht deutlich geflügelt.
Stengel stielrund, gestreift, röhrig, weißlich bereift, ästig, bis 1¼ m hoch. Blätter 3fach gefiedert, sehr groß. Blattscheiden bauchig aufgeblasen. Dolden groß, stark gewölbt; Hauptdolde 30–40strahlig. **Brustwurz.** *Angélica silvéstris.*

2. Frucht schwach oder nicht geflügelt.

α) Frucht kurz geschnäbelt, ungerippt. Dolden 8–15strahlig, vor dem Blühen überhängend. Hüllchenblätter 5, zottig gewimpert, zurückgeschlagen. Blätter 2–3fach gefiedert, glänzend. Bis 1½ m hoch. **Wald-Kerbel.** *Anthriscus silvéstris.*

β) Frucht nicht geschnäbelt, stumpf gerippt.

*) Hüllchenblätter gewimpert. Stengel zerstreut rauhhaarig, unter den Knoten etwas verdickt, meist überall rot gefleckt, bis 1¼ m hoch. Blätter 2–3fach gefiedert. **Betäubender Kälberkropf.** *Chaerophýllum témulum.*

) Hüllchenblätter nicht gewimpert. Stengel unten steifborstig, oben kahl, unter den Gelenken stark verdickt, nur unten rot gefleckt, bis 2 m hoch. **Knolliger Kälberkropf. *Chaerophýllum bulbósum.*

Merkmale der Doldenpflanzen: Kräuter mit hohlem Stengel, wechselständigen, scheidigen, meist gefiederten oder zusammengesetzten Blättern, Blüten meist in zusammengesetzten Dolden. Pflanzen von starkem Geruch.

26. Waldgräser, die durch ihre Höhe auffallen

Die hohen Waldgräser erregen unsere Aufmerksamkeit und Bewunderung durch ihren stattlichen Wuchs. Nach ihren Blüten sind sie schwer zu bestimmen, an ihren auffälligsten Merkmalen erkennt man sie auf den ersten Blick.

I. Das einzige hohe Waldgras mit einer Ähre, die große Ähnlichkeit mit einer Gerstenähre hat. Pflanze grasgrün, untere Blattscheiden zottig. Bis 1½ m hoch. (Abb. 1 u. 1a.) **Wald-Haargerste.** *Élymus euroǽpus.*

II. Alle übrigen hohen Waldgräser mit Rispen.

A. Das einzige hohe Waldgras von schilfartigem Aussehen. Wächst an sandigen Orten, meist in dichten Beständen. Bis 1½ m hoch. **Sand-Reitgras.** *Calamagróstis epigéia.*

B. Alle übrigen hohen Waldgräser nicht schilfartig.

a) Das einzige Waldgras mit Halm ohne Knoten. Nur dicht über der Wurzel mit 1–2 Knoten, die man aber erst sieht, wenn man den Wurzelhals freilegt. Halm nur am Grunde beblättert. Rispe schmal zusammengezogen. Halm wurde früher zum Reinigen der Tabakspfeifen benutzt: daher sein Name. Bis 1¼ m hoch. **Pfeifengras.** *Molínia coerúlea.*

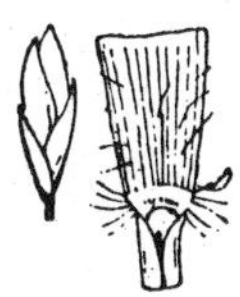

b) Alle übrigen hohen Waldgräser mit Knoten in den Halmen.

α) Das einzige Waldgras mit geknäulter und gelappter Rispe. Halm am Grunde zusammengedrückt, zweischneidig. Bis 1¼ m hoch. (Abb. S. 107, Nr. 5.) **Knäuelgras.** *Dáctylis.*

β) Alle übrigen Waldgräser mit lockerer Rispe.

○) Das einzige hohe Waldgras mit sehr rauhen Blättern, die auf der Oberseite stark hervortretende Nerven haben. (Mit dem Finger von der Spitze her darüber hinweg streichen! S. 110.) Das Gras wächst in großen, dichten Polstern. Rispe groß, weitschweifig, breit-pyramidenförmig. Rispenäste zu 3–5 und mehr. Bis 1½ m hoch. An feuchten Waldstellen. **Rasen-Schmiele.** *Deschámpsia caespitósa.*

○○) Alle übrigen Gräser mit Blättern ohne rauhe Oberseite.

+) Das einzige Gras mit nur 1 Blüte im Ährchen. Ährchen eirund, ohne Grannen. Rispe sehr locker, mit 5–7 haardünnen, langen, wenigblütigen Ästen, die zunächst fast waagrecht abstehen, später herabgebogen sind. (Abb. 3.) Blatthäutchen lang, gezähnelt. Blätter breit, am Rande rauh. Bis 1¼ m hoch. (Abb. 7 und 7a) **Flattergras.** *Mílium effúsum.*

++) Alle übrigen Gräser mit 2 oder mehr Blüten im Ährchen. (Abb. 4a) Rispe von anderer Gestalt.

◑) Ährchen auf dem Rücken scharf gekielt. Untere Spelzen mit 5 scharf hervortretenden Nerven. Untere Rispenäste zu 4–5. Halm nebst den Blattscheiden 2schneidig zusammengedrückt. Blätter 5–10 mm breit, plötzlich kurz zugespitzt oder in eine kappenförmige Spitze zusammengezogen. Bis 1¼ m hoch. **Wald-Rispengras.** *Poa Chaixi.*

◑◑) Ährchen auf dem Rücken abgerundet.

∅) Rispe 2seitswendig: Rispenachse 4kantig, Äste sind zwei gegenüberliegenden Seiten der Achse eingefügt. Blattscheiden meist ganz geschlossen. Narben unter der Spitze des Fruchtknotens eingefügt. **Trespe.** *Bromus.*

1. Rispe groß, untere Äste zu 1–2, weit abstehend, mit 4–9 Ährchen. Blätter breit lineal, alle Blattscheiden rückwärts rauhhaarig. Bis 1½ m hoch. **Rauhe Trespe.** *Bromus ramósus.*

Abbildungen: 1. Wald-Haargerste, 1a. Ährchen dazu. 2. Dreizahn. 2a. Ährchen dazu. 3. Einblütiges Perlgras. 3a. Ährchen dazu. 4. Waldschmiele. 4a. Ährchen dazu. 5. Nickendes Perlgras. 5a. Ährchen dazu. 6. Hain-Rispengras. 6a. Ährchen dazu. 7. Flattergras. 7a. Ährchen dazu.

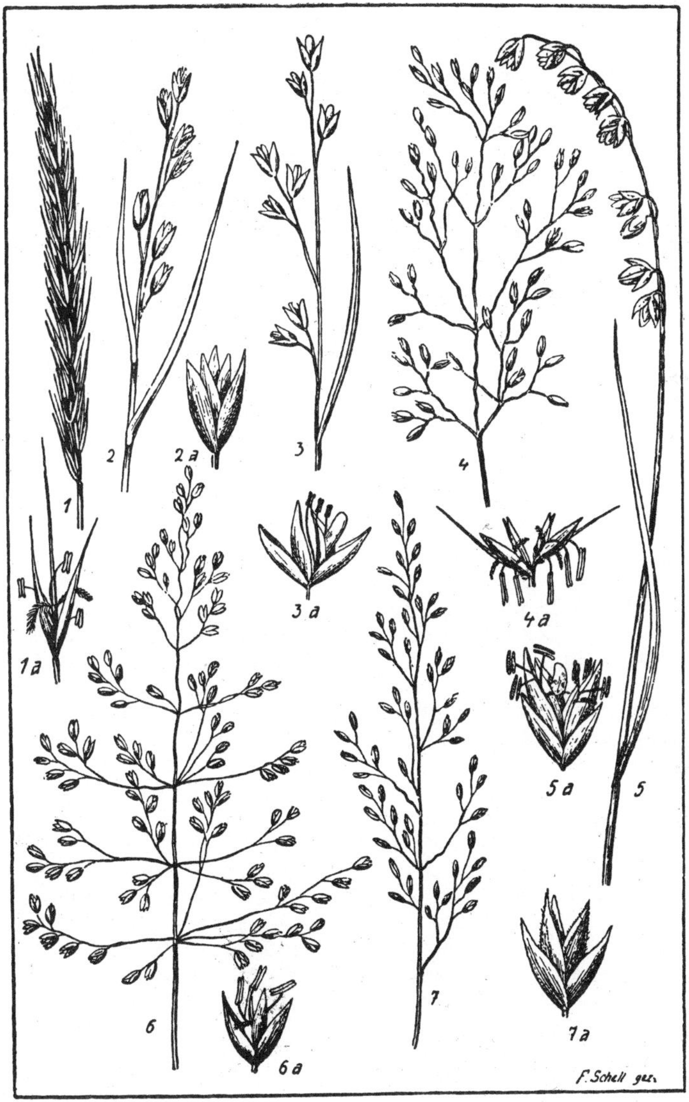
1
1a
2
2a
3
3a
4
4a
5
5a
6
6a
7
7a
F. Schell gez.

2. Untere Rispenäste zu 2–5, aufrecht abstehend, mit 1–5 Ährchen. Nur die unteren Blattscheiden rückwärts rauhhaarig, die oberen kurzhaarig oder kahl. Bis 1 m hoch. (Abart der vorigen.) *Bromus asper.*

∅∅) Rispe 1seitswendig: Rispenachse 3kantig, Äste sind zwei anliegenden Seiten derAchse eingefügt. Blattscheiden meist ganz offen. Narben an der Spitze des Fruchtknotens eingefügt. **Schwingel.** *Festúca.*

1. Blatthäutchen länglich, abgerundet. Blätter breit lineal. Rispe groß, zuletzt überhängend, ihre Äste rauh. Untere Spelze unbegrannt. Bis $1\frac{1}{4}$ m hoch. **Wald-Schwingel.** *Festúca silvática.*

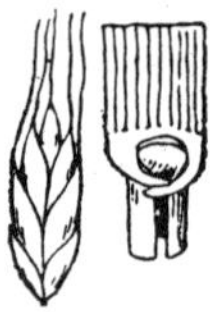

2. Blatthäutchen sehr kurz, gestutzt. Blätter breit lineal, unterseits glänzend dunkelgrün, am Rande rauh. Rispe groß, zuletzt überhängend. Untere Spelze mit langer, geschlängelter weißer Granne. Halm bis 2 m hoch, oft noch höher. Lockere Horste bildend. **Riesen-Schwingel.** *Festúca gigantéa.*

27. Waldgräser, die durch ihre großen Bestände auffallen

1. In lichten Laubwäldern. Sogleich kenntlich an dem oberen Blatt, das in der Regel waagrecht absteht wie eine Wetterfahne! In dichten Beständen, die gleichmäßig belichtet sind, zeigt das obere Blatt jeder einzelnen Pflanze in dieselbe Richtung. Halm bis $^3/_4$ m hoch. Rispe zart, locker. Rispenäste dünn, rauh. In manchen Gegenden (Vogelsberg) im Sommer geschnitten, getrocknet und im Winter als Wildfutter verwertet. (Abb. 6 und 6a) **Hain-Rispengras.** *Poa nemorális.*

2. Auf Kahlschlägen. Sogleich kenntlich an der fuchsroten Farbe der großen Bestände, die oft die ganze Blöße bedecken! Wer dieses Gras auf der Blöße bestimmt hat, kennt es innerhalb des Waldes, wo es vereinzelt vorkommt, sogleich wieder. Halm bis $^3/_4$ m hoch. Rispe locker, aufrecht, mit geschlängelten (!!) Ästen. Ährchen glänzend, oft violett überlaufen, klein, 2blütig. Kelchspelzen zusammengedrückt. Deckspelze begrannt. Stärkster Eindruck in der Abendsonne! (Abb. 4 und 4a) **Wald-Schmiele.** *Deschámpsia flexuósa.*

3. Auf trockenen, mageren Waldböden und Triften. Sogleich kenntlich an den ausgedehnten, dichten Rasen, auf denen man geht wie auf

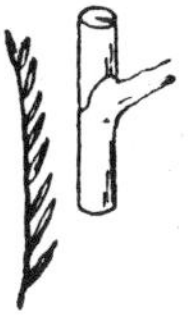

einem Polster. Halm bis 25 cm hoch, dünn, nur am Grunde beblättert. Blätter zusammengerollt, borstenförmig, steif aufrecht. Rasen graugrün. Kein Viehfutter, auf Viehweiden ein Unkraut.

Borstengras.
Nardus stricta.

28. Der gefleckte Aron

1. An feuchten Stellen unserer Laubwälder findet man von Ende April bis Anfang Juni eine niedrige, etwa 20–40 cm hohe Pflanze, die durch ein großes, ohrförmiges, helles Blatt jedermann schon weithin auffällt. Sieht man näher zu, so zeigt sich, daß dieses einzelne Blatt wie eine Tüte geformt ist und kein Laubblatt sein kann, denn grüne Laubblätter sind auch noch vorhanden.

2. Bestimme!
   a) Die Laubblätter sind spießförmig oder pfeilförmig, grün, oft braun gefleckt.
   b) Die gelblichgrüne Tüte heißt Blütenscheide und umschließt einen violetten, keulenförmigen Kolben.
   c) Die unterirdischen Teile sind knollenartig.

Gefleckter Aron.
Arum maculátum.

3. Untersuche die grünen Laubblätter!
   a) Die Blätter sind fast sämtlich unbeschädigt, einige haben Löcher in der Blattfläche oder am Rande.
   b) Sind keine Schnecken da? Suche in der Umgebung!
   c) Warum werden die Blätter von den Tieren nicht gefressen? Kaue ein ganz kleines Blattstückchen! Es schmeckt zunächst süßlich, verursacht dann aber sehr bald ein heftiges Brennen. (Spucke aus!!)
   d) Erklärung: Das Blattinnere enthält sehr feine, mit bloßem Auge nicht sichtbare Kristallnadeln aus oxalsaurem Kalk (Kleesalz), die sich in die Schleimhäute des Mundes einbohren.
   e) Achte auf die Größe der Blätter und die Belichtung, die das Laubdach der Bäume gestattet! (Wenig Licht — große Blätter.) Sind Unterschiede in der Blattgröße zu erkennen zwischen den Pflanzen, die stärker und schwächer belichtet sind?
   f) Wenn Wasser in der Nähe ist, so gieße etwas in die Blattrinne und beobachte, wie es geleitet wird! (Abb. S. 12.)

4. Untersuche die Blütenscheide!

a) Öffne sie! Meist sind winzige Insekten darin. Man hat schon in einem einzigen solchen Kessel rund 4000 Stück gefunden.

b) Wie kommen sie hinein? Untersuche den Weg an dem Kolben entlang bis in den Kessel!

c) Rieche an dem Kolben! (Fauliger Geruch.) Schiebe vorsichtig den kleinen Finger von oben her in den Kessel! (Wärme.) Beides, der starke Geruch und die behagliche Wärme locken die Insekten herbei. Schiebt man ein dünnes, empfindliches Thermometer in den Kessel hinein, so beobachtet man, daß die Innentemperatur höher ist als die der Außenluft. Man hat schon Unterschiede von 16^0 festgestellt.

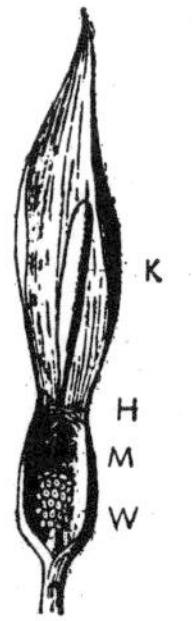

K = Kolben
H = Haarreuse
M = männliche Blüten
W = weibliche Blüten

d) Die Insekten vollziehen bei ihrem Besuch die Bestäubung. Wenn sie eine Pflanze treffen, die noch nicht bestäubt ist, so finden sie den Weg in den Kessel offen, da die Spitzen der Haarreuse nach unten gerichtet sind. Nachdem sie Blütenstaub von den Staubgefäßen und Honig von den Stempeln genommen haben, wollen sie den Kessel verlassen und fliegen dem belichteten Ausgang zu. Durch die Haarreuse könnten sie wohl hindurch, wenn sie am Kolben hinauf *kröchen*, da sie jedoch dem Lichte zu *fliegen*, werden sie zurückgeworfen. Erst wenn der Befruchtungsvorgang stattgefunden hat, verwelken die Haare und lassen den Ausgang frei. Den ihrem Körper anhaftenden Blütenstaub nehmen sie mit in eine andere Blüte, wo sie ihn auf den Stempeln abladen und damit die Bestäubung vollziehen.

5. Schaue dich um! In der Nachbarschaft wirst du im Sommer leuchtend rote Beeren auf einem dicken, grünen Stiel sehen. Es sind die Früchte des Aron. Sie sind giftig!

B. Tierleben

1. Wie mußt du dich im Walde verhalten, damit du möglichst viel beobachten kannst?

1. Gehe mit recht vielen Kameraden in den Wald und unterhaltet euch möglichst laut. Vergeßt nicht, eure Blasinstrumente, eine Trommel und eine Ziehharmonika mitzunehmen. Sie können euch gute Dienste leisten.

2. Achte darauf, daß du auf jeden dürren Stock trittst, damit es tüchtig knackt.
3. Gehe immer durch das dürre Laub, wo es am höchsten auf dem Waldboden liegt, damit das Geräusch möglichst weithin von den Waldtieren gehört wird.
4. Haue mit einem dicken Knüppel kräftig an jeden Stamm, damit es laut durch den Wald dröhnt.
5. Wenn du auf den Fingern pfeifen kannst, so kündige damit an, daß du im Anmarsch bist.
6. Einige hundert Meter vor einem hohen Waldrand rufe recht laut dem Wald entgegen, vielleicht hast du ein wundervolles Echo.
7. Vergiß nicht, deinen Fußball mitzunehmen und ihn mit deinen Kameraden quer durch den Wald zu treiben. Einen besseren Fußballplatz könnt ihr euch nicht wünschen.
8. Räuber und Gendarm könnt ihr nirgends besser spielen als im Walde.
9. Wenn du im Walde an eine Wegekreuzung kommst, so spring schnell auf den freien Platz in der Mitte der Kreuzung. Vielleicht steht auf einem der Wege ein Tier, das deinen Besuch erwartet.
10. Ziehe deine Jacke aus, wenn es dir zu warm sein sollte, damit dein weißes Hemd möglichst weithin leuchtet. Die Tiere sehen immer nur die grüne Farbe, das wird ihnen auf die Dauer langweilig.

* * *

An dem Grabdenkmal, das Hermann Löns bei Tietlingen in der Lüneburger Heide errichtet wurde, steht ein Spruch, den er einstmals selber gesagt hat:

Laß Deine Augen offen sein,
Geschlossen Deinen Mund
Und wandre still,
So werden Dir
Geheime Dinge kund.

2. Der erste Kuckucksruf

Der volkstümlichste Vogel des Waldes ist der Kuckuck. Jedermann ist erfreut über seinen ersten Ruf. Die Rückkehr der Zugvögel ist am leichtesten und sichersten an ihrem ersten Gesang festzustellen.

Nach eigenen Beobachtungen im Jahre 1920 sangen in einem Walde bei Frankfurt a. M. zum ersten Male:

	Erster Gesang	1953	1954	1955	1956	1957	1958
Weidenlaubvogel	1. 3.						
Heckenbraunelle	26. 3.						
Gartenrotschwanz . . .	26. 3.						
Plattmönch	28. 3.						
Fitislaubsänger	11. 4.						
Kuckuck	16. 4.						
Trauerfliegenfänger . . .	25. 4.						
Waldschwirrvogel . . .	25. 4.						
Pirol	1. 5.						
Gartengrasmücke	2. 5.						
Gartenlaubsänger . . .	7. 5.						

3. Die lautesten Sänger des Laubwaldes

In den stillen frühen Morgenstunden oder noch spät abends, wenn der Arbeitslärm des Tages verstummt ist, klingen laute Vogellieder aus dem Walde zum Dorfe herein. Man hört sie aber auch zu gewissen Zeiten am Tage, wenn man durch den Wald wandert.

A. Der Gesang ertönt aus hohen Baumkronen

1. Amsel

Der Vogel und sein Lied sind jedermann bekannt. Sitz: Fast immer auf den Spitzen hoher Bäume. Lied: Präge dir die Klangfarbe des Liedes gut ein, damit du ihren Gesang von dem der Singdrossel unterscheiden kannst.

2. Singdrossel

Sie ist heute in jeder Stadt und in fast jedem Dorf mit hohen Laubbäumen zu hören. Sitz: Fast immer auf der Spitze hoher Bäume. Lied: Anhaltender Gesang mit kurzen Unterbrechungen, der Vogel singt oft eine halbe Stunde und noch länger auf seinem Platz. Achte auf folgende Motive: Philipp Philipp Philipp oder Tratü Tratü Tratü oder David David (Betonung der 2. Silbe) oder Kredit Kredit oder Benedikt Benedikt oder Hui Dieb Hui Dieb oder Hoüa Hoüa.

3. Misteldrossel

Unsere größte Drossel. Gefieder oben olivgrau, unten hell, an der Brust dunkel gefleckt. Ähnlich gefärbt wie die Singdrossel, aber merklich größer.

Bewohnt am liebsten Bergwälder und hier den Nadelwald lieber als den Laubwald, ist aber auch in Mischwäldern oft zu hören.

Läßt beim Überfliegen einer Waldblöße im Fluge einen schnärrenden Ton hören, der so klingt wie „Schnärrr-ratata-tärrr". Wenn du dieses Merkmal festgestellt hast, so ist damit erwiesen, daß Misteldrosseln im Walde vorkommen, denn diesen Fluglaut läßt kein anderer Vogel hören. Sie haben davon den Namen Schnärrer erhalten.

Gesang: Hat Ähnlichkeit mit dem der Amsel, er setzt sich aus lauter vollen, flötenden Tönen zusammen; die 4–6 kurzen Strophen folgen aufeinander in kleinen Pausen. Misteldrossel singt etwas schneller als Amsel.

4. Pirol

Vorkommen: Laubwälder der Ebene, doch auch in Talauen des Berglandes.

Gesang: Lautes, klangvolles Flöten, aus dem man folgende Motive deutlich heraushört: „Bier hol'n — (nach einer Pause:) aussaufen — (abermals nach einer Pause:) mehr hol'n!" Dieser Rhythmus ist kennzeichnend. Man kann aus dem Flötenruf auch anderes heraushören: Liukiu oder Düdelüo oder Ditlio oder Tiu usw.

Größe, Farbe: Amselgröße; Männchen hochgelb, Flügel und Schwanz schwarz; Weibchen oben grün, unten hell.

Sehr scheue Vögel, die man nur selten zu Gesicht bekommt, auch dann nur schwer, wenn sie ihre Anwesenheit in nächster Nähe kundtun, weil sie sich im dichten Laubwerk der hohen Baumkronen versteckt halten. Das Männchen sieht man am leichtesten, wenn man von einem nahen Berghang über den Wald hinwegschauen kann; das Gefieder des gelben Vogels, der sein Brutgebiet oft überfliegt, leuchtet weithin in der Sonne.

5. Mönchsgrasmücke

Vorkommen: Lichter Laubwald. Gesang: In hohen Baumkronen. Lautes, klangvolles Flöten, das bei guten Sängern amselartig klingt; vorweg ein rauhes, eiliges Gezwitscher, das ohne Pause in das Flöten übergeht. Merkmale: Sperlingsgröße. Einfarbig grau, mit schwarzer Kappe.

B. Der Gesang ertönt aus niederem Gebüsch

1. Nachtigall

Vorkommen: Nicht im Waldinnern, nur an buschigen Waldrändern, an bebuschten Bach- und Flußufern.

Gesang: Meist aus niederem Gebüsch, am häufigsten frühmorgens. Melodische Schlagweisen voll Kraft und Wohllaut, die mit keinem Vogelgesang, der aus niederem Gebüsch ertönt, verwechselt werden können.

Erkennungszeichen: Sperlingsgröße. Oberseite graubraun, Unterseite heller.

2. Gartengrasmücke

Vorkommen: Am Waldrande. Gesang: Fast immer aus niederem Gebüsch; wohlklingende, lange, in schnellem Fluß vorgetragene Strophen von gleichmäßiger Tonstärke. Merkmale: Sperlingsgröße. Oben olivbraun, unten heller.

3. Gartenlaubsänger, Gelbspötter

Vorkommen: Laubwald, am Waldrande. Gesang: Meist aus hohem Gebüsch oder von mäßig hohen Bäumen herab. Hastiger Gesang mit viel Abwechslung. Ein fast regelmäßig wiederkehrendes Motiv: „Ich bin das Genie, ich bin das Genie, ich bin das Genie!“ (Der Ton liegt auf dem Worte ICH.) Merkmale: Sperlingsgröße. Oben olivgrün, unten schwefelgelb. (Abb. S. 32)

4. Gesang der Kleinvögel des Laubwaldes

Fast sämtliche Kleinvögel des Laubwaldes kommen auch in Ortschaften mit reichen Gehölzbeständen vor und können hier bestimmt werden. Sie sind vom Walde her in die Siedlungen der Menschen eingewandert. Einer dieser kleinen Sänger aber ist „daheimgeblieben“.

Der Waldschwirrvogel, *Phyllóscopus sibilátor*

Vorkommen: Lichter Buchenwald. Singt weder in hohen Baumkronen noch in niederem Gebüsch, sondern er hält sich in der mittleren Höhenlage auf. Wer diese seine Gewohnheit kennt, sieht es einem Waldstück auf den ersten Blick an, ob der Schwirrer hier zu erwarten ist oder nicht.

Gesang: Zwei unterschiedliche Teile; im ersten Teil 4–7 scharfe, kurze Schläge, die in schwirrenden, abwärts gezogenen Triller übergehen. Etwa so: Ipp sipp sipp sipp sipp sirrrrr.

Oder so: djüdjüdjüdjüdjüdjü, eine weiche, abwärts gerichtete Strophe.

Lockton: Hüid hüid oder Djü djü djü djü djü, sanfte, aufwärts gezogene Flötentöne.

Merkmale: Etwas unter Sperlingsgröße. Oben graugrün, unten hell. Vogel fliegt flatternd unter den Baumkronen von einem mittelhohen Ast zum andern in gleicher Höhe.

5. Vogelgesang in geschlossenem Nadelwald

I. Längerer, anhaltender, abwechslungsreicher Gesang.

1. Der Vogel sitzt in dem Wipfel hoher Bäume. Ähnlich wie der Gesang der Schwarzamsel, jedoch gedämpfter und nur mit kurzen Strophen von 3–5 Tönen. (Amsel und Singdrossel meiden den geschlossenen Nadelwald!) — **Misteldrossel.** *Túrdus viscívorus.*
2. Der Vogel sitzt tiefer. Weicher, anhaltender Gesang, sehr ruhig und von großer Klangschönheit. Zwischendurch sehr hohe, oft recht scharfe und mühsam herausgepreßte Töne. Hinter diesen her absinkende, klangvolle, perlende Triller. — **Rotkehlchen.** *Eríthacus rubécula.*

II. Eine einzelne, deutlich in sich abgeschlossene Liedstrophe, die meist unverändert und nur einmal vorgetragen wird.

1. Der Vogel sitzt im Wipfel niedriger Bäume. Ein einförmiges Liedchen von etwa 10 Tönen, die sich im ganzen auf gleicher Höhe halten, in der Mitte ein, zwei oder drei Hebungen haben und am Schlusse deutlich absinken. (Ähnlich dem Lied des Zaunkönigs, nur leiser und ohne den lauten Triller.) Besonders in den frühen Morgenstunden. — **Heckenbraunelle.** *Prunélla moduláris.*

2. Der Vogel hält sich meist unter den Baumkronen auf. Eine einzige, frische, helle Liedstrophe ertönt ganz plötzlich hier, dann dort. Das Lied beginnt mit einigen kräftigen, laut herausgeschmetterten Tönen, hat in der Mitte einige Hebungen und am Ende einen kräftigen Roller. **Zaunkönig.** *Troglodýtes troglodýtes.*

3. Finkenschlag nach dem Rhythmus: Fritze, Fritze, magst du Würzgebier? **Buchfink.** *Fringílla cœ́lebs.*

4. Meisenruf nach dem Rhythmus: Spitz die Schar! Spitz die Schar! **Kohlmeise.** *Párus májor.*

5. In lichten Föhrenbeständen ertönt das klangvolle Flöten der Goldamsel nach Tonfall und Rhythmus: Liukiu. **Pirol.** *Oriolus oriolus.*

6. Ein kurzes, sehr zartes Liedchen, das an das Lied der Blaumeise erinnert, nur noch feiner ist; zunächst mehrere Töne auf gleicher Höhe, dann eine absinkende Tonreihe: — — . . . . . . (S. 32.) **Waldbaumläufer.** *Cérthia macrodáctyla.*

III. Leise, hohe Meisenstimmen.

1. Aus den Spitzen hoher Tannen ein leises, zartes: ßi ßi oder die verschiedenen Formen des Frühlingsrufes: sifi sifi sifi sifi, auch so: divīdivīdivī. **Tannenmeise.** *Párus áter.*

2. Aus dem unteren Teil des Baumes oder aus niedrigen Fichtendickungen ein sehr feines: ßi ßi (wie von Mäusen) oder auch ganz kurze Liedchen mit derselben feinen Stimme. **Goldhähnchen.** *Régulus.*

6. Stimmen der Nacht

1. Lauter, klangvoller Gesang aus niederem Gebüsch. **Nachtigall.**

2. Laute, durchdringende Rufe wie: Juik Juik Juik. **Waldkauz.**

3. Lautes, pfeifendes Heulen, in der Mitte höher, am Ende abfallend, etwa: ⌒ Huuk. **Waldohreule.**

4. Langgezogener, weicher, sehnsuchtsvoller Ruf wie: Huuuuuu. Nur im Frühling zu hören; Balzruf der **Waldohreule.**

5. Langgezogenes Heulen, das in der Mitte um etwa zwei Töne steigt und dabei anschwillt. Wer sehr tief pfeifen kann, vermag es nachzuahmen, wenn er die Huhu mehr bindet als stößt:

Huhu hu huhu hu huhu. Im Frühling zu hören, Paarungsruf vom **Waldkauz.**

6. Einförmiges, anhaltendes Schnurren oder Spinnen mit lang ausgehaltenen, hohen Errrrrrr und einem kurzen, tieferen örr. Also so: Errrrrrr örr Errrrrrr örr Errrrrrr örr Errrrrrr örr. Oft 5 bis 10 Minuten lang im Frühling zu hören, Paarungsruf der **Nachtschwalbe, Ziegenmelker.**

7. Lautes Bellen, ähnlich wie vom Hund, in kalten Nächten (vor Frost und Hunger). **Fuchs.**

8. Ein dumpfes, tiefes Bö! oder: Bö! böbö! bö! Schmälen vom **Rehbock.**

9. Ein helleres Bä-u, Bä-u! (ä und u gebunden). Schmälen der **Ricke.**

10. Lautes, grobes Schreien mit tiefem Ton, oder auch ein tiefes Knören, das man einigermaßen nachahmen kann, wenn man in das Ansatzrohr einer leeren Gießkanne bläst. Von September bis Oktober zu hören, Brunftschrei vom **Hirsch.**

11. Starkes Knacken und Brechen in den Zweigen rührt her von **ziehendem Wild.**

7. Was nachts im Walde fliegt

I. Große Vögel.

Zwei Eulen: Waldohreule und Waldkauz. Lassen sich locken, wenn man das feine Mäusefiepen mit den Lippen oder auf einer Bleistifthülse nachahmt. Beide Eulen haben leisen, unhörbaren, etwas schwankenden Flug. In mondhellen Nächten ist eine Unterscheidung möglich.

1. Körper gedrungen mit fast so dickem Kopf wie der Rumpf. **Waldkauz.**

2. Körper schlanker, Kopf kleiner. Auf dem Kopfe zwei lange Federohren. **Waldohreule.**

II. Ein mittelgroßer Vogel.

Ähnlich wie Schwalbenflug (daher der Name Nachtschwalbe): in Windungen, abwechselnd schwebend, rüttelnd, schießend, mit den Flügeln klatschend. Während des geräuschlosen Fluges läßt der Vogel ein leises hait hören. **Ziegenmelker, Nachtschwalbe.**

III. Ein kleineres Tier.

Flug sehr gewandt (oft auch am Tage). Am frühen Abend hoch über den Bäumen, bei Dunkelheit tiefer. **Waldfledermaus.**

8. Höhlenbrüter

I. In Nistkästen.

1. Mit großem Flugloch. **Star.**
2. Mit kleinem Flugloch. **Meisen.**
3. In halb offenem Kasten. **Gartenrotschwanz und grauer Fliegenschnäpper.**

II. In selbstgezimmerten Höhlen (bei neu angelegten Höhlen Holzspäne unter dem Flugloch).

1. O-förmige Öffnung, meist hoch, in Eichen oder glattstämmigen Buchen und Kiefern. **Schwarzspecht.**
2. ◯-förmige Öffnung.

a) Niedrig, 2–4 m hoch, meist in alten Obstbäumen oder in Weichhölzern: Weiden, Pappeln. **Großer Buntspecht. Grauspecht. Grünspecht.**

b) Hoch, 10–12 m, in alten, hohen Obstbäumen, Erlen, Pappeln, Weiden. **Mittelspecht und Kleinspecht.**

III. In verlassenen Spechthöhlen.

Hohltaube, Waldkauz, Wiedehopf, Wendehals, Meisen, Kleiber.

IV. In natürlichen Öffnungen der Bäume.

1. Mit großem Flugloch. **Waldkauz und Steinkauz.**
2. Mit kleinem Flugloch. **Star und Meisen.**
3. In Rindenspalten. **Baumläufer.**

9. Vogelnester in Sträuchern und Gebüsch

I. Große Nester

A. Nest schon aus der Ferne sichtbar.
Grundlage aus dürren Reisern und Dornen, wirr durcheinander; darin das eigentliche, gut gebaute Nest; oben Dach aus Reisig und dichtem Dorngestrüpp; seitlich ein Schlupfloch. Meist auf hohen Bäumen, doch auch in Hecken und Gesträuch. Eier: 5–8, auf grünem Grunde, braun gesprenkelt. **Elster.** *Pica pica.*

B. Nest im Laube versteckt.
Nest halbkugelförmig, ohne Reiserunterlage; außen mit feinen Reiserchen, Wurzeln, Heidekraut, Flechten, Moos, darauf eine Lage Lehm oder andere Erde.

1. Erdlage innen stets mit Würzelchen oder Hälmchen ausgelegt. Meist etwas länglich. Eier: in Größe, Form und Farbe sehr veränderlich; Grundfarbe weißbläulich, weißgrünlich, blaugrünlich bis dunkelgrün; darauf rostfarbene Flecke. Ab April, bis 3 Bruten. **Amsel.** *Turdus mérula.*
2. Erdlage innen nackt, mit einem Brei aus Holzmulm ausgeschmiert, vermischt mit dem Speichel des Vogels, oft auch mit Kuhdünger vermengt. Dieser Ausputz dünn. Auf Bäumen, die noch biegsam sind; wenn auf größeren Bäumen, dann dicht am Stamm, da wo er Zweigbüschel besitzt; auch im Unterholz. Eier: 4–5, glänzend, grünblau, mit rundlichen schwarzbraunen Flecken. **Singdrossel.** *Turdus philomélos.*

II. Kleine Nester

A. Nest oben überwölbt, Eingang zur Seite, so groß, daß die Eier zu sehen sind. Ein länglich-runder Moosballen mit Gras und Hälmchen, innen mit viel Federn, Haaren und Pflanzenwolle gepolstert. Zuweilen fehlt auch das Moos. — In dichtem Gestrüpp, meist nahe über dem Boden, doch auch bis 1 m hoch. — Eier: 5–7, weiß, rotbraun punktiert. Auch auf Friedhöfen und in Anlagen. **Weidenlaubsänger.** *Phyllóscopus collýbita.*

B. Nest kugelförmig, 1–2 m über dem Boden, aus Grashalmen, Moos und Tierhaaren. Sommernest.

Im August mit 3–4 nackten Jungen, die gesäugt werden. Winternest gleichfalls kugelig; aus Gras, Moos, Blättern, Reisern; im Bodenlaub (Abb). **Haselmaus.** *Muscardinus avellanárius.*

C. Nest oben offen, napfförmig.

a) Nester meist dickwandig.

1. Nest ein großer, lockerer Klumpen dürren Laubes als Grundlage; darin ein Geflecht aus Graswurzeln, Halmen und Rispen, innen oft Haare. — In niederem Gebüsch, dornigem Gestrüpp, wo viel dürres Laub liegt (das beim Herannahen eines Feindes raschelt. Schutzmittel. In Parkanlagen das dürre Laub im Frühjahr liegen lassen!) Dicht über oder auf dem Boden. — Eier: 4–5, glänzend, bräunlich oder olivgrau, dunkel gewölkt. Im Mai/Juni eine Brut. **Nachtigall.** *Erithacus luscinia.*

2. Nest dickwandig, außen eine Menge groben Materials: Halme, Ranken, Heu, Strohhalme; innen fein verflochten mit Grasblättern, Würzelchen, einigen Roßhaaren (nie mit Federn). — In niedrigem Gesträuch, dicht über dem Boden; wenn auf dem Boden, dann unter Erdüberhängen oder an Steinen. — Eier: 3–6, trübweiß, rötlich, mit schwarzbraunen, verschlungenen Haarzügen und Punkten. April bis August, 2 oder 3 Bruten. **Goldammer.** *Emberiza citrinélla.*

3. Nest dickwandig, außen Halme, Quecken, Ranken, Würzelchen, Heidekraut, Moos; innen viel Tier- und Pflanzenwolle (zuweilen Federn). — In Büschen und Sträuchern, Hecken, Efeuwänden, Lebensbäumen, Wacholdersträuchern, Fichtenschonungen, ½–2 m hoch, auch auf dem Boden. — Eier: 5–6, hellbläulichgrün, mit violettbraunen Flecken und rostroten Schnörkeln. März-August, 2–3 Bruten. **Bluthänfling.** *Carduélis cannábina.*

4. Nest dickwandig (selten dünnwandig), groß, außen Wurzeln, Quecken, Halme, Gras, Moos; innen feine Hälmchen und Pflanzenwolle. — In verwilderten Hecken, am Waldrand oder im Feld, meist in Weiß- und Schwarzdornsträuchern, ½—2 m hoch, oft dicht am Wege. — Eier: 4–7, grünlich, gelblich oder rötlich, mit einem Kranz rotbrauner und grauer Flecken. Mai bis Juli, eine Brut. **Rotrückiger Würger, Neuntöter.** *Lánius collúrios.*

5. Meist dickwandig, als Grundlage Reisig und Stengel, dicht, aus viel Moos geformt, innen mit Hälmchen, Wolle und Federn. — In dichten Gebüschen, Hecken, Brombeergestrüpp, Fichten- und Kiefernschonungen, meist am Waldrand. — Eier: 4–6, blaugrün. April, Anfang Mai, die 2. Brut im Juni. **Heckenbraunelle.** *Prunélla moduláris.*

b) Nester dünnwandig.

Nester und Eier der Grasmücken sind einander sehr ähnlich. Aus feinen Hälmchen und Würzelchen, durch Insektengespinst lose verbunden. Meist so dünnwandig, daß sie durchsichtig sind. Sehr lose ins Gesträuch eingebaut.

1. Nest: Meist in Brombeeren, Himbeeren, Brennesseln, dicht über dem Boden, auch bis mannshoch; sehr leicht und locker, durchsichtig, nachlässig eingebaut; innen fast nie Haare. — Eier: 4–6, bräunlichweiß, mit bräunlichen Flecken; 20×15 mm. Mai bis Juli, 2 Bruten. **Gartengrasmücke.** *Sýlvia simplex.*

2. Nest: In dichten Hecken, Brombeergestrüpp, Unterholz; ½ m bis einige Meter über dem Boden. Napf tief und glatt, innen mit Haaren. — Eier: 4–5, wie die der Gartengrasmücke, etwas dunkler; 19×15 mm. Mai bis Juli, 2 Bruten. **Mönchsgrasmücke.** *Sýlvia atricapílla.*

3. Nest: Am Waldrand, in Dornbüschen und Nesseln, die von hohem Gras umwuchert sind (auch im Getreide). Dicht über dem Boden. Etwas dichter gebaut als die beiden vorigen Nestern; außen oft Gespinste, Weiden- und Pappelwolle, innen meist einige Pferdehaare. — Eier: 4–6, grünlich, mit olivbraunen Punkten überspritzt; 18×13 mm. Mai bis Juli, 2 Bruten. **Dorngrasmücke.** *Sýlvia commúnis.*

4. Nest: In Schwarzdorn- und Weißdornsträuchern, Brombeeren, Himbeeren, Stachelbeerbüschen, ein bis einige Meter über dem Boden. Sehr leicht und durchsichtig; innen oft Pferdehaare, Zwirnsfäden und Borsten. — Eier: 4–6, weißlich, mit grauen und braunen Flecken; 16×12 mm. Mai, Juni, eine Brut. **Zaungrasmücke.** *Sýlvia currúca.*

10. Gelege großer Vögel auf dem Waldboden

A. Nest in einer kleinen Mulde.

1. Nest im Dickicht, unter Sträuchern und Gestrüpp. Mulde mit Halmen, Moos und Laub ausgelegt. Zuweilen findet man auch ein einzelnes Fasanennest auf offenem Waldboden. — Eier: 8—15, olivgrün bis graubraun, glänzend; 4,5 cm lang, 3,5 cm breit. — Zeit: Zweite Hälfte Mai, Brutzeit 25 Tage. **Jagdfasan.** *Phasiánus cólchicus.*

2. Nest auf einsamen, freien Plätzen, Kahlschlägen, hinter kleinen Sträuchern. Mulde mit Moos und welkem Blattwerk ausgelegt. — Eier: 4, zuweilen auch nur 3, rostgelb mit dunkleren Flecken und Punkten; 4,5 cm lang, 3 cm breit, stark bauchig. — Zeit: April und Mai, Brütezeit 3 Wochen. **Waldschnepfe.** *Scólopax rustícola.*

3. Nest nie tief im Walde, in kleinen Feldgehölzen und am Waldrande. Mulde gut versteckt, mit Pflanzenteilen ausgelegt. — Eier: 7–12, glänzend, lehmgelb, ohne Flecken; 3,5 cm lang, 2,5 cm breit. (Sind mehr als 17 Eier vorhanden, so nimmt man an, daß ein anderes Weibchen seine Eier hinzugelegt hat, weil es auf dem eigenen Nest gestört wurde.) — Zeit: Ende April, Mai; Brütezeit 21 Tage. **Rebhuhn.** *Perdix perdix.*

B. Kein Nest vorhanden. Eier liegen auf einem Grasbusch, auf Moos, auch wohl auf niedrigen bemoosten Baumstümpfen. — Eier: 2, schmutzigweiß, bräunlich marmoriert; 3 cm lang, 2 cm breit. — Zeit: Juni, Brütezeit 16 Tage. **Ziegenmelker, Nachtschwalbe.** *Caprimúlgus europáeus.*

11. Achte auf die „Anzeichen" der Säugetiere!

Wie die Vögel in den Baumkronen und im Gesträuch so sind die Bodentiere im unbelaubten Walde weithin sichtbar. Im belaubten Walde verraten sich die Vögel durch ihren Gesang und ihre Rufe, die Bodentiere durch ihre „Anzeichen": Fährten, Spuren, Losung, Lagerplätze, Scharrstellen, Wühlstellen, Rindenfraß usw.

Der Forstmann und der Jäger kennen diese „Anzeichen" und schließen daraus, welches Tier sie hinterließ. Der Waidmann nennt das „Ansprechen" des Wildes.

Wenn du durch den belaubten Wald gehst, mußt du ständig auf folgendes achten:

1. Weiche Stellen auf dem Boden: Sind Fußabdrücke (Trittsiegel) darauf zu sehen? Vergiß auch die Maulwurfshaufen nicht!
2. Aufgewühlter Boden: Sind Trittsiegel zu sehen? Liegt Losung daneben?
3. Scharrstellen in der Bodenstreu: Sind Trittsiegel und Losung zu sehen?
4. Suhlstellen im Schlamm: Sind Trittsiegel und Losung vorhanden? Stehen in der Nähe „Malbäume“? Merkmal: Sauen oder Hirsche haben sich daran geschabt, die Sauen tief, Hirsche höher.
5. Beschädigte Rinde an Baumstämmen: Wer war der Täter?
6. Zerstörte große Ameisenhaufen: Wer war der Täter?
7. Rindenfraß an Junghölzern: Wer war der Täter?
8. Losung: Von welchem Tier ist sie?

12. Fußabdrücke (Trittsiegel) der Waldtiere

Erklärung

Fährte: die ganze Reihe der Fußabdrücke des Wildes, das zur hohen Jagd gehört (Elch, Hirsch, Reh, Wildschwein).

Spur: die ganze Reihe der Fußabdrücke des Wildes, das zur niederen Jagd gehört (Hase, Fuchs, Marder, Kaninchen, Dachs).

Trittsiegel: der in Schnee oder weicher Erde scharf ausgeprägte Fußabdruck.

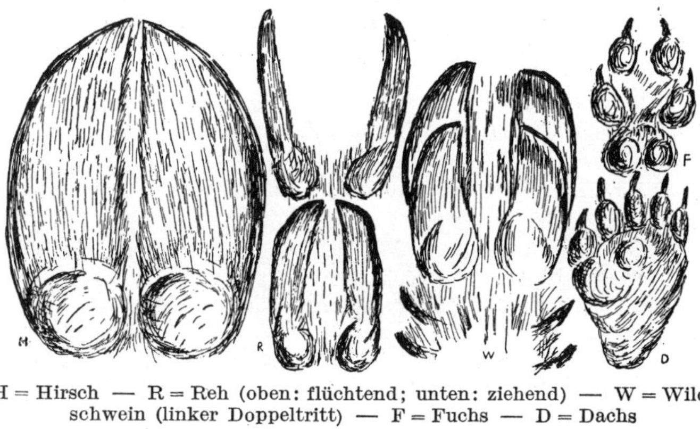

H = Hirsch — R = Reh (oben: flüchtend; unten: ziehend) — W = Wildschwein (linker Doppeltritt) — F = Fuchs — D = Dachs

Trittebild: die Figur der zusammengehörigen vier Fußabdrücke.

Förster und Jäger finden Fährten und Spuren zu jeder Jahreszeit; das nicht geschulte Auge sieht sie nur im Schnee. Wohl aber kann auch das nicht geschulte Auge die Trittsiegel an vielen Stellen im Walde wahrnehmen: Schlamm, weiche Erde, Maulwurfshaufen, Scharrstellen.

13. Welches Tier lagerte hier?

1. Suhle des Wildschweins

Durchwühlte schlammige Wasserstellen; Körpereindrücke im Boden; am Rande der Suhle: Fährten, Losung, Borsten; in der Nähe der Suhle ein Malbaum, an dem die schmutzigen Sauen sich reiben.

2. Suhle des Hirsches

Ebensolche Stelle. Am Rande der Suhle: Hirschfährten, Haare, zuweilen Abdrücke der Geweihstangen. Das Mal am Malbaum höher als bei Sauen.

3. Bett von Hirschen und Rehen

Wo das Wild ruhte, sind Laub und Pflanzen niedergedrückt.

4. Lager des Hasen

Flache, an einem Ende vertiefte Mulde, für Hasengröße passend.

5. Kessel der Wildsau

Ein großes Lager aus Reisern, Gras und Moos. In sumpfigen Gegenden an trockenen Stellen der Dickichte. Im Gebirge stets in den geschlossenen Nadelholz-Dickungen. Im Kessel wirft die Bache (Sau) die Frischlinge (Jungen).

Wurfzeit: März, oft liegt noch Schnee. Der Kessel ist so angelegt, daß das Schneewasser nicht hineinlaufen kann.

14. Wer wühlte oder scharrte hier?

I. Wer wühlte hier?

1. Größere Stellen des Bodens tief umgebrochen und durchwühlt, im Walde oder auf Äckern am Waldrande, Losung und Fährten oft erkennbar (wie Schweine auf dem Bauernhofe). **Wildschwein.**
2. Boden nur an einer Stelle tief aufgekratzt (wie von einem Hund, der nach Mäusen sucht). **Fuchs.**

3. Muldenförmige Vertiefungen, oft mehrere beieinander, Löcher unten rund, meist runde Losung daneben. **Kaninchen.**
4. Ähnlich große Löcher wie von Kaninchen, aber unten spitz. **Dachs.**
5. Aufgeworfene Haufen. **Maulwurf.**

II. Wer scharrte hier?

1. Im Herbst (Brunftzeit): von Laub, Nadeln und Moos entblößte Stellen im Walde, zerkratzter Boden. (Der Hirsch „plätzt".) **Hirsch.**
2. Kleinere „Plätze"-Stellen als die vom Hirsch; Laub, Nadeln, Moos, Gras bis auf den blanken Boden weggekratzt, oft vor Bäumen und jungen zartrindigen Stämmchen, deren Rinde dann meist Risse zeigt. Im Boden findet man oft ein rundes Loch von Haselnuß- bis Walnußgröße; es sieht aus, als sei ein rundes Steinchen ausgekratzt worden. In der Vertiefung hat ein fast kugelrunder, hartschaliger, graubrauner Pilz gesteckt, der von den Rehen geäst wird: Hirschbrunst *(Cláviceps cervicária)*. Man findet ihn gelegentlich auf Waldboden. **Rehbock.**
3. Weit auseinandergeschlagene Ameisenhaufen, namentlich im Herbst (Wimpelschlagen). **Hirsch.**
4. Mehr oder weniger tiefe Löcher im Ameisenhaufen. (S. 141.) **Erd-Spechte.**
5. Scharrstellen im Laub, wie von Hühnern. **Fasan, Amsel.**

15. Von welchem Tier sind diese Fraßspuren und Wunden?

I. An Früchten.

1. Eicheln: Risse und Schrammen, Schnabelhiebe. **Häher.**
2. „ : Unter Baumwurzeln, angenagt. **Mäuse.**
3. „ : Unter Baumwurzeln, gut erhalten. Vorratslager. **Eichhörnchen.**
4. „ : Mit kreisrunden Löchern. Larven vom **Eichelbohrer.**
5. Bucheckern: Zertrümmert. **Kleiber. Meisen.**
6. „ : Mit kreisrunden Löchern. Raupe vom **Buchenwickler.**

7. Haselnüsse: Zertrümmert. **Häher, Eichhörnchen.**
8. „ : Angenagt. **Haselmaus, Mäuse.**
9. „ : Mit kreisrundem Loch. Larve vom (Abb.) **Haselnußbohrer.**

II. An Blättern.

1. Blatt vom Rande aus zerfressen. **Meist Raupen.**
2. Blatt mit Löcherfraß (s. S. 211). **Meist Käfer.**
3. Blatt zwischen den beiden Häuten zerfressen, so daß flächenartige oder gangartige durchscheinende Stellen (Minen) entstehen (s. S. 212). **Minierraupen.**

III. An Zweigen.

A. Nagespuren an Zweigen mit zarter Rinde.
1. Sehr feine und zarte Spuren (an Erle und Weide). **Hornissen.**
2. Zarte Zahnspuren, meist paarig. **Mäuse.**
3. Derbere und breitere Zahnspuren, ebenfalls paarig. **Hasen.**

B. Durch Verbeißen beschädigte Zweige an Wildwechseln.
1. Die Verbeißungen sitzen hoch. **Hirsch.**
2. Die Verbeißungen sitzen tief. **Reh.**

C. Durch Brechen und Schlagen beschädigte Zweige an Wildwechseln.
1. Bruchstellen hoch, an stärkeren Zweigen, auch an jungen Stämmchen. **Hirsch.**
2. Bruchstellen tief, an schwächeren Zweigen oder ganz kleinen Stämmchen. **Reh.**

IV. An Stämmen.

A. Geschälte Stämme, d. h. die Rinde ist mit den Zähnen abgezogen, namentlich im Sommer (geschieht aus Langeweile, „Unart“ einzelner Tiere).
1. Schälstellen hoch, 1 m hoch und höher. An Fichten, Tannen, Kiefern, Eichen, Buchen, Ahorn... **Hirsch.**
2. Schälstellen tief. Nur an Laubholzstämmchen, vor allem an Eschen. **Reh.**

B. Gefegte Stämme, d. h. Rinde mit dem Geweih verletzt, zumeist an freistehenden Bäumen. Risse und Kratzer sind deutlich zu sehen.

1. Frische oder vernarbte Rißwunden an starken Stämmen, hoch sitzend. **Hirsch.**
2. An schwachen Stämmen und tief sitzend. **Reh.**

16. Von welchem Tier ist die Losung?

I. Losung breiig.

1. Breiig-dick, wie beim Hausschwein. **Wildschwein.**
2. Breiig-fladig, wie bei einer Kuh. **Hirsch** (im Herbst zur Brunftzeit).
3. Breiig, in Löchern vor Dachsbauten. **Dachs.**

II. Losung länglich-runde, eichelförmige Knollen, am einen Ende etwas eingebaucht, am anderen Ende in ein Zäpfchen ausgezogen.

1. Einzeln liegend, hart. **Hirsch** (im Winter).
2. Aneinanderhängend, weich. **Hirsch** (im Frühjahr).
3. Traubig, fest, schleimig. **Hirsch** (im Sommer).

III. Losung beerenartig, wie beim Schaf.

1. Größere Losung, an beiden Enden ausgezogen. **Hirschkuh** („Tier“).
2. Kleinere Losung. **Reh.**

IV. Losung länglich-rund, wie beim Stallhasen.

1. Von der Größe einer Sauerkirsche, einzeln oder in Haufen. In frischem Zustand: grünbraun; alt: gelb. An einem Ende etwas abgeplattet. **Hase.**

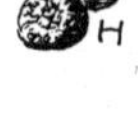

2. Etwas kleiner und dunkler, weniger abgeplattet. **Kaninchen.**
3. Kugelrund, nur einige Millimeter im Durchmesser. **Eichhörnchen.**

V. Losung deutlich walzenförmig.

1. Wie beim Hund, grau, oft stark mit Mäusehaaren durchsetzt, mit gedrehter Spitze. **Fuchs.**

2. Stark mit blauen Resten von Mistkäfern oder von braunen Resten der Maikäfer, im Sommer von Schalen und Beerenkernen durchsetzt. **Dachs.**

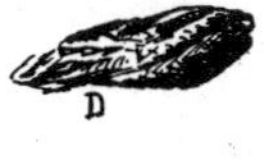

3. Mit Fischgräten und Schuppen stark durchsetzt, mit tranigem Geruch. Losung am Wasser. **Fischotter.**

4. Kleiner als Fuchslosung, oft mit Kirschsteinen oder Kernen von Weintrauben durchsetzt.
   a) Sehr unangenehm riechend. **Steinmarder.**
   b) Nach Moschus duftend. **Edelmarder.**
5. Walzenförmig, etwas gekrümmt, am Vorderende glatt und weiß.
   a) Oberfläche glatt. **Birkhühner.**
   b) Oberfläche rauh, mit Nadelresten durchsetzt. **Auerhahn.**
6. Walzenförmig, von Bleistiftstärke, einige Zentimeter lang, blauschwarz, von Samenkörnern und Insektennestern durchsetzt. **Igel.**
7. Walzenförmig, von Bleistiftstärke, am Ende hakenförmig umgebogen, aus Ameisenresten zusammengesetzt, auf oder in der Nähe von Ameisenhaufen **Grünspecht und Grauspecht.**
8. Walzenförmig, ½–1 cm lang, etwa 2 mm dick, grau. **Mäuse.**
9. Sehr dünn und walzenförmig. Auf Blättern, unter Pflanzen auf dem Boden. **Raupen.**

VI. Losung nicht mehr deutlich walzenförmig.
„Wie ein Stück feiner Kautabak." In der Nähe von Gemäuer und Steinhaufen am häufigsten. **Wiesel.**

VII. Losung birnenförmig, am dicken Vorderende weiß. **Fasan.**

VIII. Losung dünnflüssig.
1. In der Nähe von Bächen und Teichen, schwarz und schmierig wie Teer. **Iltis.**
2. Schwärzlich, teerartig, dickflüssig, mit Gräten, Fischschuppen und Krebsschalen durchsetzt. Auf Maulwurfshügeln oder andern erhöhten Plätzen an Flußufern, wohl auch auf Steinen im Wasser. **Fischotter.**
3. An Flüssen, Bächen und Teichen in langen, weißen Streifen. **Fischreiher.**
4. Hohe Laubbäume (Buchen) im Walde über und über weiß beschmutzt, gekälkt. (Horste im Baum!) **Fischreiher.**
5. Auch Raubvögel spritzen dünnen, weißen Kot. Der Kot der Vögel wird weiß vom gleichzeitig mit entleerten milchigen Harn.

17. Unter einer Fichte oder Kiefer liegen zahlreiche Zweigspitzen

Wir finden unter einer Fichte oder unter einer Kiefer zahlreiche Zweigspitzen. Der Forstmann nennt sie „Absprünge“. Sie liegen in vielen Fällen wie ein grüner Teppich auf dem Boden ausgebreitet und sind dann sehr auffällig. Wer war der Täter? **Eichhörnchen.**

Im Vorsommer bietet der Wald noch keine Früchte und Sämereien. In seiner Not benagt das Eichhörnchen die jungen Sprossen der Fichten und Kiefern, häufig so stark, daß sie abspringen.

Man findet solche frischen Absprünge aber auch nach Herbststürmen unter Kiefern. Die Bruchstellen zeigen den Fraßgang im Mark der Zweigspitze. In diesem Falle ist der Kiefernmarkkäfer (Waldgärtner) der Täter.

Nach hartem Frost im Winter liegen solche Zweigspitzen oft in großen Mengen erstarrt unter Fichten. Der Sturm brach sie ab.

18. Was riecht hier?

Auf Waldwanderungen werden wir oft durch aufdringliche Gerüche überrascht. Folgen wir unserer Nase, so können wir uns mancherlei erschnüffeln, an dem wir sonst vorübergelaufen wären.

I. Es riecht faul und stinkig: Aas- oder Leichengeruch

1. In der Nähe liegen Tierleichen: verendetes Wild; Beute, die der Fuchs wegschleppte (dann ist auch meist der Fuchsbau in der Nähe).
2. Im nahen Gebüsch oder auch an freien Plätzen wächst ein Pilz, der den Aasgeruch verbreitet: Stiel 10–30 cm hoch, bis 4 cm dick. Hut klein, mit grünlichem Schleim, der abtropft. In dem Schleim die Sporen, die durch die Aasinsekten verbreitet werden: Roßkäfer, rotbrüstige Aaskäfer, Fliegen. Jugendform des Pilzes: Hühnereigroße Bälle („Teufelseier“), die im Längs- und Querschnitt den vorgebildeten Stiel und Hut zeigen. Wer an einem feuchtwarmen Sommertag diese Teufelseier im Walde findet, kann ihre Entwicklung zum fertigen Pilz beobachten. Während eines warmen Augustregens sah ich im

Frankfurter Stadtwald innerhalb zwei Stunden auf einem freien Platz von etwa 1 Ar weit über 100 dieser Pilze sich entwickeln. (Stöckchen daneben stecken und messen!) Vorkommen: Wälder, Gebüsch, Gärten, Parkanlagen, Friedhöfe. Zeit: Juni bis Oktober. Ungenießbar! **Stinkmorchel.** *Phallus impúdicus.*

3. Ein fauliger, stinkiger Fischgeruch schlägt uns entgegen. Umschau halten nach hohen Laubbäumen: Dickstämmige Bäume sind weiß übertüncht mit Vogelkot, wie mit Kalk bespritzt, „gekälkt“. Unter den Bäumen Gräser und Kräuter durch den ätzenden Kot abgestorben. In den hohen Kronen große Horste. $^3/_4$–1 m im Durchmesser, oft 15–20 beieinander. Auf dem Boden Fische, die herabfielen und faulen.

   Erste Eier im Nest Anfang April, Brütezeit 24–26 Tage, Junge im Nest 5 Wochen. Fütterzeit also Anfang Mai bis in den Juni. **Fischreiher.** *Árdea cinérea.*

II. Es riecht stinkig nach Tieren: Bocksgeruch

1. Bei stehender Luft in Walddickungen schlägt uns plötzlich ein durchdringender Geruch wie vom Ziegenbock entgegen: Brunftgeruch des Hirsches. Brunftzeit: September-Oktober. Man sehe nach Trittsiegeln! **Hirsch.** *Cervus élaphus.*
2. Blattzeit (d. i. Brunft) des Rehes Ende Juli bis Mitte August. **Reh.** *Cervus capréolus.*
3. Bei stehender Luft in Dickungen schlägt uns ein stinkiger Geruch entgegen wie vor einem Wolfskäfig im zoologischen Garten. Wenn weicher Boden in der Nähe ist (auch auf Maulwurfshaufen), so sehe man nach Fußabdrücken. **Fuchs.** *Vulpes vulpes.*

III. Es riecht nach Knoblauch oder Zwiebeln

Im Mai und Juni stehen auf lichten Stellen im Laubwald oft große Bestände einer Pflanze: Blätter wie Maiglöckchenblätter, Blüten weiß. Der Zwiebelgeruch wird noch mehr bemerkbar, wenn man die Pflanze reibt. **Bärenlauch.** *Allium ursínum.*

IV. Es riecht nach Lysol

Pappel-, Espen- und Weidengebüsch riecht im Frühjahr und Frühsommer oft nach Lysol; das Blattwerk ist dann zerfressen. Der Geruch rührt her von der Larve des Pappelblattkäfers. — Käfer: $^1/_2$–1 cm

lang, Flügeldecken rot, Halsschild blau. Larve: 1–2 cm lang, länglich-oval, Rücken gewölbt; bei der Berührung (mit Grashalm) preßt sie auf beiden Seiten des Körpers kleine helle Bläschen hervor, die den scharfen Lysolgeruch abgeben. (Abb. S. 210.) **Pappelblattkäfer.**
Melasóma pópuli.

V. Es riecht widerlich scharf nach Rettich

Auf sandigen Waldwegen oder an Gräben in Nadelwäldern (auch auf Moorboden, Triften und Sandhügeln) schlägt einem zuweilen ein widerlich scharfer Rettichgeruch entgegen. Man suche am Boden: Ein aufgeplatzter Pilz von der Größe und dem Aussehen einer Kartoffel, Haut derb und warzig, junge Pilze innen markig und weiß, alte Pilze innen faserig-flockig und schwarz. Sommer und Herbst. Giftig!

Kartoffel-Bovist.
Sclerodérma vulgáre.

VI. Es riecht nach Holzessig

Eine Holzraupe frißt zwischen Rinde und Holz und verrät sich durch einen säuerlichen Geruch. Später bohrt sie sich tiefer in das Holz. Raupe: Bis 9 cm lang, fingerdick, fleischfarbig mit schwärzlichem Kopfe; lebt in Stämmen der meisten Laubhölzer, vorzüglich in Weiden und Pappeln; sie durchbohrt die Stämme nach allen Richtungen, ihre Entwicklung dauert 2–3 Jahre.

Schmetterling: Breite 7,5–8,5 cm, Kopf und Halskragen gelbgrau; Flügel graubraun und weißgrau gewässert, die vorderen mit schwarzbraunen Querlinien; Hinterleib weiß geringelt.

Weidenholzbohrer.
Cossus cossus.

19. Achte auf die „Anzeichen" der Insekten!

Der Wald beherbergt Tausende von Insekten-Arten, die Anzahl der einzelnen Tiere geht in die Milliarden. Sie alle wollen fressen. Die meisten sind Pflanzenfresser. Ihre Fraßspuren sind überall an Blättern, Blüten, Früchten, der Rinde der Gehölze und unter der Rinde zu beobachten. Auch wenn man weder das Insekt noch seine Raupe oder Larve sieht, läßt sich doch an den „Anzeichen" (Fraßspuren) feststellen, daß es im Walde vorkommt, und aus dem Umfang der Beschädigungen kann man auf die Menge der Insekten schließen. (S. 210.)

Lege eine Sammlung von beschädigten Pflanzenteilen an: Blätter. Früchte, Zapfen der Nadelbäume, Borken- und Rindenstücke, Holz,

20. Ein Maikäferjahr

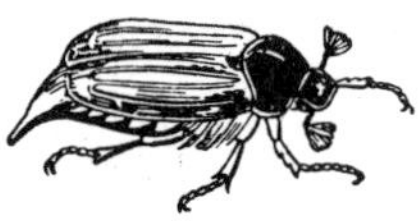

Soeben ist das junge Laub heraus, da fällt schon ein Heer von Fressern darüber her. Der Maikäfer ist einer der schlimmsten Schädlinge des Waldes. Als Käfer schädigt er durch seinen Blattfraß die Laub- und Nadelhölzer (außer der Kiefer) oft so sehr, daß sie völlig entlaubt dastehen, und als Engerling verwüstet er durch Wurzelfraß die jungen Kulturen. Um ihn wirksam bekämpfen zu können, muß man seine Entwicklung kennen.

Entwicklung des Maikäfers

	Jan.	Febr.	März	April	Mai	Juni	Juli	Aug.	Sept.	Okt.	Nov.	Dez.
1950	—	—	—	Käfer frißt legt Eier			Engerling frißt Humus			ruht	ruht	ruht
1951	Engerling ruht			frißt Wurzeln			frißt	frißt	frißt	ruht	ruht	ruht
1952	Engerling ruht			frißt Wurzeln			frißt	frißt	frißt	ruht	ruht	ruht
1953	Engerling ruht			frißt Wurzeln	Umwandlung			Puppe			Käfer im Boden	
1954	Käfer im Boden			Käfer frißt	fliegt		legt Eier	—	—	—	—	—

21. Laufkäfer, die auf Waldwegen auffallen

I. Die Käfer sind auffällig durch ihre grünliche Farbe und durch ihren schnellen Lauf, der durch kurze Flugstrecken unterbrochen wird. Nur auf sandigen Wegen in lichten Waldungen und auf Waldblößen. — Oberkiefer am Innenrand mit 3 Zähnen. (Abb.) **Sandläufer.** *Cicindéla.*

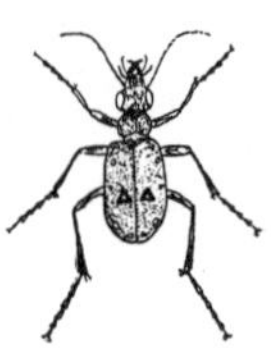

9 deutsche Arten, am häufigsten die beiden folgenden:

1. Oben grün, unten violett oder blau. Jede Flügeldecke mit 5 weißen Randpunkten und 1 weißen, schwärzlich eingefaßten Punkt hinter der Mitte der Naht. **Feld-Sandläufer.** Länge 12–15 mm. *Cicindéla campéstris.*

2. Oben bronzeschwarz, matt-seidenglänzend; unten violett oder metallischgrün; Flügeldecken mit hellen Binden. Länge: 15–17mm. (Abb. 1) **Wald-Sandläufer.** *Cicindéla silvática.*

II. Die Käfer sind auffällig durch ihren schnellen Lauf, der aber nicht durch kurze Flüge unterbrochen wird. — Oberkiefer nur am Grunde mit 1 Zahn. (Abb. 2) **Laufkäfer.** *Carabiden.*

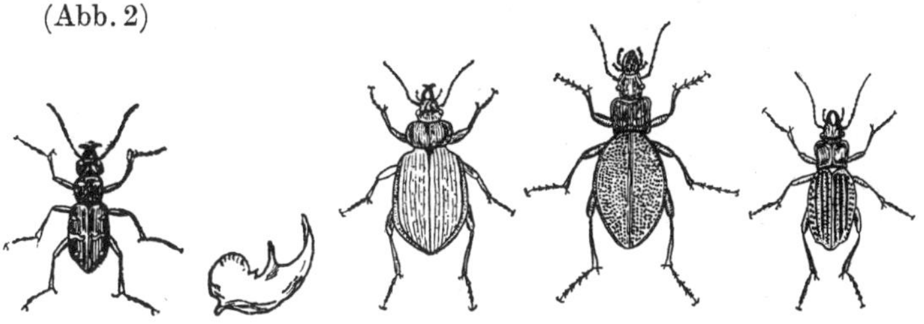

1 2 3 4 5

A. Hinterleib länglich 4eckig; 3. Fühlerglied an der Wurzel zusammengedrückt. Mehrere Arten. **Schönläufer, Kletterlaufkäfer.** *Calosóma.*

Körper schwärzlichblau; Flügeldecken goldgrün, an den Seiten rotgolden, jede mit 16 punktierten Streifen und 3 Reihen eingestochener Punkte. Länge 24–30 mm. Besonders in Nadelwaldungen, nützt durch Vertilgung der Raupe und des Prozessionsspinners. Klettert geschickt in Bäumen. (Abb. 3) **Puppenräuber.** *C. sycophánta.*

B. Hinterleib länglich-eiförmig; 3. Fühlerglied walzenförmig. Zahlreiche Arten. Nützen durch Vertilgung schädlicher Insekten. **Eigentliche Laufkäfer.** *Cárabus.*

a) Länge 34–40 mm. Größter einheimischer Laufkäfer. Mattschwarz; Flügeldecken länglich-eiförmig gewölbt, punktiert und gerunzelt. (Abb. 4) **Leder-Laufkäfer.** *Procrústes coriáceus.*

b) Länge nie über 32 mm.

1. Flügeldecken lebhaft gold- oder kupferfarbig.

α) Oberseite gelblich-goldgrün; Flügeldecken an den Seiten rotgolden, ihre Naht und 3 flache, breite Rippen geglättet. Beine rot. Halsschild fast 4eckig. 22–24 mm. (Abb. 5) **Goldschmied.** *Cárabus aurátus.*

β) Oberseite goldgrün; Halsschild und Flügeldecken purpurrot; Naht und 3 hohe Rippen schwarz und glatt. Länge 13–15 mm. **Glänzender Laufkäfer.** *Cárabus nitens.*

2. Flügeldecken dunkler gefärbt: bronzefarben, violett.

α) Schwarz, oben mit Bronzeglanz, Flügeldecken mit je drei Längsrippen, dazwischen mit je einer feinen Rippe und daneben jederseits mit einer Körnchenreihe. Länge 18–21 mm. **Körniger Laufkäfer.** *Cárabus granulátus.*

β) Oberseite schwarzgrün oder erzbraun; Flügeldecken fein gerunzelt, mit violettem Rande und violetten, in 3 Reihen stehenden Grübchen. Länge 21 bis 23 mm. **Hain-Laufkäfer.** *Cárabus nemorális.*

22. Käfer, die an Waldbäumen auffallen

I. Käfer, deren letzte Fühlerglieder eine quergestellte Blätterkeule bilden

A. Fühlerkeule mit 3–7 beweglichen Blättern. Fam. **Blatthornkäfer.** *Scarabaeiden.*

1. Gemeiner Maikäfer, *Melolóntha vulgáris.* Länge 25–29 mm. Halsschild meistens schwarz (Mohren, Könige), selten rot (Türken, Kapuziner). Fühler, Kopfschild und Beine rötlichgelbbraun. Hinterleib in eine ziemlich breite Spitze (Aftergriffel) ausgezogen. (Abb. S. 202.)

2. Roßkastanien-Maikäfer, *M. hippocástani.* Länge 20 bis 25 mm. Halsschild in Westdeutschland meist rot, in Ostdeutschland meist schwarz. Fühler und Beine dunkelbraun bis schwarz. Aftergriffel in einen kurzen, feinen, an der Spitze etwas breiteren Griffel ausgezogen. (1)

3. Nashornkäfer, *Orcýtes nasicórnis.* Länge 22–36 mm. Männchen mit einem nach hinten gekrümmten Horn auf dem Kopfe. Glänzend kastanienbraun. Larven leben in Eichenlohe. (2)

B. Fühlerkeule mit unbeweglichen, nach innen kammartig erweiterten Gliedern. Fam. **Hirschkäfer.** *Lucaniden.*

1. Hirschkäfer, *Lucánus cervus.* Länge 22–60 mm. Oberkiefer des Männchens viel länger als der Kopf, beim Weibchen kürzer als der Kopf. Schwarz, mattglänzend; Flügeldecken lederartig, beim Männchen kastanienbraun, beim Weibchen pechschwarz.

Käfer fliegen im Mai und Juni, lecken den ausfließenden Saft der Eichen, Larven leben in faulenden Eichenstubben. (3)

2. Zwerghirschkäfer, Balkenschröter, *Dorcus parallelopípedus.* Länge 19–32 mm. Körper von gleichbreiter Gestalt. Schwarz, matt, beim Weibchen etwas glänzend. Zangen kräftig, beim Weibchen kleiner. Larve in faulen Baumstrünken. (4)

3. Rehschröter, *Systenócerus caraboídes.* Länge 10–14 mm. Länglich, flach gewölbt, glänzend, schwarz. Larven im angestorbenen Holze verschiedener Laubbäume. (5)

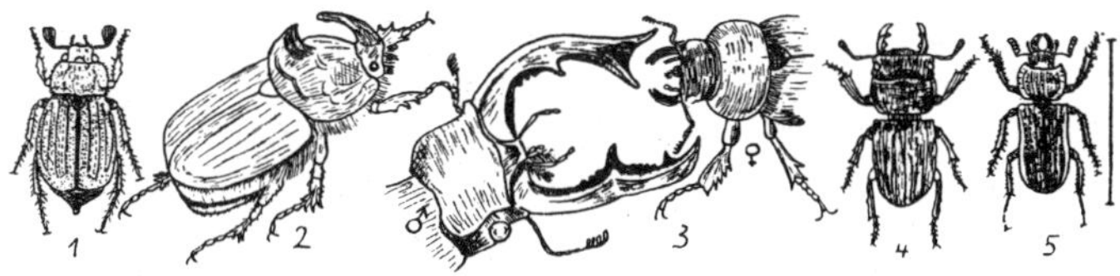

II. Käfer mit auffällig langen Fühlern: fast immer länger als der halbe, oft viel länger als der ganze Leib. (Tafel S. 207.) **Fam. Bockkäfer.** *Cerambyciden.*

A. An Eichen.

1. Eichenbock (Riesenbock, Heldbock, Spießbock), *Cerámbyx cerdo.* Länge 30–50 mm. Fühler viel länger als der Körper (beim Weibchen so lang wie der Körper). Schwarz. Flügeldecken nach hinten schmäler, an der Spitze rotbraun. Käfer von Mitte Juni bis Mitte Juli auf alten und auf frisch gefällten Eichen. Larven bis 8 cm lang, gelblichweiß, lebt mehrere Jahre im Holze alter Eichen, in das sie nach allen Richtungen hin ihre Gänge nagt, deren Mündung in der Borke zu sehen ist. Bei Tage hält sich der Käfer in den Bohrgängen auf, abends schwärmt er lebhaft umher. (1)

2. Zangenbock, *Hárpium sycophánta.* Länge 18–25 mm. Fühler ragen (zurückgelegt) nur wenig über den Halsschild hinaus. Halsschild an den Seiten mit einem kräftigen, zahnartigen Dorn, oben 2 gelblich behaarte Längsbinden. Flügeldecken nach hinten verengt, bräunlich, mit 2 roten Querbinden. Oberseite mit dichter, fleckiger Behaarung. Larve in Eichenstöcken. (2)

B. An Pappeln.

1. Pappelbock, *Sapérda carchárias*. Länge 22–28 mm. Fühler von etwa Körperlänge. Flügeldecken viel breiter als Halsschild, nach hinten verengt. Körper schwarz, mit dichtem, grauen oder bräunlichgelben Filze bedeckt. Auf Pappeln und Weiden. Käfer im Juni und Juli, häufig. Larve bis 4 cm, bräunlichweiß, walzig, lebt 2 Winter, kann junge Stämmchen zum Absterben bringen. (3)

C. An Weiden.

1. Moschusbock, *Arómia moscháta*. Länge 22–32 mm. Fühler länger als der Körper. Metallisch grün oder erzfarbig; Flügeldecken blau oder grün, dicht und fein runzelig punktiert. Lebt im Juli und August auf Weiden, häufig. Käfer verbreitet einen starken Moschusgeruch. Larve mehrere Jahre im Weidenholz.
2. Weberbock, *Lámia textor*. Länge 14–20 mm. Fühler derbe, knapp Körperlänge. Körper plump, schwarz, glanzlos, mit feiner, brauner Behaarung. Flügeldecken gekörnelt, oft mit gelb behaarten Punkten und Flecken. Larve in Weiden.

D. An Kiefern.

1. Mulmbock, *Ergátes faber*. Länge 30–52 mm. Fühler Körperlänge (beim Weibchen halbe Körperlänge). Körper dunkelrotbraun, flach gewölbt. Halsschild mit 2 großen, glänzenden-rundlichen Schwielen auf der Scheibe. Flügeldecken punktiert. Größte einheimische Bockkäferart. Larve und Käfer in starken, alten Kieferstöcken großer Föhrenwaldungen. (4)
2. Sägebock, *Priónus coriárius*. Länge 25–40 mm. Fühler von kaum Körperlänge, beim Männchen stark, beim Weibchen schwach gesägt. Halsschild jederseits mit 3 Dornen. Körper derb, schwarzbraun. Flügeldecken rauh, lederartig, runzelig punktiert. In Kiefern- und Laubwäldern.
3. Waldbock, *Spóndylis buprestoídes*. Länge 12–22 mm. Fühler kurz, kaum den Hinterrand des Halsschildes überragend. Körper zylindrisch, schwarz. Flügeldecken punktiert, mit 2 nach hinten abgekürzten, erhabenen Längslinien. In Kiefernwaldungen.
4. *Rhágium bifasciátum* (ohne deutschen Namen). Länge 15 bis 19 mm. Fühler zart, etwa halbe Körperlänge. Seiten des Halsschildes mit 1 Höcker. Schwarz. Seitenrand und Ende der Flü-

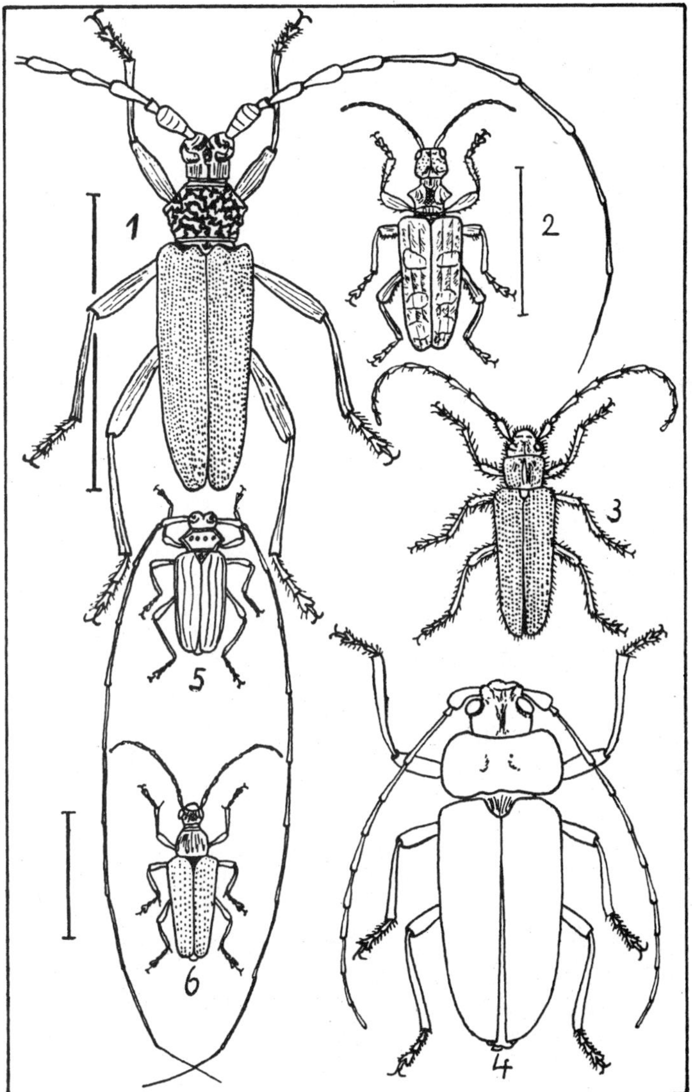
1
2
3
5
6
4

geldecken rotbraun, jede Flügeldecke mit 3–4 erhabenen Längslinien und 2 schiefen, blaßgelben Binden. Schlankes Tier. An Nadelhölzern.

5. Zimmerbock, *Acanthócinus aedílis*. Länge: 13–17 mm. Fühler des Weibchens 2 mal, die des Männchens 3–5 mal so lang wie der Körper. Halsschild mit 4 gelblichroten, in einer Querreihe stehender Flecken. Hellbraun oder graubraun, dicht aschgrau behaart. Flügeldecken mit 2 schrägen, schmalen Querbinden, davon die vordere undeutlich. An Kiefernstöcken. (5)

6. Halsbock, *Leptúra rubra* Länge 12–18 mm. Fühler zart, nicht ganz Körperlänge. Halsschild am Hinterrande 2 mal gebuchtet. Flügeldecken einfarbig gelb oder rot. An alten Nadelholzstöcken, sehr häufig. (6)

III. Käfer mit einem rüsselförmig verlängerten Kopf. Fühler in eine Furche oder Grube des Rüssels eingefügt, meist gekniet und gekeult. Zahlreiche Arten. **Fam. Rüsselkäfer.** Länge 13–22 mm. *Curculioniden.*

A. Auf Laubhölzern.

1. Eiche:

Afterrüsselkäfer, *Attélabus nitens* Länge 4–6 mm. Kurz gebaut, stark gewölbt. Oberseite rot. Auf jungen Eichentrieben; die Blätter werden zu Röllchen gewickelt. (S. 214.) (1)

Eichenspringer, *Rhynchǽnus quercus*. Länge 3–3,5 mm. Länglich eiförmig. Rostrot, braungelb oder rotgelb, dicht und fein behaart. Auf jungen Eichen häufig. (2)

2. Buche:

Buchenspringer, *Rhynchǽnus fagli*. Länge 2–2,5 mm. Länglich oval. Schwarz. Auf Buchenlaub gemein. (3)

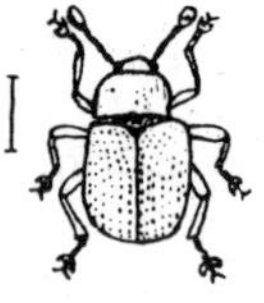

1

2

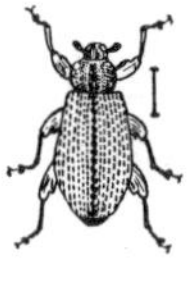

3

3. Birke:
   Trichterwickler, *Rhynchítes bétulae.* Länge 5,5–9,5 mm. Körper kurz gebaut, grün, goldgrün oder blau. Weibchen wikkelt Blattrichter (S. 214.) (1)

   Polydrósus cervínus (ohne deutschen Namen). Länge 4–4,5 mm. Körper lang oval, schwarz, oben gelbgrau oder goldgelb, mit dunklen Flecken gesprenkelt. Gemein.

B. Auf Nadelhölzern (Fichten und Kiefern).

1. Großer Fichtenrüsselkäfer, *Hylóbius abiétis.* Länge 10 bis 13 mm. Körper lang oval, kastanienbraun, glanzlos, gelblich beschuppt. Halsschild mit glänzenden Runzeln und einer gekielten Mittellinie. Größter Schädling an jungen Nadelhölzern. (2)
2. Kleiner brauner Fichtenrüßler, *Hylóbius pinástri.* Länge 7–9 mm. Halsschild undeutlich gekielt.
3. Kleiner Kiefernrüsselkäfer, *Pissódes notátus.* Länge 6–8 mm. Körper gestreckt, rötlichbraun, mit gelblichen Haarschüppchen und 2 hellen, queren Schuppenbinden, davon die vordere in der Mitte unterbrochen. (3)
4. Großer schwarzer Fichtenrüsselkäfer, *Otiorrhýnchus niger.* Länge 8–12 mm. Körper lang oval, schwarz, staubartig behaart, Beine rot. Nagt an Fichtenrinden. (4)

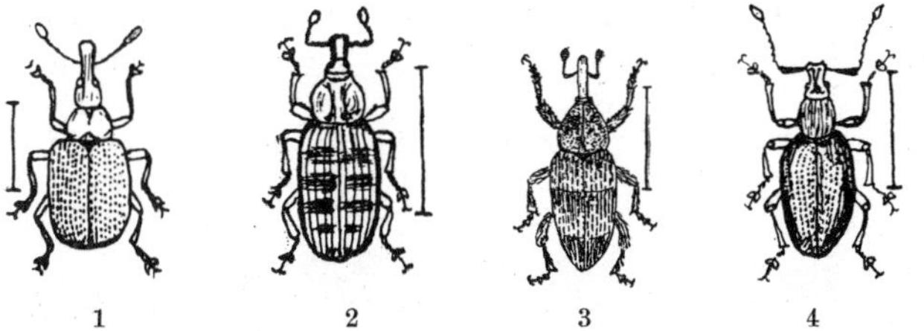

1 2 3 4

23. Zerfressene Blätter der Laubbäume

I. Der Blattstiel wurde abgefressen.

Darum fallen die Blätter herunter und liegen oft massenhaft unter Eichen oder Buchen. Meist ist das Mittelstück des Blattes mit Stiel und Mittelrippe weggefressen, während die Spitze und

Ankerfraß

der Blattrand erhalten geblieben sind. Oft ist auch das Blattinnere mit den Seitenrippen verschwunden, nur die Mittelrippe steht noch und bildet mit dem noch vorhandenen Blattrand einen deutlichen Anker („Ankerfraß“).

1. Ankerfraß im Juni oder anfangs Juli unter Buchen und Eichen. Raupen 4 bis 5 cm, grau, spärlich behaart, mit schwarzer Rückenzeichnung. **Nonne.** *Lymántria mónacha.*

2. Ankerfraß im August unter alten Buchen. Raupen bis 4,5 cm lang; gelb, grün, rot, braun; hinten ein langer, rückwärts gerichteter roter Haarpinsel. **Buchenrotschwanz.** *Dasychíra pudibúnda.*

Randfraß

II. Der Blattstiel wurde nicht abgefressen.

Die Blätter sind darum nicht abgefallen. Randfraß stammt meist von Raupen, Löcherfraß von Käfern. Skelettierte Blätter sind solche, bei denen das Blattfleisch zwischen den Blattrippen weggefressen ist, so daß nur noch das „Skelett“ steht.

A. Randfraß.

1. An Birkenblättern, manche auch mit deutlichem „Ankerfraß“, aber ohne abgebissenen Stiel. Raupe: 5 cm lang, schwarz oder schwarzbraun, mit zwei Reihen rotgelber Flekken, die aus kurzen Sammethaaren bestehen, dazu drei weiße Punkte. **Birkenwollafter.** *Eriogáster lanéstris.*

2. An Pappelblättern findet man rotgefärbte, kugelige Käfer mit schwarzem Halsschild; sie sehen aus wie große Marienkäfer ohne Punktzeichnung auf den Flügeldecken. Ihre Larven zerfressen die Blätter (Randfraß und Löcherfraß). (Abb.) **Pappelblattkäfer.** *Melasóma pópuli.*

3. An Eichenblättern starker Kahlfraß.

a) Im Mai (unter dem Baume liegen die Käfer!) (Abb. S. 202) **Maikäfer.** *Melolóntha vulgáris.*

b) Mai bis Juli. Raupe: braun mit schwarzen Flecken, dicht mit Haaren besetzt; wandern abends zum Fraß, vorn eine Führerin, danach je zwei, drei oder vier Raupen nebeneinander; kehren morgens in ihr Nestgespinst zurück. Suche danach in einer Astgabel! **Eichenprozessionsspinner.** *Thaumetopoéa processiónea.*

c) Mai. Raupe „spannt“, indem sie den Hinterleib in Bogenform nachzieht; hält sich mit den Afterfüßen fest und streckt den Körper frei in die Luft. Die ausgewachsene Raupe läßt sich an einem Faden zur Erde herab, um sich zu verpuppen. **Kleiner Frostspanner.** *Cheimatóbia brumáta.*

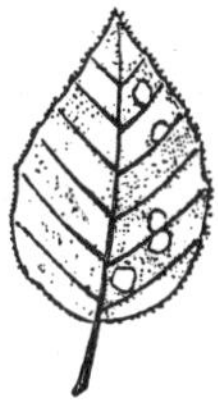

Löcherfraß

B. Löcherfraß.

1. An Buchenblättern findet man Ende Juni kleine, kreisrunde Löcher. Oft findet sich auf demselben Blatt eine lange, von der Mittelrippe ausgehende, geschlängelte Gangmine, die am Blattrand plötzlich in eine breit ausgefressene Platzmine übergeht. Die Mine wurde im Mai von der Larve angelegt, die sich in dem Endstück verpuppte. Im Juni erschienen die Käfer und fraßen die Löcher. (Abb.) Größe 2–2,5 mm. **Buchenspringrüsselkäfer.** *Rhynchaénus fági.*

2. An Eichenblättern frißt Löcher die ältere Raupe, die in ihrer Jugend kurze geschlängelte Gangminen auf der Oberseite anlegte, von **Motte.** *Bucculátrix ulmélla.*
3. An Pappelblättern stammt der Löcherfraß von Käfern, meistens von Blattkäfern, jedoch auch vom (Abb.) **Pappelbock.** *Sapérda carchárias.* **Junikäfer.** *Phyllopértha horticola.*

C. Skelettierte Blätter.

1. Buchenblätter werden skelettiert von den jungen Raupen, die später „Ankerfraß“ verursachen. **Buchenrotschwanz.** *Dasychíra pudibúnda.*
2. Buchenblätter skelettiert ferner die Raupe (3 cm lang, hellbraun, rötlich, auf dem Rücken eine dunkle Mittellinie und ein heller Sattelfleck) vom **Buchen-Sichelflügel.** *Drépana cultrária.*
3. Ulmenblätter skelettieren die Raupen (7 cm lang, schwarzblau mit rostbraunen Längsstreifen, je vier rostgelbe Dornen auf einem Körperring, dazwischen weiße Härchen) vom **Großen Fuchs.** *Vanéssa polychlóros.*

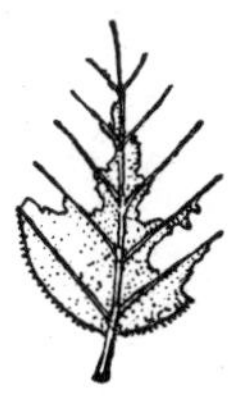

Skelettfraß

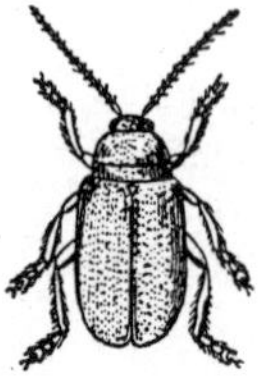

4. Eichenblätter sieht man oft auf der Oberseite derart skelettiert, daß größere Blattflächen so weit abgenagt sind, daß die Blattrippen deutlich hervortreten. Es geschieht von den Larven eines winzigen Käfers. **Eichenerdfloh.**
(Abb.) Größe 4–5 mm. *Háltica quercetórum.*

24. Fraßgänge und Fraßplätze in Blättern

1. Manche Insekten legen ihre Eier auf die Blätter der Kräuter und Bäume ab. Die Larve kriecht an der Unterseite des Eies aus und frißt sich durch die dünne Oberhaut in das Innere des Blattes hinein. Hier im „Blattfleisch" frißt sie langsam weiter, ohne die beiden Oberhäute zu verletzen. Es entstehen „Minen". Daher heißen diese Larven Minierer.
2. Die minierten Stellen des Blattes sind deutlich zu erkennen. Da das Blattgrün von der Larve verzehrt wurde, sehen die Minen infolge der durchscheinenden Oberhäute weiß aus. Sind die Oberhäute trocken geworden, so erscheinen die Minen braun. Überzeuge dich mit Hilfe einer Nadel, daß zwischen den beiden Oberhäuten tatsächlich ein Hohlraum ist!

3. Untersuche solche Minen! Du findest in ihnen die feinen Kotkrümel der Larve, oft auch die Larve selbst, häufig sind sie leer.
4. Achte auf die mancherlei Formen der Minen! Manche sind flächenartig, andere zeigen sich als lange, gewundene Gänge von der Gestalt einer Peitschenschnur. (Siehe Abb.)
5. An den langen Minen ist deutlich zu ersehen, wo die Larve begonnen hat zu minieren und wo sie aufgehört hat: zu Beginn ihrer Tätigkeit war sie noch klein, daher ist auch anfangs der Gang eng; als sie heranwuchs, wurde der Gang zunehmend weiter.
6. Versuche in Einmachgläsern, die mit Gaze zugebunden sind, aus minierten Blättern die betreffenden Insekten zu ziehen!
7. Lege dir eine Sammlung von minierten Blättern an! (Siehe Birke, Buche, Kirschbaum . . .!)
8. Ein sehr geeignetes Beispiel für die Verschiedenartigkeit der Minen bietet das Eichenblatt, das von etwa 20 verschiedenen Schmetterlingsraupen und 4 Käfern zerstört wird.

Minierte Eichenblätter

I. Platzminen.

1. Runde vergilbte oder weiße Flecke auf der Oberseite des Blattes von dem Kleinschmetterling *Tischéria complanélla.*

2. Runde braune Flecke mit konzentrischen Ringen, auch auf der Oberseite des Blattes, jedoch seltener, von *Tischéria dodonäéa.*

3. Eine große, das halbe Blatt überziehende Blase, die am Grunde des Blattes mit einer kurzen, wirr geschlängelten Gangmine beginnt; späterhin bräunt sich die Blase und verkrüppelt das Blatt vollkommen, von der Raupe *Coriscium brongniardéllum.*

II. Gangminen.

A. Auf der Oberseite des Blattes.

1. Feine geschlängelte, durchscheinende Minen mit einer schwarzen Kotlinie, die von vier verschiedenen Räupchen unserer kleinsten Schmetterlinge stammen: *Nepticola.*

2. Eine kurze geschlängelte Gangmine von der Raupe *Bucculátrix ulméllа.*

B. Auf der Unterseite des Blattes.

1. Eine ziemlich breite Mine an der Mittelrippe des Blattes stammt von der Raupe *Lithocollétis robóris.*

2. Eine schmalere Gangmine im Winkel zwischen Mittel- und Seitenrippe stammt von der Raupe *Lithocollétis quercifoliélla.*

3. Eine lange, schmale, sehr weiße Gangmine an den Blättern junger Eichenbüsche stammt von der Raupe *Lithocollétis lautélla.*

4. Eine lange, schmale, sehr weiße Gangmine an den Blättern hochstämmiger Eichen stammt von der Raupe *Lithocollétis amyotélla.*

5. Eine geschlängelte Mine, die an der Mittelrippe beginnt, nach dem Blattrand verläuft und in einer größeren Platzmine endigt, stammt von vier verschiedenen Käferlarven der Springrüßler. *Rhynchaenus.*

C. Im Blattrand.

1. Der Blattrand ist umgeklappt und mit Gespinst angefüllt, in dem sich die Raupe verpuppt. *Lithocollétis heegeriélla.*

2. Der Blattrand ist umgeklappt und mit Kotkörnern angefüllt, zwischen denen sich die Raupe verpuppt. *Lithocollétis cramerélla.*

25. Gewickelte Blätter

I.

1. Untersuche Birkenblätter am Grunde des Blattes! Manche Blätter sind von beiden Blatträndern her bis dicht an die Mittelrippe eingeschnitten. Die Schnittlinien sind gewunden. Sie stammen von einem blauen **Rüsselkäfer.** *Rhynchites bétulae.* (Abb. S. 209)

2. Suche nach weiteren Blättern, bei denen die beiden Blatthälften von der Schnittlinie an bis zur Blattspitze um die Mittelrippe herum zusammengewickelt sind! Der Rüsselkäfer fliegt von Mai bis Juli und legt seine Eier in die Blattwickel. Die Larven ernähren sich von den welkenden Pflanzenteilen im Innern des Wickels. Das Welken wird dadurch gefördert, daß der Rüsselkäfer den Blattstiel halb durchnagt (nicht ganz!). Schaue nach!

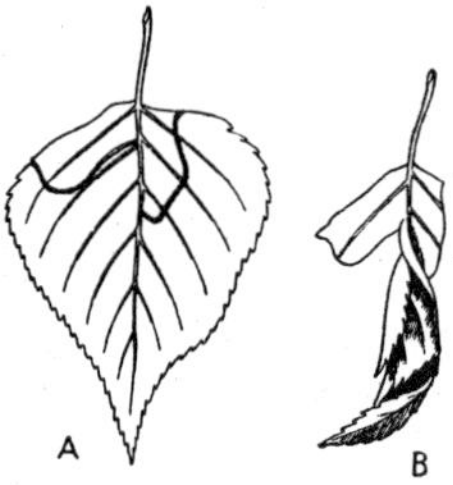

A = Geschnittenes Blatt, B = Gewickeltes Blatt.

II.

1. Suche nach anderen Birkenblättern, die auf der Mitte des Blattes eine fast gerade Schnittlinie von beiden Blatträndern her bis zur Mittelrippe aufweisen! Der Schnitt stammt von einem roten **Rüsselkäfer.** *Attélabus nitens.* (Abb. S. 208)
2. Suche nach weiteren Blättern, bei denen die obere Blatthälfte zu einem Wickel zusammengerollt ist! Untersuche den Wickel!

III.

1. Untersuche die Blätter an jungem Eichengebüsch! Man findet oft zahlreiche Blätter, die alle einen knopfartigen Wickel der oberen Blatthälfte haben. **Rüsselkäfer.** *Attélabus nitens.*
2. Andere Eichenblätter sind zigarrenartig ganz zusammengerollt. Diese Wickel stammen von den Raupen eines Schmetterlings, der der zahlreichen Familie der Wickler angehört: **Eichenwickler.** *Tórtrix viridána.*

IV.

Suche nach Blattwickeln dieser beiden Rüsselkäfer und der Wicklerraupen.

Rhynchites an: Birken, Buchen, Erlen, Pappeln, Linden, Hasel, Obstbäumen.
Attélabus an: Birken, Erlen, Weiden, Hasel, am häufigsten auf jungen Eichentrieben.
Tortriciden an: Birken, Eichen . . .

26. Raupennester und Gespinste

1. Ein Beispiel für Raupennester.

An Eichen findet man oft mehrere bauchig zusammengesponnene Blätter, die einigermaßen sorgfältig übereinandergelegt sind. Darin überwintern die Raupen des Goldafters. Raupe: $3\frac{1}{2}$ cm lang, dunkelgrau, mit langen gelbbraunen Haaren, die in Büscheln stehen, auf dem Rücken zwei rote Linien, an den Seiten weiße Striche, vorn viele rote Querflecke. **Goldafter.**
Euprόctis chrysorrhōéa.

2. Ein Beispiel für Gespinste.

Am Waldrand sieht man den Strauch Pfaffenhütlein, *Evónymus* (Merkmal: Zweige vierkantig und grün!), oft vollständig von sehr lockeren weißen Gespinsten überzogen. Der Strauch ist vollständig entblättert. In den Gespinsten leben viele kleine Räupchen, sie verpuppen sich darin und entwickeln sich zu einem sehr kleinen, hellgefärbten Schmetterling. **Gespinstmotte.**
Hyponomeūta evonymélla.

Eine Bestimmungstabelle

I. Nester.

1. Große Nester, aus mehreren Blättern bauchig zusammengesponnen.
   An Eichen, Buchen, Ahorn, Ulmen, Pappeln, Weiden, Ebereschen, Schlehen, Weißdorn, Hasel, Rose, auch an Obstbäumen, besonders an Birnen und Pflaumen. Die Nester sind je nach den Blättern der verschiedenen Pflanzen verschieden groß. **Goldafter.** *Euprόctis chrysorrhōéa.*
2. Nester aus mehreren Blättern wirr versponnen, schwer lösbar.
   An Eichen, Buchen, Birken, Eschen, Pappeln, Espen, Rosen, Brombeeren, Himbeeren. Die Nester stammen von Wicklerraupen. An den genannten Pflanzen lebt eine große Menge der verschiedensten Arten. **Wickler.** *Tortriciden.*

3. Zwei Blätter flach aufeinander geheftet.
   An Eichen, Buchen, Birken, Pappeln, Espen, Rosen, Weißdorn, Brombeeren, Himbeeren. Zwischen den Blättern sitzen die Raupen der **Buchenmotte.** *Chimabácche fagélla.*
4. Ein einzelnes Blatt, bauchig zusammengebogen und an den gegenüberliegenden Rändern verleimt.
   An Eichen und Birken zu sehen. Bewohnt von den Raupen verschiedener **Wickler.** *Tortriciden.*
5. Ein einzelnes Blatt, tütenförmig zusammengebogen.
   An Eichen, Eschen, Pappeln, Espen. Wird bewohnt von den Raupen verschiedener **Motten.** *Gracilária.*
6. Umgebogene Blattränder, z. B. bei Birken. Raupen verschiedener **Wickler.** *Tortriciden.*

II. Gespinste.

1. Leichte Gespinste an der Blattunterseite.
   Bei Eiche, Buche, Brombeere, Himbeere. Darin lebt die Raupe der **Eichenblatteule.** *Dichónia convérgens.*
2. Große beutelartige Gespinste an Stämmen und Ästen der Eiche.
   Oft 1 m lang und 30 cm breit, dicht mit leeren Raupenhäuten und Kotkrümeln überzogen. Hier häuten sich die Raupen, hier ruhen sie, von hier ziehen sie abends zum Fraß aus, zum Neste kehren sie morgens zurück. Raupe: an den Seiten graublau, Unterseite hellgrau, breiter dunkler Rückenstreifen mit kurzen Härchen besetzt; richtet großen Schaden an. **Eichen-Prozessionsspinner.** *Thaumetopöéa processiónea.*
3. Auffällige Gespinste, die Zweige, ganze Sträucher, ja Bäume überziehen.
   a) Am Pfaffenhütlein kleine gesellig lebende Raupen mit 16 Füßen. **Gespinstmotte.** *Hyponoméuta evonymélla.*
   b) Gespinste von anderen Gespinstmotten findet man an Erlen, Ebereschen, Traubenkirschen, an den Zweigenden vom Weißdorn. (Der Apfelbaum ist oft ganz davon überzogen: Apfelgespinstmotte, *Hypon. malinella.* An Zwetschen lebt wieder eine andere Art.)

28. Raupen, die an Kiefernadeln fressen

Beobachtung	Raupe	Schmetterling
(Nach Angaben von R. Eckstein)		
1. Nadel: Am Rande befressen. Kot: Kotballen trokken, sechsmal gefurchte Säulen mit Querfurchen; Oberfläche rauh; grün.	Bis 8 cm lang; grau, rot behaart, braun gefleckt, oben am 2. und 3. Ring stahlblau. Frühling bis August.	**Kiefernspinner** *Dendrolímus pini.*
2. Nadel: Es liegen Nadelspitzen unter dem Baum. Kot: Fahl, gelbgrün oder bräunlichgrün; Nadelteile deutlich zu sehen, liegen glatt aneinander.	Junge Raupen im Frühling: schmutziggelb, mit schwarzem Kopf; ausgewachsen: 4–5 cm; Rücken bräunlichgrün, auch weißgrau und schwarz gemischt. Schwarze, weiße oder blaue größere Warzen. Kleinere rote Warzen behaart. Frühling bis Juli.	**Nonne** *Lymántria mónacha.*
3. Nadel: Aus der von der Spitze her angefressenen Nadel schaut ein dünner Faden. Zweige: Mit Gespinstfäden, an denen grüner Kot zu sehen ist. Kot: Grünlich, später bräunlich; doppelt so lang als breit, 2 mm lang, die einzelnen Nadelreste wirr aneinandergereiht.	Jung: schwärzlichgrün; später: hellgrün; nach 8 Wochen: Unterseite gelbgrün, Kopf schwarz, Rücken behaart, mit einem breiten graugrünen Streifen und 2 schwarzen, gelb gesäumten Flecken. Frühling bis August.	**Kiefernprozessionsspinner** *Thaumetopóea pinivóra.*

Beobachtung	Raupe	Schmetterling
4. Nadel: Bis zur Scheide abgefressen; auf dem Stumpf ein Harztropfen.	Schlank, grün, 3 weiße Rückenlinien, eine gelbe oder rote Seitenlinie. Juli, August.	**Kieferneule** *Panólis griseo-variegáta.*
5. Nadeln: Am Rand terrassenförmig befressen, fallen nicht ab, verfärben sich grau.	Raupe spannt: sie kriecht, indem sie abwechselnd sich bogenförmig krümmt und wieder streckt. 5 Paar Füße, klein, grün, mit weißen Linien, spärliche Behaarung.	**Kiefernspanner** *Búpalus piniárius.*
 Kiefernblattwespe. Unten Kokon. 6. Nadeln: Nicht ganz abgefressen, kleine Stümpfe bleiben übrig. Mittelrippe bleibt stehen. Kot: Rhombische Form	Afterraupe: 22 Füße, über jedem Fußpaar ein schwarzes liegendes Semikolon (·—). Nackt, dunkelgrün, mit rotbraunem Kopf.	**Kleine Kiefernblattwespe** *Lophýrus pini.*
7. Nadeln: Werden abgebissen. Bäume unten kahl gefressen, Zweigspitzen und Krone noch benadelt. Kot: In einem Gespinst in den Zweigen.	Afterraupe: Vorn 6 Füße, am letzten Ring 2 auswärts gerichtete Spitzen. Körper rötlichgrau mit einer Reihe dunkler Rückenflecken, Kopf rot.	**Große Kiefernblattwespe** *Lyda praténsis.*

29. Lausgallen an Fichtenzweigen

1. Im Frühling sieht man an jungen Fichten oft helle (zuweilen auch rote) Wucherungen von der Größe und Form einer Erdbeere. Zuweilen ist ein Bäumchen ganz damit übersät. Es sind die Gallen der Tannenlaus. Alte Gallen sind braun und stark verholzt.
2. Das ungeflügelte, mit weißer Wolle bedeckte Tier sticht beim Eierlegen mit seinen Saugborsten in eine Knospe und saugt. Ein Teil der in Bildung begriffenen Nadeln wandelt sich an der Saugstelle zu breiten, fleischigen Schuppen um, die sich zu der zapfenartigen Gallenbildung zusammenschließen. Die den Eiern entschlüpfenden Larven kriechen währenddes hinter die noch offenen Schuppen und saugen in der Galle, häuten sich zweimal und verpuppen sich. Allmählich trocknet die Galle ein, die Schuppen klaffen und die geflügelten Männchen und Weibchen fliegen aus. Das Weibchen legt sein Ei, aus dem noch im Herbst das sandkorngroße, flügellose Tier („Amme" der Tannenlaus genannt) ausschlüpft, das dann wieder im nächsten Frühling durch seinen Stich neue Gallen erzeugt.

3. In den leergewordenen Lausgallen kann man winzige Raupen von Kleinschmetterlingen finden (Spanner, *Geométra*).
4. Unterscheide:
   a) Aus der meist lebhaft hell gefärbten Galle ragt die gesunde Spitze des Fichtentriebes ein weites Stück hervor. Jede Schuppe der Galle hat einen Stachel. **Grüne Fichtenlaus.** *Chérmes víridis.*
   b) Galle meist ohne grüne Triebspitze und Gallenschuppen ohne Stacheln. Farbe oft lebhaft gelb. **Rote Fichtenlaus.** *Chérmes coccíneus.*

30. Weiße Wolle an Nadelbäumen

1. An Nadeln.

   Die Lärchen sind oft über und über wie mit weißem Puder bestreut. Bei genauerem Hinsehen zeigt sich, daß die weißen Wollfläusche in dem Winkel eingeknickter Nadeln sitzen, die später vergilben. **Lärchenlaus.** *Chérmes láricis.*

2. An der Rinde.
   a) der Weymouthskiefer **Kiefernlaus.** *Chérmes stróbi.*
   b) der Weißtanne **Tannenlaus.** *Chérmes píceae.*

31. Harzgallen an Kiefertrieben

Dicht unter dem Triebquirl der Kiefer findet man eiförmige Harzgallen. Sie werden durch Wicklerraupen hervorgebracht. Die Galle ist kirschengroß und umfaßt den Trieb fast ganz, oder sie ist kleiner und umfaßt den Trieb nur teilweise. Das freie Zweigende ist stark aufgetrieben. **Kiefernharzgallenwickler.**
Evétria resinélla.

32. Große Ameisenhaufen

1. Zwischen den großen „Ameisennestern" sind Unterschiede. Es gibt sehr hohe und niedrige, regelmäßig gewölbte und unregelmäßig ausgebreitete; solche, die nur am Waldesrand vorkommen und solche im Waldinnern, allerdings auch hier so gebaut, daß möglichst viel Sonne heran kann. Alle diese Nester stammen von Waldameisen, *Fórmica*. Von welchen Arten?
2. Die Artmerkmale gewinnt man durch eine Bestimmungsübung derjenigen Waldameise, bei der keine Verwechslung möglich ist: sie baut die höchsten Nester, bis $1\frac{1}{2}$ m hoch. **Rote Waldameise.**
Formíca rufa.

	Weibchen	Männchen	Arbeiter
Gemeinsame Merkmale	Stirnfeld scharf abgegrenzt, Hinterleibsstiel mit einer großen, aufrecht stehenden Schuppe		
Größe	9–10 mm	9–10 mm	5–7 mm
Farbe	rotbraun	schwarz, behaart	rotbraun
Zur Flugzeit (Mai, Juni)	gelblich getrübte Flügel	gelblich getrübte Flügel	keine Flügel

3. Die anderen nestbauenden Arten der Waldameisen haben denselben Körperbau. Sie unterscheiden sich (nach Escherich) in folgender Weise:

Bestimmungstabelle

I. Hinterrand des Kopfes tief ausgebuchtet. Größe 5–7 m; Farben rot und schwarz; Nest am Waldrand, flach gewölbt, nicht hoch. **Schwarzrote Waldameise.**
Formíca exsécta.

II. Hinterrand des Kopfes gerade.

A. Vorderrand des Kopfschildes in der Mitte eingeschnitten.

Größe 6–9 mm; Farbe: Kopf braunschwarz, Rücken und Stiel rot, Hinterleib schwarz; Nest an Waldrändern, unregelmäßig, nicht hoch. (Überfällt in großen Scharen die Nester einer kleineren schwarzen Ameisenart und macht sie zu Sklaven.) **Blutrote Raubameise.** *Formica sanguinea.*

B. Vorderrand des Kopfschildes nicht eingeschnitten, nur schwach gerundet.

Stirnfeld glatt und stark glänzend, hebt sich daher von der matten Umgebung scharf ab.

1. Eine hellrote Rasse.

Farbe: Kopf, Rücken, Stielchen und halber Hinterleib hellrot; Größe 6–11 mm; Nest meist an alten Baumstämmen und Wurzeln, unregelmäßig. **Hellrote Waldameise.** *Formica truncicola.*

2. Eine rote Rasse.

Farbe: Rücken und Stielchen rot, Hinterleib schwarz; Größe 6–11 mm; Nest: baut die höchsten Haufen, stumpfkegelförmig, bis $1\frac{1}{2}$ m hoch. **Rote Waldameise.** *Formica rufa.*

3. Eine dunkle Rasse.

Farbe: Vom Vorderrücken bis über den Hinterleib schwarz; Größe 6–11 mm; Nest: niedriger und flacher als das der vorigen Rasse. **Wiesenameise.** *Formica praténsis.*

Beobachtungen am Ameisenhaufen:

a) Temperaturmessungen im Haufen mit einem am Stock befestigten Thermometer; Vergleich mit der Lufttemperatur. Ergebnis: der Ameisenhaufen als Wärmespeicher. Brutpflege!

b) Die Arbeit der Ameisen; Ameisenstraßen; wie weit sie in die Umgebung gehen; was sie herbeischleppen; ihre Bedeutung: Insektenvertilger.

c) Laß die Ameisen auf ein Tuch kriechen und schüttle sie dann ab. Geruch: Ameisensäure. Ameisenbauten sind Kunstwerke. Zerstöre sie nicht!

33. Holznester der Ameisen

I. Holznester. Untersuche die Ameisennester in den Baumstümpfen der Kiefer oder Fichte!

1. Das Nest. Die weicheren Holzteile sind senkrecht ausgehöhlt, die härteren Zwischenwände bleiben stehen. Ringförmige Anordnung der Kammern. Im Innern Querverbindungen. (Erklärung: Jahresringe mit weichem Frühjahrsholz und hartem Herbstholz!) **Roßameise, Riesenameise.** *Campon**ó**tus hercule**á**nus.*

2. Die Ameisen.

	Weibchen	Männchen	Arbeiter
Gemeinsame Merkmale	Größte deutsche Ameise, schwarz, Hinterleibsstiel mit einer aufrecht stehenden Schuppe		
Größe	15–17 mm	9–11 mm	8–14 mm
Zur Flugzeit (Mai, Juni)	braungelbe Flügel mit dunklen Adern	hellgelbe Flügel	keine Flügel
Nach der Flugzeit . . .	Flügel fallen ab	♂ sterben!!!	
Fühler . . .		rotgelb	rotbraun
Beine		an den Gelenken rotgelb	rotbraun

3. Wo solche von Ameisen bewohnten Baumstümpfe stehen, suche in der Umgebung die Stämme der Kiefern und Fichten ab. Findest du an ihnen Öffnungen mit aus- und einlaufenden Roßameisen oder herausgeworfene feine Nagespäne, so haben

die Ameisen im Innern ihre Nester, die sich oft bis zu 10 m Höhe im Stamme hinaufziehen und den Baum stark schädigen. An solchen Stämmen sind oft tiefe Spechtlöcher.

(Abb. A Männchen, B Weibchen, C Arbeiter.)

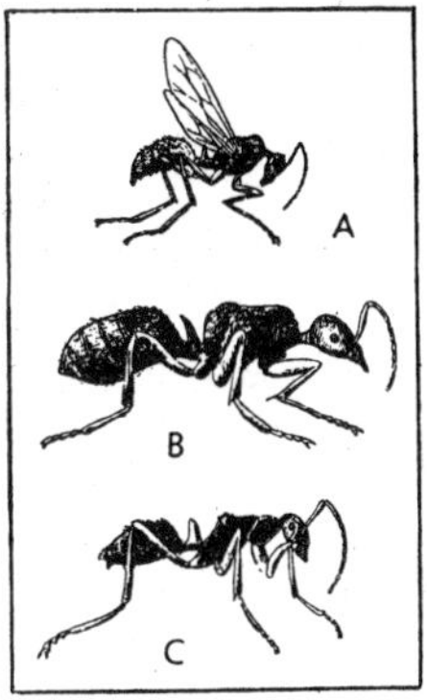

II. Kartonnester. In hohlen Eichen- oder Lindenstämmen oder in ausgehöhlten Baumstümpfen, meist in der Nähe der Wurzeln, findet sich noch eine andere Form des Nestbaus: ein Labyrinth von Kammern und Gängen mit dünnen, festen Scheidewänden. Dieses Nest ist nicht in das Holz hineingefressen, es ist auf die gleiche Weise hergerichtet wie die Wespen- und Hornissennester (Papierbereitung!). Untersuche es darauf hin!

Wo du ein solches Kartonnest findest, stecke eine Flasche (mit durchsichtigem Glas!) in den Bau. Nach einem oder zwei Jahren schaue nach: Die Ameisen haben hineingebaut.

Die Ameisen: Größe 4–5 mm, Farbe tiefschwarz, mit starkem Glanz, scharfer Geruch, volkreiche Kolonie, Nahrung vorwiegend Blattlaushonig. (Beobachtung am Nest!)

Glänzendschwarze Holzameise.
Lásius fuliginósus.

34. Achte auf die Kleintiere auf dem Boden!

Achte auf die Kleintiere, die auf dem Boden leben: Schlangen, Eidechsen, Blindschleichen, Salamander, Nacktschnecken, Gehäuseschnecken, Käfer, Ameisen, Würmer. Warum?

1. Es ist nicht nötig, daß dein Fuß sie zertritt. Sie haben dir nichts getan, also brauchst auch du ihnen nichts zu tun.
2. Du kannst mancherlei an ihnen beobachten, wenn du — aufmerksam bist.

35. Schlangen

Bei der Bestimmung der Schlangen aus der Ferne achte man der Reihe nach auf folgende Merkmale!

	Ringelnatter, *Nátrix nátrix*	Glatte Natter, *Coronélla austríaca*	Kreuzotter, *Vípera berus*
Länge . . .	bis 180 cm	bis 75 cm	bis 75 cm
Hinterkopf .	an beiden Seiten ein halbmondförmiger gelber oder weißer Fleck	—	—
Rücken . . .	mehrere Reihen dunkler Punkte	Doppelreihe dunkler Flecken	breites, dunkles Zickzackband
Unterseite .	ein leuchtendes Gelbweiß	einfarbig rot oder dunkel marmoriert	dunkelgrau, Kehle hell
Kopf	—	schmal, kaum dicker als der Hals	breit, dickgeschwollene Backen
Körper . . .	—	sehr schlank	gedrungen
Schwanz . .	—	lang	kurz
Auge	Pupillen rund, mit einem feinen gelbweißen Ring umrandet	Pupille rund	Pupille senkrecht
Verhalten .	friedlich, setzt sich beim Angriff nicht zur Wehr	zornig, setzt sich zur Wehr und beißt	zornig, setzt sich zur Wehr und beißt
Zähne . . .	—	—	Giftzähne!!!

Keine Schlange töten! Auch die Kreuzotter nicht! Sie beißt nur, wenn sie gereizt wird.

36. Die Blindschleiche, *Ánguis frágilis*

Merkmale: Fußlose Eidechse vom Aussehen einer kleinen Schlange. Bis 50 cm lang. Männchen meist heller als Weibchen. Färbung: oben braun in verschiedenen Abtönungen; unten schwärzlich, häufig mit feinen, dunklen Längslinien; in der Jugend oben weißlich mit mittlerem, schwarzem Längsstreifen, an Seiten und Bauch tiefschwarz.

Vorkommen: In Wäldern und buschigen Gegenden.

Lebensweise: Kommt vorzugsweise gegen Abend aus ihrem Versteck, um nach Regenwürmern und Nacktschnecken zu suchen. Geht nachts oder nach Regenwetter ihrer Beute nach. Ist dann auf Waldwegen anzutreffen. Wühlt sich zum Winterschlaf in tiefe Gänge, wo oft 20–30 Stück zusammenliegen.

Vermehrung: Bringt im Hochsommer 10–25 Junge zur Welt. Ist also nicht an Wasser gebunden.

Name: Wenn du eine tote Blindschleiche findest, so betrachte ihre Augen! Sie sind durch Lider geschlossen, bei toten Schlangen nicht. Wenn du eine lebende Blindschleiche antriffst, so beobachte ihre Bewegungen! Als fußloses, langsames Tier „schleicht“ sie.

37. Der Feuersalamander, *Salamándra salamándra*

Vorkommen: Liebt dunkle, feuchte Waldungen. Geriet ehemals, als die Laubstreu noch aus dem Walde geholt wurde, auf die Bauernhöfe, hielt sich hier an feuchtem Mauerwerk auf und kam bei Regenwetter aus seinen Verstecken heraus.

Merkmale: 15–20 cm lang. Tiefschwarz, an den Seiten heller, mit lebhaften gelben, über den ganzen Körper verteilten Flecken.

Lebensweise: Frißt Schnecken, Regenwürmer und allerlei Insekten, die am Boden leben.

Vermehrung: Fortpflanzungszeit Mai und Juni. Legt 30–40 Eier im Mai und Juni des nächsten Jahres im Wasser ab. Eier sind also schon im Körper des Muttertieres so weit entwickelt, daß die Jungen sogleich schlüpfen. Sie sind 20–30 mm lang, haben 4 Beine, einen Ruderschwanz und äußere Kiemen. — Der Feuersalamander kann also nur an Orten leben, wo Wasser in der Nähe ist (Bäche, Quellen).

Warnfarbe: Wird der Feuersalamander geängstigt oder gedrückt, so sondert er einen ätzenden, giftigen Saft ab, der auf kleinere Tiere, die ihn angreifen, tödlich wirkt. Bedeutung der lebhaften Farbe: Greift mich nicht an!

Verwandschaft: Klasse: Lurche.

I. Ordnung: Froschlurche (Teichfrosch, Grasfrosch, Laubfrosch ...)

II. Ordnung: Schwanzlurche (Feuersalamander, Teichmolch ...)

38. Nacktschnecken auf dem Waldboden

Auf Waldwegen trifft man zweierlei Arten Nacktschnecken an, die durch ihre Größe und Farbe jedermann auffallen. (Abb. i u. k.)

	Egelschnecke, *Limax* (Abb. i)	Wegschnecke, *Arion* (Abb. k)
Größe . . .	10–15 cm	10–15 cm
Farbe . . .	weißgrau bis schwarz	rot, dunkelbraun oder schwarz
Form . . .	nach hinten lang und spitz ausgezogen	vorn und hinten abgerundet
Rücken . . .	hinten gekielt	stark gewölbt
Haut	feine runzelige Längsmaschen	grobe runzelige Längsmaschen
Schild . . .	vorn rund, hinten spitz wellig gerunzelt	vorn und hinten rund, stark gekörnelt
Atemloch . .	hinter der Mitte der rechten Schildseite	vor der Mitte der rechten Schildseite
Sohle	3 deutliche Längsfelder	3 undeutliche Längsfelder
Verhalten .	lebhaft	träge
Berühre sie!	ziehen sich bei der Berührung von hinten nach vorn zusammen	ziehen sich bei der Berührung von vorn nach hinten zusammen
Nahrung . .	Pilze, frische Pflanzen, auch Schnecken, sogar solche von der eigenen Art	Pilze, frische Pflanzen

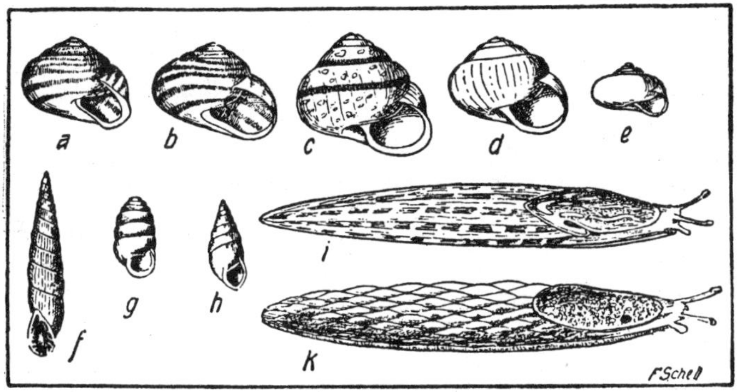

39. Kleine Schalschnecken an Baumstämmen

I. Turmförmiges Gehäuse, viel höher als breit.

1. Gehäuse 1–2 cm hoch, sehr schlank, spindelförmig.

   9–14 Windungen, links gewunden, Mündung innen gefaltet. Das sich zurückziehende Tier schließt die Öffnung mit einem Deckelchen (Abb. f.) **Schließmundschnecken.** *Clausilia.*

2. Gehäuse ½–1 cm hoch, etwas bauchig.

   7 Windungen, rechts gewunden. Mundsaum scharf, ohne Falten. oder Zähne Das Tier besitzt keinen Deckel. Gehäuse oft mit Erde überzogen. (Abb. h.) **Kleine Turmschnecke.** *Bulíminus obscúrus.*

3. Gehäuse bis ½ cm hoch, tönnchenartig.

   Zahlreiche Windungen, rechts gewunden. Mündung zuweilen durch Zähne oder Falten verengt. **Tönnchenschnecken.** (Abb. g.) *Pupa.*

II. Flaches Gehäuse, breiter als hoch.

Durchmesser nicht über 1 cm. Verschiedene Arten von (Abb. a–e.) **Schnirkelschnecken.** *Helix.*

40. Schnirkelschnecken im Gesträuch

Im Gesträuch des Waldes leben einige Schnecken, die durch die lebhafte Färbung ihres Gehäuses auffallen. Gehäuse 1½–3 cm Durchmesser, kugelig; Mündung mondförmig; Tier selbst schlank, mit vier Fühlern.

I. Gehäuse ohne Nabel, kugelig, lebhaft rötlich oder gelb gefärbt oder gebändert, Durchmesser 2–3 cm. Mundsaum zurückgebogen.

1. Mundsaum weiß. (Abb. a.) **Garten-Bänderschnecke.** *Tachéa horténsis.*

2. Mundsaum schwarzbraun. (Abb. b.) **Hain-Bänderschnecke.** *Tachéa nemorális.*

II. Gehäuse mit tiefem Nabel, kugelig, 1½–2 cm Durchmesser. Mundsaum scharf, am Nabel zurückgeschlagen, mit weißer Lippe.

1. Gehäuse einfarbig weiß, gelblich, rötlich oder rotbraun. Nabel weit, bis zur Spitze offen. Mundsaum nach außen etwas zurückgebogen, besonders stark nach dem Nabel zu. (Abb. d.) **Buschschnecke.** *Eulóta frúticum.*

2. Gehäuse rötlich bis dunkelbraun, mit einem hellen, durchscheinenden Kielstreifen. Nabel eng. Mundsaum zurückgebogen, außen mit braunrotem Saum, innen mit fleischroter Lippe. (Abb. e.) **Rötliche Laubschnecke.** *Fruticícola incarnáta.*

III. Nabel fast durch den verstärkten Rand des Mundsaumes verdeckt. Gehäuse kugelig, 1½–3 cm Durchmesser. Lippe weiß. Gehäuse kastanienbraun, mit zahlreichen gelben Flecken, unregelmäßig gesprenkelt, meist läuft ein dunkles Band über die Mitte der Windungen. (Abb. c.) **Baumschnecke.** *Ariánta arbustórum.*

V. AN GEWÄSSERN

A. Pflanzenleben

1. Uferpflanzen

1. Uferpflanzen, die in dichten Beständen vorkommen und dadurch sehr auffällig sind: Schilf, Glanzgras, Süßgras; Simsen, Binsen, Seggen; Rohrkolben, Igelkolben, Schachtelhalm.

2. Diese Bestände heißen Röhricht. Viele dieser Pflanzen haben röhrige Stengel. (Siehe Schilf!)

3. Begleitpflanzen des Röhrichts: Solche, die nicht in dichten Beständen wachsen, sondern nur einzeln vorkommen. Sie sind auffällig durch ihre farbigen Blüten.

4. Die Uferpflanzen sind in Bau und Lebensweise ihrem Standort angepaßt.

   a) Hoher schlanker Wuchs: Schilf, Rohrkolben, Binsen — keine Beschädigung durch die Schwankungen des Wasserstandes.

   b) Lange, schmale, leicht bewegliche Blätter: Schilf, Rohrkolben — keine Beschädigung durch den Wind, der auf dem Wasser häufig und scharf weht.

   c) Besonderer Bau des Stengels: Schilf und Teich-Simse, *Scirpus lacústris*, deren Stengel oft $2\frac{1}{2}$ m hoch und sehr biegsam ist — Schutz gegen Einknicken bei starkem Wind.

   d) Unscheinbare Blüten ohne Duft und Honig: Schilf, Rohrkolben u. a. — Windblüher.

   e) Früchte mit Haarschopf: Rohrkolben, Schilf, Weidenröschen u. a. — Verbreitung der Früchte durch Wind.

   f) Früchte und Samen mit Luftmantel und andere Einrichtungen, die sie schwimmfähig machen: Schwertlilie, Schwanenblume u. a. — Verbreitung durch das Wasser.

   g) Weitkriechender Wurzelstock: Schilf, Rohrkolben u. a. — Verbreitung, vegetative Vermehrung.

   h) Blätter und Stengel mit Lufthöhlen: Rohrkolben, Pfeilkraut, Froschlöffel u. a. — Durchlüftung.

2. Uferpflanzen mit gelben Blüten

I. Blätter längsnervig

Blätter lang, schwertförmig. Blüten mit 3 breiten äußeren und drei schmalen inneren Zipfeln. 3 blattartige Narben, unter jeder von ihnen ein Staubblatt. Stengel rundlich, etwas zusammengedrückt, mehrblütig, ½–1 m hoch. **Wasser-Schwertlilie.** *Iris pseudácorus.*

II. Blätter netznervig

A. Blätter ungeteilt.

a) Blätter gegenständig.

1. Blüten mit 5 Kelchblättern, 5 gelben Kronblättern und 5 Staubblättern. Blüten zu mehreren in den Blattachseln und am Ende der Zweige, zusammen eine Rispe. Blätter gegenständig oder zu 3–5 im Wirtel, eilanzettlich, mit schwarzpunktierter Oberseite und blaßgrüner Unterseite. Stengel aufrecht, zottig behaart, ½–1½ m hoch. **Felberich, Gilbweiderich.** *Lysimáchia vulgáris.*

2. Blüten mit 5 Kelchblättern, 5 Kronblättern und 15–18 Staubblättern zu 3 Bündeln miteinander verwachsen. Blätter breit eiförmig, zerstreut durchscheinend punktiert (gegen das Licht halten!). Stengel 4kantig, einfach oder ästig, ¼–½ m hoch. **Kanten-Johanniskraut.** *Hypericum maculátum.*

3. Vom Bau der vorigen Pflanze. Unterschiede: Blätter dicht durchscheinend punktiert; Stengel geflügelt 4kantig, ästig. **Flügel-Johanniskraut.** *Hypericum acútum.*

b) Blätter wechselständig.

α) Pflanzen mit Milchsaft.

Stengel 1–1½ m hoch, meist mit nichtblühenden Ästen. Blätter lanzettlich, sitzend, kahl, nur vorn sehr klein gezähnt. Blüten in vielstrahligen Dolden. Blüten 1häusig, in eine becherförmige Hülle eingeschlossen, die am Rande 4 rundliche, braune Drüsen trägt. Frucht warzig. **Sumpf-Wolfsmilch.** *Euphórbia palúster.*

β) Pflanzen ohne Milchsaft.

1. Blüten in Körbchen, mit 12–20 zungenförmigen Strahlenblüten. Außenkelch meist 10blättrig, halb so lang wie der

Hüllkelch. Stengel bis 1,75 hoch, hohl, dicht beblättert. Blätter verlängert-lanzettlich, scharf gesägt, unterseits filzig oder kahl, sitzend, die unteren gestielt. **Sumpf-Kreuzkraut.** *Senécio paludósus.*

2. Blüten mit 5 Kelchblättern und meist 5 Kronblättern. Staubblätter 20 und mehr auf dem Blütenboden.
   ⁰ Stengel ½–1 m hoch, steif aufrecht, kräftig. Blätter lineal-lanzettlich, lang und zungenförmig. Blüten groß, goldgelb glänzend. **Großer Hahnenfuß.** *Ranúnculus língua.*
   ⁰⁰ Stengel ¼–½ m hoch, schwach, am Grunde meist niederliegend und wurzelnd. Untere Blätter elliptisch, obere lanzettlich. Blüten klein, hellgelb (Scharfer, brennender Geschmack; giftig — Schutz gegen Tierfraß). **Brennender Hahnenfuß.** *Ranúnculus flámmula.*

3. Blüten mit 5 gelbgefärbten Kelchblättern. Kronblätter fehlend. Staubblätter 20 und mehr auf dem Blütenboden. Stengel dick, hohl, 20–40 cm hoch. Blätter herz-eiförmig bis nierenförmig, dunkelgrün, glänzend, gekerbt, die unteren gestielt, die oberen fast sitzend. Blüten groß. **Sumpfdotterblume.** *Caltha palústris.*

B. Blätter geteilt.

a) Blätter 3- und 5zählig.

Blättchen länglich, verkehrt-eiförmig, tief gesägt, kahl oder behaart. Kronblätter 5, Staubblätter 20 und mehr auf dem Kelchrande. Stengel kriechend, fadenförmig, von Glied zu Glied wurzelnd, 30 bis 60 cm lang. **Kriechendes Fingerkraut.** *Potentílla réptans.*

b) Blätter fiederspaltig oder untere Blätter fiederspaltig und obere ungeteilt.

α) Blüten in Körbchen. Alle Blüten zungenförmig, Pappus mit einfachen Haaren.

1. Blätter stachelig gezähnt, sitzend, am Grunde pfeilförmig, mit zugespitzten Öhrchen, die unteren Blätter fiederspaltig. Frucht stark zusammengedrückt. Blüten in vielköpfigen Doldentrauben. Köpfe 3 cm im Durchmesser. Hülle mit schwärzlichen Drüsenhaaren. Stengel 1–2 m hoch. **Sumpf-Gänsedistel.** *Sónchus palúster.*

2. Blätter nicht stachelspitzig gezähnt, schrotsägig gezähnt, die oberen eiförmig-lanzettlich, mit herzförmigem Grunde stengel-

umfassend, an der Spitze ganzrandig, die unteren länglich, fiederspaltig, am Grunde verschmälert. Frucht stielrund, 10rippig. Pappus gelblichweiß, unten bräunlich. Hülle mit schwärzlichen Drüsenhaaren. Stengel $\frac{1}{2}$–1 m hoch. **Sumpf-Grundfeste.** *Crépis paludósa.*

β) Blüten mit 4 Kron- und 4 Kelchblättern, abwechselnd kreuzweise gestellt. Staubblätter 6, davon 4 länger. Obere Blätter am Grunde verschmälert, nicht stengelumfassend.

1. Kronblätter länger als die Kelchblätter, hochgelb.

[0] Blätter fiederteilig bis gefiedert, gestielt, am Grunde geöhrt; Fiedern lineal, gezähnt bis fiederspaltig. Schoten etwa halb so lang wie ihr Stiel. Stengel sehr ästig, ausgebreitet, 20–50 cm hoch. **Wald-Kresse.** *Róripa silvéstre.*

[00] Blätter oben ungeteilt, unten fiederteilig, länglich oder lanzettlich, gezähnt oder gesägt, sitzend, unten gestielt, oft kammförmig-fiederspaltig. Schoten rundlich, 3–4 mal kürzer als ihr Stiel. Stengel am Grunde kriechend, wurzelnd, meist hohl, $\frac{1}{4}$–1 m hoch. **Wasser-Kresse.** *Róripa amphíbium.*

2. Kronblätter so lang oder fast so lang wie die Kelchblätter, blaßgelb.

Blätter fiederspaltig, die unteren fast leierförmig; Blattzipfel länglich, gezähnt. Schoten etwa so lang wie ihr Stiel. Stengel ästig, aufrecht oder niederliegend, $\frac{1}{4}$–$\frac{1}{2}$ m hoch. **Sumpf-Kresse.** *Róripa palústre.*

c) Blätter ein- bis mehrfach gefiedert.

1. Kronblätter 5, Kelch mit 10 zweireihigen, abwechselnd kleineren Zipfeln. Staubblätter 20 und mehr auf dem Kelchrande. Blüten einzeln, lang gestielt. Blätter unterbrochen gefiedert, mit zahlreichen Blättchen, scharf gesägt, unterseits, oft auch beiderseits graufilzig. Stengel kriechend, von Glied zu Glied wurzelnd, 20–50 cm lang. **Gänse-Fingerkraut.** *Potentílla anserína.*

2. Kronblätter fehlend. Kelchblätter kronenartig gefärbt. Staubblätter zahlreich, auf dem Fruchtboden. Blüten in Büscheln. Blätter doppelt gefiedert. Blättchen viel länger als breit, vorn 3spaltig. Stiele der unteren Blätter mit Nebenblättern. Stengel gefurcht, $\frac{2}{3}$–$1\frac{1}{3}$ m hoch. **Gelbe Wiesenraute.** *Thalíctrum flávum.*

3. Uferpflanzen mit roten Blüten

I. Blätter längsnervig

Blätter grundständig, lang, schilfartig, 3kantig, rinnig, steif-aufrecht. Blüten in endständiger Dolde. Kelch und Krone 6blättrig, rötlichweiß, dunkler geadert. Staubblätter 9. Griffel 6. $\frac{1}{2}$–$1\frac{1}{2}$ m hoch. (Lange, schmale Blätter, mit Lufthöhlen — Anpassung an den Standort.) **Wasserliesch, Schwanenblume.** *Bútomus umbellátus.*

II. Blätter netznervig, geteilt oder gefiedert

A. Blätter geteilt.

1. Alle Blätter 3zählig.

Blätter grundständig, langgestielt, 3zählig. Blüten in endständiger, langer Traube, rötlich-weiß. Krone trichterförmig, mit 5 zurückgebogenen Zipfeln, innen mit zottigen Haaren. Kelch 5teilig. Schaft 20–60 cm hoch. (Blätter von sehr bitterem Geschmack, Heilmittel — Schutz gegen Tierfraß.) (S. 240) **Fieberklee, Bitterklee.** *Menyánthes trifoliáta.*

2. Obere Blätter 3zählig, untere Blätter gefiedert. Blättchen 5–7, länglich, scharf gesägt, unterseits bläulichgrün. Kelch innen dunkel, größer als die Krone. Kronblätter schwarz-purpurn, lanzettlich. Staubblätter viele. Stengel kriechend, aufsteigend, 20–50 cm hoch. **Blutauge.** *Cómarum palústre.*

3. Blätter 3–5teilig.

Blätter gestielt, gegenständig; Abschnitte lanzettlich, gesägt, der mittlere länger. Blüten in Körbchen. Körbchen meist 5 blütig, in Ebensträußen. Kronblätter röhrig, hellrot. Griffel weit hervorragend, gespalten. Stengel $^2/_3$–2 m hoch. **Wasserdost.** *Eupatórium cannábinum.*

Wasserdost

4. Blätter 5–7spaltig. Blütenstände 2blütig. 5 Kronblätter, doppelt so lang wie der Kelch, verkehrt-eiförmig, purpurrot. Staubblätter 10. Stengel behaart. Bis 1 m hoch. **Sumpf-Storchschnabel.** *Geránium palústre.*

5. Mittlere und obere Blätter fiederteilig, mit großem Endblättchen, gegenständig; Blätter der Ausläufer eiförmig, lang-

gestielt. Stengel gefurcht, bis 30 cm hoch. Staubblüten rötlich, Stempelblüten weiß, sehr klein. **Kleiner Baldrian.** *Valeriána dioëca.*

6. Alle Blätter unpaarig gefiedert, gegenständig; Fiederblättchen 15–21, lanzettlich, gesägt. Blüten in Trugdolden, hellrötlich. Bis 1 m hoch. Wurzel stark riechend. Heilmittel. **Großer Baldrian.** *Valeriána officinális.*

III. Blätter netznervig, ungeteilt

A. Blätter gegenständig.

a) Staubblätter 12 (6 lange, 6 kurze).
Blüten quirlig-ährig, blutrot. Kelchröhre 8–12zähnig. Zähne abwechselnd länger. Blätter unten gegenständig oder zu 3 im Quirl, fast sitzend, lanzettlich. Stengel bis 1½ m hoch. (Beachte: Weidenartige Blätter dieser und auch anderer Pflanzen am Wasser: Weiderich, Weidenröschen, Weide u. a. Anpassung an den Standort.) **Blutweiderich.** *Lythrum salicária.*

b) Staubblätter 8 (4 lang, 4 kurz). Krone trichterig. Untere Blätter gegenständig, obere wechselständig, lanzettlich-eiförmig. Stengel meist ästig. Samen mit Wollschöpfen (Flugapparat!). **Weidenröschen.** *Epilóbium.*

1. Blätter stengelumfassend. Blüten groß. Stengel sehr ästig, zottig, bis 1¼ m hoch. **Zottiges Weidenröschen.** *E. hirsútum.*
2. Blätter sitzend. Blüten klein. Stengel weichhaarig, bis ¾ m hoch. **Bach-Weidenröschen.** *E. parviflórum.*
3. Blätter sitzend, ganzrandig. Blüten klein. Narbe keulenförmig! Stengel mit Ausläufern, bis ½ m hoch. **Sumpf-Weidenröschen.** *E. palústre.*
4. Mittlere Blätter sitzend, mit jedem ihrer breiten Ränder bis zum nächsten Paar herablaufend. Stengel 4kantig (!), bis 1¼ m hoch. **Kanten-Weidenröschen.** *E. adnátum.*

c) Staubblätter 4 (2 lang, 2 kurz).

1. Krone deutlich 2lippig, doppelt so lang wie der Kelch, Unterlippe mit heller Zeichnung. Kelch gleichmäßig 5zähnig. Kronröhre innen mit Haarring. Blüten in Scheinquirlen zu 6–12. Blätter lanzettlich. Stengel einfach oder wenig ästig, steifhaarig, hohl, bis ¾ m hoch. **Sumpf-Ziest.** *Stachys palústris.*

2. Krone 2lippig, fast kugelig· Oberlippe vorgestreckt, Unterlippe mit 3 kurzen Lappen. Blüten bräunlich. Ganze Pflanze kahl. Blütenstand meist drüsig behaart. **Braunwurz.** *Scrophulária.*

α) Stengel scharf 4 kantig, ungeflügelt. Krone grünbraun. Kelchzipfel schmalhäutig berandet. Bis 1 m hoch. **Knotige Braunwurz.** *Sc. nodósa.*

β) Stengel und Blattstiele breit geflügelt. Kelchzipfel mit breitem, häutigem Rande.

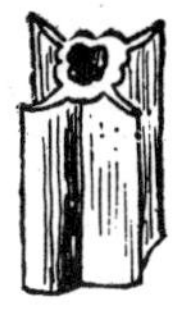

\+ Blätter herzförmig-länglich, stumpf gekerbt. Krone purpurbraun, am Grunde grün. Ansatz des 5. Staubfadens rundlich-nierenförmig. Bis 1½ m hoch. **Wasser-Braunwurz.** *Sc. aquática.*

\+\+ Blätter länglich-eiförmig, scharf gesägt, am Grunde verschmälert. Krone grünlich-rotbraun. Ansatz des 5. Staubfadens verkehrt-herzförmig, 2lappig. Bis 1 m hoch. **Schatten-Braunwurz.** *Sc. umbrósa.*

3. Krone fast gleichmäßig 4–5spaltig, Zipfel fast gleich, der oberste etwas breiter, ausgerandet. Staubblätter aus der Krone weit hervorragend. Blätter nie gespalten, stark aromatisch riechend (Pfefferminzgeruch!). Meist in dichten Beständen. **Minze.** *Mentha.*

α) Blüten in einem endständigen rundlichen Köpfchen, darunter noch 1–2 entfernte Quirle. Kelch mit gefurchter Röhre und pfriemlichen Zähnen. Blätter länglich-eiförmig. Bis 1 m hoch. **Wasser-Minze.** *M. aquática.*

β) Blüten in einer endständigen verlängerten Ähre. Blätter 2 bis 3mal so lang wie breit, oberseits graufilzig, unterseits weißfilzig. Bis 1 m hoch. **Roß-Minze.** *M. longifólia.*

d) Staubblätter 10.

Kronblätter plötzlich in einem langen Nagel zusammengezogen, fleischfarben, mit Schlundschuppen. Blüten kurzgestielt, in Büscheln. Kelch walzig. Blätter eirundlich-lanzettlich, mit 3–5 starken Nerven (!). Bis ³/₄ m hoch. (Wurzel enthält Bitterstoff, die zerstoßene Wurzel schäumt im Wasser. Schutz gegen Tierfraß.) **Seifenkraut.** *Saponária officinális.*

B. Blätter wechselständig. (Am Grunde mit einer Scheide!)

a) Blüten in Ähren am Ende der Äste. Einzelblüte klein, 5–6teilig, innen und außen gefärbt. Staubblätter 5–8. Stengel knotig. **Knöterich.** *Polýgonum.*

α) Ähren locker und schlank.

1. Tute (am Grunde des Blattes!) fast kahl, kurz gewimpert. Blätter mit scharfem Geschmack! Blüten rot oder grün. Bis ½ m hoch. **Wasserpfeffer.** *P. hydropiper.*

2. Tute behaart, lang gewimpert. Blüten rot oder weiß. Bis 30 cm hoch. (Abb.) **Kleiner Knöterich.** *P. minus.*

β) Ähren dicht und gedrungen, walzig.

1. Tute kahl, sehr fein gewimpert. Blütenstiele drüsig, rauh. Blüten rot oder grün. Bis 1 m hoch. **Ampfer-Knöterich.** *P. lapathifólium.*

2. Tute rauhhaarig, lang gewimpert. Blütenstiele drüsenlos. Blüten rot bis weiß. Bis 1 m hoch. **Floh-Knöterich.** *P. persicária.*

3. Eine weitere Art wächst im Wasser. Seite 249.

b) Blüten in blattwinkelständigen Büscheln. Einzelblüte klein, 6teilig, grün oder rot überlaufen. Staubblätter 6. Pflanzen auffällig durch ihre Größe und derbe Gestalt, bis 2 m hoch! **Ampfer.** *Rumex.*

1. Blätter sehr groß, die unteren oft 60 cm lang und 35 cm breit, lanzettlich, am Grunde verschmälert. Stengel und Blattstiele teilweise rotbraun. Blütenstand mächtig, bis über die Mitte mit schmalen, grünen Blättern durchsetzt. **Fluß-Ampfer.** *R. hydrolápathum.*

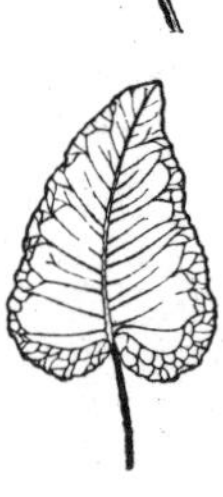

2. Blätter ebenfalls sehr groß, untere Blätter am Grunde aber herzförmig, im Umfange eirund, vorn zugespitzt. Blattstiel rinnig. Die dicht unter dem Blütenstand stehenden Blätter kurzgestielt. Blütenstand gar nicht oder nur unten mit grünen Blättern durchsetzt. **Wasser-Ampfer.** *R. aquáticus.*

3. Andere Arten wachsen auf Schutthaufen.

4. Uferpflanzen mit blauen Blüten

I. Blätter gegenständig

A. Staubblätter 2. Blüten in blattwinkelständigen Trauben. Kelch und Krone 4teilig. Stengel und Blätter kahl. Bis $^2/_3$ m hoch. **Ehrenpreis.** *Verónica.*

a) Blütentrauben gegenständig.

α) Stengel stielrund. Blätter kurzgestielt, länglich. Krone himmelblau. **Bachbungen-Ehrenpreis.** *V. beccabúnga.*

β) Stengel kantig.

1. Stengel markig. Krone weiß, bläulich geadert. **Blasser-Ehrenpreis.** *V. anagallioides.*

2. Stengel hohl. Krone bläulich-lila. **Gauchheil-Ehrenpreis.** *V. anagállis.*

b) Blütentrauben nicht gegenständig. Blätter lineal-lanzettlich, sitzend, rückwärts gesägt. Stengel schlaff. Krone weißlich, bläulich geadert. **Schild-Ehrenpreis.** *V. scutelláta.*

B. Staubblätter 4 (2 lang, 2 kurz).

1. Krone 2lippig. Kelch 2lippig. Stengel 4kantig, einfach oder ästig, bis $^2/_3$ m hoch. Blätter länglich oder lanzettlich, am Grunde herzförmig, kerbig gesägt. Blüten einzeln oder zu 2 in den Blattwinkeln. **Kappen-Helmkraut.** *Scutellária galericuláta.*

2. Krone regelmäßig 4spaltig. Kelch 5-zähnig. (S. 235.) **Minze.** *Mentha.*

II. Blätter wechselständig

a) Stengel mehr oder weniger verholzt, liegend oder 2–3 m hoch kletternd.

Blätter herz-eiförmig, am Grunde oft mit 1–2 tiefbuchtig abgetrennten Lappen. Blüten in langgestielten Wickeln. Krone violett, jeder Zipfel mit 2 grünen Flecken. Staubblätter 5, Griffel 1. (Beeren kugelig, rot, erst bitter, dann süß, nicht giftig. Wenn sie platzen, werden die klebrigen Samen fortgeschleudert; vorüberstreifende Tiere nehmen sie mit und tragen zur Verbreitung bei.) **Bittersüß.** *Solánum dulcamára.*

b) Stengel krautig, nicht kletternd.

1. Blätter länglich-lanzettlich. Krone röhrig, mit 5lappigem Saum, himmelblblau mit gelben Schlundschuppen. Kelch 5zähnig, angedrückt-behaart. Staubblätter 5. Griffel 1. Stengel fast kahl, etwas kantig, 20–40 cm hoch. (Vergleiche Sumpf-Vergißmeinnicht mit den Vergißmeinnichtarten trockener Standorte hinsichtlich ihrer Behaarung!) **Sumpf-Vergißmeinnicht.** *Myosótis palústris.*

2. Stengel stielrund. Kelch 5spaltig. **Rasiges Vergißmeinnicht.** *Myosótis caespitósa.*

3. Siehe auch Schwarzwurz, *Sýmphitum officinále* (S. 239).

5. Uferpflanzen mit weißen Blüten

(*Einige Pflanzen haben auch rötlich überlaufene Blüten*)

I. Blätter längsnervig

1. Blätter eiförmig, in Größe und Gestalt den Blättern des großen Wegerichs ähnlich, am Grunde herzförmig, ganzrandig, mit 5–9 bogenförmigen Adern; Blattstiel rinnig. Blüten in quirlständigen Rispen. Blüte mit 3 weißen oder rötlichen Blättern und 6 Staubgefäßen. Bis 1 m hoch. (Untergetauchte, im Wasser flutende Blätter sind schmal und riemenförmig = Anpassungserscheinung. Siehe auch: Pfeilkraut, Wasserhahnenfuß, Flutender Hahnenfuß, Tausendblatt u. a.) **Froschlöffel.** *Alisma plantágo.*

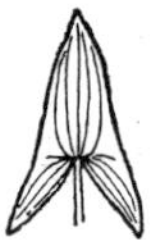

2. Blätter pfeilförmig, langgestielt. Blüten zu 3 im Quirl, weiß, am Grunde rot. Obere Blüten männlich, die unteren weiblich! Bis 1 m hoch. (Blätter unter dem Wasser grasartig, schmal, riemenförmig = Anpassung an den Standort.) **Pfeilkraut.** *Sagittária sagittifólia.*

3. Blätter herzförmig, grundständig. Blütenscheide (wie bei Aronstab) innen weiß, außen grün, mit einem kurzen Kolben (wie bei Aronstab). Beeren rot. Bis 30 cm hoch. **Schlangenkraut.** Sumpfige Orte, Torfbrüche. *Calla palústris.*

II. Blätter netznervig

A. Blätter ungeteilt, nicht gefingert oder gefiedert.

a) Blätter gegenständig.

α) Staubblätter 2.

Blätter derb, länglich-eiförmig, grob-buchtig-gezähnt, am Grunde oft fiederspaltig, kurz gestielt. Blüten klein, in dichten Scheinquirlen, die in den Blattwinkeln stehen. Krone weiß, innen rot punktiert. Kelch 5spaltig, mit spitzen Zähnen. Stengel ästig, bis 1 m hoch. **Ufer-Wolfstrapp.** *Lýcopus europáeus.*

β) Staubblätter 10. Kronblätter 2spaltig.

1. Griffel 3. Kelchblätter 3nervig. Blätter zart, lanzettlich, ganzrandig, sitzend. Stengel 4kantig, meist niederliegend, bis 30 cm lang. **Sumpf-Miere.** *Stellária uliginósa.*

2. Griffel 5. Kronblätter bis auf den Grund 2spaltig. Blätter herzeiförmig, zugespitzt, sitzend. Stengel schlaff, liegend oder klimmend, bis 1¼ m hoch. **Wasserdarm.** *Maláchium aquáticum.*

b) Blätter wechselständig.

α) Stengel windend, kletternd, bis 3 m hoch. Blätter am Grunde pfeilförmig, mit angestumpften Öhrchen. Krone groß, glockig- trichterförmig, schneeweiß. Blüten einzeln in den Blattwinkeln. Kelch 5teilig. Staubblätter 5, Griffel 1. (Stengel windend = Lichthunger. Blüte abends offen = Bestäubung durch Dämmerungsfalter.) **Zaun-Winde.** *Convólvulus sépium.*

β) Stengel nicht windend.

1. Blüten in Körbchen. Strahlblüten weiß. Zunge der Strahlblüten breit, rundlich, weiß. Blätter lineal-lanzettlich, am Grunde fein, über der Mitte tief gesägt. Bis $^2/_3$ m hoch. **Sumpf-Garbe.** *Achilléa ptármica.*

2. Blüten nicht in Körbchen. Krone weiß (auch purpurn oder violett), röhrig-glockig, mit 5 kleinen zurückgezogenen Zähnen. Staubblätter 5. Stengel ästig, oft bis weit über 1 m hoch. Blätter breit-lanzettlich, die unteren in den Blattstiel verschmälert, die oberen lang herablaufend. (Blattstellung: die unteren gestielt, die oberen sitzend = Lichtgenuß. Blätter rinnig, schräg aufwärts gerichtet, am Stengel herablaufend = Regenleitung nach innen, zu der Wurzel.) **Schwarzwurz, Beinwell.** *Sýmphytum officinále.*

c) Blätter quirlständig. Staubblätter 4. Stengel 4kantig. **Labkraut.** *Gálium.*

1. Blätter meist zu 6 im Wirtel, lineal-lanzettlich, mit Stachelspitze. Krone radförmig, flach. Staubbeutel gelb. Stengel schlaff, bis ½ m hoch. **Moor-Labkraut.** *G. uliginósum.*

2. Blätter meist zu 4, lineal, stumpf, ohne Stachelspitze. Rispe ausgebreitet. Staubbeutel rot. Stengel liegend bis aufsteigend, zart, bis $^2/_3$ m hoch. **Sumpf-Labkraut.** *G. palústre.*

B. Blätter gefingert.

Blätter 3zählig, langgestielt, grundständig. Blättchen verkehrteiförmig, fast sitzend. Krone weiß (auch rötlichweiß), mit 5 bärtigen Zipfeln. Kelch 5teilig. Staubblätter 5. Pflanze bis $^1/_3$ m hoch. (Blätter von bitterem Geschmack = Schutz gegen Tierfraß.) (Abb. S. 233) **Bitterklee, Fieberklee.** *Menyánthes trifoliáta.*

C. Blätter gefiedert.

1. Blätter quirlständig. Grundständige Blätter rosettig, kammförmig-fiederteilig. Blüten in endständiger, lockerer Traube. Krone mit kurzer Röhre und ausgebreitetem, 5teiligem Saum. Schlund der Röhre gelb. Staubblätter 5. Bis ½ m hoch. **Wasserfeder, Sumpfprimel.** *Hottónia palústris.*

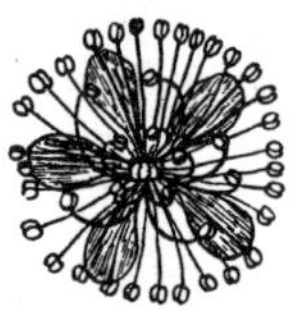

2. Blätter wechselständig. Blättchen groß, eiförmig, unterseits weißfilzig, ungeteilt; das endständige Blättchen größer, handförmig, 3–5spaltig. Blüten weiß oder gelblichweiß, von starkem Geruch, in rispigen Trugdolden. Kronblätter 5. Staubblätter viele. Bis 1½ m hoch. **Mädesüß.** *Filipéndula ulmária.*

6. Doldenpflanzen an und in Gewässern

I. Alle Blätter einfach gefiedert.

1. Stengel stielrund, gestreift. Dolden blattgegenständig, kurz gestielt. Blätter gefiedert, untere mit eiförmigen, obere mit lanzettlichen, gesägten Blättchen. Hülle und Hüllchen mit lanzettlichen Blättern. **Berle.** *Bérula angustifólia.*

2. Stengel kantig gefurcht. Dolden endständig, 20–30strahlig. Blätter gefiedert, Blättchen schieflanzettlich, scharf gesägt; die untergetauchten Blätter oft vielfach gespalten. Hülle und Hüllchen vielblättrig. **Merk.** *Sium latifólium.*

II. Stengelblätter 1fach, Wurzelblätter 2–3fach gefiedert.

Stengel, Blattstiel und Doldenstrahlen röhrig. Endständige Dolde 3strahlig, mit Früchten; seitenständige Dolden 3–5strahlig, ohne Früchte. Hülle fehlend. Wurzeln zum Teil knollig verdickt. **Hohle Pferdesaat.** *Oenánthe fistulósa.*

III. Alle Blätter 2–3fach gefiedert.

A. Hülle vorhanden, 3- bis mehrblättrig. Hüllchen vorhanden, 3- bis mehrblättrig.

1. Stengel ½–2 m hoch, sehr ästig, fein gerillt, kahl, glänzend, am Grunde rotbraun gefleckt. Auch Blattstiele oft rot gefleckt. Blätter 3fach gefiedert, Fiedern tief eingeschnitten, gesägt, stachelspitzig; oben dunkelgrün, unten heller. Dolden 10–20strahlig. Hüllblätter 3–5, meist 5, am Rande häutig, lanzettlich, zurückgeschlagen. Hüllchen 3–4 Blätter, am Grunde verwachsen. Sehr giftig! **Gefleckter Schierling.** *Conium maculátum.*
2. Stengel ½–1½ m hoch, mit weitabstehenden Ästen, kantig gefurcht. Blätter 3fach gefiedert, Zipfel stachelspitzig. Dolden groß, 20–40strahlig. Hülle zurückgeschlagen oder abstehend; Blätter der Hülle und des Hüllchens lanzettlich, mit häutigem Rand. **Ölsenich.** *Peucédanum palústre.*

B. Hülle fehlend oder wenigblättrig, leicht hinfällig. Hüllchen vorhanden, 3- bis mehrblättrig.

1. Stengel unter den Knoten stark angeschwollen, gerieft, mit zerstreuten Haaren besetzt, unten oft rot gefleckt, 1–2 m hoch. Blätter 3–4fach gefiedert. Hüllchenblätter 5–6, mit häutigem Rand. Wurzel rübenförmig-knollig. **Knolliger Kälberkropf.** *Chaerophýllum bulbósum.*
2. Stengel gefurcht, kahl, 1–2 m hoch. Blätter 3fach gefiedert, Fiederblättchen eiförmig, am Grunde schief, scharf gesägt. Blattscheiden bauchig aufgeblasen. Dolden stark gewölbt, 20–30strahlig. Doldenstrahlen mehlig-weichhaarig. Blätter des Hüllchens pfriemlich, herabgeschlagen. **Brustwurz.** *Angélica silvéstris.*
3. Stengel gabelästig, ½–1¼ m hoch. Blätter 2–3fach gefiedert, mit scharf gesägten lanzettlichen Blättchen. Dol-

den gewölbt. Hüllchen vielblättrig, zuletzt zurückgeschlagen. Grundachse hohl, querfächerig. Sehr giftig! **Wasserschierling.** *Cicúta virósa.*

4. Stengel sperrig-ästig, kahl, am Grunde sehr dick, zwischen den untersten Knoten hohl, ½–1½ m hoch. Blätter 2–3-fach fiederteilig, die untergetauchten in vielspaltige Zipfel aufgeteilt. Dolden flach, vielstrahlig, kurz gestielt. Hüllblättchen pfriemlich. **Wasserfenchel, Roßkümmel.** *Oenánthe aquática.*

5. Stengel stielrund, gerillt, bis 2 m hoch. Blätter doppelt fiederteilig; Blättchen herz-eiförmig, ungleich gesägt, die endständigen 3lappig, die seitenständigen meist 2lappig. Obere Blattstiele bauchig-aufgeblasen. Dolden vielstrahlig; Doldenstiele mehlig-behaart. Blüten grünlich-weiß. **Engelwurz.** *Archangélica officinális.*

7. Röhricht

I. Stengel durch Knoten in Abschnitte gegliedert, hohl, ohne Mark (Halm)

A. Halm an den Knoten fest. (Längs- und Querschnitt durch den Knoten machen! Ziehen!) Blätter lang, schmal, parallel-nervig. Gräser.

a) Ährchen einblütig.

Halm 1–1½ m hoch. Blätter breit, graugrün. Blatthäutchen spitz. Rispe abstehend mit büschelig gestellten Ähren, gelblichgrün, oft rotbunt. Das Gras bildet oft größere dichte Bestände. **Rohrartiges Glanzgras.** *Phálaris arundinácea.*

b) Ährchen mehrblütig.

1. Halm 1–3 m hoch, größtes deutsches Gras. Blätter graugrün, schneidend scharf. Rispe sehr ästig, ausgebreitet, braunrot; später überhängend, fast einseitswendig, grau, Ährenspindel mit seidenartigen Haaren besetzt. (Schilfhalme aus dem Schlamm ziehen: lange Ausläufer mit Sprossen, vegetative Vermehrung, dichte Bestände.) **Schilf.** *Phragmítes commúnis.*

2. Halm 1–2 m hoch. Blätter bis 1 cm breit, gelbgrün. Blatthäutchen abgestutzt. Rispe sehr ästig, allseitig ausgebreitet, mit zahlreichen Ährchen. **Wasser-Schwaden.** *Glycéria aquática.*

3. Halm bis 80 cm hoch. Rispe einseitswendig, sehr lang und schmal; ihre Äste zur Blütezeit abstehend, vorher und nachher angedrückt, die unteren meist zu zwei Blattscheiden zusammengedrückt. **Mannagras.** *Glycéria flúitans.*

B. Halm an den Knoten nicht fest verwachsen. (An den Knoten ziehen: sie reißen aus. Dasselbe an den quirlständigen Ästen tun: auch sie reißen in den Knoten aus.) Schachtelhalme.

1. Stengel dünn, bis 3 mm dick, tief gefurcht, 6–10streifig, etwas rauh, ästig, ½ m hoch. Zähne der Scheiden breit, mit breithäutigem Rand. Ähre oben stumpf. (Pflanze aus dem Schlamm herausnehmen: weitkriechende Ausläufer mit Sprossen — vegetative Vermehrung, dichte Bestände.) **Sumpf-Schachtelhalm.** *Equisétum palústre.*

2. Stengel dick, bis 8 mm, glatt vielstreifig, oft astlos, bis 1½ m hoch. Zähne der Scheiden eng anliegend, kurz, schwärzlich, mit schmalhäutigem Rand. Ähre oben stumpf. (Unterirdische Ausläufer: vegetative Vermehrung, dichte Bestände.) **Teich-Schachtelhalm.** *Equisétum heleócharis.*

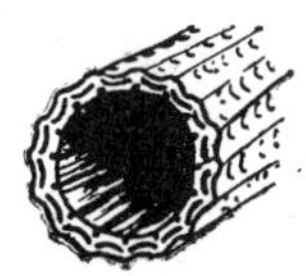

II. Stengel ohne Knoten, mit Mark

A. Stengel stielrund.

a) Stengel mit Blättern.

α) Stengel über 1 m hoch. Blüten in einem endständigen, walzenförmigen Kolben.

1. Blätter lang-lineal, so lang oder länger als der Stengel, höchstens 1 cm breit, am Rücken gewölbt, grasgrün. Männlicher (oberer Teil des Kolbens!) und weiblicher (unterer Teil des Kolbens!) Blütenstand getrennt (Zwischenraum 3–5 cm). Stengel 1–2 m hoch. (Abb.) **Schmalblättriger Rohrkolben.** *Typha angustifólia.*

2. Blätter ebenso lang, aber 1–2 cm breit, meist blaugrün. Männlicher und weiblicher Kolbenteil sich berührend. Stengel 1–2 m hoch. **Breitblättriger Rohrkolben.** *Typha latifólia.*

β) Stengel unter 1 m hoch. Blüten in kugeligen Köpfchen.

1. Stengel oben ästig, $^1/_4$–$^3/_4$ m hoch. Jeder Ast mit 1–2 weiblichen und mehreren männlichen Köpfen. Blätter lang-lineal, am Grunde 3kantig, an den Seiten vertieft. **Ästiger Igelkolben.** *Spargánium eréctum.*

2. Stengel einfach, $^1/_4$–$^3/_4$ m hoch. Oben mehrere männliche und weibliche Köpfchen in einer Traube. Blätter lang-lineal, am Grunde 3kantig, an den Seiten nicht vertieft. **Einfacher Igelkolben.** *Spargánium simplex.*

b) Stengel ohne Blätter.

α) Blüten klein, mit 6 grünen, kelchartigen Blättern. Staubblätter 6 oder 3. Blütenstand eine seitliche Rispe. Stengel fein gerillt, $^1/_4$–$^3/_4$ m hoch. (S. 106.) (Abb.) **Binsen.** *Juncus.*

β) Blüten klein, in vielblütigen Ährchen. Staubblätter 3.

1. Blütenstand ein einzelnes braunes Ährchen an der Spitze des Stengels. Stengel blaugrün, im Wasser bis $^2/_3$ m hoch. (S. 106.) (Abb.) **Sumpf-Binse.** *Heleócharis palústris.*

2. Blütenstand eine braune büschelige Rispe, nicht weit unter der Spitze des Stengels. Stengel grasgrün, sehr schlank und biegsam, oft über 2 m hoch. **See-Simse.** *Scirpus lacústris.*

B. Stengel 3kantig.

a) Blüten zwitterig, mit 3 Staubblättern und 1 Griffel. Spelzen der Ähren mehrreihig angeordnet. Ährchen vielblütig, in einer endständigen Rispe. Stengel knotenlos, scharf 3kantig, beblättert.

1. Rispe ohne Verzweigung. Ährchen in Büscheln. Ährchen groß, 1–2 cm lang, einzeln oder zu mehreren. Spelzen ausgerandet, stachelspitzig, braun. Blätter gekielt. Stengel $^1/_3$–1 m hoch. (Abb.) **Meer-Simse.** *Scirpus maritimus.*

2. Rispe mit verzweigten Ästen, doldentraubig. Ährchen klein, bis ½ cm lang, büschelig. Spelzen stumpf, mit feiner Stachelspitze, schwärzlich. Blätter gekielt. Stengel $^1/_3$–1 m hoch. **Wald-Simse.** *Scirpus silváticus.*

b) Blüten eingeschlechtig. Männliche und weibliche Blüten auf einer Pflanze: einhäusige Pflanzen. Blüten in Ähren. Blätter lang-lineal. Stengel knotenlos, 3kantig, beblättert. (Abb.) **Seggen.** *Carex.*

C. Stengel plattgedrückt.

Stengel ¼–1 m hoch, flachgedrückt, auf der einen Seite scharfkantig; die andere Seite mit Rinne, aus der der Kolben hervorwächst. Blätter lang, schilfartig. Blüten in einem kurzen, gelblichgrünen Kolben. **Kalmus.** *Ácorus cálamus.*

III. Stengel ohne Knoten, hohl

Stengel 1–2 m hoch, stielrund oder stumpf 3kantig. Blätter oberseits scharf gekielt, in eine lange 3kantige Spitze verschmälert, am Rande und am Kiel von nach vorn gerichteten Stacheln rauh. Rispe groß, endständig. Unter der Rispe Hüllblatt mit stielrunder Spitze. **Schneide.** *Cládium maríscus.*

8. Nicht benetzbare Blätter

Beobachtung

In Wassergräben sieht man die langen, schmalen, untergetauchten Blätter des Schwadens (Süßgrases, *Glyceria*) silbern glänzen. Woher kommt das?

Erklärung

Einige Blätter aus dem Wasser nehmen, zwischen zwei Fingern durchziehen, danach wieder ins Wasser zurücklegen. Ergebnis: Der Silberglanz ist geschwunden. — Das Blatt ist mit einer Wachsschicht überzogen und hält eine dünne Luftschicht fest, die das Licht vollständig zurückwirft (totale Reflexion). Wischt man die Wachsschicht ab, so verschwindet die Erscheinung. Solche Blätter heißen „bereift".

Andere Pflanzen mit bereiften Blättern: Schellkraut, Kohlarten, Springkraut . . . Pflanzen mit „bereiften" Früchten: Pflaume, Kirsche, Schlehe, Weinbeere . . . Bedeutung: Schutz gegen Durchnässung und Fäulnis.

Untersuche!

Untersuche die Bestände des Wasserschwadens nach faulen Blättern! Stelle fest, ob noch andere Pflanzen im Wasser, auf der Wasserfläche, im Röhricht oder am Ufer „bereifte" Blätter haben.

9. Leicht benetzbare Blätter

Beobachtung

Die ersten Regentropfen fallen auf die großen Blätter der Pestwurz. Sie breiten sich rasch aus und verlaufen. Die benetzte Stelle ist bald wieder trocken.

Erklärung

Der Wassertropfen breitet sich auf der rauhen Blattoberfläche schnell aus und kann deshalb schnell verdunsten. — Das Kohlblatt hat einen Wachsüberzug und läßt das Wasser schnell ablaufen. — Der Wasserschwaden hält mit seinem Wachsüberzug eine Luftschicht fest, die das Wasser zurückhält.

Alle drei Einrichtungen schützen die Blätter vor Durchnässung.

10. Abgestorbene Pflanzenteile, die im Wasser liegen, sind oft kohlschwarz

Viele Pflanzen enthalten Gerbstoffe. Kenntlich an dem herben Geschmack: Samen der Roßkastanie, Eicheln, Rinde . . . Verbinden sich diese Gerbstoffe mit den Eisenverbindungen im Wasser oder im Boden, so entstehen schwarze, blauschwarze, blaue oder grüne Verbindungen. Wenn also abgestorbene Pflanzenteile oder Früchte, die Gerbstoffe enthalten, lange im Wasser oder im feuchten Boden liegen, so werden sie allmählich schwarz. Beispiele: Samen der Roßkastanie, Eicheln, Wassernuß, Blätter vom Laichkraut, Rindenstücke . . . — Eichenholz, das zu Brunnenverschalungen oder zu Brückenpfeilern benutzt wurde und heute ausgegraben wird, sieht kohlschwarz aus. (Saalburg-Museum bei Homburg/Taunus: Eichenholz aus der Römerzeit.)

11. Festgewurzelte Wasserpflanzen

I. Untergetauchte Wasserpflanzen. Blätter meist sehr schmal, lanzettlich oder fadenförmig.

A. Blätter quirlständig.

1. Blätter zu 3–4 im Quirl, länglich-lanzettlich, 1½ cm lang, feingesägt, ungestielt. Stengel untergetaucht, langgestreckt, schlaff, verzweigt, wurzelnd, ¼–1 m lang. (Stammt aus Kanada. Einhäusige Pflanze, bei uns nur Pflanzen mit Stempelblüten vorhanden, die also nicht fruchten. Aber sehr starke vegetative Vermehrung, ein kurzes Stengelstück genügt schon als Ableger — beliebte Aquarienpflanze.) **Wasserpest.** *Helódea canadénsis.*

2. Blätter zu 4 im Quirl, kammförmig-fiederspaltig; Fiederblättchen sehr fein und zahlreich (Name!). Blüten in Quir-

len, rot; die oberen männlich, mit 8 Staubblättern, die unteren weiblich, mit 4 Narben. Stengel aus dem Wasser aufragend, 15–25 cm hoch. (Abb.) **Ähriges Tausendblatt.**
Myriophýllum spicátum.

3. Blätter zu 8–12 im Quirl, lineal, ungestielt. Stengel vom Aussehen des Schachtelhalms, hohl, rund, $^1/_3$–1 m hoch, am Grunde liegend, der obere blütentragende Teil aus dem Wasser hervorragend. Blüten in den Blattachseln, sehr klein, mit 1 Staubblatt. **Tannenwedel.**
Hippúris vulgáris.

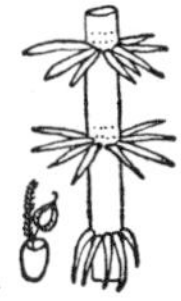

4. Seitenäste des Stengels in dichten Quirlen. Stengel durch Knoten in Abschnitte gegliedert. Seitenäste fadenförmig, einfach, oder gleichfalls durch Knoten in Abschnitte gegliedert, an diesen Knoten dann wieder kurze Ausstrahlungen zweiter Ordnung. Aufbau der Pflanze armleuchterartig. An der Unterseite der Äste kleine kugelförmige Gebilde: Vermehrungsorgane (Lupe!). Pflanze mit feinen Fäden am Boden angeheftet, starr, leicht zerbrechlich, von widrigem Geruch. 10–30 cm hoch. **Armleuchter.**
Chára.

B. Blätter gegenständig.

1. Blätter sehr schmal, fadenförmig, am Grunde einer Scheide entspringend. Stengel 10–40 cm lang, fadenförmig, flutend, stark verästelt. Blüten einhäusig, männliche 1 Staubblatt, weibliche mit 4 Fruchtknoten. **Teichfaden.**
Zannichéllia palústris.

2. Blätter lineal oder verkehrt-eiförmig, 3nervig; die oberen Blätter sternförmig gestellt, schwimmend, die unteren gegenständig. Blüten einzeln, achselständig, einhäusig; männliche Blüten 1 Staubblatt. **Wasserstern.**
Callítriche.

3. Untergetauchte Blätter gegenständig, lineal, hinfällig, an ihrem Grunde fiederförmig verzweigte Wurzeln; schwimmende Blätter rosettig, langgestielt, rautenförmig, gezähnt, lederig. Blattstiele in der Mitte oft aufgeblasen. Blüten einzeln in den Blattachseln. Krone klein, weiß. Frucht 4dornig, schwarzgrau. Bis 1 m hoch. Stehende Gewässer; selten, im Schwinden begriffen. **Wassernuß.**
Gesetzlich geschützt! *Trapa natans.*

C. Blätter wechselständig.

a) Blätter ungeteilt.

Blätter lineal-länglich; mit einer kräftigen Mittelrippe und 2 Seitenrippen, wellig-kraus, fein gezähnt, sitzend, durchscheinend-häutig, mehrere entfernte Queradern. Stengel $\frac{1}{2}$–1 m lang, zusammengedrückt 4kantig, rötlich. Blüten in Ähren, wenigblütig. **Krauses Laichkraut.** *Potamogéton crispus.*

b) Blätter geteilt.

α) Blüten in weißen Dolden.

1. Stengel stielrund, gestreift, aus dem Wasser aufsteigend, $\frac{1}{4}$–$\frac{3}{4}$ m hoch. Blätter gefiedert, die Abschnitte der unteren Blätter eiförmig, der oberen länglich oder lanzettlich, gesägt. Dolden kurzgestielt, blattgegenständig. **Berle.** *Bérula angustifólia.*

2. Stengel kantig, gefurcht, aus dem Wasser aufsteigend, $\frac{1}{2}$–1$\frac{1}{4}$ m hoch. Blätter gefiedert, Blättchen schief-lanzettlich, scharfgesägt; untere Blätter vielfach gespalten. Dolden endständig, mit 20–30 Strahlen. **Merk.** *Sium latifólium.*

β) Blüten nicht in Dolden.

1. Stengel oft bis 7 m lang, in kleinen fließenden Gewässern flutend. Einerlei Blätter, meist alle untergetaucht, in viele pfriemliche, gleichlaufende Zipfel zerschlitzt. Blüten weiß. Krone mit 5–12 länglichen Blättern. Staubblätter 20 und mehr auf dem Blütenboden, nicht länger als die Griffel. (Vielfach zerteilte Blätter. — Anpassung an fließendes Wasser; Lichtgenuß.) **Flutender Hahnenfuß.** *Ranúnculus flúitans.*

2. Stengel bis 1$\frac{1}{2}$ m lang, flutend. Zweierlei Blätter: die untergetauchten vielfach aufgespalten, schlaff, außerhalb des Wassers pinselförmig zusammenfallend; die schwimmenden nierenförmig oder rundlich, meist mit 3–5 gekerbten Lappen. Blüten weiß, langgestielt; Krone meist 5blättrig. Staubblätter 20 und mehr, länger als die Griffel. (Zweierlei Blätter: die untergetauchten zerschlitzt, die schwimmenden flächig — Anpassung an den Standort, Lichtgenuß, Arbeitsteilung.) **Wasserhahnenfuß.** *Ranúnculus aquátilis.*

II. Pflanzen mit Blättern, die auf der Wasseroberfläche schwimmen. Schwimmblätter breit und flächig. (Nicht verwechseln mit den nichtwurzelnden Schwimmpflanzen, S. 250.)

A. Schwimmblätter groß und rund, am Grunde tief eingeschnitten.

1. Blüten weiß, groß, duftend, ohne Honiggrübchen, so lang wie der Kelch. Kelch 4blättrig, außen grün, innen weiß. (Blattstiele sehr lang, stielrund, wie Gummischläuche. Man versuche einen Blattstiel möglichst tief abzureißen, tauche die Blattfläche unter Wasser und blase in den Blattstiel kräftig und anhaltend hinein: es steigen Luftblasen aus dem untergetauchten Blatt. Untersuche weiter! Stelle fest, auf welcher Blattseite die meisten Luftblasen aufsteigen! (Spaltöffnungen oben oder unten?) Biegsame Blattstiele — Wasserstand. In der Mitte der Stiele 4 größere Luftröhren — Durchlüftung der Pflanze. Lederartiger Bau der Blattoberseite, Wachsschicht, die Mitte des Blattes erhöht — Ablauf des Regenwassers. **Weiße Seerose.** *Nymphǣa alba.*

2. Blüten gelb. Kelch 5blättrig, groß, gelb. Kronblätter gelb, mit Honigdrüsen, kürzer als der Kelch. **Gelbe Teichrose.** *Núphar lúteum.*

B. Schwimmblätter mittelgroß, langrund, am Grunde nicht eingeschnitten.

1. Stengel ästig, jeder Ast am Ende mit einer Scheinähre, $\frac{1}{4}$–$1\frac{1}{2}$ m hoch, im Wasser flutend, außerhalb derselben aufrecht. Blätter netznervig, länglich bis lanzettlich, am Grunde schwach herzförmig, am Rande rauh, lederartig. Blüten in rosenroten, dichten, gedrungenen, walzenförmigen Scheinähren, die sich auf kurzem Stiel über das Wasser erheben. (Landform: Stengel kürzer, aus liegendem Grunde aufsteigend oder ganz aufrecht; Blätter schmal, behaart, mit kurzen, steifen Stielen — Wechsel des Standortes bedingt eine Veränderung der Gestalt.) **Wasser-Knöterich.** *Polýgonum amphíbium.*

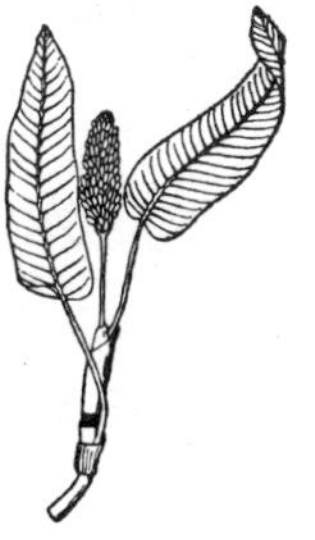

2. Stengel einfach, ½–1½ m lang, nur im Wasser flutend. Blätter bogennervig, mit zahlreichen Quernerven, elliptisch oder länglich, am Grunde schwach herzförmig, lederartig. Blüten in dichten, walzenförmigen Ähren. Staubbeutel 4, Narben 4. (Auf der Unterseite der Blätter gallertartige Klümpchen, länglich oder gekrümmt — Schneckenlaich.) **Schwimmendes Laichkraut.** *Potamogéton nátans.*

C. Schwimmblätter groß, rosettig. Siehe unter I B 3! **Wassernuß.** *Trapa natans.*

D. Schwimmblätter klein, rundlich oder länglich.

1. Sehr kleine eiförmige Blättchen, gegenständig oder (die oberen) sternförmig (S. 247). **Wasserstern.** *Callítriche.*

2. Etwas größere Blätter, rundlich oder nierenförmig, wechselständig (S. 248). **Wasserhahnenfuß.** *Ranúnculus aquátilis.*

12. Schwimmpflanzen

Bei der Bestimmung achte man darauf, ob die Pflanzen auch wirklich frei im Wasser schwimmen und nicht etwa im Schlamm festwurzeln.

I. Schwimmende Pflanzen mit flächigen Blättern. Mit Wurzeln, die frei im Wasser hängen.

1. Blätter herzeiförmig, rundlich, einige Zentimeter im Durchmesser, auf dem Wasser schwimmend, gestielt. Fingerlange Wasserwurzeln treibend. Blüten zu 1–3 auf gemeinschaftlichem Blütenstiel. Krone weiß. Blüten eingeschlechtig, Staubblätter und Griffel auf verschiedenen Pflanzen, also 2häusig. Staubblätter 5–12, Griffel 6. (Blätter schwammig, mit Lufthöhlen — Schwimmpflanze. Blätter ordnen sich mosaikartig — Lichtgenuß. Blätter meist angefressen — Wasserschnekken; nicht von Fröschen.) **Froschbiß.** *Hydrócharis mórsus ránae.*

2. Blätter lineal, lang, schwertförmig-dreikantig, stachelig-gesägt, dickfleischig, ungestielt, in Rosetten. Blüten 2häusig,

weiß. Staubblätter 12, Griffel 6. (Siehe die Wurzeln von Krebsschere und Froschbiß: Wurzelhaare — Nährwurzeln.) **Krebsschere.** *Stratiótes aloídes.*

3. Blätter bis zum Grunde 2teilig, mit vielen Würzelchen. Weite Flächen stehender Gewässer (bei Frankfurt häufig) sind oft in dicker rötlicher Schicht davon bedeckt. Aus Amerika (Staat Carolina) in die botanischen Gärten eingeführt und von da aus verwildert. (Vegetative Vermehrung.) **Wasserfarn, Azolla.** *Azólla caroliniána.*

II. Untergetauchte Pflanzen mit feinzerteilten Blättern. Ohne Wurzeln.

1. Blätter in Quirlen, 1–3fach gabelteilig, Zipfel lineal, stachelig-gezähnt, starr. Blüten einzeln in den Blattachseln, klein. Blüten eingeschlechtig, männliche und weibliche Blüten auf derselben Pflanze, also 1häusig. Staubblätter 12. (Pflanze ohne Wurzeln — Ernährung durch die Blätter. Feinzerschlitzte Blätter; siehe auch: Wasserschlauch, Tausendblatt, Wasserhahnenfuß — Lichtgenuß.) **Hornblatt.** *Ceratophýllum.*

2. Blätter nicht in Quirlen, vielfach haarfein zerschlitzt. An einzelnen Blattzipfeln rundliche Blasen (Schläuche). Stengel bis 15 cm lang, verzweigt. Blütenstand locker-traubig, Krone 2lippig, dottergelb. Staubblätter 2, Griffel 1. (Pflanze ohne Wurzeln — Ernährung durch die Blätter. Blasen an den Blättern am Eingang gebaut wie eine Fischreuse. Kleine Wassertiere können hinein, nicht wieder heraus. Die Tiere sterben, ihre Weichteile werden von Drüsenhaaren verdaut. Untersuche solche Schläuche mit der Lupe!) **Wasserschlauch.** *Utriculária.*

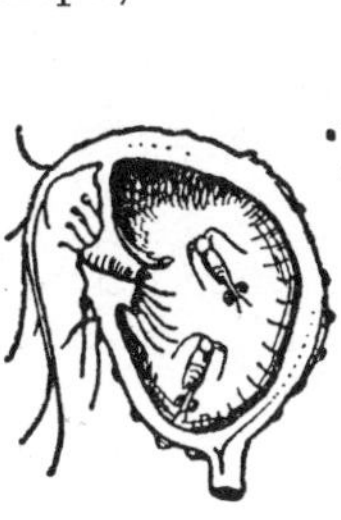

3. Blätter rosettig, kammförmig-fiederteilig. Blüten in endständiger, lockerer Traube. Krone weiß oder blaßrosa, am Schlund gelb. Bis $\frac{1}{2}$ m hoch. Teiche, Gräben, Sümpfe. Zerstreut. **Wasserfeder.** *Hottónia palústris.*

III. Schwimmende Pflanzen ohne Blätter.

A. Kleine Wasserpflanzen mit blattlosem Stengel, der ein linsenförmiges Aussehen hat. Er ist meist flach, linsenförmig, im Durchmesser 3–10 mm. An der Unterseite mit Wurzeln. Sie überziehen stehende Gewässer mit einer dichten grünen Schicht.

a) Wurzeln in Büscheln, Linsen rundlich, eiförmig; oben glatt, Unterseite schwach gewölbt und rötlich gefärbt; Durchmesser 5 mm. Schwimmend. **Teichlinse.** *Spirodéla polyrrhíza.*

b) Wurzeln einzeln.

α) Linsen rundlich oder eirundlich, schwimmend.

1. Linsen oben und unten flach, beiderseits grün, einzeln oder in wenigen Gliedern zusammenhängend. Jedes Glied mit je einer Wurzelfaser. Durchmesser 3 mm. **Kleine Wasserlinse.** *Lémna mínor.*

2. Linsen oben flach, unten kugelförmig gewölbt, jedes Linsenstück nur mit einer Wurzelfaser, meist einzeln. Durchmesser 3 mm. Oft mit anderen Arten gemischt. **Buckelige Wasserlinse.** *Lémna gíbba.*

β) Linsen länglich-lanzettlich, vielgliedrig, meist kreuzweise zusammenhängend, die einzelnen Glieder an einem Ende verschmälert, mit 3 Furchen, flach untergetaucht. Jedes Glied mit einer Wurzelfaser. Durchmesser 5–10 mm. **Dreifurchige Wasserlinse.** *Lémna trisúlca.*

B. Grüne oder gelblichgrüne, sehr schlüpfrige, schleimige, freischwimmende Watten. Eine nähere Untersuchung ergibt, daß sie aus zahllosen, feinsten Fäden bestehen. **Algen.**

B. Tierleben

1. Sumpfvögel

Gewässer, Röhricht, Sumpf, nasse Wiese und trockene Wiese gehen oft ohne feste Grenzführung ineinander über. Die Vogelwelt des Sumpfes ist daher stark vermengt mit Wasser- und Wiesenvögeln. Als eigentliche Wasservögel sollen die Schwimmvögel gelten, sie haben meist eine Schwimmhaut zwischen den Zehen. Die Mehrzahl der Sumpfvögel hat Stelzenbeine, d. h. die Schienen sind über der Ferse nackt, der Lauf ist so lang oder länger als der Rumpf, die Füße besitzen meist keine oder nur eine unvollständige Schwimmhaut. Die hochbeinigen Vögel sind dem Leben im Sumpf gut angepaßt.

Kranich

Will man in wasserreichen Sumpfgebieten einen Vogel am Flug oder am Ruf ermitteln, so versuche man es zunächst mit der nachfolgenden Tabelle. Kommt man nicht zum Ziel, so ziehe man die Tabelle der Schwimmvögel zu Rate. (S. 257).

Will man dagegen in wiesenartigem Sumpfgelände einen Vogel am Flug oder am Ruf bestimmen, so benutze man gleichfalls zunächst die nachfolgende Tabelle. Reicht sie nicht aus, so helfen vielleicht die beiden Tabellen der Wiesenvögel. (S. 131 ff.)

I. Der Vogel ist auffällig durch seine Größe

A. Vögel mit langen Beinen, langem Hals und langem Schnabel.

1. Größer als Storch. Gefieder aschgrau, Kehle und Nacken schwarz, Hals an den Seiten hell, Scheitel beim Männchen rot. (S. 254.) **Kranich.** *Grus grus.*

2. Gefieder weiß und schwarz. Füße und Schnabel rot. **Weißer Storch.** *Cicónia cicónia.*

3. Kleiner als Storch. Gefieder aschgrau. Kopf weiß mit zwei schwarzen Scheitelstrichen und langen, dunklen Genickfedern. **Fischreiher.** *Árdea cinérea.*

Storch

B. Ein großer Raubvogel, bedeutend größer als Bussard und Habicht. Oberseite braunschwarz. Unterseite und Nacken weiß. Schwarz mit etwa 6 dunklen Querbinden. **Fischadler.** *Pandion haliäëtus.*

II. Der Vogel ist auffällig durch seinen Flug. (S. 131.)

1. Vor dem Auffliegen erfolgt ein Anlauf mit Luftsprüngen.
   a) Gefieder weiß und schwarz. Füße und Schnabel rot. **Weißer Storch.** *Cicónia cicónia.*
   b) Vogel bedeutend größer als Storch. Gefieder aschgrau. **Kranich.** *Grus grus.*
2. Der Vogel fliegt im Schwebeflug, d. h. er hält sich längere Zeit ohne Flügelschlag schwebend in der Luft.
   a) Vögel mit langen Beinen und langem Hals.
   α) Hals und Beine sind lang ausgestreckt. **Kranich und Storch.**
   β) Der Hals ist S-förmig zurückgebogen. (S. 132.) **Fischreiher.**
   b) Beine und Hals nicht lang. Der Vogel kreist längere Zeit in der Luft. (Siehe Flugtafel S. 256!) Über Sümpfen und Gewässern fliegend. **Schwarzer Milan und Fischadler.**

Fischreiher

3. Der Vogel rüttelt, d. h. er hält sich längere Zeit mit schnellem Flügelschlag und schräg gestelltem Körper an einer Seite in der Luft.

   Bauchseite hell. Schwanz kurz. Flügel zugespitzt. Bedeutend größer als Bussard. Nach dem Rütteln oft senkrechter Absturz aufs Wasser mit angelegten Flügeln und ausgestreckten Fängen. **Fischadler.** *Pandion haliäëtus.*
4. Der Vogel wirft sich im Fluge von der einen Seite auf die andere.
   a) Vogel von Taubengröße. Oberseite metallisch-grün. Unterseite weiß und schwarz. Kopf mit schwarzem Federschopf. **Kiebitz.** *Vanéllus vanéllus.*
   b) Raubvögel von Sperber- bis Bussardgröße, die im niedrigen Fluge das Gelände absuchen und dabei die Spitzen der Flügel hochhalten. (Siehe S. 132) **Weihen.** *Circus.*

5. Der Vogel läßt im Fluge die Beine lang herunterhängen. Vögel von Amsel- bis Rebhuhngröße. (S. 133.) **Rallen.**

6. Der aufgescheuchte Vogel streicht flach ab und macht dabei blitzschnelle Wendungen. Nach unten gerichteter langer Schnabel. Vogel etwas über Amselgröße, oben schwarzbraun, unten heller. (S. 133.) **Bekassine.** *Capélla gallinágo.*

7. Der Vogel steigt mit reißend schnellem Fluge in beträchtliche Höhen hinauf und zieht dort weite, waagerechte Kreise, die durch steile Abstürze unterbrochen werden. Während des Absturzes ist ein meckerndes Huhuhuhhuhu zu hören. (S. 133.) **Bekassine.** *Capélla gallinágo.*

8. Der mit kräftigen Flügelschlägen ausgeführte Flug ist auf kurze Strecken schwebend. Mittelgroße Vögel.
   a) Bräunlicher Vogel mit langem, abwärts gekrümmtem Schnabel. Hals angezogen, Füße ausgestreckt. Klangvolle Flötenrufe. (S. 134.) **Großer Brachvogel.** *Numénius arquátus.*

   b) Grauer schlanker Vogel von etwa Krähengröße. Beine und Hals lang. Schnabel lang und gerade. Flügel mit weißer Binde. Schwanz schwarz mit weißer Wurzel. **Schwarzschwänzige Uferschnepfe.** *Limósa limósa.*

   c) Graubrauner Vogel von etwa Taubengröße oder Amselgröße mit lebhaft weißem Bürzel. Gewandter Flug mit schnellen Wendungen. **Wasserläufer.** *Tótanus.*

   \+ Etwa Taubengröße. Beine rot. Flügel mit weißer Binde. **Kleiner Rotschenkel.** *T. tótanus.*

   ++ Etwa Amselgröße. Beine graugrün. Oberseite olivbraun, Unterseite weiß. **Bruchwasserläufer.** *T. glaréola.*

   d) Vogel von Amsel- bis Taubengröße. Bürzel in der Mitte grau, an den Seiten weiß. Beine gelb bis rotgelb. Männchen im Frühjahr und Sommer mit vielfarbigem Federkragen. Flügel im Flug etwas an den Leib gezogen. **Kampfläufer.** *Pavoncélla pugnax.*

III. Der Vogel ist auffällig durch seinen Ruf.

A. Rufe aus der Luft. (Vergleiche: Flug des Vogels unter II.!)

1. Ein wieherndes Kihi hihihihihihi. Bei Flugspielen in der Luft zur Paarungszeit im Frühling. Raubvogel mit Gabelschwanz. (S. 254.) **Schwarzer Milan.** *Milvus migrans.*

2. Ein schwach kläffendes Käwkäwkäwkäw, wie von einem kleinen Hunde. Abends nach dem Sonnenuntergange. Dabei Abstürze aus geringer Höhe. Weicher Flug. Vogel von der Größe der Waldohreule. **Sumpfohreule.** *Ásio flammeus.*

3. Langgezogenes Knuiii. Während des Balzfluges im Frühjahr, bei dem der Vogel sich gaukelnd von der einen Seite auf die andere wirft. Oder: Kurze zweisilbige Kie-bit. Während des gaukelnden Fluges. **Kiebitz.** *Vanéllus vanéllus.*

4. Ein meckerndes Huhuhuhuhuhuhuhu, dessen Tonhöhe in der Mitte ansteigt. Hoch in der Luft kreisender Vogel von Amselgröße. (S. 133.) **Bekassine.** *Capélla gallinágo.*

5. Ein quäkendes Kätsch oder Grätsch oder Grä-itsch, das ein aufgescheuchter Vogel von Amselgröße hören läßt, der mit reißend schnellem Fluge im Zickzack abstreicht. (S. 133, 255.) **Bekassine.** *Capélla gallinágo.*

6. Melodisch flötende Tloiht, deren Schlußton eine Quarte hinaufgezogen wird. Auch tlaüht oder 3silbig tla-ü-it. Außerdem weiche oder härtere Roller kiwiwiwiwiwiwiwi, hell wie der Roller des Kuckucksweibchens. Großer Vogel mit langem, gebogenem Schnabel. (S. 134.) **Großer Brachvogel.** *Numénius arquátus.*

7. Eine lange Reihe gleichhoher Gretogretogretogretogretogreto oder auch so: Lodjolodjolodjolodjolodjo. (Siehe unter II. 8b!) **Schwarzschwänzige Uferschnepfe.** *Limósa limósa.*

8. Flötende Düdüdüdüdüdüdü oder Düwedüwedüwedüwe oder Gibgibgibgibgib oder zur Paarungszeit lange Triller usw., sehr mannigfaltig. (Siehe unter II. 8c!) **Kleiner Rotschenkel.** *Tótanus tótanus.*

9. Helle Gigigigigigig oder gif gif gif gif oder trillernd witewitewitewite. (Siehe unter II. 8c!) **Bruchwasserläufer.** *Tótanus glaréola.*

10. Kläglich quäkende Kuäh, kuih, quih von einem hoch in der Luft kreisenden Raubvogel. (S. 132, 137.) **Rohr- oder Sumpfweihe.** *Circus aeruginósus.*

B. Rufe aus Röhricht oder hohem Wiesengras.

1. Rerrrp, rerrrp, laut und knarrend, am Tage vereinzelt, nachts oft stundenlang ununterbrochen. (S. 133, 138.) **Wiesenknarrer.** *Crex crex.*
2. Ein quiekendes Krruih. (S. 262.) **Wasserralle.** *Rallus aquáticus.*
3. Scharfe, kurze Pix oder tiefere Köw kröw. (S. 133, 262.) **Bläßhuhn.** *Fúlica atra.*
4. Ein helles, klangvolles Kürrrk, das in der Mitte ansteigt. (S. 133, 262.) **Grünfüßiges Teichhuhn.** *Gallínula chlóropus.*
5. Dumpfe Ru oder rur, viele in gleichmäßigen Abständen hintereinander. Zuweilen kommt der Vogel aus dem Röhricht zum Vorschein: etwa Krähengröße, Oberseite schwarz, Unterseite gelb, Schnabel lang und spitz. **Zwergrohrdommel.** *Ixobrýchus minútus.*
6. Buuuuuü prumbü prumbü prumbü prumb: Paarungsruf, brüllend, ähnlich wie Ochsenstimme. Krauw krauw: Gewöhnliche Stimme, laut und tief, rabenartig. Verwandter vom Fischreiher, etwas kleiner und plumper. Gefieder braunschwarz mit rostgelben Keilflecken; Unterseite hell. (S. 269.) **Große Rohrdommel.** *Botáurus stelláris.*

2. Schwimmvögel der Binnengewässer

Hinweise für Beobachtungen

I. Beobachtungsplatz: Im Ufergebüsch — Schutz vor Sicht — freier Blick auf die Wasserfläche — Fernglas.

II. Zur Feststellung der Art beachte man:

1. Körperliche Merkmale: Größe, Gestalt, Farbe.

Schwimm-Ente

Tauch-Ente

Säger

2. Gewohnheiten beim Schwimmen:
   Kopfnicken: Wasserhuhn, Teichhuhn, Sumpfhuhn, Wasserralle.
   Halseinziehen: Enten.
   Gründeln (nur Kopf und Hals im Wasser): Schwäne, Gänse und Schwimmenten (Stock-, Knäck-, Krick-, Spieß-, Schnatter-, Löffel- und Pfeifente).
   Kurzes Tauchen (Körper ganz im Wasser), geschieht meist wegen Gefahr: Wasserhuhn, Sumpfhühner, Wasserralle.
   Anhaltendes Tauchen, Auftauchen an derselben Stelle: Teichhuhn und Tauchenten (Tafel-, Moor-, Reiher- und Schellente).
   Anhaltendes Tauchen nach Kopfsprung, geräuschvoll plantschend, Auftauchen bis zu 50 m Entfernung: Säger.
   Anhaltendes Tauchen nach geräuschlosem Kopfsprung, Auftauchen an oft weit entfernter Stelle: Taucher.
3. Eigentümlichkeiten des Fluges: siehe S. 254!
4. Stimme: siehe S. 256, 267!

III. Die Schwimmhaut beobachte man bei zahmen Schwänen, Gänsen und Enten, wenn sie gehen und schwimmen.

a) Die 3 vorderen Zehen sind durch vollständige Schwimmhäute verbunden.
   1. Der Schnabel ist breit: Schwäne, Gänse, Enten.
   2. Der Schnabel ist rund: Säger.
   3. Der Schnabel ist seitlich zusammengedrückt: Möwen, Seeschwalben.
b) Die Zehen besitzen zu beiden Seiten einen häutigen Saum: Schwimmlappen.
   1. Die Schwimmlappen sind ganzrandig: Taucher.
   2. Die Schwimmlappen sind eingekerbt: Bläßhuhn.
c) Die Zehen besitzen keine Häute und Lappen: Sumpfhuhn, Ralle, Teichhuhn.

IV. Das Einfetten des Gefieders sieht man oft bei unserem Hausgeflügel: Schwänen, Gänsen und Enten. Sie holen mit dem Schnabel das Fett aus der Bürzeldrüse (am Ende des Rückens!)

und streichen es ins Gefieder, das dadurch gegen Wasser undurchlässig wird. Man beobachte einen Zwergtaucher, der oft und lange taucht: sein Gefieder bleibt in Ordnung, es trieft nicht und liegt auch nicht klatschnaß am Körper. Vergleiche damit einen langhaarigen Hund, der aus dem Wasser kommt oder ein durchgeregnetes Huhn!

Erklärung einiger Ausdrücke

Gänserich = männliche Gans. Erpel, Enterich = männliche Ente. Schof = Trupp Jungenten. Spiegel = die Prachtfedern auf den Flügeln der Enten.

I. Schwäne: sogleich kenntlich an der Größe, Länge 1½ m. Gefieder weiß. Schnabel gelbrot, am Grunde mit schwarzem Höcker. Augenstreif schwarz. Vorkommen: auf großen Binnengewässern Norddeutschlands, meist halbwild. (Singschwan: Schnabel vorn schwarz, am Grunde gelb, ohne Höcker. Augenstreif gelb. Nur Durchzugvogel an den deutschen Küsten.) **Höckerschwan.** *Cygnus olor.*

II. Gänse: sogleich kenntlich an der Größe, Länge 90 cm.

1. Im Sommer:

Länge etwa wie die der graugefärbten Hausgänse. Gefieder grau, am Bauche weiß. Schnabel fleischrot mit weißem Nagel. Vorkommen: auf großen Binnengewässern Norddeutschlands, nur im Sommer bei uns, zieht im Herbste in < förmigen Zügen fort. Stammform unserer Hausgans. **Graugans.** *Anser anser.*

2. Im Winter:

Länge etwas geringer. Gefieder grau, an der Brust heller. Schnabel schwarz, in der Mitte gelb. Vorkommen: nur im Winter, oft in großen Scharen, im Binnenlande in Trupps auf Saatfeldern. Bei strenger Kälte und tiefem Schnee ziehen sie südlicher. Flug: schräge Linie oder ein hinten offenes Dreieck. (Ackergans, Schneegans.) **Saatgans.** *Anser fabális.*

III. Säger:

Merkmale: Kleiner als Gans, größer als Hausente; Gestalt entenähnlich. Schnabel lang, rot, vorn spitz, fast walzigrund, an der Spitze hakig nach unten umgebogen (Fernglas!).

1. Männchen: Länge 75 cm, Kopf und Oberhals dunkelgrün schillernd, Brust einfarbig gelbrot, Spiegel rein weiß. (Sommerkleid bräunlich.)
   Weibchen: Länge 60 cm, Kopf und Oberhals braun, Brust und Rücken grau. **Großer Gänsesäger.** *Mergus mergánser.*
2. Männchen: Länge 60 cm, Kopf und Oberhals ähnlich wie bei voriger Art, Brust rotbraun gefleckt, Spiegel weiß mit 2 dunklen Querbinden.
   Weibchen: Länge 50 cm, im übrigen dem Weibchen der vorigen Art sehr ähnlich. **Mittlerer Säger.** *Mergus serrátor.*

Anmerkung: Als nicht seltener Wintergast auf Flüssen und Seen der Kleine Säger, *Mergus albéllus.* Länge 40–50 cm, Schnabel kürzer und bleigrau, Kopf, Hals, Brust, Schulter weiß, am Auge und Hinterkopf schwarzer Fleck, Rücken tiefschwarz.

IV. Enten:

Merkmale: Entengestalt, Länge zwischen 60 und 30 cm, Kopf und Spiegel lebhaft gefärbt, Schnabel breit, an der Spitze flachgedrückt.

A. Kopf und Oberhals des Erpels einfarbig.

a) Metallisch-grün.

1. Spiegel blaugrün, schwarz und weiß eingefaßt. Hals mit weißem Ring. Schnabel gelbgrün. Länge 60 cm.
   Weibchen rötlich-graubraun, mit kleinen dunklen Flekken; Spiegel wie beim Männchen. **Stockente.** *Anas platyrhýncha.*
2. Spiegel goldgrün mit weißem Querstreifen, Brust weiß. Schnabel vorn löffelartig verbreitert. Länge 55 cm.
   Weibchen graugelb mit dunklen Flecken. Spiegel dunkelgrün, weiß eingefaßt. **Löffelente.** *Spátula clypeáta.*

b) Graubraun.

Spiegel hinten weiß, mitten schwarz, vorn rotbraun. Übriges Gefieder aschgrau. Länge 55 cm.

Weibchen Gefieder etwas heller, ohne Spiegel. **Schnatterente.** *Anas strépera.*

c) Rotbraun.

1. Spiegel hell aschgrau. Kropf schwarzbraun. Länge 50 cm. Weibchen Kopf, Hals, Kropf und Seiten braun, Rücken grau. **Tafelente.** *Nyróca ferina.*

2. Spiegel weißer, schmaler Streifen. Kropf rotbraun. Steiß weiß. Kopf mit Holle. Länge 45 cm.
Weibchen dem Männchen ähnlich, Kopf ohne Holle. **Moorente.** *Nyróca nyróca.*

3. Spiegel dunkelgrün, schwarz eingefaßt, davor weiß. Vorderflügel und Brust weiß. Kropf rostfarben. Länge 50 cm.
Weibchen aschgrau. **Pfeifente.** *Anas penélope.*

d) Schwarz, mit Reiherschopf.
Spiegel weiß. Hals und Kropf schwarz. Länge 42 cm.
Weibchen dunkelbraun, mit heller Stirn. **Reiherente.** *Nyróca fuligula.*

B. Kopf und Oberhals des Erpels mehrfarbig.

1. Schwarzbraun, auf beiden Seiten vom Scheitel zum Hals ein weißer Streifen.
Spiegel dunkelgrün, hinten schwarzweiß, vorn rostrot eingefaßt. Hals und Kropf weiß. Schwanz lang zugespitzt. Länge 60 cm.
Weibchen einfarbig graubraun. **Spießente.** *Anas acúta.*

2. Braun, mit weißem Streifen vom Auge bis zum Nacken. Spiegel dunkelglänzend, weiß eingefaßt. Brust braun. Länge 40 cm.
Weibchen graubraun, Spiegel wie beim Männchen. **Knäckente.** *Anas querquédula.*

3. Braun, mit grünem Streifen vom Auge bis zum Nacken. Spiegel metallisch-grün, vorn rostfarbig. Kropf rostgelb. Länge 35 cm.
Weibchen graubraun, Spiegel wie beim Männchen. **Krickente.** *Anas crecca.*

4. Metallisch-grün, mit weißem runden Fleck zwischen Auge und Schnabel.
Spiegel weiß. Hals, Kropf, Unterseite weiß. Rücken und Schwanz schwarz. Länge 50 cm.

Weibchen Kopf braun, ohne weißen Fleck. Hals und Brust weißlich. Oberseite grau. **Schellente.** *Nyróca clángula.*

V. Kormorane:

Größer als Hausente. Rumpf von Entengestalt, jedoch mit langem Schwanz und Schlangenhals. Schnabel schlank, mit hakigem Nagel und weiter Mundspalte. Rücken bräunlich, Kehle weißlich, übriges Gefieder glänzend schwarzgrün. Entlegene Seen Ostdeutschlands, Bodensee, Donau. **Scharbe, Kormoran.** *Phalaerocórax carbo.*

VI. Wasserhühner:

Merkmale: Kleiner und schlanker als Ente. Dunkle Färbung. Schnabel mittellang und spitz. Stirnplatte nackt!

1. Stirnplatte weiß.
   Gefieder schwarz. Länge 40 cm. Auffällige Schwimmbewegung: Kopfnicken. **Bläßhuhn, Schwarzes Wasserhuhn.** *Fúlica atra.*

2. Stirnplatte rot.
   Gefieder dunkel-olivbraun. In der Mitte der Körperseite ein weißer Längsstreifen. Unterseite des Schwanzes weiß. Länge 30 cm.
   Auffällige Schwimmbewegung: Kopfnicken und Schwanzwippen. **Grünfüßiges Teichhuhn.** *Gallinula chlóropus.*

VII. Sumpfhühner oder Rallen.

Merkmale: Kleiner als Ente. Gestalt schlank. Kopf in den Schnabel zugespitzt. Oberseite dunkel-olivbraun, Vorderseite schieferblau.
Auffällige Schwimmbewegung: Kopfnicken.

1. Schnabel länger als der Kopf, an der Wurzel rot. Hals und Brust nicht getüpfelt. Länge 30 cm. **Wasserralle.** *Rallus aquáticus.*

2. Schnabel kürzer als der Kopf, gelb, vor der Stirn gelbrot. Hals und Brust getüpfelt. Länge 20 cm. **Gesprenkeltes Sumpfhuhn.** *Porzána porzána.*

VIII. Taucher:

Merkmale: Von Enten- bis Rallengröße. Körper gestreckt, Hals dünn, deutlich vom Rumpfe abgesetzt, Kopf in den Schnabel zugespitzt.

Auffällige Schwimmbewegung: Aufrechte oder schwach S-förmige Haltung des Halses, häufiges Tauchen.

1. Kopf mit langer, 2teiliger, zurückliegender Federhaube. Hals mit braunem Federkragen. Länge 60 cm. (S. 267, Abb. 4) **Haubentaucher.** *Pódiceps cristátus.*
2. Kopf mit kurzer, schwarzer Federhaube, Wangenfeld hellgrau. Hals rotbraun, ohne Kragen. Länge 45 cm. **Rothalstaucher.** *Pódiceps grisegéna.*
3. Kopf schwarz, an den Seiten mit goldbraunen Federbüscheln. Hals schwarz, ohne Kragen. Länge 30 cm. **Schwarzhalstaucher.** *Pódiceps nigricóllis.*
4. Kopf ohne Schopf und Kragen. Wange und Kehle rotbraun (Männchen) oder hell (Weibchen). Mundwinkel hellgelb. Übriges Gefieder dunkel. Länge 25 cm. **Zwergtaucher.** *Pódiceps nígricans.*

IX. Möwen:

Merkmale: Von Enten- bis Taubengröße. Flügel sehr lang und spitz. Schwanz gerade. Schnabel an der Spitze hakig gekrümmt.

Auffällige Bewegungen: Sehr gewandte Flieger, die sich stoßend und halb tauchend auf ihre Nahrung stürzen, gelegentlich auch schwimmen.

Die deutschen Arten sind Küstenvögel. Nur eine Art kommt auch häufig im Binnenlande vor:

Gefieder vorwiegend weiß. Rücken und Flügel grau; Kopf im Sommer braunschwarz, im Winter weiß; Schwingen an der Spitze schwarz; Schnabel und Füße rot. Länge 40 cm. **Lachmöve.** *Larus ridibúndus.*

Gelegentlich an Binnengewässern noch folgende Arten mit dem gemeinsamen Merkmal: Schnabel und Füße gelb bis graugelb. Sturmmöwe und Silbermöwe: Gefieder weiß, Mantel zart silbergrau (Sommerkleid ♂); Heringsmöwe: Gefieder weiß, Mantel schwarz.

X. Seeschwalben:

Merkmale: Zwischen Tauben- und Amselgröße. Körper sehr schlank. Flügel sehr lang und spitz. Schwanz gegabelt (wie bei Schwalben!). Schnabel lang und spitz, nicht hakig gekrümmt.

Auffällige Bewegungen: Sehr gewandte Flieger, die sich stoßend und halb tauchend auf ihre Nahrung stürzen, gelegentlich auch schwimmen.

Die Seeschwalben sind Küstenvögel, 2 Arten kommen an Binnengewässern vor:

1. Länge 40 cm. Schwanz sehr tief gegabelt. Oberseite aschgrau, Unterseite weiß. Stirn und Oberkopf im Sommer schwarz, im Winter Stirn weiß. Schnabel rot. (S. 265.) **Fluß-Seeschwalbe.** *Sterna hirúndo.*

2. Länge 25 cm. Schwanz schwächer gegabelt. Sommerkleid: Oberseite schiefergrau, Unterseite und Kopf schwarz. Winterkleid: Hinterkopf und Nacken schwarz, Stirn und Unterseite weiß. Schnabel schwarz. (S. 264.) **Trauer-Seeschwalbe.** *Chlidónias nigra.*

3. Vögel an Bächen und Flüssen

Schwimmvögel siehe S. 257, Vögel des Röhrichts und der Ufergebüsche S. 267.

I. Die Vögel sind auffällig als Dauerflieger über dem Wasser.

A. Vögel von Schwalbengröße. **Schwalben und Segler.**

B. Vogel von Amselgröße. Körper sehr schlank. Flügel sehr lang und spitz. Schwanz gegabelt. Gefieder dunkel. Meist in Gesellschaften von 2 bis 10 Stück und mehr. Fliegen stundenlang kreisend und schreiend über dem Wasser. Stimme: Sanft und klagend, ein weiches, kurzes Gik oder Kirr; Lockruf ein langgedehntes Kliiiä. **Trauer-Seeschwalbe.** *Chlidónias nigra.*

C. Vögel von mehr als Taubengröße.

1. Sommerkleid: Kopf braun, Rücken aschblau, Hals und Unterseite weiß, Schnabel und Füße rot. Winterkleid: Kopf weiß, vor dem Auge und auf dem Ohr ein dunkler

Fleck. Jugendkleid: Kopf braun und weiß, Oberseite braun, Unterseite, Hals und Bürzel weiß. Stimme: Ein heiseres Kriä oder Krrrrr kräk äkä oder kirr. **Lachmöwe.** *Larus ridibúndus.*

2. Kopf schwarz, Oberseite aschgrau, Unterseite weiß, Füße rot, Schnabel rot mit schwarzer Spitze, Schwanz tief gegabelt. Streicht langsam und in geringer Höhe über dem Wasserspiegel hin; hält sich auch öfter rüttelnd über einer Stelle, nach Nahrung suchend, schießt steil auf die Beute herab, taucht aber nur so weit, daß die Flügel über dem Wasser bleiben.
Stimme: Ein krähenartiges Kriäh oder Kreck kreck. **Fluß-Seeschwalbe.** *Sterna hirúndo.*

II. Die Vögel sind auffällig als gewandte Läufer im Bachbett und am Ufer. (Auch gewandte Flieger.)

A. Vögel etwas über Sperlingsgröße.

1. Oberseite aschgrau, Unterseite weiß, Oberkopf schwarz, Stirn weiß, Schwanz schwarz, auffällig lang, immer in wippender Bewegung. **Weiße Bachstelze.** *Motacilla alba.*
Stimme: Zie^{wit}! oder Zississ!

2. Oberseite aschgrau, Unterseite gelb, Kehle des Männchens im Sommer schwarz. Schwanz sehr lang, beim Laufen wippend.
An Gebirgsbächen, Mühlen, Brücken . . . Jahresvogel.
Stimme: Ziwit oder Zississississ! **Bergstelze.** *Motacilla boárula.*

3. Oberseite olivgrün, Unterseite lebhaft gelb (Männchen) oder blaßgelb (Weibchen und Junge). Schwanz lang, wippend.
Meist auf Wiesen und Viehweiden.
Zugvogel. (S. 135.) **Schaf- oder Kuhstelze.**
Stimme: Psüib, psüib oder psieb. *Motacilla flavus.*

4. Oberseite olivgrau, Unterseite weiß. Hals mit weißem Band, darunter ein schwarzes.
An kiesigen und sandigen Flußufern mit wenig Vegetation. Sehr schneller Läufer. Flug schnell mit sichelförmig an den

Leib gezogenen Flügeln, wobei der Körper bald links, bald rechts auf die Seite geworfen wird.
Stimme: Gewöhnlicher Ruf Tiu, hell und pfeifend. Außerdem lange trillernde Reihen: Gligligi ... oder gigigi ... oder bibibi ... u. a. **Fluß-Regenpfeifer.** *Charádrius dúbius.*

B. Vögel von Stargröße.

1. Kopf und Nacken braun, Kehle und Brust weiß, Rücken grauschwarz, Unterseite braun. Schwanz sehr kurz. Bewegungen: Fortwährendes Knixen, Wippen des Schwanzes. Stürzt sich kopfüber ins Wasser. Sehr schneller Flug, immer über dem Wasser hin.

Bevorzugte Plätze: Gebirgsflüsse, Wasserfälle, Mühlenwehre.

Nahrung: Meist Larven Wasserinsekten, Würmer. Tut der Fischerei kaum Schaden. — Jahresvogel.

Der Vogel ist eine Zierde unserer Gewässer, er muß überall sorgfältig vor Störungen bewahrt werden. (Abb.) **Wasserstar, Bachamsel.** *Cinclus aquáticus.*

2. Oberseite olivbraun, Unterseite weiß, Kehle weiß mit dunklen Schaftstrichen, Schnabel und Beine lang. — Zugvogel. Liebt schlammige Ufer. Wippt mit dem Hinterleib auf und nieder, auch Kopfnicken. Flug leicht und schnell, meist dicht über dem Wasserspiegel, oft zu mehreren (3–4 Vögel). Stimme: Meist ein hohes, feines Titihidi. **Fluß-Uferläufer.** *Tringa hypoleúcos.*

III. Der Vogel ist auffällig durch sein schillerndes, grünblaues Gefieder.

Oberseite grünblau, Unterseite rostrot. Schnabel schwarz, lang. Schwanz kurz. Größe zwischen Sperling und Star. Jahresvogel. Auslug: Pfahl im Wasser oder überhängende Äste. Flug: Schnell und geradlinig, in der Regel über dem Wasser hin.

Stimme: Ein durchdringendes, helles Pfeifen Tiiht tiiht tit tit während des Fliegens. **Eisvogel.** *Alcédo ispida.*

IV. Der Vogel ist auffällig durch seine Größe.

Vogel von fast Storchgröße. Oberseite aschgrau, Unterseite weiß, Kopf mit 2 schwarzen Scheitelstrichen, Nacken mit langem Schopf. Flugbild: Hals S-förmig gekrümmt. Ruf: Kräik. (S. 253.) **Fischreiher.** *Árdea cinérea.*

V. Der Vogel ist auffällig durch seinen Gesang.

Größe und Färbung wie bei Nachtigall, östliche Form. Gesang stärker und schmetternder, im Gebüsch der Flußufer. **Sprosser.** *Eríthacus philoméla.*

VI. Die Vögel sind auffällig als gewandte Taucher.

Siehe: Schwimmvögel an Binnengewässern. (S. 257.)

4. Auffällige Vogelstimmen im Röhricht

I. Rufe. Man hört an den kräftigen rauhen Stimmen, daß die Rufe von größeren Vögeln herrühren, die sich nur auf dem Wasser aufhalten können.

A. Einzelrufe

1. Krlik krlik. Vereinzelte Rufe, die auch mehrfach hintereinander erfolgen können.

   Rufer: Kleinste deutsche Ente. Kopf und Hals rotbraun. Hinter dem Auge ein goldgrüner Streif. Spiegel grün, oben und unten schwarz umsäumt. Weibchen einfarbig braun, Spiegel vorn und hinten weiß eingefaßt. (1) **Krickente.** *Ánas crécca.*

2. Kröw kröw oder: Găgă oder Grĕgrĕ. Oft auch ein lautes, scharfes Pix.

   Rufer: Entengröße. Schnabel und Stirn blendend weiß. Gefieder schwarz. (2) **Bläßhuhn, Schwarzes Wasserhuhn.** *Fúlica átra.*

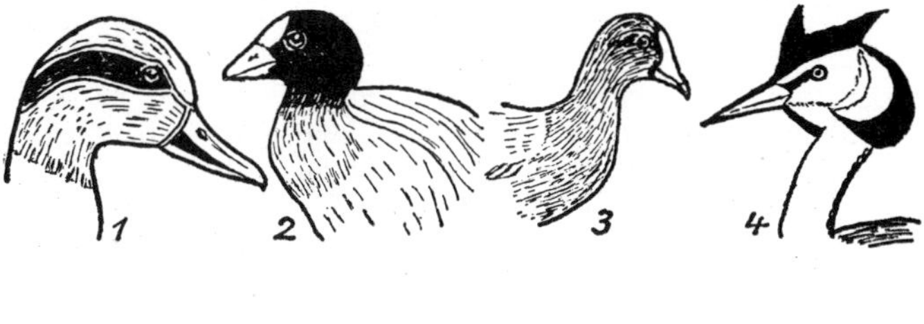

3. Kurr oder Kürrk. Laut und hell. In der Mitter höher ⌒.

Rufer: Taubengröße. Oberseite schieferfarben. Rote Stirn. Schwanz beim Schwimmen aufrecht getragen, hinten weiß, in zuckender Bewegung. (3) **Grünfüßiges Teichhuhn.** *Gallínula chlóropus.*

4. Korruik, vereinzelt oder mehrfach nacheinander. Ein quiekender Ton, am Ende aufwärts gezogen: ✓.

Rufer: Unter Taubengröße. Oberseite olivbraun, Kehle weißlich. Schnabel an der Wurzel rot. **Wasserralle.** (S. 262.) *Rállus aquáticus.*

B. Rufreihen

1. Gegégegegegeg, weithinschallende Quäkreihen, die gegen das Ende hin absinken. Ähnlichkeit mit dem Ruf der Hausente.

Rufer: Entengröße. Hauptfärbung rostgelbbraun mit dunklen Flecken, Flügel mit violettgrünem Spiegel, Schnabel graugrün. (1) **Weibliche Stockente.** *Ánas platyrhýncha.*

2. Räbräbräb oder rä^{ib} rä^{ib}. Heiserer Ruf, der oft gleichzeitig mit dem Gegegeg ertönt. — Im Abfliegen: Waak waak.

Rufer: Entengröße. Schnabel gelbgrün. Kopf und Hals dunkelgrün, metallisch schillernd. Weißer Halsring. Kropf kastanienbraun, Flügel mit schwarz u. weiß eingefaßtem, blauem Spiegel. (2) **Männliche Stockente.** *Ánas platyrhýncha.*

3. Jäckjáckjäck . . . oder auch Gägágägägä, sehr schnell ausgestoßen, die zweite Silbe betont. Im Abfliegen: Knäk.

Rufer: Kleiner als Hausente. Hinter dem Auge ein weißer Streif. Hals und Brust kastanienbraun. Flügel mit dunklem Spiegel und 6–8 weißen Schmuckfedern. Weibchen gefärbt wie das Weibchen der Stockente. (3) **Knäkente.** *Ánas querquédula.*

4. Bibibibibibibibi. Ein heller, langgezogener Triller, der im Frühjahr auf Teichen ertönt.

Rufer: Amselgröße. Oberseite schwarz, Halsseiten rotbraun. Mundwinkel hellgelb. (4)

Zwerchtaucher.
Pódiceps nigricans.

5. Buuuu[ü] prumb. (S. 257.)

Große Rohrdommel.
Botáurus stelláris.

II. Gesang. Kleinere Vögel, die sich an Rohrhalmen festhalten. Beim Suchen achte man auf die sich bewegenden Halme.

1. Kara kara[kit] kara kara[kit]. Das Karakit ertönt einmal oder auch oft nacheinander. Die tiefen Töne (kara) klingen so rauh, daß man sie, wenn sie allein ertönen, für das Quarren eines alten Teichfrosches halten könnte.

Sänger: Stargröße. Oberseite einfarbig braun, Unterseite grauweiß. Über dem Auge ein heller Strich.

Drosselrohrsänger.
Acrocéphalus arundináceus.

2. Tiri tiri tiri tier tier tier zäck zäck zäck zerr zerr zerr tiri tiri scherk . . . Alles wird sehr gleichmäßig in Tonstärke, Tonhöhe und Takt vorgetragen.

Sänger: Sperlingsgröße. Oberseite einfarbig braun, Unterseite hell.

Teichrohrsänger.
Acrocéphalus scirpaceus.

3. Zrrr djep djep djep djep . . . (acht bis zehn eine kleine Terz abwärts gezogene djep hintereinander). Gute Kennzeichen: Woidwoidwoid-Strophe und langer flötenartiger Triller. Vogel steigt beim Singen oft in schiefer Richtung in die Luft und senkt sich auf seinen Ausgangsplatz zurück (ähnlich wie Baumpieper).

Sänger: Sperlingsgröße. Oberseite olivbraun, Scheitel mit schwarzbraunen Flecken, Unterrücken rostfarbig, Unterseite gelblichweiß, über dem Auge ein rostgelblich-weißer Streif.

Schilfrohrsänger, Bruchweißkehlchen.
Acrocéphalus schoenobáenus.

4. Errr[dididi], errr[düdüdü], errr[– – – –], errr[dididi]. Die Pfeiflaute liegen bis eine Sexte höher als die errr. Gesang rohrsängerartig, schnell vorgetragen; kennzeichnend ein helles Pfeifen zu Beginn des Gesanges.

Sänger: Unter Sperlingsgröße. Oberseite dunkel-rostgelb mit schwarzbraunen Fleckenstreifen; Unterseite gelblichweiß. 3 weißgelbe, 2 schwarze Kopflängsstreifen. **Binsenrohrsänger.** *Acrocéphalus aquáticus.*

5. Siehe Getreiderohrsänger (S. 73), der auch an Gewässern vorkommt.

6. Zje tit tai zississ. Kurze Liedchen. Oder ein einfacher, feiner Lockton: ti_i, der herabgezogen wird.

Sänger: Sperlingsgröße. Kopf und Kehle schwarz. Vom Mundwinkel zum Nacken weiß. Oberseite grau, dunkel gestreift Bauch weiß. **Rohrammer.** *Emberíza schóeniclus.*

7. Schneller, teils flötender, teils schnurrender Gesang, der mit einer Reihe gleich hoher dip dip dip dip-Schläge eingeleitet wird. Lockton: fid fid kkk. Das k wird hart angeschlagen. — Der Vogel singt fast nur in den frühen Morgen- und späten Abendstunden. Gern in vorjährigem Schilf.

Sänger: Sperlingsgröße. Schwanz an der Wurzel gelbrot, mit schwarzer Endbinde. Männchen: blaue Kehle mit weißem Fleck. **Blaukehlchen.** *Eríthacus cyanécula.*

5. Die Rohrsänger

Die Rohrsänger sind in Gestalt, Farbe und Gesang dem Röhricht angepaßt. Der vorn und hinten zugespitzte Körper macht sie auf den ersten Blick als Schlüpfer kenntlich. Das Gefieder ist auf der Oberseite einfarbig bräunlich oder etwas gefleckt, die Unterseite heller und dem Aufenthalt im Röhricht so gut angepaßt, daß die Vögel sich von ihrer Umgebung wenig abheben. Sie haben kräftige, breitsohlige Füße mit kräftigen Krallen, die zum Festhalten an den Halmen gut geeignet sind. Der Gesang fügt sich in Klangfarbe und Zeitmaß dem Rascheln des Schilfes und dem Geräusch des bewegten Wassers stimmungsvoll ein.

Größe:

1. Stargröße (fast Singdrosselgröße): Drosselrohrsänger.
2. Etwas kleiner als Sperling:
   Teichrohrsänger, Sumpfrohrsänger oder Getreidesänger, Schilfrohrsänger oder Bruchweißkehlchen, Binsen- oder Seggenrohrsänger.

Aufenthalt:

1. Drosselrohrsänger: Nur im Röhricht, stets am Wasser, wo das Schilf hoch und üppig wächst.
2. Sumpfrohrsänger, Getreidesänger: Nicht in großen Röhrichtbeständen; im Ufergebüsch mit Schilf und hohen Gräsern gemischt, häufig in Getreidefeldern, hier mancherorts häufiger als an Gewässern.
3. Teichrohrsänger: Vorwiegend im Röhricht, geht aber auch in angrenzendes Hecken- und Parkgelände.
4. Schilfrohrsänger, Bruchweißkehlchen: An Ufern der Gewässer und Sümpfe, geht aber am liebsten in das Ufergesträuch mit niedrigen Weiden und Erlen.
5. Binsen- oder Seggenrohrsänger: An Ufern der Gewässer; am häufigsten in Sümpfen und Morästen, wo wenig Rohr, aber viel Riedgräser und Seggen wachsen.

Bestimmungsverfahren:

A. Zwei der Rohrsänger sind leicht zu bestimmen.

1. Drosselrohrsänger: Er sitzt beim Singen meist so hoch an einem Schilfhalm, daß er zu sehen ist. Er fällt durch seine Größe und den rauhen Gesang auf, der sich wie Froschquaken anhört.
2. Getreidesänger: Man verhört und beobachtet ihn am Getreidefeld, da er der einzige Vogel ist, der anhaltend im Getreidefeld singt. (S. 73.)

B. Die drei anderen Rohrsänger.

1. Schilfrohrsänger, Bruchweißkehlchen: Steigt häufig singend in die Luft, der Gesang hat einen flötenartigen Triller. — Über dem Auge ein rostgelblicher Streif!
2. Teichrohrsänger: Metronomsänger, Gesang im Zeitmaß sehr gleichmäßig: Tiri tiri tiri tier tier tier zäck zäck zäck zerr zerr zerr tiri tiri scherk scherk scherk . . .
3. Binsenrohrsänger: 3 weißgelbe, 2 schwarze Kopflängsstreifen wie beim Dachskopf! Gesang: Die sich gleichmäßig wiederholenden Errr werden von Pfeiflauten unterbrochen, die 4 bis 6 Töne höher liegen als das Errr.

6. Wasserfledermäuse

An Gewässern halten sich drei Fledermausarten auf: Wasserfledermaus, Teichfledermaus und Bartfledermaus. Es kommen jedoch auch noch andere Arten von Ortschaften oder vom Walde her ans Wasser. (S. 188.)

I. Die Fledermaus fliegt dauernd über dem Wasser.

1. Wasserfledermaus, *Vespertílio Daubentóni.* Spannweite 24 cm, Körperlänge 4–5 cm. März bis Oktober. Fliegt meist über fließenden Gewässern. In der ersten Dämmerung. Niedrig, oft nur handbreit über dem Wasserspiegel. Unter Brückenbogen durch, zwischen bestimmten Punkten hin und her. Von Zeit zu Zeit (15–20 Minuten) hängt die Fledermaus sich an Gegenständen in der Nähe des Wassers zum Ausruhen auf (an Bäumen, Schilf, Brücken, Gebäuden...). In ganz Deutschland. In wasserreichen Gegenden häufig.
2. Teichfledermaus, *Vespertílio Dasycnéme.* Spannweite 24 cm, Körperlänge 6 cm. Größer als vorige Art. Fliegt meist über stehenden Gewässern. Flug schwerfällig. Wenig häufig, im Gebirge selten.

II. Die Fledermaus fliegt nicht dauernd über dem Wasser.

Sie fliegt auch über anliegende Triften, Wälder, Felder und Ortschaften zurück.

a) Die Fledermaus ist auffällig klein.

1. Bartfledermaus, *Vespertílio mystacínus.* Spannweite 21 cm, Körperlänge 4 cm. Februar bis Spätherbst. Erste Abenddämmerung. Fließende und stehende Gewässer, anliegende Wiesen und Triften. Ein langsamer Flieger, meist tiefer Flug, am liebsten über Wasser. In Westdeutschland. Selten.
2. Zwergfledermaus, *Vesperúgo pipistréllus.*

b) Die Fledermaus ist auffällig groß.

Frühfliegende Fledermaus, Speckmaus, *Vesperúgo nóctula.*

Alle Fledermäuse sind Insektenvertilger. Sie stehen unter Naturschutz!

7. Schlangen an Gewässern

In der Nähe der Gewässer halten sich zwei Schlangen auf, die unsere Aufmerksamkeit erst erregen, wenn sie bei einem Gang am Ufer entlang plötzlich vor uns ins Wasser gleiten. Wer ihre festen Standorte kennt, kann sie hier mit einiger Sicherheit immer wieder antreffen. Ich habe früher einmal zwei Ringelnattern einen vollen Sommer hindurch regelmäßig auf einem 1 qm großen Platz beobachten können, wo sie sich sonnten. Vor allem lieben sie solche Stellen, wo sie eine geeignete Gelegenheit für die Eiablage haben: faulende Pflanzenstoffe, Sägemehl, Lohe, Dunghaufen, durch deren feuchte Wärme die Eier ausgebrütet werden. Beide Schlangen sind nicht giftig. Sie stehen unter Naturschutz!

1. Ringelnatter, *Natrix natrix*. Länge bis 1,50 m (1,80 m). Oberseite grau, ins Bläuliche oder Grünliche spielend, vier bis sechs Längsreihen schwarzer Flecke; Unterseite gelblichweiß. Auffallendstes Merkmal: Hinterkopf jederseits mit weißem oder gelblichem Mondfleck, dahinter ein ebensolcher schwarzer Fleck (das „Krönlein“). Vorwiegend in der Ebene und im Hügellande, geht im Berglande selten über 500 m hinaus.
2. Würfelnatter, *Natrix tesseláta*. Länge bis 70 cm (80 cm). Oberseite meist dunkel-olivgrau oder gelblichgrau, selten braun, fünf Längsreihen großer viereckiger Flecke, die meist schachbrettartig angeordnet sind; Unterseite wechselt zwischen grauweiß und orangerot. Im Rheintal von Bingen bis Koblenz und von dort aus an Nahe, Mosel und Lahn hinauf.

8. Stimmen der Frösche und Kröten an Teichen und Tümpeln

I. Ein weithin hörbares Quaken oder Quarren.

1. Das bekannte vielstimmige Quakkonzert an Tümpeln, Teichen und Seeufern: dumpfes quarrr, uarrr und uörrrrr, von hellem brékeke unterbrochen. Von Mitte Mai an, namentlich an Sommerabenden. Oft auch tagsüber. **Grüner Teichfrosch.**
2. Helle, kurz abgesetzte, eintönig gellende äpp äpp äpp oder gäck gäck gäck ..., nicht selten im Chor gerufen. Abends an Teichen oder von Bäumen herab. Von Mitte April an. **Laubfrosch.**
3. Volltönende, tiefe knurrende Quakrufe, dreimal rasch hintereinander ausgestoßen und in längeren Zwischenpausen wiederholt. Ähnliches Quaken wie das vom Teichfrosch. **Knoblauchskröte.**

4. Fortdauerndes, weithin schallendes rrr$_u$ä-rrrr$_u$ä-rrrr$_u$ä- und ärrrrr-ärrrrr ... Ein gleichförmig schnarrendes Konzert abends von April bis Juni. **Kreuzkröte.**

5. Hoher, lang anhaltender, sehr rein vibrierender, angenehmer Ruf, ein ürrrrrrr, meist mehrstimmig im Chor gebracht, an das Zirpen der Maulwurfsgrille erinnernd. An Frühlingsabenden und -nächten. **Grüne Kröte.**

II. Ein nur in der Nähe vernehmbares Quaken und Murksen.

1. Rauhe, leise, heisere rua rua rua oder groe groe groe groe in ziemlich rascher Folge. Hauptsächlich in der Tiefebene. Während der Paarung. März und April. **Moorfrosch.**

2. Halblaute, rasch ausgestoßene korr korr korr . . ., nicht so dumpf wie das murrr des Grasfrosches. Nur im südwestlichen Deutschland; Ende März. **Springfrosch.**

3. Quakendes, kurz abgebrochenes öng-öng oder grunzendes uäck-uäck-uäck. Im März und April. **Erdkröte.**

III. Ein leises Knurren:

Dumpfes, sehr tiefes murrrrr, langgezogen, meist in großen Zwischenpausen ausgestoßen. Während der Paarung im März und Anfang April. **Brauner Grasfrosch.**

IV. Ein melodisches Unken.

1. An kleinen Tümpeln vernehmbares, melancholisches unk-unk-unk . . . oder öng-öng. Meistens Chorgesang vieler Tiere an milden Abenden. In 1 Sekunde gleichmäßig etwa 2mal unk. Meist mehrere Tiere zugleich, in gleicher Tonhöhe oder einer Sekunde Unterschied. **Unken.**

2. Helles, klangvolles Rufen, wie hoher Glöckchenton, oft mehrstimmig, stets in gleichem Takt. Nachts, meist unter Steinen und aus Mauerlöchern, doch auch am Tage. Von März bis in den Sommer hinein. In 1 Sekunde etwa ein Ruf. Tonunterschied größer als bei Unken. Waldteiche in Westdeutschland bis an Harz und Thüringerwald. **Geburtshelferkröte.**

9. Frosch oder Kröte?

I. Zehen an der Spitze mit einer runden Haftscheibe.

Oberseite des Tieres grün, Unterseite weißlich mit Silberglanz. ♂ mit schwarzbrauner, ♀ mit weißlicher Kehle. Länge 4 cm. (Lebt auf Bäumen und Sträuchern. Nahrung Fliegen, Schmetterlinge . . . Paarung April–Mai im Wasser. Laich in Klumpen. Überwinterung im Schlamm der Gewässer.) **Laubfrosch.** *Hyla arbórea.*

II. Zehen an der Spitze ohne Haftscheiben.

A. Haut glatt. Körper schlank. Beine lang. Bewegungsart auf dem Lande: In weiten Sätzen springend.

a) Pupille waagerecht. 

α) Zehen der Hinterfüße mit ganzer Schwimmhaut. Hinterbacken schwarz und hell marmoriert.
Rücken grün oder gelbgrün mit dunklen Flecken und drei hellen Rückenlinien.

♂ Schallblasen, Daumenschwiele, ungefleckte Unterseite.

♀ graugefleckte Bauchseite. Laichzeit Juni. **Wasserfrosch.** *Rana esculénta.*

β) Zehen der Hinterfüße mit zwei Drittel Schwimmhaut. Hinterbacken nicht dunkel marmoriert.

1. Bauchseite gefleckt.
Rücken braun mit dunklen Flecken.

♂ Daumenschwiele, in 4 Abteilungen gegliedert. Bauch grauweiß, wenig gefleckt.

♀ Bauch gelblich, rotbraun gefleckt. Laichzeit März. **Grasfrosch.** *Rana temporária.*

2. Bauchseite ungefleckt, rein weiß.

\+ Gelenkhöcker an der Unterseite der Zehen (Hinterfüße!) sehr stark hervortretend. Hinterbeine sehr lang, Unterschenkel fast ebenso lang wie die vorderen Gliedmaßen. Daher weite Sprünge! Oberseite wie das Hellbraun eines Grasfrosches. Länge 6–7 cm. Laichzeit April, Mai. Nur in Westdeutschland. **Springfrosch.** *Rana dalmatína.*

++ Gelenkhöcker an der Unterseite der Zehen (Hinterfüße!) wenig hervortretend. Rücken braun, oft mit hellem Mittelstreif. Körperlänge 4–6 cm, kleinster deutscher Frosch. Schnauze spitz. Laichzeit März, April. **Moorfrosch.** *Rana arvális.*

b) Pupille senkrecht. 

Oberseite bräunlich- oder gelblichgrau mit großen, unregelmäßigen, dunklen Flecken; an der Seite kleinere, rötliche Flecken. Bauchseite weißlich, mit oder ohne schwärzliche Flecken. Länge 5–7 cm. Laichzeit März, April. Laich in kurzen Schnüren. (Schwacher Knoblauchsgeruch. Mit Hilfe der harten Fersenhöcker gräbt das Tier sich rückwärts ein, auf der Flucht oft mit großer Schnelligkeit.) **Knoblauchkröte.** *Pelóbates fúscus.*

B. Haut warzig. Körper plump. Beine kurz. Bewegungsart auf dem Lande: Langsam gehend oder in kurzen Sätzen hüpfend.

a) Pupille waagerecht. 

α) Mit lebhaft gelber Rückenlinie.

Rücken olivgrün oder olivbraun. Warzenspitzen oft rot gefärbt. Schwefelgelber Rückenstrich (bis über das Kreuz, daher Kreuzkröte) bestes Kennzeichen! Bauchseite weißgrau, mit dunklen Flecken. Schwimmhäute schwach entwickelt. Körperlänge 6–8 cm. ♂ mit gut entwickelter Schallblase an der Kehle. Laichzeit April. Laichschnüre einreihig. **Kreuzkröte.** *Búfo calamíta.*

β) Ohne gelbe Rückenlinie.

1. Gelenkhöcker an der Unterseite der Zehen (Hinterfüße!) doppelt. Hinterbeine kurz und dick. Füße mit halber Schwimmhaut. Rücken grau, schmutziggrün, graubraun, zuweilen gefleckt. Bauch heller. Iris rot. Körperlänge 10 bis 15 cm. ♂ mit einfarbigem Bauch und schwarzer Daumenschwiele, ♀ mit geflecktem Bauch. Laichzeit März, April. Laichschnüre doppelreihig. **Erdkröte.** *Búfo búfo.*

2. Gelenkhöcker an der Unterseite der Zehen (Hinterfüße!) einfach. Hinterbeine schlank. Füße mit halber Schwimmhaut. Rücken mit großen, scharf umgrenzten grünen Flekken auf schmutzigweißem Grunde. Warzen mit roten Spitzen. Bauch grauweiß oder gelblich, oft dunkel gefleckt. Iris grünlich, Pupille mit einem schmalen Goldsaum eingefaßt. Körperlänge 7–8 cm. (Farbenwechsel des Tieres nach Jahreszeit, Art der Belichtung und Wohlbefinden.) **Wechselkröte, Grüne Kröte.** *Búfo viridis.*

b) Pupille senkrecht.  Unke.  Geburtshelferkröte.

α) Zehen (Hinterfüße!) mit vollständigen Schwimmhäuten; Pupille dreieckig. Haut sehr warzig.

1. Unterseite blauschwarz, mit roten oder orangeroten Flekken. Zehenspitzen schwarzbraun.

Körperlänge 4 cm. Laichzeit Juni. Laich in Klumpen. **Rotbauchige Unke.** *Bombina bombina.*

2. Unterseite gelb, mit blauen Flecken. Finger- und Zehenspitzen gelb. Körperlänge 4 cm. Laichzeit Mai. (Unken leben meist in Tümpeln, gehen auch aufs Land, hüpfen schnell. Beim Angriff sondern sie einen scharfen Saft ab, werfen sich auf den Rücken und zeigen die grell gefärbte Unterseite — „Schreckstellung“.) **Gelbbauchige Unke.** *Bombina variegáta.*

β) Zehen (Hinterfüße!) mit sehr kurzen Schwimmhäuten. Pupille rautenförmig. Haut nur schwach warzig.

Oberseite blaugrau, mit dunkleren Flecken. Die Warzenreihe der beiden Seiten weißlich. Beine gefleckt. Körperlänge 4–5 cm. (Das Männchen wickelt sich die vom Weibchen frischgelegte Eischnur um die Hinterbeine, trägt sie so wochenlang mit sich herum und streift sie schließlich in einem Gewässer ab.) **Geburtshelferkröte.** *Álytes obstéricans.*

10. Von welchem Frosch ist der Laich?

	Brauner Grasfrosch	Grüner Teichfrosch
Laichzeit . .	Februar, März	Mai, Juni
Lage des Laiches .	Erst am Grunde des Wassers, steigt bald an die Oberfläche	Am Grunde des Wassers
Form des Laiches . .	Dicke, gallertartige Klumpen	Dicke, gallertartige Klumpen
Farbe der Eier . . .	Schwarze Kugeln in durchsichtigen Gallerthüllen	Gelbliche Kugeln in durchsichtigen Gallerthüllen

11. Laich an Wasserpflanzen

I. Laich von Kröten (Abb. S. 279).
Der Laich hängt in dünnen Schnüren zwischen Wasserpflanzen.

A. Länge der Schnüre 1–2 m.

1. Schnüre 2reihig, oft von mehreren Metern Länge, bleistiftdick, gallertartig, mit sehr vielen kleinen, schwarzen Eiern, die perlschnurartig aneinandergereiht sind. Laichzeit März. Die Kröten sammeln sich an gewissen Tümpeln oft in ungeheuren Mengen, um den Laich abzulegen. Man suche im März und Anfang April Waldtümpel auf! **Erdkröte.**

2. Schnüre 2-, 3- oder 4reihig, 1–2 m lang, glashell. Laichzeit Mai (also mit den Laichschnüren der Erdkröte nicht zu verwechseln, da viel später). **Grüne Kröte.**

B. Länge der Schnüre etwa ½ m.

1. Schnur 1reihig. Laichzeit März, oft auch später. **Kreuzkröte.**
2. Schnur mehrreihig, dick, meist auf dem Bodenschlamm des Gewässers liegend. Laichzeit April. **Knoblauchkröte.**

II. Laich von Unken.

Der Laich hängt in kleinen Klumpen an Wasserpflanzen lehmiger, trüber Tümpel. Gallerthülle des einzelnen Eies etwa erbsendick.

1. In Westdeutschland, im Bergland, Laichzeit Juni bis Juli. Wahrscheinlich Bergunke. **Gelbbauchige Unke.**
2. Im Tiefland, Laichzeit Juni bis Juli. Wahrscheinlich Tieflandsunke. **Rotbauchige Unke.**

III. Laich von Fischen.

1. Ein aus vielen Eischnüren zusammengewirktes netzförmiges, breites Band von fast 1 m Länge, das an Wasserpflanzen, Holz oder Steinen hängt. **Barsch.**
2. Eier einzeln oder in Klümpchen an Wasserpflanzen angeklebt. **Karpfen, Karausche, Schleie, Rotauge, Rotfeder, Hecht.**

IV. Laich von Schnecken.

Glashelle oder gelbliche Gallertklümpchen, oft in Form kleiner Würstchen, meist an der Unterseite der Blätter von Schwimmpflanzen (Laichkraut, Seerose, Wasserknöterich, Froschbiß . . .). **Schlammschnecken, Tellerschnecken.**

Anmerkung: An den Ufern der Gewässer findet man zuweilen sehr auffällige weiße, gallertartige Klumpen, die eine gewisse Ähnlichkeit mit Laich haben. Der Volksmund nennt sie „Sternschnuppengallerte“ und will mit diesem Namen ihre Herkunft bezeichnen. Diese Gallertmassen sind tierischen oder pflanzlichen Ursprungs. Es können die Eileiter von Fröschen sein, die im Magen der Vögel aufgequollen sind und dann als unverdaulich ausgespien wurden. (Am 30. 12. 1927 fand ich an einem Graben eine Menge solcher Gallertmassen. Ein fast faustgroßer Klumpen quoll aus dem Bauch eines Frosches. Es war mildes Wetter. Am Graben hielten sich Krähen auf. Sie hatten offenbar die Frösche aus dem sehr seichten Wasser herausgeholt und sie zerhackt, denn es lagen zahlreiche Froschreste umher.) Meist jedoch wird es sich um Schleimalgen handeln, namentlich um *Nostoc*-Arten, deren Gallertmasse durch Regen bedeutend aufquellen kann.

12. Molche

I. Rücken dunkelbraun oder schieferblau, mit schwarzen Flecken.

1. Unterseite gelb, mit schwarzen Flecken.
   Männchen zur Paarungszeit (im Frühjahr): auf dem Rücken ein hoher, zackiger Kamm, der über dem After unterbrochen ist. Länge 12–17 cm. **Kamm-Molch.** *Tritúrus cristáta.*

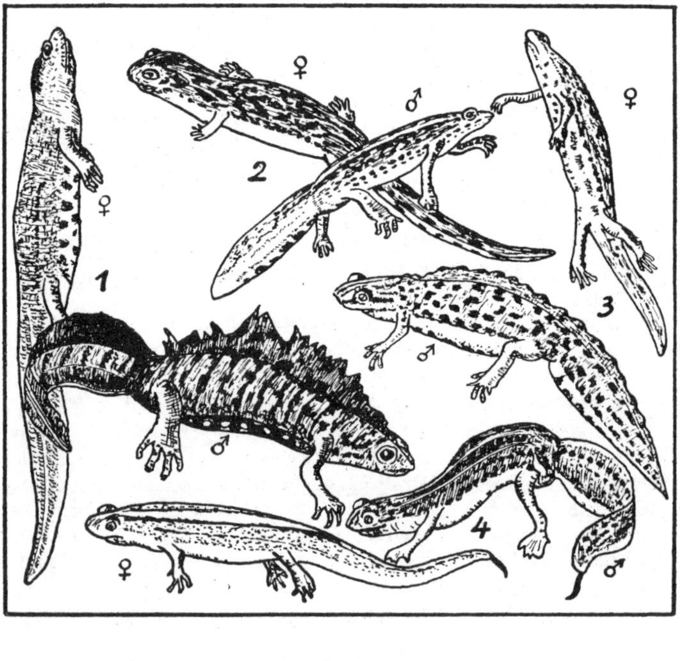

2. Unterseite orangerot, ohne Flecken.
Männchen zur Paarungszeit: auf dem Rücken eine niedrige ungezackte Leiste. Länge 7–10 cm. **Alpenmolch, Bergmolch.** *Tritúrus alpéstris.*

II. Rücken gelbbraun oder olivbraun, mit schwarzen Flecken.

1. Unterseite gelb, mit schwarzen Flecken.
Männchen zur Paarungszeit: auf dem Rücken ein hoher, zackiger Kamm, der über dem After nicht unterbrochen ist. Länge 6–8 cm. **Teichmolch.** *Tritúrus vulgáris.*

2. Unterseite orangerot, ohne Flecken.
Männchen zur Paarungszeit: auf dem Rücken eine niedrige, ungezackte Leiste. Länge $6\frac{1}{2}$–$8\frac{1}{2}$ cm. (Körper hinten stumpf, Schwanz zur Paarungszeit mit einem kurzen Endfaden!) **Fadenmolch, Leistenmolch.** *Tritúrus helvéticus.*

13. Fische

I. Körper drehrund, schlangenartig.

A. Ohne Brustflossen. Ohne Bauchflossen. Fam. Neunaugen.
Haut glatt, ohne Schuppen. Mund kreisförmig. Jederseits 7 Kiemenöffnungen. Länge 20–50 cm (Abb. 1). **Fluß-Neunauge.** *Petromýzon fluviátilis.*

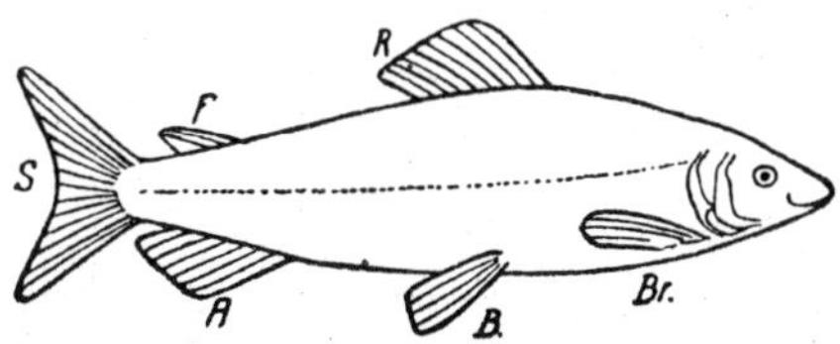

Br = Brustflossen, B = Bauchflossen, A = Afterflosse, R = Rückenflosse, F = Fettflosse, S = Schwanzflosse.
Die Linie vom Kopf bis zum Schwanz = Seitenlinie.

B. Mit Brustflossen. Ohne Bauchflossen. Fam. Aale.
Haut glatt, ohne Schuppen. Mund gespalten. Jederseits eine Kiemenspalte. Länge $\frac{1}{2}$–$1\frac{1}{2}$ m (Abb. 2). **Flußaal.** *Anguílla vulgáris.*

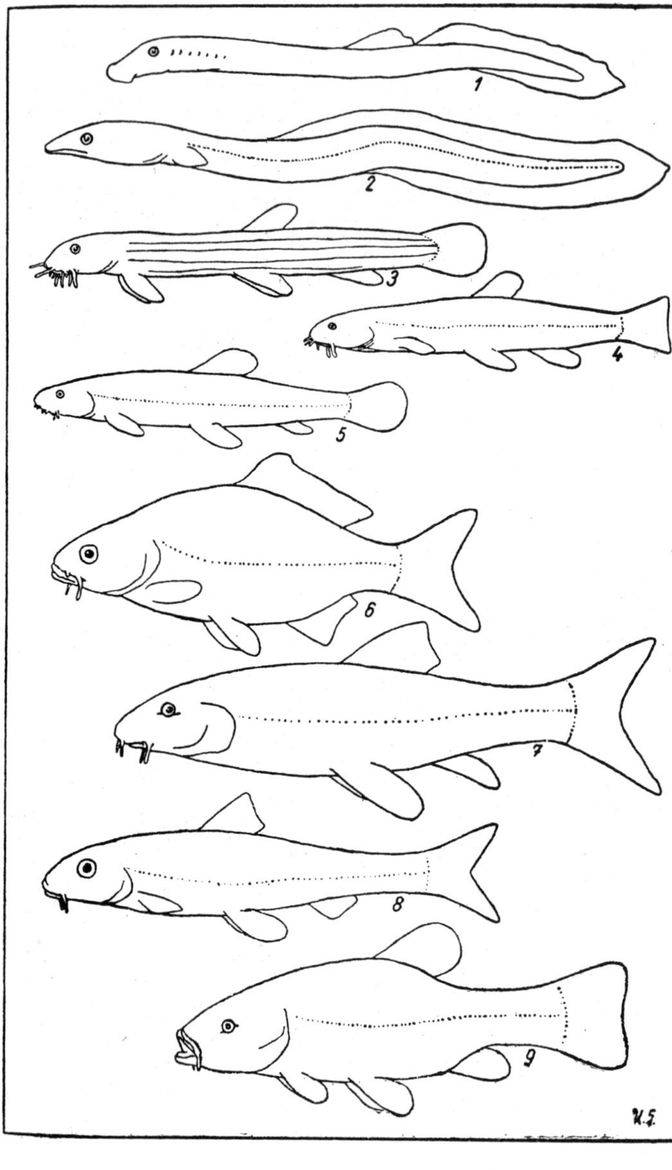
1
2
3
4
5
6
7
8
9
U.S.

C. Mit Brustflossen. Mit Bauchflossen. Fam. Schmerlen.

a) Mit 10 Bartfäden, 6 längere an der Oberlippe, 4 kürzere an der Unterlippe. Haut glatt, Schuppen kaum sichtbar. Länge 15–30 cm. (Aquarientier. Beobachtung: Der Fisch nimmt Luft mit dem Maule auf, die durch den After wieder ins Freie tritt! — Wetterfisch.) (Abb. 3.) **Schlammpeitzker.** *Cobitis fóssilis.*

b) Mit 6 Bartfäden.

1. Bartfäden kurz, die zwei am Mundwinkel länger. Schwanzflosse hinten gerade oder etwas nach innen ausgebuchtet. Körper vorn drehrund, hinten zusammengedrückt. Länge 10–15 cm (Abb. 4). **Bartgrundel, Schmerle.** *Cobitis barbátula.*

2. Bartfäden alle kürzer als bei der Schmerle. Schwanzflosse rund. Ganzer Körper seitlich etwas zusammengedrückt. Länge 8–10 cm. (Aquarienfisch!) (Abb. 5.) **Steinbeißer.** *Cobitis táenia.*

Neunaugen, Aale und Schmerlen sind Bodenfische, sie stecken zum Teil im Schlamm oder halten sich hinter Steinen auf. Beachte: Drehrunder Körper, schwach ausgebildete Flossen, schlängelnde Bewegung, enge Kiemenöffnungen, kleine Augen, bei einigen auch die schwach ausgebildete oder fehlende Seitenlinie (das wichtigste Orientierungsorgan der Fische, die im fließenden Wasser leben!).

II. Körper seitlich zusammengedrückt, fischartig. Stets mit Brust- und Bauchflossen.

A. Mit Fettflosse (eine kleine Flosse ohne Flossenstrahlen hinter der Rückenflosse). Fam. Lachsfische.

a) Maul klein. Rückenflosse groß (19–24 Strahlen). Rückenflosse violett gefärbt, mit 3–4 dunklen Binden. Ihre Wurzel doppelt so lang wie die der Afterflosse. Vorderrücken scharfkantig. Forellengröße. Nicht die lebhafte Forellenfärbung der drei folgenden Arten. In Bächen, unterhalb der Forellenregion (Abb. 10). **Äsche.** *Thymállus thymállus.*

b) Maul groß, weit gespalten. Rückenflosse klein (höchstens 15 Strahlen).

α) Großer Fisch, bis 1½ m lang. Rücken blaugrau. Seiten silbrig, meist mit schwarzen Flecken, Unterseite mit silberweißem Glanze, Flossen dunkelgrau (Abb. 15). **Lachs.** *Trutta sálar.*

β) Kleinere Fische.

\+ Bauchflossen und Afterflossen mit reinweißem Saum. Rükken mit dunklen, gewundenen Bändern. Lebhaft gefärbt. Im Quellgebiet der Gewässer (Abb. 11). **Amerikanischer Bachsaibling.** *Sálmo fontinális.*

\++ Bauchflossen und Afterflossen ohne weißen Saum.

1. An den Seiten ein rötliches Band. Rücken schwarz gesprenkelt. In Teichen und im Unterlauf der Flüsse. **Amerikanische Regenbogenforelle.** *Trutta irídea.*
2. Seiten ohne rötliches Band. Rücken olivgrün, Seiten hell, mit schwarzen und roten Flecken. Jungfische mit 13 dunklen Querbinden. Im Quellgebiet der Gewässer (Abb. 12). **Bachforelle.** *Trutta fário.*

Lachsfische sind gewandte Schwimmer: Langgestreckter Körper, zugespitzt, viele Flossen, beweglicher, kräftiger Schwanz. Raubfische: Bezahnung.

Gewässer mit niedriger Temperatur haben einen hohen Sauerstoffgehalt. Warum? Gewässer mit höherer Temperatur haben einen niedrigeren Sauerstoffgehalt. Warum?

Fische, die niedrige Temperaturen und hohen Sauerstoffgehalt lieben, sind Kaltwasserfische.

Fische, die höhere Temperaturen und niedrigeren Sauerstoffgehalt lieben, sind Warmwasserfische.

Zu welchen Fischen gehört die Bachforelle? Beobachte ihren Standort! Miß die Temperaturen der verschiedenen Gewässer!

Temperatur und Sauerstoffgehalt eines Gewässers sind abhängig von: Klima, Höhenlage, Tiefe, Gefälle, Entfernung von der Quelle, Beschattung, Untergrund, Bewachsung mit Pflanzen. Weise nach!

Die verschiedenen Fische bevorzugen verschiedene Gebiete der Gewässer. Von der Quelle an abwärts unterscheidet man folgende: Gebiet der Bachforelle, der Äsche, der Barbe, des Brachsen, des Brackwassers. Es gibt Fische, die in allen Gebieten vorkommen. Welche?

B. Ohne Fettflosse.

a) An Stelle jeder Bauchflosse ein starker Stachel. Fam. Stichlinge.

1. Vor der Rückenflosse drei freie Stacheln. Männchen zur Laichzeit am Bauche rot. Länge 4–7 cm. (Beliebter Aquarienfisch: Nestbau, Brutpflege.) (Abb. 17.) **Großer Stichling.** *Gasterósteus aculeátus.*

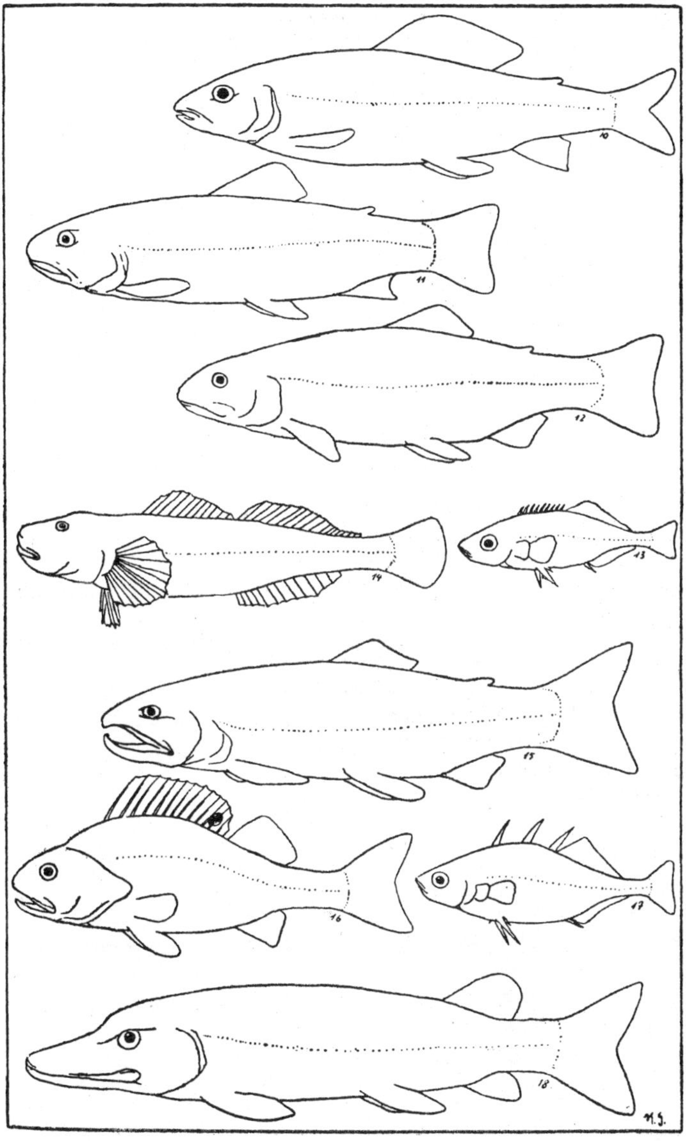
10
11
12
14
13
15
16
17
18

2. Vor der Rückenflosse 7–12 freie Stacheln. Länge 4–5 cm. Kleinster deutscher Fisch (Abb.13). **Kleiner Stichling.** *Gasterósteus pungitius.*

b) Bauchflossen von gewöhnlicher Form, häutig.

α) Bauchflossen bauchständig.

1. Schnauze entenschnabelartig plattgedrückt. Unterkiefer und Gaumen mit Zähnen. Rückenflosse fast am Ende des Rückens. Afterflosse, Schwanzflosse und Rückenflosse schwarz gefleckt. Länge bis 2 m, Gewicht bis 35 kg. Raubfisch (Abb. 18). **Hecht.** *Ésox lúcius.*

2. Schnauze nicht plattgedrückt. Maul ohne Zähne. Rückenflosse etwa in der Mitte des Rükkens (S. 286). **Karpfenfische.**

β) Bauchflossen brustständig.

1. Körper mit Schuppen. 2 Rückenflossen. Fam. Barschfische. Beide Rückenflossen nur durch einen Einschnitt getrennt. Am hinteren Ende der vorderen Rückenflosse ein blauschwarzer Augenfleck. Körper messinggelb, grün schillernd, mit dunklen Querbinden. Länge 15–30 cm. Raubfisch (Abb. 16). **Flußbarsch.** *Perca fluviátilis.*

2. Körper ohne Schuppen. 2 Rückenflossen. Brustflossen sehr groß. Kopf breit. Körper rundlich. Färbung verschieden, auf bräunlichem Grunde dunkle Flecken. Länge 10–15 cm. Raubfisch. Grundfisch (Abb. 14). **Dickkopf, Kaulkopf, Groppe.** *Cottus góbio.*

14. Weißfische oder Karpfenfische

I. Mit Bartfäden.

A. Mit 4 Bartfäden.

1. Mit langer Rückenflosse, 17–22 Weichstrahlen (Abb. 6). **Karpfen.** *Cyprínus cárpio.*

2. Mit kurzer Rückenflosse, 8–9 Weichstrahlen (Abb. 7). **Barbe.** *Barbus fluviátilis.*

B. Mit 2 Bartfäden.

1. Mit großen Schuppen, 40–44 in der Seitenlinie (Abb. 8). **Gründling.** *Góbio fluviátilis.*

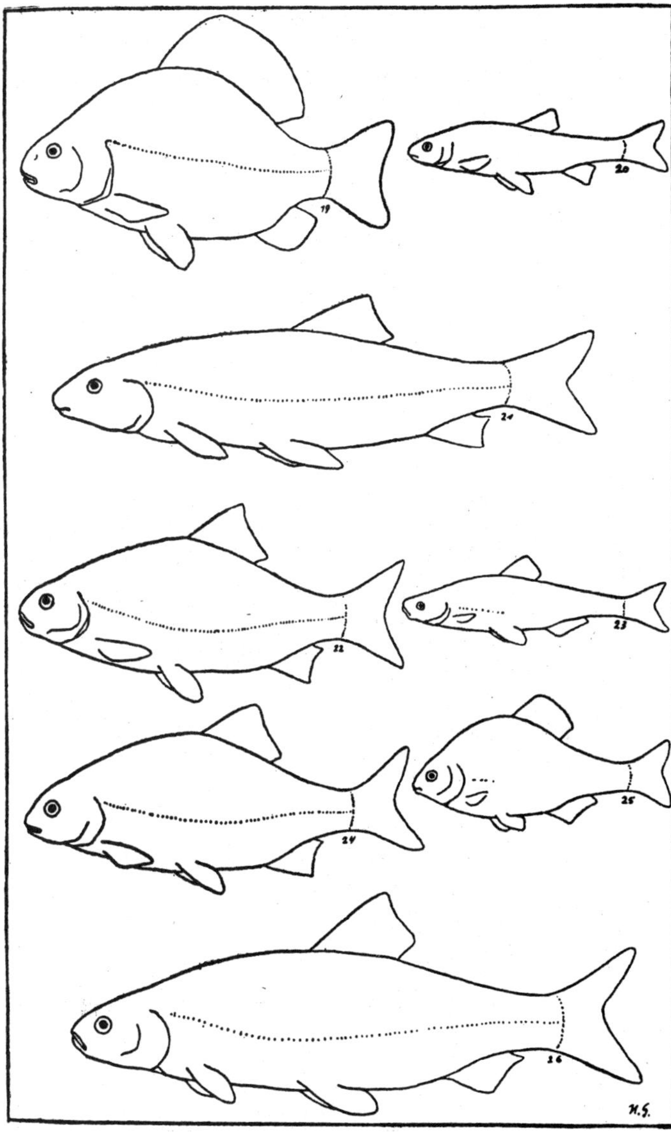
19
20
21
22
23
24
25
26

2. Mit sehr kleinen Schuppen, 95–100 in der Seitenlinie (Abb. 9). **Schleie.** *Tinca vulgáris.*

II. Ohne Bartfäden.

A. Mit kurzer Afterflosse, 5–6 Weichstrahlen (Abb. 19). **Karausche.** *Carássius vulgáris.*

B. Mit mittellanger Afterflosse, 7–13 Weichstrahlen.

a) Schuppen sehr klein, kaum sichtbar, 80–90 in der Seitenlinie. (Abb. 20). **Ellritze.** *Phoxínus laevis.*

b) Schuppen größer, deutlich sichtbar, 40–70 in der Seitenlinie.

α) Seitenlinie unvollständig.

1. Maul oberständig, steil nach oben gerichtet (Abb. 23). **Moderlieschen.** *Leucáspius delineátus.*

2. Maul endständig (Abb. 25). **Bitterling.** *Rhódeus amárus.*

β) Seitenlinie vollständig.

1. Schnauze mit nasenartiger Verlängerung (Abb. 21). **Quermaul, Speier, Schwarzbauch, Nase.** *Chondróstoma násus.*

2. Schnauze ohne nasenartige Verlängerung.

○ Mit hoher, gedrungener Körperform. Flossen lebhaft rot.

* Mit großen Schuppen, 40–45 in der Seitenlinie. Flossen lebhaft rot.

⊗ Auge rot. Mundspalte waagerecht. Bauch gerundet (Abb. 24). **Rotauge, Plötze.** *Leucíscus rútilus.*

⊗⊗ Auge gelb. Mundspalte schräg nach unten. Bauch scharf gekielt (Abb. 22). **Rotfeder.** *Scardínius erythrophthálmus.*

** Mit kleinen Schuppen, 54–59 in der Seitenlinie. Körperform weniger gedrungen. Flossen weniger rot. Auge nicht rot (Abb. 26). **Orfe, Nerfling, Kühling, Aland.** *Idus melanótus.*

○○ Mit gestreckter Körperform. Flossen gar nicht oder nur schwach rot.

* In der Brustflosse 13–14 Weichstrahlen. Zur Laichzeit mit dunkler Längsbinde (Abb. 29). **Rießling, Grieslauge, Strömer.** *Teléstes agassízii.*

** In der Brustflosse 16–17 Weichstrahlen. Zur Laichzeit ohne Längsbinde.

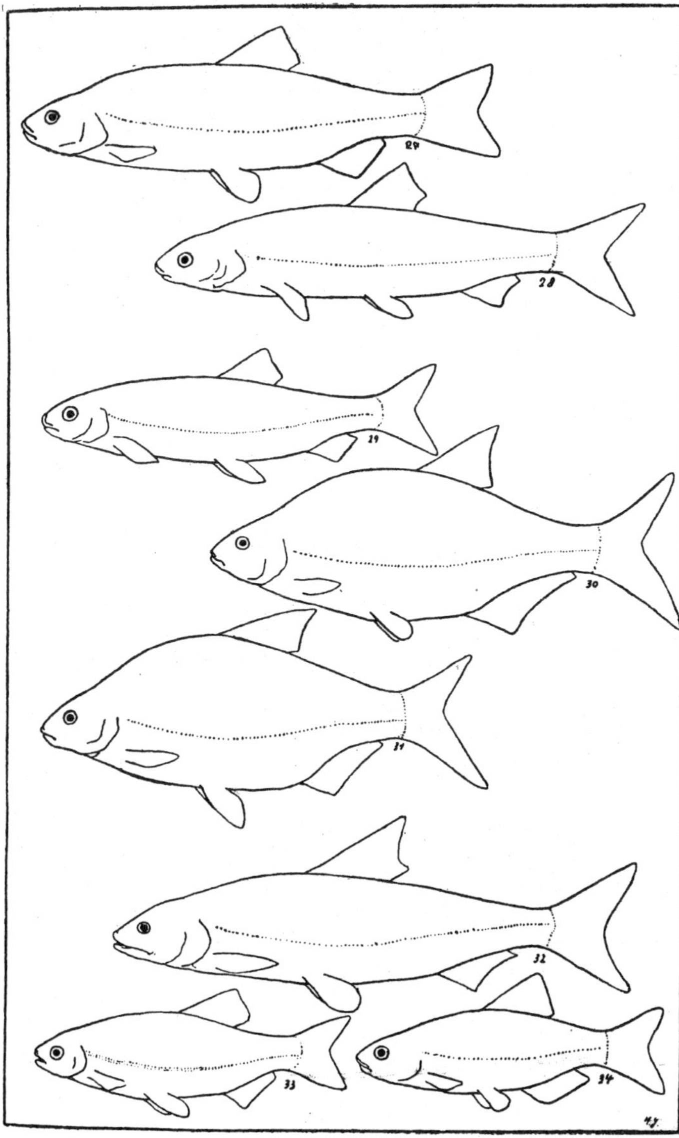
27
28
29
30
31
32
33
34
H.J.

⊗ Körper fast rundlich. Kopf breit und dick. Mundöffnung endständig (Abb. 27). **Alet, Möne, Döbel.** *Squálius céphalus.*

⊗⊗ Körper mehr zusammengedrückt. Kopf schmäler. Mundöffnung unterständig (Abb. 28). **Häsling, Rüßling, Hasel.** *Squálius leuciscus.*

C. Mit langer Afterflosse, 14–15 Weichstrahlen.

a) Mit hoher Körperform. Unterer Schwanzlappen länger als der obere.

1. Brust- und Bauchflossen blaugrau (Abb. 30). **Brassen, Blei, Brachsen.** *Abrámis brama.*

2. Brust- und Bauchflossen ganz oder nur am Grunde rot oder orange. Halbbrachsen (Abb. 31). **Gieben, Blicke, Plattfisch, Güster.** *Blicca bjorkna.*

b) Mit gestreckter Körperform. Beide Schwanzlappen gleichlang.

1. Maulspalte weit, reicht bis unter die Augen (Abb. 32). **Raape, Rappe, Rapfen.** *Áspius rapax.*

2. Maulspalte eng, reicht höchstens bis an den vorderen Augenrand.

α) Die Afterflosse beginnt hinter der Rückenflosse. Seitenlinie zur Laichzeit schwarz gerändert (Abb. 33). **Alandblecke, Bambeli, Schneider.** *Albúrnus bipunctátus.*

β) Die Afterflosse beginnt unter der Rückenflosse. Seitenlinie zur Laichzeit nicht schwarz gerändert (Abb. 34). **Laube, Alve, Uckelei.** *Albúrnus lúcidus.*

Zur Bestimmung der schwer zu unterscheidenden Weißfische wird die Anordnung der Schlundzähne benutzt. Dazu muß jedoch der Fischkopf erst abgekocht werden. In dieser Tabelle wird versucht, ohne dieses Merkmal auszukommen. Als Vorlage diente E. Walter, Unsere Süßwasserfische. Quelle & Meyer, Leipzig.

Fachausdrücke

1. Die unterirdischen Teile der Pflanze.

   a) Wurzel: niemals mit Blättern, Blattresten oder Blattnarben.

   Haupt- oder Pfahlwurzel: Fortsetzung des Stengels. Beispiel: Möhre.

   Neben- oder Seitenwurzeln: seitliche Verzweigungen der Hauptwurzel. Beispiel: Distel.

   b) Wurzelstock, Knolle, Zwiebel: unterirdischer Stamm mit Blättern oder Blattschuppen.

   Wurzelstock: wurzelähnlich. Beispiel: Buschwindröschen.

   Knolle: kugelig verdickt. Beispiel: Kartoffel.

   Zwiebel: stark verkürzt, mit Blättern. Beispiel: Küchenzwiebel.

2. Der Stamm.

   Stamm: holzig und ausdauernd. Beispiel: Eiche.

   Stengel: krautig und meist nach einem Jahr absterbend. Beispiel: Kartoffel.

   Halm: hohl, durch Knoten gegliedert. Beispiel: Roggen.

   aufrecht: senkrecht stehend. Beispiel: Saubohne.

   niederliegend: der Länge nach am Boden liegend. Beispiel: Vogelmiere.

   kriechend: der Länge nach am Boden liegend, dabei an mehreren Stellen Wurzeln treibend. Beispiel: Pfennigkraut.

   aufsteigend: unten niederliegend, oben aufrecht. Beispiel: Wiesenklee.

   windend: mit dem Stengel sich um fremde Körper herumlegend. Beispiel: Winde.

   kletternd: mit Ranken (Erbse, Wicke), Stacheln (Klettenlabkraut) oder Haftwurzeln (Efeu) sich an fremden Körpern festhaltend.

   Ausläufer: Seitenzweige am Grunde des Stengels, die auf (Erdbeere) oder in der Erde (Kartoffel) fortkriechen und an den Knoten Wurzeln tragen.

3. Das Blatt. (Siehe Tafeln der folgenden Seiten!)

   ♂: männlich.

   ♀: weiblich.

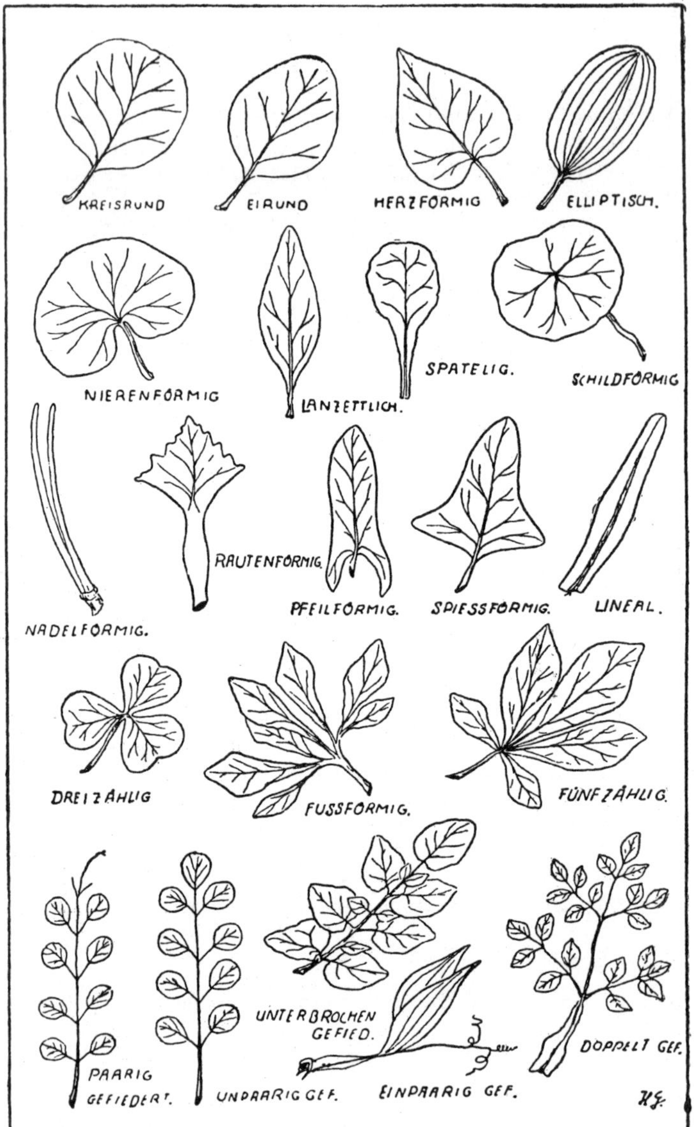
KREISRUND
EIRUND
HERZFORMIG
ELLIPTISCH.
NIERENFÖRMIG
LANZETTLICH.
SPATELIG.
SCHILDFÖRMIG
NADELFÖRMIG.
RAUTENFÖRMIG
PFEILFÖRMIG.
SPIESSFÖRMIG.
LINEAL.
DREIZÄHLIG
FUSSFÖRMIG.
FÜNFZÄHLIG.
PAARIG GEFIEDERT.
UNPAARIG GEF.
UNTERBROCHEN GEFIED.
EINPAARIG GEF.
DOPPELT GEF.
H.G.

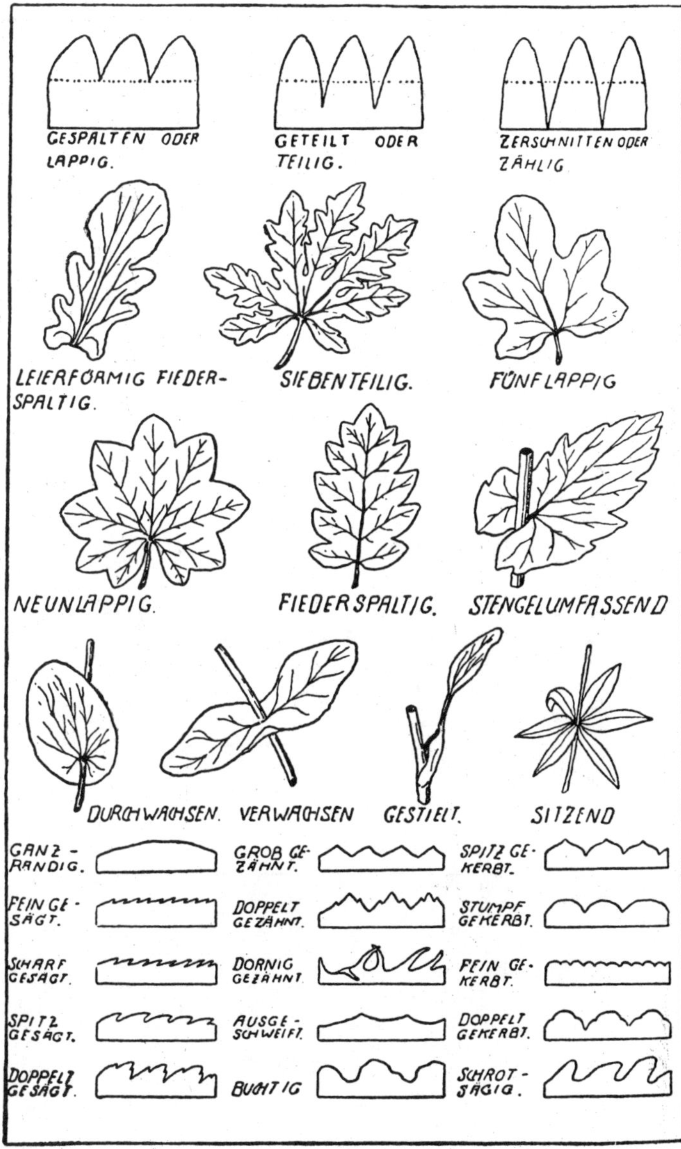
GESPALTEN ODER
LAPPIG.
GETEILT ODER
TEILIG.
ZERSCHNITTEN ODER
ZÄHLIG
LEIERFÖRMIG FIEDER-
SPALTIG.
SIEBENTEILIG.
FÜNFLAPPIG
NEUNLAPPIG.
FIEDERSPALTIG.
STENGELUMFASSEND
DURCHWACHSEN.
VERWACHSEN
GESTIELT.
SITZEND
GANZ-
RANDIG.
GROB GE-
ZÄHNT.
SPITZ GE-
KERBT.
FEIN GE-
SÄGT.
DOPPELT
GEZÄHNT.
STUMPF
GEKERBT.
SCHARF
GESÄGT.
DORNIG
GEZÄHNT.
FEIN GE-
KERBT.
SPITZ
GESÄGT.
AUSGE-
SCHWEIFT.
DOPPELT
GEKERBT.
DOPPELT
GESÄGT.
BUCHTIG
SCHROT-
SÄGIG.

Laubausbruch der Bäume

(Tabelle zu Seite 10)

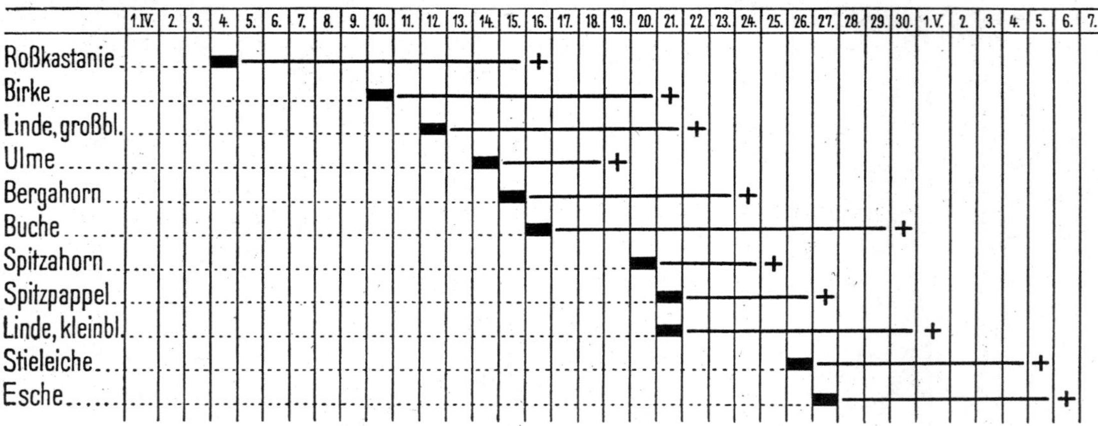

Erklärung der wissenschaftlichen Pflanzennamen

Ábies Name der Tanne bei den Römern.

alba weiß.

Acer Name des Ahorns bei den Römern, *acer* lt. spitz, scharf: wegen der zugespitzten Blattlappen.

campéstre lt. *campus* Feld, Ebene: auf Feldern, in der Ebene wachsend.

négundo indischer Pflanzenname.

platanoídes platanenähnlich: nämlich die Blätter.

pseudoplátanus pseudo gr. falsch, täuschend: nämlich von täuschendem Aussehen der Platane.

Achilléa benannt nach dem griechischen Helden Achilles, Schüler des heilkundigen Chiron, der die Heilkraft der Pflanze entdeckte.

ptármica gr. *ptairein* niesen: also Nieskraut.

Aésculus auch *Esculus* lt. *esca* Speise: eßbare Samen.

hippocástanum gr. *hippos* Pferd und *kastonos* Kastanienbaum: Roßkastanie, die Türken sollen die Samen als Heilmittel gegen Asthmabeschwerden der Pferde angewandt haben.

pávia benannt nach dem Professor der Botanik Pav in Holland, der im 17. Jahrhundert lebte.

rubicúnda lt. hochrot, rötlich.

Alísma Name einer Wasserpflanze bei den Griechen.

plantágo lt. *planta* Fußsohle: wegen der Ähnlichkeit der Blätter mit einer Schuhsohle.

Állium Name des Knoblauchs bei den Römern, wohl verwandt mit *olere* riechen.

ursínum lt. *ursus* Bär: Bärenlauch.

Alnus Name der Erle bei den Römern.

glutinósa lt. klebrig: die Knospen und jungen Blätter.

Alopecúrus gr. *alopekouros* von *alopex* Fuchs und *oura* Schwanz: Fuchsschwanz, wegen der Gestalt der Rispe, die nach dem Verblühen fuchsrot wird.

praténsis lt. *pratum* Wiese: auf Wiesen wachsend.

Anagállis Name des Gauchheils bei den Griechen; *aná* immer wieder und *agállein* ehren, schmücken: sich immer wieder mit Blüten schmückend.

arvénsis lt. *arvum* Acker, Saatfeld: auf Äckern wachsend.

Anemóne gr. *ánemos* Wind: weil die Pflanze im Winde sich leicht bewegt und ihre Blumenblätter leicht abfallen.

nemorósa gr. *nemos* Hain: in Hainen wachsend.

Angélica lt. *angelus* Engel, da ein Engel auf die Heilkraft der Pflanze hingewiesen habe.

silvéstris lt. *silva* Wald: in Wäldern wachsend.

Anthéricum Name einer Pflanze bei den Griechen; *antherix* Halm, Stengel; auch Granne, Ähre.

ramósum lt. *ramus* Ast, Zweig; *ramosus* ästig: der Blütenstand.

Anthríscus Name einer Doldenpflanze bei den Griechen; *anthos* Blüte und *rhyskos* Hecke: Heckenblume; oder auch von *antheryx* Stengel: wegen des hohen Stengels.

silvéstris lt. *silva* Wald: in Wäldern wachsend.

Anthýllis Name einer nicht bekannten Pflanze bei den Griechen; *anthos* Blüte und *ioulos* Milchhaar: wegen des feinbehaarten Blütenstandes.

vulnerária lt. *vulnus* Wunde: bei Wunden angewandt.

Archangélica gr. *archaggelos* Erzengel: ein Erzengel soll auf die Heilkraft der Pflanze hingewiesen haben.

officinális lt. *officina* Apotheke: in Apotheken gebräuchlich.

Arenária lt. *arena* Sand: auf Sandboden wachsend.

serpyllifólia *Serpyllum* Name für Thymian, *folium* Blatt: also thymianblättrig.

Aristolóchia gr. *aristos* der beste und *locheia* eine Krankheit: bestes Heilmittel bei dieser Krankheit.

sipho gr. *siphon* Röhre, hier Pfeife: wegen der Ähnlichkeit der Blütenröhre mit einer Tabakspfeife.

Arrhenatérum gr. *arrhen* männlich und *ather* Granne: weil die männliche Blüte begrannt ist.

élatius lt. *elatus* höher, ziemlich hoch: gehört zu den hohen Gräsern.

Arum gr. *aron* Name einer Pflanze mit eßbarer Wurzel.

maculátum lt. *macula* Fleck, *maculare* beflecken, *maculatus* gefleckt, Blätter oft braun gefleckt.

Aspérula lt. *asper* rauh, *asperulus* etwas rauh: kleiner Rauhling wegen der etwas rauhen Blätter.

odoráta lt. *odor* Geruch: wohlriechend.

Aster gr. *aster* Stern: Sternblume, wegen der Form des Blütenstandes.

leucánthemus gr. *leukos* weiß und *anthemum* Blume, Blüte.

salicifólius lt. *salix* Weide und *folium* Blatt: weidenblättrig.

Átropa gr. *atropos* unabwendbar: nämlich der Tod, die Beeren sind sehr giftig. *Atropa* hieß eine der drei Parzen, die den Lebensfaden abschneidet.
belladónna ital. schöne Frau: der Saft der Beeren wurde als Schönheitsmittel benutzt.
Avéna Name des Hafers bei den Römern.
satíva lt. *satus* Saat: angebaut.
Azólla Name unerklärt.
caroliniána Staat Carolina im Süden der USA, der Heimat der Pflanze.

Bellis Name der Pflanze bei den Römern, lt. *bellus* schön, hübsch.
perénnis lt. *per* hindurch und *annus* Jahr: das ganze Jahr hindurch blühend.
Bérberis aus der Berberei stammend oder *berberys* arabische Bezeichnung für Frucht.
vulgáris lt. *vulgus* die große Menge, das gemeine Volk: gemein, gewöhnlich.
Bérula ursprünglich Name für eine Wasserminze.
angustifólia lt. *angustus* schmal, eng und *folium* Blatt: schmalblättrig.
Bétula Name der Birke bei den Römern.
verrucósa lt. *verruca* Warze: warzig, nämlich die jungen Zweige.
Bromus Name einer Haferart bei den Griechen, *broma* Speise.
asper lt. rauh: die Blätter.
ramósus lt. *ramus* Ast, *ramosus* ästig: die Rispe.
Bryónia Name für Kletterpflanzen bei den Alten; gr. *bryein* sprossen, treiben: wegen der zahlreichen aus dem Wurzelstock hervorbrechenden Stengel.
Bútomus Name einer Sumpfpflanze bei den Griechen; *bous* Rind und *temnein* schneiden: die scharfen Blätter verletzen die Mäuler der Rinder.
umbellátus lt. *umbella* Schirm, in der Botanik = Dolde: doldig.

Calamagróstis Name der Griechen für Schilfrohr; *kalamos* Rohr, *agrostis* Gras.
epigḗia gr. *epi* auf und *gaia* Erde: auf der Erde wachsend, im Gegensatz zu den im Wasser wachsenden Arten.
Calamíntha Name für Minzenarten bei den Griechen; *kalos* schön, *minthe* Minze.

clinopódium gr. *kline* Bett und *podos* Fuß: Bettfüßchen, wegen der Form der Blütenstände.

officinális lt. *officin* Apotheke: in Apotheken gebräuchlich.

Caléndula lt. *calendae* Monat: Monatsblume, Kalenderblume, da die Pflanze lange blüht.

officinális lt. *officin* Apotheke: in Apotheken gebräuchlich.

Calla Pflanzenname bei den Alten; gr. *kallos* schön: wegen der schönen weißen Blütenscheide.

palústris lt. *palus* Sumpf: sumpfbewohnend.

Callítriche gr. *kalos* schön und *trichos* Haar: Schönhaar.

Caltha gr. *kalathos* Schale, Körbchen: wegen der Blütenform.

palústris lt. *palus* Sumpf: sumpfbewohnend.

Caragána kirgisischer Name = Schwarzrohr.

arboréscens lt. *arbor* Baum: baumartig, strauchartig.

Cardámine von *kardamon* eine Kressenart bei den Griechen.

praténse lt. *pratum* Wiese: auf Wiese wachsend.

Cárduus Name für Distelarten bei den Römern; *carere* kratzen.

Carex Name für stachelige Riedgräser bei den Römern; *carere* kratzen: wegen der scharfen Blätter.

Carpínus Name eines Baumes bei den Römern; keltisch *car* Holz und *pen* Kopf: aus dem zähen Holz wurden Ochsenjoche angefertigt.

bétulus von *Betula* = Birke: birkenähnlich, nämlich die Blätter.

Carum Name der Alten für verschiedene kümmelähnliche Doldenpflanzen; gr. *kara* Haupt: wegen der Dolde.

carvi arabischer Name für Kümmel.

Chaenoméles gr. *chaino* klaffen und *melon* Apfel: wegen der oben tief genabelten Frucht.

japónica aus Japan stammend.

Chaerophýllum gr. *chairein* sich freuen und *phyllon* Blatt: mit freudiggrünen, wohlriechenden Blättern.

bulbósum lt. *bulbus* Zwiebel: zwiebelartig, knollig.

témulum lt. *temetum* Met, Wein: berauschend, betäubend.

Chrysánthemum gr. *chrysos* Gold und *anthemum* Blume: Goldblume.

leucánthemum gr. *leukos* weiß und *anthemum* Blume: Blüten mit weißem Strahl.

Centauréa gr. Name einer Pflanze, deren Heilkraft der Kentauer *Chiron* entdeckt haben soll.

jácea gr. *iakeia*, von *ios* Pfeil, Gift und *akeomai* heilen: Giftheil.

Ceratophýllum gr. *keras* Horn und *phyllon* Blatt: Hornblatt, wegen der hornartigen Gestalt der Blätter.

Cichórium Name der Pflanze bei den Römern; gr. *kichorion* von *kio* gehen und *chorion* Stelle: entspricht unserer Bezeichnung „Wegwarte".

íntybus lt. auch *intubus* oder auch *intibus* Name der wilden Zichorie; lt. *tubus* Röhre: Stengel innen hohl, röhrig; oder gr. *entomos* eingeschnitten: die Blätter.

Cicúta Name des gefleckten Schierlings bei den Römern.

virósa lt. *virus* Gift: giftig.

Círsium Name einer Distelart bei den Alten, die gegen Krampfadern *(kirsos)* angewandt wurde.

Cládium gr. *kladion* von *klados* Schößling, Zweig, Ästchen: wohl wegen der Ausläufer.

maríscus Name einer Binsenart bei den Römern; lt. *mare* oder kelt. *mar* Sumpf.

Clemátis Name für Schlingpflanzen in Griechenland und Rom; gr. *klema* Zweig, Ranke: kleine Ranke.

vitálba lt. Name des Weinstockes und der Weinrebe bei den Römern; *albus* weiß: wegen der weißen Blüten.

Colútea Name eines Strauches im alten Griechenland.

arboréscens lt. *arbor* Baum: baumartig, strauchartig.

Cómarum gr. *komaron* Frucht von *komaros* = Erdbeerbaum: Name auf unsere Pflanze übertragen, weil auch ihre Früchte trocken sind.

palústre lt. *palus* Sumpf: sumpfbewohnend.

Cónium Name des gefleckten Schierlings bei den Griechen.

maculátum lt. *macula* Fleck: gefleckt, Stengel am Grunde oft braun gefleckt.

Convallária lt. *convallis* Talkessel: die Pflanze hieß früher *Lilium convallium* Lilie der Täler.

majális lt. *Maius* Mai: im Mai blühend.

Convólvulus lt. *convolvere* herumrollen, umwickeln: wegen des windenden Stengels oder der zusammengefalteten Blumenkrone.

sépium lt. *sepes* Zaun: an Zäunen wachsend.

Cornus lt. *cornu* Horn: wegen der hornartigen Härte des Holzes.

alba lt. weiß.

mas lt. männlich: im Gegensatz zu einer Art mit weicherem Holz.

sanguínea lt. *sanguis* Blut: blutrot, wegen der roten Rindenfarbe.

Cotoneáster lt. *cotonea* Quittenbaum; *aster* Stern, Bild, drückt als Endung eine Ähnlichkeit aus: quittenbaumähnlich, unechte Quitte.

Cratáegus gr. *kratos* Kraft und *aix* Ziege: Kraftfutter für Ziegen.

crusgalli lt. *crus* Schenkel, Bein und *gallus* Hahn: wegen der Ähnlichkeit der 6 cm langen Dornen mit dem Sporn des Hahns.

macracántha gr. *makros* groß und *akantha* Dorn: mit großen Dornen.

monógyna gr. *monos* einzig, allein und *gyne* Weib: mit einem Griffel.

oxyacántha gr. *oxys* scharf, sauer und *akantha* Dorn: scharfdornig.

Crepis gr. *krepis* eine Schuhart: wegen der am Boden liegenden Blätter mancher Arten.

áurea lt. *aurum* Gold: goldfarbig, goldgelb.

biénnis lt. bis zweimal und *annus* Jahr: zweijährig.

paludósa lt. *palus* Sumpf: sumpfbewohnend.

Cynosúrus gr. *kyon* Hund und *oura* Schwanz: Hundeschwanz, wegen der Form der Rispe.

cristáta lt. *crista* Kamm: kammförmig, nämlich die Ährenrispe.

Cýtisus gr. *kytisos* Name eines Strauches.

labúrnum Name der Pflanze bei den Römern; vielleicht entstanden aus *alburnum* (*albus* weiß): wegen des weißen Splintholzes.

Dáctylis gr. *daktylos* Finger: wegen der Form der Rispenäste.

glomeráta lt. *glomerare* zu einem Knäuel zusammenrollen: geknäuelt, nämlich die Ährchen.

Deschámpsia nach dem Naturforscher Deschamps in Frankreich († 1849).

caespitósa lt. *caespes* Rasen: rasenförmig, rasenbildend.

flexuósa lt. *flectere* beugen, biegen: gekrümmt, geschlängelt, wegen der geschlängelten Rispenäste.

Déuzia nach Joh. Deutz in Amsterdam.

Diánthus gr. *Dios anthos* Zeusblume: wegen ihrer Schönheit dem höchsten Gotte zu Ehren.

cáesius lt. blaugrün, blaugrau, hechtblau.

silvéster lt. *silva* Wald: in Wäldern wachsend.

Diervíllea nach dem französischen Arzt Dierville, der die Pflanze aus Amerika nach Frankreich sandte (1708).

flórida lt. *florere* blühen: reichblütig.

Digitális lt. *digitus* Finger: zum Finger gehörig, Fingerhut, wegen der Blütenform.
purpúrea lt. *purpura* Purpurschnecke: purpurfarbig.

Élymus Name der italienischen Hirse, auf unser Waldgras übertragen.
europáeus lt. in Europa vorkommend.
Epilóbium gr. *epi* auf und *lobos* Lappen, Schote: weil die Blumenkrone auf dem einer Schote ähnlichen Fruchtknoten sitzt.
adnátum lt. angewachsen, geflügelt, herablaufend.
hirsútum lt. struppig, rauh, behaart.
palústre lt. *palus* Sumpf: sumpfbewohnend.
parviflórum lt. *parvus* klein und *flos* Blüte: kleinblütig.
Equisétum lt. *equus* Pferd und *seta* Borste, Haar: Pferdehaar, die Pflanze ähnelt einem Pferdeschweif.
heleócharis gr. *helos* Sumpf und *charis* Anmut: Sumpfzier, wegen des anmutigen Wuchses.
palústre lt. *palus* Sumpf: sumpfbewohnend.
Eupatórium gr. *eupator* von guten Ahnen abstammend; Beiname des heilkundigen Königs Mithridates von Pontus (132–64 v. Chr.).
cannábinum gr. *kannabis* Hanf: hanfartig, nämlich die Blätter.
Euphórbia benannt nach *Euphorbius* Leibarzt des mauretanischen Königs Juba († 54 v. Chr.).
palústris lt. *palus* Sumpf: sumpfbewohnend.
Evónymus gr. *eu* gut, wohl, echt und *onnoma* Name: von gutem Ruf, hier aber ironisch, wegen der giftigen Eigenschaften einiger Arten.
europáeus lt. in Europa vorkommend.
japónica in Japan heimisch.
Fagus Name der Buche bei den Römern.
silvática lt. *silva* Wald: in Wäldern wachsend.
Festúca lt. Halm, Grashalm.
elátior lt. *elatus* hoch.
gigantéa gr. *giganteios* riesenhaft, riesengroß.
rubra lt. rot: Ährchen oft rot angelaufen.
silvática lt. *silva* Wald: in Wäldern vorkommend.
Filipéndula lt. *filium* Faden und *pendulus* hängend: wegen der an den dünnen Wurzeln hängenden Knollen.
ulmária lt. *ulmus* Ulme: wegen der ähnlichen Blattform.

Forsýthia benannt nach W. A. Forsyth (1734–1804), einem englischen Gartenbotaniker.

Fragária lt. *fragum* Erdbeere, *on fragare* duften.

moschata gr. *moschos*: nach Moschus duftend.

vesca lt. *vescor* essen: eßbar.

víridis lt. grün.

Fráxinus Name der Esche bei den Römern, gr. *phraxis* Zaun: Holz zu Umzäunungen benutzt.

excélsior lt. *excelsus* hervorragend: hoher Baum.

Gálium gr. *gala* Milch: das Kraut bringt Milch zum Gerinnen, wie es das Kälberlab tut, daher auch Labkraut.

palústre lt. *palus* Sumpf: sumpfbewohnend.

silváticum lt. *silva* Wald: in Wäldern vorkommend.

uliginósum lt. *uligo* Feuchtigkeit: an feuchten, sumpfigen Stellen wachsend.

Genísta Name des Ginsters bei den Römern.

ánglica häufig in England.

germánica häufig in Germanien.

sagittális lt. *sagitta* Pfeil: pfeilförmig, wegen der geflügelten Stengel.

tinctória lt. *tingere* färben: zum Färben benutzt.

Gentiána benannt nach dem illyrischem König Gentius (um 500 v.Chr.), der den gelben Enzian gegen die Pest empfahl.

utriculósa lt. *utriculus* Schlauch: aufgeblasen, nämlich der Kelch.

verna lt. *ver* Frühling: im Frühling blühend.

Geránium gr. *geranos* Kranich: wegen der schnabelartigen Frucht, also eigentlich Kranichschnabel.

palústre lt. *palus* Sumpf: sumpfbewohnend.

Glycéria gr. *glykeros* süß: gutes Futtergras, Süßgras.

aquática lt. *aqua* Wasser: am oder im Wasser wachsend.

flúitans lt. *flutend.*

Hédera Name des Efeus bei den Römern; lt. *haerere* haften, gr. *hedra* Sitz: der Efeu heftet sich auf der Unterlage an.

helix gr. Windung: klettert an Mauern und Stämmen hoch.

Heleócharis gr. *helos* Sumpf und *charis* Anmut: Sumpfzier, anmutiger Wuchs.

palústris lt. *palus* Sumpf: sumpfbewohnend.

Helódea gr. *helos* Sumpf: wegen des Standortes.
canadénsis aus Kanada stammend.

Hemerocállis gr. *hemera* Tag und *kallos* Schönheit: weil die Pflanze einen Tag schön bleibt, blüht.
flava lt. goldgelb, blaßgelb.

Herácleum von Herakles, Herkules, dem angeblichen Entdecker der Heilkunde.
sphondýlium gr. *sphondylis* ein Käfer: von ähnlichem Geruch wie Bärenklau; oder *sphondylos* Wirbel: wegen der kropfartig angeschwollenen Blattscheiden.

Hibíscus Name einer Malvenart bei den Alten.
syríacus aus Syrien stammend.

Hierácium gr. Name der Habichtskräuter bei den Alten.
hierax Habicht. Grund dieser Benennung nicht nachgewiesen.
aurícula lt. Öhrchen: wegen der ohrartigen Blattform.
murórum lt. *murus* Mauer: an Mauern, Felsen wachsend.
pilosélla lt. *pilosa* behaart.

Hippúris gr. *hippos* Pferd und *oura* Schwanz: wegen der entfernten Ähnlichkeit mit einem Pferdeschweif. Tannenwedel bezeichnet das Aussehen besser.
vulgáris lt. *vulgus* das gemeine Volk: gemein.

Hórdeum Name der Gerste bei den Römern.
vulgáre lt. gemein.

Hottónia benannt nach Hotton, Professor der Botanik in Leiden.
palústris lt. *palus* Sumpf: sumpfbewohnend.

Húmulus Humal alter germanischer Name für Hopfen.
lúpulus lt. kleiner Wolf; *Lupus salictarius* (Wolf im Weidengebüsch) = Weidenwolf: weil der Hopfen andere Pflanzen umschlingt und ihnen die Nahrung rauben soll.

Hydrócharis gr. *hydor* Wasser und *chairo* ich freue mich: Wasserfreund, kommt nur im Wasser vor.
morsus ranae lt. Biß des Frosches: da die Frösche bei der Suche nach Wassertieren die Blätter anbeißen sollen (jedoch noch nicht beobachtet).

Hypéricum gr. *hypo* unter und *ereike* Heide: wegen des Standortes mancher Arten. *Hartheu* = Waldheu (Hart-Wald).
acútum lt. spitz, scharf: Kelchblätter zugespitzt.
maculátum lt. gefleckt.

Impátiens lt. ungeduldig, empfindlich: die reife Frucht platzt bei der leisesten Berührung und schleudert die Samen fort.

noli tángere lt. rühre nicht an.

Iris gr. *iris* Regenbogen, Göttin des Regenbogens: wegen der bunten Farbenpracht.

pseudácorus gr. *pseudes* falsch, unecht, täuschend und *Acorus* (= Kalmus): falscher Kalmus, kalmusähnlich.

Juglans lt. *glans* Eichel und *Ju* entstanden aus Jupiter: Jupiter-Eichel, weil der Baum dem obersten Gotte geweiht war.

Juncus Name der Binse bei den Römern; *jungere* zusammenbinden: einige Binsen-Arten werden zum Binden gebraucht.

Juníperus Name des Wacholders bei den Römern.

commúnis lt. gemein, überall vorkommend.

Kérria benannt nach dem englischen Gartenbotaniker Kerr.

japónica in Japan heimisch.

Lámium Name der Taubnessel bei den Römern; gr. *lamos* Kehle, Rachen, Schlund: wegen der Form der Blüte.

album lt. weiß.

amplexicáule lt. *amplecti* umschlingen, umfassen und *caulis* Stengel, Stiel: stengelumfassend, nämlich durch die Blätter.

maculátum lt. gefleckt.

purpúreum lt. purpurfarbig, rot.

lúteum lt. gelb, goldgelb.

Larix Name der Lärche bei den Römern.

decídua lt. *decidere* herabfallen: nämlich die Nadeln im Winter.

Láthyrus Name einer Hülsenfrucht bei den Römern.

praténsis lt. *pratum* Wiese: auf Wiesen wachsend.

Lemna Name einer Wasserpflanze bei den Alten; gr. *limne* Sumpf; wegen des Standortes.

gibba lt. Buckel: wegen der buckelig gewölbten Oberfläche.

trisúlca lt. *tres* drei und *sulcus* Furche: dreifurchig, wegen der drei Nerven der Stengelglieder (die wie Blätter aussehen).

Leóntodon gr. *leon* Löwe (gen. *leontos*) und *odous* Zahn: Löwenzahn, wegen der tiefgezähnten Blätter.

autumnális lt. *autumnus* Herbst: im Herbst blühend.

híspidus lt. borstig, rauhhaarig.

Ligústrum Name des *Ligusters* bei den Römern; *legare* festbinden: wegen der Verwendung zu Flechtwerk; oder: aus *Ligurien* stammend.

Lólium Name eines Getreideunkrautes bei den Römern.

multiflórum lt. vielblütig.

perénne lt. *per* hindurch und *annus* Jahr: das ganze Jahr hindurch, ausdauernd.

Lonícera benannt nach Adam Lonitzer, Stadtphysikus in Frankfurt a. M. († 1586), Verfasser eines Kräuterbuches.

caprifólium lt. *capra* Ziege und *folium* Blatt: Geißblatt, wegen der geißfuß-ähnlichen Blätter.

periclýmenum gr. *peri herum* und *klema* Ranke. Oder: *klymenos* berühmt.

xylósteum gr. *xylon* Holz und *osteon* Knochen: knochenhartes Holz.

Lotus gr. *Lotos*, bei den Alten Name für verschiedene Pflanzen.

corniculátus lt. *corniculum* Hörnchen: wegen der Form der Hülsen.

Lupínus lt. *lupus* Wolf: Wolfsbohne, wegen der ungenießbaren, bitteren Samen.

angustifólius lt. *angustus* schmal und *folium* Blatt: schmalblättrig.

lúteus lt. gelb.

Lychnis gr. *lychnos* Leuchte: wegen der leuchtenden Farbe der Blüten mehrerer Arten.

flos cúculi lt. *flos* Blume und *cuculus* Kuckuck: Kuckucksblume, da die Pflanze blüht, wenn der Kuckuck ruft, der seinen „Kuckucksspeichel" (Schaum) daran speien soll.

Lýcium gr. Name für verschiedene stachelige Sträucher, auf diese Pflanze übertragen ihrer stacheligen Zweige wegen.

halimifólium gr. *hal* Salz und *dendron* Baum: Salzbaum, ein Baum in der Salzsteppe Rußlands; *folium* Blatt: die Blätter des Bocksdorns sehen denen des Salzbaumes ähnlich.

Lýcopus gr. *lykos* Wolf und *pous* Fuß: Wolfsfuß, wegen der Blattform.

europáeus in Europa vorkommend.

Lysimáchia Lysimachus, ein Arzt im alten Griechenland, der diese Pflanze als Heilmittel benutzt haben soll; oder wörtlich: *lysis maches* Beendigung des Kampfes, weil „die Pflanze uneinigen Zugtieren die Widerspenstigkeit nimmt".

vulgáris lt. *vulgus* gemeines Volk: gemein, überall vorkommend.
Lythrum gr. *lythron* das aus Wunden rinnende Blut: wegen der roten Blütenfarbe.

Magnólia benannt nach Pet. Magnol (1638–1715). Prof. der Botanik in Frankreich.
Mahónia benannt nach Bernh. Mac-Mahon, Gartenbauer in Nordamerika.
aquifólium Aquifolium Name der Stechpalme: wegen der Ähnlichkeit der Blätter.
Maláchium gr. *malakos* weich, zart: wegen der weichen Stengel.
aquáticum lt. *aqua* Wasser: am oder im Wasser wachsend.
Malus Name des Apfelbaumes bei den Römern.
floribúnda lt. *flos* Blume und *bundus* (ist Nachsilbe) voll von: nämlich Blüten, reichblütig.
spectábilis lt. ansehnlich, ausgezeichnet (von *spectare* anschauen).
Medicágo gr. *medike* medischer Klee (angeblich aus Medien, Persien, stammend. Luzerne = Luzerner Klee.
lupulína lt. hopfenähnlich (*Humulus lupulus* Hopfen): der Stengel.
satíva lt. *satus* Saat: angebaut.
Melampýrum gr. *melas* schwarz und *pyros* Weizen: wegen der schwarzen weizenähnlichen Samen; die Pflanzen werden beim Trocknen schwarz.
Mentha gr. *mintha* Name der Minze bei den Griechen, *minthos* starker Geruch.
aquática lt. *aqua* Wasser: am oder im Wasser vorkommend.
longifólia lt. *longus* lang und *folium* Blatt: langblättrig.
Menyánthes gr. *menyein* anzeigen, verkünden und *anthos* Blüte, Blume: wegen der eigenartig gestalteten Blüten, die Sumpfboden anzeigen oder von *men* Monat und *anthos* Blüte: wegen der Dauer der Blütezeit.
trifoliátta lt. *tres, tria* drei und *folium* Blatt: dreiblättrig.
Mercuriális Mercurius Gott des Handels, hat der Sage nach die Heilkraft dieser Pflanze entdeckt.
perénnis lt. *per* hindurch und *annus* Jahr: das ganze Jahr hindurch, ausdauernd.
Méspilus gr. *mesos* mitten und *spilos* Stein: Frucht mit harten Kernen im Innern.
germánica in ganz Deutschland vorkommend.

Mílium alter Name für Hirse.
effúsum lt. weitschweifig: nämlich die Rispe.

Molínia benannt nach Molini, Missionar und Pflanzensammler in Chile.
caerúlea lt. dunkelblau.

Myosótis gr. *myos* Maus und *otis* Öhrchen: wegen der abgerundeten, behaarten Blätter.
caespitósa lt. rasenbildend.
palústris lt. *palus* Sumpf: in Sümpfen vorkommend.

Myriophýllum gr. *myrioi* 1000 und *phyllon* Blatt: Tausendblatt, wegen der zahlreichen feinzerteilten Blätter.
spicátum lt. *spica* Ähre: Blüten im Quirlen, insgesamt eine Ähre bildend.

Nardus gr. *nardos* Name für verschiedene wohlriechende Pflanzen, auch eine wohlriechende Grasart.
stricta lt. steif: nämlich der dünne Stengel.

Nuphar Alter Name für Teichrose.
lúteum lt. gelb.

Nymphǽa gr. *nymphe* Wassernymphe: wegen des Standortes.
alba lt. weiß.

Oenánthe gr. *oina* Weinstock und *anthos* Blüte; weil der Geruch dem der Weinblüten ähnlich sein soll.
aquática lt. *aqua* Wasser: im Wasser lebend.
fistulósa lt. röhrig: Stengel, Blattstiel und Doldenstrahlen röhrig.

Oenothéra gr. *oinos* Wein und *theros* wildes Tier, Raubtier: weil die Wurzeln nach Wein riechen und die mit Wein befeuchtete Pflanze die Wildheit aller Tiere besänftigen soll.

Onóbrychis gr. *onos* Esel und *brychein* gierig verschlingen: wegen des Futterwertes der Pflanze.
viciaefólia lt. *vicia* Wicke und *folium* Blatt: wickenblättrig.

Oríganum gr. *oros* Berg und *ganos* Zierde: Bergschmuck, häufig an Abhängen, denen der Dost zur Zierde gereicht.
vulgáre lt. gemein.

Ornı́thopus gr. *ornis* Vogel und *pous* Fuß: Vogelfuß, wegen der Gestalt des Fruchtstandes.
satíva lt. *satus* Saat: angebaut

Óxalis gr. *oxys* scharf, sauer und *hals* Salz: wegen des sauren Geschmackes, der auf dem Gehalt an Oxalsäure beruht. Vorsicht beim Kauen!
acetosélla lt. *acetum* Essig: säuerlich.

Papáver lt. Name für Mohn.
somníferum lt. *somnus* Schlaf und *fero* ich bringe: schlafbringend.
Parthenocíssus gr. *parthenos* Jungfrau und *kissos* Efeu: wegen des efeuartigen Wachstums der Pflanze und da sie gewissermaßen noch nicht reif ist, um Wein hervorzubringen.
vitácea lt. weinrebeähnlich.
Peucédanum gr. alter Name der Pflanze; *peukedanos* scharf, bitter: nämlich Geruch und Geschmack der Pflanze.
palústre lt. *palus* Sumpf: in Sümpfen wachsend.
Phálaris Name einer Grasart im alten Griechenland; gr. *phalaros* glänzend: nämlich die Spelzen und Körner.
arundinácea lt. schilfrohrähnlich, *arundo* Schilf.
Philadélphus benannt nach Ptolomaeus Philadelphos, König von Ägypten († 246 v. Chr.), Förderer der Naturwissenschaften.
coronárius lt. *corona* Kranz: weil die Blüten zu Kränzen verwandt werden.
Phleum alter griechischer Name für ein uns unbekanntes Gras, auf dieses übertragen.
praténse lt. *Pratum* Wiese: auf Wiesen heimisch.
Physocárpus gr. *physa* Blase und *karpos* Frucht: mit aufgeblasenen Früchten.
opulifólia lt. *opulus* Schneeball und *folium* Blatt: schneeballblättrig.
Pícea Name der Fichte und Kiefer bei den Alten; gr. *pix, picis* Pech, Teer: wird aus den Bäumen gewonnen.
excélsa lt. *excellere* hervorragen: hochgewachsen.
Picris gr. *pikros* bitter, wegen des bitteren Geschmacks.
hieracioídes hieracium Habichtskraut: ähnlich den Blättern des Habichtskrauts, bei beiden Pflanzen ungeteilt.
Pimpinélla, bei den Römern Name für unseren Wiesenknopf, die Blätter beider Pflanzen haben große Ähnlichkeit.
magna lt. groß: im Verhältnis zu der *P. saxifraga*
Pinus Name für Kiefer und Fichte bei den Römern (siehe *Picea*).
cembra nach dem ital. Namen für die Kiefernart.
montána lt. *mons* Berg: in Gebirgen wachsend.

nigra lt. *niger* schwarz.
silvéstris lt. *silva* Wald: in Wäldern wachsend.
strobus gr. *strobos* Wirbel, Kreisel: wegen der Zapfenform.

Pirus lt. *pirum* Birne: Birnbaum.
ária nach der persischen Provinz Aria.
aucupária lt. *aucupium* Vogelfang: Beeren zum Vogelfang benutzt.
commúnis lt. gemein, überall vorkommend.
malus lt. Name für Apfelbaum bei den Römern.

Plátanus gr. *platys* breit: wegen der ausgebreiteten Krone und der breiten Blätter.
acerifólia lt. *Acer* Name des Ahorns und *folium* Blatt: ahornblättrig

Poa gr. allgemeiner Name für Gras, insbesondere für Futtergras.
Chaxii benannt nach *Chaix*, einem franz. Arzt und Botaniker.
nemorális lt. *nemus* Hain: in Hainen wachsend.
praténsis lt. *prata* Wiese: auf Wiesen wachsend.

Polýgonum gr. *polys* viel und *gony* Knie, Knoten: wegen der vielknotigen Stengel.
amphíbium; amphi-bium gr. *ampho* beide und *bios* Leben, beidlebig, nämlich im und am Wasser.
bistórta lt. bis zwei und *tortus* gewunden: zweimal gewunden, nämlich die schlangenförmig gewundene Grundachse.
hydropíper gr. *hydor* Wasser und lt. *piper* Pfeffer: Wasserpfeffer, wegen des pfefferscharfen Geschmacks der Pflanze.
lapathifólium lt. *lapathus* Ampfer und *folium* Blatt: ampferblättrig.
minus lt. klein.
persicária lt. *persica* Pfirsichbaum: wegen der Ähnlichkeit der Blätter des Knöterichs mit Pfirsichblättern.

Populus Name der Pappel im alten Rom.
alba lt. weiß: Blätter unterseits schneeweiß.
nigra lt. schwarz: wegen der schwarzbraunen Rinde.
trémula lt. zitternd: Blätter ständig in zitternder Bewegung.

Potamogéton gr. *potamos* Fluß und *geiton* Nachbar: alle Arten wachsen in stehenden oder langsam fließenden Gewässern, meist in dichten Beständen, sind also benachbart.
crispus lt. kraus: nämlich der wellig-krause Blattrand.
natans lt. *natare* schwimmen: die Blätter schwimmen auf dem Wasser.

Potentilla lt. *potentia* Macht, Kraft, Wirkung: Kleine Heilerin, wegen der angeblichen Heilwirkung der Pflanze.
alba lt, weiß: Blättchen unterseits seidenhaarig-weiß.
anserína lt. *anser* Gans: auf Gänseweiden häufig.
reptans lt. kriechend: nämlich der Stengel.
stérilis lt. unfruchtbar: nicht eßbar, im Vergleich zur ähnlich aussehenden Erdbeere.

Prunus lt. Name des Pflaumenbaumes bei den Römern.
ávium lt. *avis* Vogel: Vogelkirsche, Frucht von Vögeln gern gefressen.
padus gr. Name eines nicht feststellbaren Baumes.
spinósa lt. *spina* Dorn: dornig.
tríloba lt. *tres* drei und *lobus* Lappen: dreilappig, nämlich die Blätter.

Pulmonária lt. *pulmo* Lunge: Lungenkraut, wegen der Verwendung bei Lungenleiden.

Quercus Name der Eiche bei den Römern; soll aus dem keltischen *quer* schön und *cuez* Baum stammen: also schöner Baum; oder von *quaerere* befragen: da die Orakel sich vielfach in Eichenwäldern befanden.
robur lt. *ruber* rot, dunkelfarbiges Holz, Hartholz, Kernholz, insbesondere Eichenholz: daher auch = Kraft, Stärke.
séssilis lt. sitzend: nämlich die weiblichen Blüten und später die Früchte.
rubra lt. rot: nämlich die im Herbst verfärbten Blätter.

Ranúnculus lt. *rana* Frosch: Froschkraut, da eine Anzahl Arten im Wasser wächst und den Fröschen als Unterschlupf dient.
acer lt. scharf: Pflanze enthält Giftstoffe.
aquátilis lt. *aqua* Wasser: im Wasser lebend.
ficária lt. *ficus* Feigenbaum: Feigwurz, wegen der Wurzelknollen, die gegen Feigwarzen angewandt werden.
flámmula lt. kleine Feuerflamme: Pflanze besitzt viel Schärfe und brennt auf der Zunge.
flúitans lt. flutend: in fließenden Gewässern.
língua lt. Zunge: Blätter zungenförmig.
repens lt. *repere* kriechen: kriechender Stengel.
scelerátus lt. unheilvoll: ganze Pflanze sehr giftig.

Rhamnus gr. Name mehrerer Arten von Dornsträuchern bei den Aten.
cathártica gr. *kathairein* reinigen, d. h. den Darm: also abführend wirkend, nämlich die Beeren als Blutreinigungsmittel.
Rhodotýpus gr. *rhodon* Rose und *typos* Gestalt: rosenähnlich.
kerrioídes *Kerria* ein Strauch: kerria-ähnlich.
Ribes lt., von dem Arabischen *ribas* = eine Pflanze mit sauren Früchten.
alpínum in den Alpen vorkommend.
sanguíneum lt. *sanguis* Blut: blutrot.
Robínia benannt nach Jean Robin, einem franz. Gärtner, der den Baum um 1600 aus Virginien nach Paris brachte.
pseudacácia gr. *pseudes* täuschend, falsch, unecht, scheinbar: falsche Akazie.
Róripa ein anscheinend willkürlich gebildeter Name.
amphíbium gr. *amphi* zu beiden Seiten und *bios* Leben: beidlebig, nämlich im und am Wasser.
palústre lt. *palus* Sumpf: in Sümpfen lebend.
silvéstre lt. *silva* Wald: in Wäldern wachsend.
Rosa lt. Alter Name für diesen Strauch.
canína lt. *canis* Hund: Hundsrose, gemein, kommt in vielen Spielarten vor wie der Hund.
Rumex lt. Name des Ampfers bei den Römern, bedeutet Lanzenspitze, Speerspitze: wegen der spießförmigen Blätter.
acetósa lt. *acer* scharf, auch von Geschmack.
aquáticus lt. *aqua* Wasser: im Wasser vorkommend.
hydrolápathum gr. *hydor* Wasser und *lapathon* Ampfer: Wasserampfer.

Sagittária lt. *sagitta* Pfeil: wegen der pfeilförmigen Blätter.
sagittifólia lt. *sagitta* Pfeil und *folium* Blatt: mit pfeilförmigen Blättern.
Salix Name der Weide bei den Römern.
cáprea lt. *capra* Ziege: von Ziegen gern gefressen.
Sambúcus Name der Pflanze bei den Römern; vielleicht von *sambyx* gr. eine gewisse rote Farbe und auch eine Pflanze mit rotem Saft: wegen des roten Saftes der Holunderbeeren.
nigra lt. *niger* schwarz: wegen der glänzend schwarzen Beeren.
racemósus lt. *racemus* Traube: wegen des traubigen Blütenstandes.
Saponária lt. *sapo* Seife: die in Wasser zerstoßenen Wurzeln erzeugen einen seifenartigen Schaum.
officinális lt. *officina* Apotheke: in Apotheken gebräuchlich.

Sarothámnus gr. *saron* Besen und *thamnos* Strauch: Besenstrauch, die Ruten werden zu Besen verwendet.
scopárius lt. Auskehrer.
Scirpus Name für binsenartige Pflanzen bei den Römern.
lacústris lt. *lacus* See: in Seen wachsend.
marítimus lt. *mare* Meer: in Seen wachsend.
siváticus lt. *silva* Wald: im Walde wachsend.
Scrophulária lt. *scropha* Schwein, *scrophula* Schweinchen und *scrophulae* = Skrofeln: eine Drüsengeschwulst am Halse, der bei dieser Krankheit einem Schweinehals ähnlich sieht. Das Kraut wurde früher als Heilmittel gegen Skrofeln gebraucht.
aquática lt. *aqua* Wasser: im Wasser wachsend.
nodósa lt. knotig: nämlich der Wurzelstock.
umbrósa lt. *umbra* Schatten: an schattigen Orten wachsend.
Secále lt. Name für Roggen: von *secare* schneiden.
cereále von *Ceres*, der Göttin der fruchtbringenden Erde.
Senéceo lt. *senex* Greis: Greiskraut, wegen der baldigen Entwicklung des eisgrauen Pappus (aus Greiskraut wurde durch Umbildung Kreuzkraut).
Fúchsii benannt nach dem Botaniker Fuchs.
paludósus lt. *palus* Sumpf: in Sümpfen wachsend.
silváticum lt. *silva* Wald: in Wäldern vorkommend.
Sium gr. Name einer Wasserdolde.
latifólium lt. *latus* breit und *folium* Blatt: breitblättrig.
Solánum lt. Name bei den Römern für mehrere Arten dieser Gattung; lt. *solare* Sonnenstich machen: verwirren, wegen der Giftwirkung; oder *solari* lindern: wegen der schmerzstillenden Wirkung einiger Arten.
dulcamára lt. *dulcis* süß und *mamara* bitter: bittersüß.
Solidágo lt. *solidare* befestigen, zuheilen: wegen der dieser Pflanze zugeschriebenen Heilkraft.
virga áurea lt. goldene Rute, Goldrute: wegen der Form und Farbe des Blütenstandes.
Sonchus gr. *songchos* Name einer distelartigen Pflanze.
arvénsis lt. *arva* Acker: auf Äckern wachsend.
palúster lt. *palus* Sumpf: in Sümpfen wachsend.
Spargánium gr. *sparganon* Wickel, Band: wegen der bandförmigen Blätter.
eréctum lt. aufrecht.
simplex lt. einfach: nämlich der Stengel.

Spiráea gr. *speira* Spirale: wegen der gewundenen Früchtchen.
Spirodéla gr. *speira* Spirale und *delos* offenbar: mit deutlich entwickelten Spiralgefäßen.
polyrrhíza gr. *polys* viel und *rhiza* Wurzel: mit vielen Wurzeln.
Stachys gr. Ähre: wegen der Form des Blütenstandes.
Staphyléa gr. *staphyle* Traube: wegen des traubigen Blütenstandes.
pinnáta lt. *pinna* Feder: gefiedert.
trifoliáta lt. *tris* drei und *folium* Blatt: dreiblättrig.
Stellária lt. *stella* Stern: wegen der Form der Blumenkrone.
holóstea wie bei *Holosteum:* nämlich die Kronblätter bis zur Mitte gespalten.
uliginósa lt. *uligo* die Erdfeuchtigkeit: an feuchten, sumpfigen Stellen wachsend.
Stratiótes gr. *stratiotes* Soldat: wegen der lanzenförmigen Blätter.
aloídes: der *Aloe* ähnlich.
Symphoricárpus gr. *sympherein* zusammentragen, anhäufen und *carpus* Frucht: mit geknäuelten Früchten.
racemósus lt. *racemus* Beere, Traube: traubig.
Sýmphytum gr. *symphyein* zusammenwachsen: Name von Pflanzen, die das Zusammenwachsen von Wunden und Knochenbrüchen befördern sollen.
officinális lt. *officina* Apotheke: in Apotheken gebräuchlich.
Syrínga gr. *syrinx* Röhre, Pfeife, Flöte: Pfeifenstrauch, weil aus dem Holz Pfeifenröhren angefertigt wurden.

Taráxacum gr. *taraxis* eine Augenentzündung, gegen welche die Pflanze angewandt wurde.
officinále lt. *officina* Apotheke: in Apotheken gebräuchlich.
Taxus Name der Eibe bei den Römern; gr. *taxis* Ordnung: wegen der zweizeiligen Anordnung der Nadeln; oder verwandt mit *toxon* Bogen: weil aus dem Holz Bogen verfertigt wurden.
baccáta lt. *bacca* Beere: beerentragend.
Tília Name der Linde bei den Römern; gr. *tilos* Faser: wegen des Lindenbastes, der zu Flechtwerk benutzt wurde.
platyphýllos gr. *platys* flach, breit und *phyllum* Blatt: breitblättrig.
ulmifólia lt. *Ulmus* Name der Ulme und *folium* Blatt: ulmenblättrig, nämlich am Blattgrunde schief wie bei Ulme.
Thalíctrum gr. *thallein* strotzen: wegen des üppigen Wachstums.
flavum lt. gelb.

Thymus gr. *thymos* lt. *thymus* = Thymian; von gr. *thyo* ich räuchere, opfere: weil die Pflanze wegen ihres Wohlgeruchs beim Verbrennen der Opfer gebraucht wurde.

serpýllum gr. *herpyllon*, von *herpo* ich krieche: nämlich der niederliegende Stengel.

Tórilis lt. *torulus* Haarbüschel: wegen der dichten Besetzung der Früchte mit Borsten.

anthríscus gr. *anthus* Blume und *rhyskos* Hecke: Heckenblume, die Pflanze wächst an Hecken.

Tragopógon gr. *tragos* Bock und *pogon* Bart: Bocksbart, wegen der langen Pappushaare.

praténsis lt. *pratum* Wiese: auf Wiesen wachsend.

Trapa franz. *trape* Fußfalle: wegen der Form der Früchte.

natans lt. *natare* schwimmen: schwimmend, nämlich die Blätter.

Trientális lt. *triens* ein Drittel: die Pflanze wird $^1/_3$ Fuß hoch, und der Blütenstiel beträgt $^1/_3$ von der Länge der ganzen Pflanze.

europáea in Europa vorkommend.

Trifólium lt. *tris* drei und *folium* Blatt: dreiblättrig.

campéstre lt. *campus* Feld: im Felde wachsend.

dúbium lt. zweifelhaft, unsicher: wegen der Einordnung im System.

incarnátum lt. *carnis* Fleisch: fleischrot.

hýbridum gr. *hybris* unecht, Bastard, Mischling: nämlich zwischen zwei nahe verwandten Arten *Tr. pratense* und *Tr. repens.*

médium lt. Mitte: nämlich in der Mitte zwischen *Tr. pratense* und *Tr. alpestre.*

montánum lt. *mons* Berg: in Gebirgswäldern.

praténse lt. *pratum* Wiese: auf Wiesen wachsend.

repens lt. kriechend.

strepens lt. *strepere* lärmen, rauschen: rauschend, nämlich die Blütenköpfchen.

Trisétum lt. *tres* drei und *seta* Borste: wegen der zuweilen dreispitzigen Deckspelzen.

flavéscens lt. *flavus* goldgelb, blaßgelb: gelblich, nämlich das Aussehen der ganzen Pflanze.

Tríticum alter Name für jedes Getreide, namentlich für Weizen; hängt zusammen mit *tero, triti, tritum* = zerreiben, dreschen.

vulgáre lt. gemein.

Tróllius lt. *trullius* rundes Gefäß: wegen der Form der Blüten.

europáeus in Europa vorkommend.

Túnica von *Tunis tunesisch:* die Pflanze wurde dort gegen die Pest angewandt.

prolífera lt. *proles* Sproß und *fero* ich trage: aus den Köpfchen entwickeln sich blühende Sprossen.

Typha gr. Rohrkolben.

angustifólia lt. *angustus* schmal und *folium* Blatt: schmalblättrig.

latifólia lt. *latus* breit und *folium* Blatt: breitblättrig.

Ulex gr. *oulos* dicht, kraus: wegen des dichten Wuchses der Pflanze, die zur Anlage von Hecken geeignet ist.

europáeus in Europa vorkommend.

Ulmus Name der Ulme bei den Römern; im Keltischen Elm, in manchen Gegenden noch jetzt so genannt.

Utriculária lt. *utriculus* kleiner Schlauch: wegen der schlauchförmigen Blasen an den Blättern.

Valeriána lt. *valere* kräftig sein: weil die Pflanze als kräftiges Heilmittel geschätzt wird.

dioéca gr. *dis* zweimal und *oikos* Haus: zweihäusig.

officinális lt. *officina* Apotheke: in Apotheken gebräuchlich.

Verónica soll nach der hl. Veronika benannt sein.

anagállis Anagallis = Gauchheil: Blätter einige Ähnlichkeit mit denen des Gauchheils.

anagalloídes, siehe vorher.

beccabúnga latinisiert aus dem deutschen Namen Bachbunge. Bunge = aufgeblasener Körper, Trommel, daher Bungensucht = Wassersucht: gegen welche diese Pflanze angewandt wurde.

scutelláta lt. *scutella* Schildchen: wegen der Form der Frucht.

Vibúrnum lateinischer Name des gemeinen Schneeballs.

lantána italienischer Name für Schneeball.

ópulus bei den Römern Name für Feldahorn, der dem Schneeball ähnlich sieht.

Vícia lt. *vincire* binden: wegen der Ranken, mit denen sich die Wicken an anderen Pflanzen festhalten.

faba Name der Saubohne bei den Römern.

Wistária benannt nach Wistar, einem Professor in Pennsylvanien.

chinénsis aus China stammend.

Zanichéllia benannt nach Zannichelli, einem Apotheker in Venedig, der die Flora von Venedig erforschte.

Erklärung der wissenschaftlichen Tiernamen

Abrámis gr. ein nicht näher bekannter See- und Nilfisch bei den Alten.
brama latinisiert aus dem franz. Namen des Fisches *breme.*

Acanthócinus gr. *akantha* Stachel, Dorn: Seiten des Halsschildes mit einem Dorn.
aedilis lt. Tempelbeamter: Fühler 3–5mal so lang wie der Körper, macht einen vornehmen Eindruck.

Acrocéphalus gr. *akron* Gipfel, Scheitel und *kephale* Kopf: Scheitel beim Schilfrohrsänger schwärzlich, durch helle Streifen über den Augen scharf abgesetzt.
arundináceus arundo Schilf: im Schilfe lebend.
palústris lt. *palus* Sumpf: in Sümpfen lebend.
schoenobáenus gr. *schoinos* Binse und *batein* betreten: Binsenbewohner.
scirpáceus lt. *scirpus* Binse: Binsenbewohner.
stréperus lt. *strepo* tosen, rauschen, laut durcheinander: wegen seines Gesanges.

Agriótes gr. Saatmann, Säemann: der Käfer sät nicht, die Larve ist schädlich.
lineátus lt. *linea* Linie, Faden: Flügeldecken mit feinen Punktstreifen.

Aláuda Name der Lerche bei den Römern.
arvénsis lt. *arvum* Acker: auf Äckern lebend.

Albúrnus lt. *albus* weiß: Weißfisch.
bipunctátus lt. bis zweimal und *punctum* Punkt: Seitenlinie mit doppelter schwarzer Einfassung.
lúcidus lt. leuchtend, glänzend: Schuppen mit Guaninkristallen, die zu künstlicher Perlenfabrikation benutzt werden.

Alcédo alter Name für Eisvogel.
íspida lt. *hispidus* rauh, stachelig, spießig: wegen des spitzen Schnabels.

Alýtes gr. *alytos* ungelöst, gefesselt: Männchen wickelt sich die vom Weibchen frischgelegte Eierschnur um die Hinterbeine.
obstéricans lt. *obstericare* Geburtshilfe leisten.

Amphimállus gr. *amphi* auf beiden Seiten und *mallos* Locke, Zotte: beiderseits behaart.
solstitiális lt. *sol* Sonne, *solstitialis* (Sommer) Sonnenwende: zur Zeit der Sonnenwende fliegt der Käfer.

Anas Name der Ente bei den Römern.
acúta lt. *acutus* spitz: nämlich der Schwanz.
crecca nach dem Ruf der Ente.
penélope benannt nach der Gattin des Odysseus.
platyrhýncha gr. *platys* breit und *rhynchos* Rüssel, Schnabel: wegen des breiten Schnabels.
querquédula lt. alter Name der Krickente bei den Römern.
strépera lt. *strepo* tosen, rauschen, laut durcheinander: nämlich das laute Geschnatter.

Anguis lt. Schlange; *angere* würgen.
fragilis lt. zerbrechlich: der Schwanz der Blindschleiche bricht leicht ab.

Anser Name der Gans bei den Römern.
fabális lt. *faba* Bohne: sucht die Saatfelder (Bohnenfelder) ab.

Anthrénus gr. *anthrene* Biene: sitzen wie die Bienen in Mengen auf den Blüten.

Anthus gr. *anthos* Glanz, schön anzuschauen: nämlich der Gleitflug.
pratensis lt. *pratum* Wiese: auf Wiesen lebend.
triviális lt. *trivium* Dreiweg, Kreuzweg, öffentliche Straße: daher gewöhnlich, gemein.

Árdea alter Name des Reihers bei den Römern.
cinérea lt. *cinis* Asche: aschgrau.

Argyramóeba gr. *argyros* Silber und *amoibein* wechseln: Hinterleib schwarz behaart mit silbrigen Flecken abwechselnd.

Ariánta gr. *Arion* griech. mythologischer Sänger: hier scherzhafter Name für die stumme Schnecke.
arbustórum lt. *arbor* Baum: in Baumgärten lebend.

Aríon gr. siehe Arianta.
empiricórum lt. *Empiricus* Erfahrungsgelehrter, Naturarzt: der schleimige Absud (Abkochung) wurde als Heilmittel gegen Keuchhusten gebraucht.

Arómia gr. *aroma* Gewürz: starker Geruch des Käfers.
moscháta gr. *moschos* Moschus: Käfer verbreitet einen starken Moschusgeruch.

Ásilus Name für Viehbremse.
crabrofórmis lt. *crabro* Hornisse und *forma* Gestalt: hornissenähnlich.

Áspius gr. *aspis* Schild, Gefecht: kämpferisch.
rapax lt. raffend, reißend, räuberisch: gefürchteter Raubfisch.

Athéne gr. *Athene* Göttin der Weisheit, der die Eule heilig war.
nóctua lt. *nox* Nacht: nächtlich lebend.
Attélabus gr. *aittein* sich schnell bewegen, hüpfen.
nitends lt. glänzend, schön.

Barbus lt. *barba* Bart: mit Bartfäden am Munde versehen.
fluviátilis lt. *fluvius* Fluß: in Flüssen lebend.
Beris Holzfliege.
Bíbio lt. *bibere* trinken: bei den Alten ein kleines Insekt, das an Weinfässern lebt.
hortulánum lt. *hortus* Garten: in Gärten lebend.
Bombína gr. *bombos* dumpfer, tiefer Ton: Brummer, Unkenruf tief und dumpf (Name der Hummel = *Bombus*, d. h. Brummer).
variegáta lt. bunt: nämlich der gefleckte Bauch.
Bombylliden gr. *bombylios* ein summendes Insekt: Hummelfliegen.
Botáurus eigentlich *bos taurus* zahmes Rind, Ochs: tiefe Stimme der Rohrdommel, die wie eine Ochsenstimme klingt.
stelláris lt. *stella* Stern: weiße, sternhelle Kehle.
Bufo alter Name der Kröte.
calamíta gr. *kalamites* Schilf: im Röhricht lebend.
víridis lt. grün.
Bupréstis gr. *bouprestis* ein bei den Alten giftiger, im Grase lebender Käfer, dessen Verschlucken Ochsen *(bous)* anschwellen, aufblähen sollten.
Búteo eine Falkenart bei den Alten.

Calosóma gr. *kalos* schön und *soma* Leib: Schönleib, schön von Körper.
sycophánta gr. geheimer Auflauerer: lauert auf Beute.
Canthariden gr. *kantharos* ein Käfer.
Capréolus Name für Reh bei den Alten, *capra* Ziege: ziegenähnlich.
Caprimúlgus lt. *capra* Ziege und *mulgere* melken: weil nach alten Fabeln die Nachtschwalben Ziegen und Kühen die Milch absaugen sollen.
europáeus in Europa vorkommend.
Cárabus gr. *karabos* von *keirein* schneiden, zwicken: nämlich mit den scharfen Zangen („Krabbe", Krebs: zwickt mit Scheren).
aurátus lt. goldig.
granulátus lt. *granum* Korn: gekörnt, nämlich die Flügeldecken.
nemorális gr. *nemos* Hain: in Hainen lebend.

nitens lt. *nitere* glänzen: glänzend.
sycophánta gr. geheimer Auflauerer: lauert auf Beute.

Carássius gr. *karax* unbekannter Fisch, davon abgeleitet Karausche.
vulgáris lt. gewöhnlich, gemein.

Carduélis von *Carduus* Distel: der Fink frißt den Samen.
cannábina gr. *kannabis* Hanf: der Fink frißt Hanfsamen.

Cepǽa gr. *kepaia* eine Salatpflanze „Zwiebelpfeffer“: Salatfresser.
horténsis lt. *hortus* Garten: in Gärten lebend.
nemorális lt. *nemus* Hain: in Hainen lebend.

Cerámbyx gr. *kerambyx* eine Käferart mit langen Hörnern, *keras* Horn.
cerdo gr. *kerdos* Gewinn: der größte der Bockkäfer, sein Fang bringt Gewinn für die Sammlung, in der er an erster Stelle steht. (Nicht fangen!)

Cérthia gr. *kerthios* Name des Baumläufers.
brachydáctyla gr. *brachys* kurz, klein und *daktylos* Finger: kurzzehig gegenüber dem folgenden, der längere Zehen hat.
familiáris zur Familie gehörig.

Cervus alter Name für Hirsch.
élaphus gr. *elaphos* anderer Name für Hirsch.

Cetónia Name eines Käfers.
auráta lt. *aurum* Gold: mit goldenen Flügeldecken.

Charádrius gr. *charadrios* ein gelblicher Vogel der Alten, in Erdspalten *(charadra)* wohnend.
dúbius lt. zweifelhaft, unsicher, unentschlossen: schüchtern.

Chirónomus gr. *cheir* Hand: die Vorderbeine (Hände) zucken im Sitzen, Handzucker, Zuckmücke.
plumósus lt. *pluma* Feder: Fühler der Männchen büschelförmig behaart, die der Weibchen nicht.

Chlórops gr. *chloros* blaßgrün, grüngelb und *ops (opos)* Gesicht, Aussehen: hell, meist gelb und schwarz gefärbte Arten.

Chondróstoma gr. *chondros* Knorpel und *stoma* Mund: Schnauze knorpelig.
nasus lt. Nase: Schnauze nasenartig vorspringend.

Chrysomýia gr. *chrysalis* goldfarbig und *myia* Fliege: Goldfliege.

Cicindéla Name des Leuchtkäfers bei den Alten: Flügeldecken mehrerer Arten leuchten golden.
campéstris lt. *campus* Feld: im Felde lebend.
silvática lt. *silva* Wald: in Wäldern lebend.

Cicónia Name für Storch bei den Römern.
Cinclus Name der Wasseramsel bei den Alten.
aquáticus lt. *aqua* Wasser: am Wasser lebend.
Circus lt. Kreislinie: Rohrweihe zieht bei ihren Balzflügen weite Bogen und Windungen.
aeruginósus lt. voll Grünspan, erzfarben: After und Beingefieder rostfarben, daher auch Rostweihe.
cyáneus lt. blau: altes Männchen blaugrau, daher auch Blaufalk.
pygárgus gr. *pygargos* eine Adlerart, hinten (am Steiß) hellschimmernd.
Clausília lt. *claudere* schließen: diese Schnecken können ihre Mundöffnung mit einem Deckel verschließen, daher Schließmundschnecken.
Clavicórnia lt. *clava* Keule und *cornu* Horn: Fühler keulenförmig verdickt.
Cleriden gr. *kleros* ein dem Weinstock schädliches Insekt.
Cobítis gr. *kobitis* eine Sardellenart.
barbátula lt. *barba* Bart: diese Fische haben Barteln, Bartfäden.
taénia lt. Band: nämlich die Bänder am Mund.
Coccinelliden lt. *coccinella* kleine Scharlachbeere: Körper kugelrund, Flügeldecken oft rot.
Colúmba Alter Name für Taube.
palúmbus Name für Ringeltaube im alten Rom.
Cossus Name einer schädlichen Holzlarve bei den Römern.
Crex benannt nach dem Ruf des Vogels.
Crocidúra gr. *krokis* Flocke und *oura* Schwanz: Schwanz gleichmäßig behaart.
léucodon gr. *leukos* weiß und *odoys* Zahn: Zahnspitzen weiß (bei Wasser-, Wald- und Zwergspitzmaus sind sie rotbraun).
rússula lt. von *ruber* rot: Oberseite des Körpers braungrau.
Cottus gr. *kottes* Großkopf: Kopf breit mit Froschmaul, Kaulkopf.
gobio gr. *kobios* ein Fisch der Alten.
Króssopus gr. *krossos* Franse, Quaste und *pous* Fuß: Füße mit borstigen Haaren besetzt, die als Schwimmborsten dienen.
fódiens lt. *fodio* stechen, graben, Erde ausstechen: gräbt ihre Gänge im Ufer selber.
Cúculus benannt nach dem Ruf.
canórus lt. *canor* Ton: Ruf ertönt weithin durch den Wald.
Curculioniden lt. *curculio* Kornwurm, ein schädliches Insekt.

Cygnus alter Name für Schwan.
olor gleichfalls alter Name für Schwan.
Cyprínus gr. *kyprinos* eine Karpfenart.
cárpio lt. Karpfen.

Dorcus gr. *dorkas* ein hirschartiges Tier: der geweihartigen Zangen wegen.
parallelepípedus gr. *epipedos* flach: der Körper beiderseits flach.

Eisénia vielleicht von gr. *eis* hinein: nämlich in die Erde.
fóetida lt. *foetidus* übelriechend.
rósea lt. rosenrot.
Elateriden gr. *elaynein* treiben, schnellen: Schnellkäfer, sie können sich aus der Rückenlage in die Bauchlage schnellen.
Emberíza Name für Ammer.
calándra eine Lerchenart im alten Griechenland.
citrinélle lt. *citrus* Zitrone: zitronengelb.
hortulána lt. *hortus* Garten: in Gärten vorkommend.
schóeniclus gr. *schoinos* Binse, Rohr: im Röhricht lebend.
Empis gr. *empis* Name für Stechmücke.
tesseláta lt. gewürfelt, mosaikartig: nämlich die Körperfarbe.
Ergátes gr. *ergates* der Arbeiter.
faber lt. kunstfertig, geschickt, Handwerker: Larve baut im Mulm ein kunstvolles Gehäuse.
Eríthacus Name des Vogels im alten Griechenland.
ater lt. dunkel, schwarz: nämlich der Vorderkörper.
cyanécula gr. *kyaneos* dunkelblau: nämlich die Kehle des Männchens.
phoenícurus gr. *phoinikeos* purpurrot: die Brust.
rubécula lt. rot: die Brust.
megarhýnchos gr. *megas* groß und *rygchos* Rüssel: Großschnabel, ein Vogel, der den Schnabel zum Singen weit auftut.
Esox alter Name für Hecht.
lúcius lt. *luceo* hell, leuchten, hervorleuchten: die silbrigen Seiten des Hechtes.
Eulóta gr. *eulos* Kanal: Gehäuse tief genabelt.
frúticum lt. *frutetum* Gebüsch: im Gebüsch lebend.

Falco Name für Falken im alten Rom.
tinnúnculus lt. helltönend, schallend: nämlich der Schrei.

Formíca Name für Ameise bei den Alten.
rufa lt. *rufus* rot.
Fruticícola lt. *frutetum* Gebüsch: in Gebüschen lebend.
híspida lt. *hispidus* borstig, rauhhaarig: das Gehäuse ist mit Borsten besetzt.
Fúlica Name für Wasserhuhn im alten Rom.
atra lt. *ater* dunkel, schwarz.

Galerída lt. *galerus* Pelzkappe, Mütze, Helm: der Vogel trägt eine Haube.
cristáta lt. *crista* Kamm: der Federkamm der Lerche.
Gallinágo lt. *gallina* das Huhn.
Gasterósteus gr. *gaster* Bauch und *osteon* Knochen: mit Knochen am Bauch, nämlich Stacheln.
aculeátus lt. *aculeus* Stachel: mit Stacheln bewehrt.
pungítius lt. *pungre* stechen: die Stacheln sind sehr spitz.
Gnórimus gr. *gnorimos* bekannt, leicht erkennbar: an Gestalt und Farbe.
nóbilis lt. berühmt, edel, vornehm.
Góbio gr. eine Fischart der Alten.
fluviátilis lt. *fluvius* Fluß: in Flüssen lebend.
Grus Name des Reihers im Altertum.

Helix gr. *helix* Schnecke, Windung: des Gehäuses.
pomátia gr. *poma* Deckel: die Weinbergschnecke schließt ihr Gehäuse mit einem Deckel ab, wenn sie im Herbst in Winterstarre fällt.
Hippoláis gr. *ypolais* die singende Grasmücke.
icterína lt. gelblich: Unterseite schwefelgelb.
Holopógon gr. *olos* ganz und *pogon* Bart: Knebelbart bis zu den Fühlern reichend.
Hóplia gr. *opla* Waffen, *enoplos* bewaffnet: Hinterschienen mit dichtem Dornkranz eingefaßt.
philánthus gr. *phillein* lieben und *anthos* Blüte: Blütenfreund.
Hyla gr. *yle* Wald oder von *ylan* bellen: der Laubfrosch hat eine bellende Stimme.
arbórea lt. *arbor* Baum: auf Bäumen, im Gesträuch lebend.
Hylóbius gr. *ylobios*, *yle* Wald und *bios* leben: im Walde lebend.
abiétes lt. *Abies* Name der Tanne: an der Tanne lebend.
pinástri lt. *Pinus* Name der Kiefer: an der Kiefer lebend.

Idus gr. *eïdos* Ansehen, Gestalt: ansehnlich.
melanótus gr. *melas* schwarz und *notus* Rücken: dunkelrückig.

Ixobrýchus gr. *brychomai* brüllen: der Stimme wegen.
minútus lt. winzig, klein: im Vergleich mit der großen Rohrdommel.

Jynx griechischer Name für Wendehals, vielleicht dem Rufe nachgebildet.
torquílla lt. *torquere* drehen: der Vogel kann seinen Kopf nach hinten drehen: daher Wendehals.

Lamellicornia lt. *lamella* kleines Blatt und *cornu* Horn: Blatthornkäfer, weil die letzten Fühlerglieder eine Blätterkeule bilden.

Lámia eine Zauberin, Hexe.
textor lt. Weber.

Lánius lt. *laniare* zerfleischen: die Würger leben räuberisch.
collúrio gr. *kollorion* ein Raubvogel.
excúbitor lt. Posten, Wächter: sitzt gern frei mit weiter Aussicht.
minor lt. kleiner: nämlich als der große Würger.
senátor lt. Ratsherr: mit roter Kappe.

Larus gr. *laros* ein gefräßiger Seevogel bei den Alten.
ridibúndus lt. lachend: nach dem Ruf der Möwe.

Lásius gr. *lasios* dicht behaart.
flavus lt. gelb.
niger lt. dunkel, schwarz.

Leptúra gr. *leptos* zart, schmal, dünn: Flügeldecken nach hinten verengt, Halsschild vorn stark verengt, vorn und hinten eingeschnürt.
rubra lt. rot: Flügeldecken und Halsschild rot.

Leucápsius gr. *leukos* weiß, *leucapsius* weiß beschildert.
delineátus lt. *linea* Faden, Linie: Seitenlinie unvollständig.

Leucíscus im alten Rom Name für Weißfisch.
rútilus lt. rötlich, goldgelb: Flossen und Augen lebhaft rot.

Limósa lt. *limosus* schlammig: auf Brüchen, Marschen und Flußniederungen, also auf schlammigem Boden lebend.

Liogrýllus gr. *leios* glatt und *gryllus* Grille: mit glattem Körper; *gryllare* einen Naturlaut ausstoßen, zirpen.
campéstris lt. *campus* Feld: im Felde lebend.

Lonchǽa gr. *longche* Lanzenspitze: der Stirnborsten wegen.

Lota Name der Quappe bei den Römern.
vulgáris lt. gemein.

Lucánus lt. *lucus* Hain: in Hainen lebend.
cervus Hirsch: der geweihartigen Zangen wegen.

Lúmbricus Name für Regenwurm im alten Rom.
terréstris lt. *terra* Erde: in der Erde lebend.
rubéllus lt. rötlich, von *ruber* rot: wegen der rotbraunen Farbe.

Martes Name des Marders im alten Rom.
foína franz. *fouine* Name für Hausmarder.

Melasóma gr. *melas* schwarz und *soma* Körper: Körper der meisten Arten schwarzblau, dunkel-erzfarben (Flügeldecken rot, gelb usw.).
pópuli lt. *Populus* Pappel: auf Pappeln lebend (andere Arten auf Weiden, Erlen, Zitterpappeln, Wasserminze usw.).

Meligéthes gr. *meli* Honig: Blütensauger.

Melolóntha gr. *maelolonthae* eine Käferart, die in Obstgärten *(maelon)* lebt.
vulgáris lt. gemein.
hippocástanum Hippocastanum Kastanienbaum: Käfer frißt das Laub des Baumes.

Mergus lt. *mergere* tauchen: Vögel tauchen viel.
mergánser lt. *anser* Name für Gans im alten Rom.
serrátor lt. *serra* Säge: Rand des Schnabels mit spitzen, sägeförmigen Zähnen besetzt.

Milvus Name der Weihen im alten Rom.
migrans lt. *migro* auswandern, wegziehen: Zugvogel.

Mónacha lt. Nonne.
incarnáta lt. *carnis* Fleisch: fleischfarbig, nämlich das Gehäuse.

Motacílla Name der Bachstelze im alten Rom.
alba lt. weiß.
cinérea lt. aschgrau.
flava lt. gelb.

Muscárdinus lt. *mus* Maus und *cardo* die beiden zusammengebundenen Enden eines Kranzes: das Tier schlägt im Schlaf den Schwanz über Bauch und Kopf.
avellanárius Abella Stadt in Kampanien, wo mehrere Haselnuß-Arten gezogen wurden: Haselmaus frißt Haselnüsse.

Mustéla Name für Wiesel (und Marder) im alten Rom.
ermínea germ. *ermin* groß: das große Wiesel.
nivális lt. schneeweiß (*nix* Schnee): im Winter weiß gefärbt.
Mýrmica gr. *myrmaex* Ameise.

Natrix lt. Schwimmerin: Ringelnatter schwimmt gut.
tesseláta lt. gewürfelt, mosaikartig: Oberseite der Schlange mit 5 Längsreihen großer viereckiger Flecke, die meist schachbrettartig (gewürfelt) angeordnet sind.
Necróphorus gr. *nekrophoros* Totengräber, *nekros* tot und *phorein* tragen.
humátor lt. *humanus* menschlich, *humatio* Beerdigung, *humator* Totengräber: Käfer legt seine Eier an kleine tote Tiere, die er dann einscharrt.
vespíllo lt. Leichenträger für Arme, auch Leichenschänder.
Nitídula lt. *nitidus* glänzend, gleißend, blinkend: Glanzkäfer.
bipunctáta lt. *bis* zweifach und *punctum* Punkt; *punctatus* punktiert: mit 2 Punkten versehen.
Numénius gr. alter Name eines Brachläufers.
arquátus lt. *arcus* Bogen, *arcuatus (arquatus)* bogenförmig: der Schnabel.
Nyróca Name einer Entenart im alten Rom.
clángula lt. *clango* schallen; *clangor* Schall, Geschrei von Vögeln: diese Ente läßt im Fluge ein melodisches Flügelklingen hören, das in der Nacht recht auffällig ist, daher Schellente.
ferína lt. *ferus* wild, ungezähmt.
fulígula lt. *fuligo* Ruß: düsterbraunes Gefieder, rußfarbig.

Ortális gr. *ortalizo* mit den Flügeln schlagen: die Fliege zittert mit den Flügeln.
Otis gr. Name für Trappe.
tarda lt. *tardus* träge, langsam: schwerfälliger Vogel.

Pachygáster gr. *pachys* dick und *gaster* Bauch: Dickbauch, Rundbauch, Kugelfliege.
Parus Name der Meise im alten Rom.
caerúleus lt. dunkelblau.
commúnis lt. gemein, überall vorkommend.
ater lt. schwarz.
májor lt. größer als die übrigen Meisen.

Pelóbates gr. *pelos* Schlamm und *batein* betreten: Sumpfbewohner.
fuscus lt. braun.

Perca gr. *perke* Name für Barsch.
fluviátilis lt. *fluvius* Fluß: in Flüssen lebend.

Perdix Name für Rebhuhn im alten Rom.

Petromýzon gr. *petros* Stein und *myzan* saugen: Steinsauger.
fluviátilis lt. *fluvius* Fluß: in Flüssen lebend.

Phalacrocórax gr. *phalakro* kahlköpfig und *korax* Rabe: rabenähnlich mit kahlem Kopf.
carbo lt. Kohle: schwarz gefärbt wie Kohle.

Phasiánus gr. *Phasis* ein ins Schwarze Meer mündender Fluß in Colchis, wo der gemeine Fasan häufig ist.
cólchicus in Colchis heimisch.

Philǽnus gr. *philein* lieben: nämlich den Schaum.
spumárius lt. *spuma* Schaum.

Phora gr. *phora* der Diebstahl, raubend; alter gr. Name.

Phoxínus gr. *phoxos* zugespitzt; Name eines Flußfisches.
laevis lt. glatt, eben.

Phyllopértha gr. *phyllon* Blatt.
hortícola lt. *hortus* Garten: in Gärten vorkommend.

Pica Name der Elster bei den Römern.

Pipíza lt. *pipo* piepen, *Pipizo* Piepvogel: Singfliege.

Platýstoma gr. *platys* breit und *stoma* Mund: Breitmund, Untergesicht am Mundrande sehr stark aufgeworfen und vorgedrängt.

Pódiceps verkürzt aus *podicipes*, von *podex* Steiß und *pes* Fuß: Steißfuß, weil die Füße weit nach hinten gerückt sind.
cristátus lt. *crista* Kamm, Haube: im Frühjahr mit aufrichtbarem Federkragen.
griseígena lt. *griseus* grau: hellgraues Wangenfeld.
nigrocóllis lt. *niger* schwarz und *collis* Hügel: Kopf, Hals und die gewölbte Oberseite tiefschwarz.
ruficóllis lt. *rufus* rot und *collis* Hügel: Wangen kastanienbraun.

Polyphýlla gr. *polys* viel und *phyllon* Blatt: Fühlerkeule 7blättrig, sehr groß und breit.
fullo lt. *fullonia* die Walkerei, *fullo* der Walker: lebt in Walkemühlen.

Priónus gr. *prion* Säge: Fühler gesägt, Sägebock.
coriárius lt. *corium* Haut, Leder; *coriarius* Gerber.

Procrústes gr. Räuber in Attika, der die gefangenen Wanderer auf ein Folterbett spannte: der Lederlaufkäfer lebt räuberisch.
coriáceus lt. *corium* Haut, Leder.
Prunélla lt. abgeleitet von dem deutschen Wort braun: Braunelle.
moduláris lt. *modulatus* taktmäßig, melodisch.
Putórius lt. *putor* Gestank: der Iltis entleert in der Not den stinkenden Inhalt einer Drüse.

Rallus latinisiert vom deutschen Worte Ralle, das mit rasseln zusammenhängt: wegen der knarrenden Stimme.
aquáticus lt. *aqua* Wasser: am Wasser lebend.
Rana Name für Frosch im alten Rom.
arvális lt. *arvum* Feld: im Felde lebend.
dalmatína in Dalmatien heimisch.
esculénta lt. eßbar.
ridibúnda lt. *ridibundus* lachend: laute Stimme.
temporária lt. *tempora* Schläfen: wegen der schwarzbraunen Flecken in der Schläfengegend.
Rhágium gr. *rhagion* die kleine Beere.
bifasciátum lt. bis zweimal und *fascia* Binde: Flügeldecken mit je 2 schiefen, blaßgelben Binden.
sycophánta gr. *sykophantaes* falscher Ankläger, Ränkeschmied, auch Schmarotzer: lebt an Eichen, Buchen und Nadelhölzern.
Rhódeus gr. *rodeos* rosenfarbig: wegen der Farbe des Männchens zur Laichzeit.
amárus lt. bitter: das Fleisch schmeckt bitter.
Rhynchaénus gr. *rygchos* Rüssel: Kopf rüsselartig verlängert.
fagi lt. *Fagus* Buche: auf Buchen lebend.
quercus lt. *Quercus* Eiche: auf Eichen lebend.
Rhynchítes gr. *rygchos* Rüssel: Kopf rüsselartig verlängert.
bétulae lt. *Betula* Birke: auf Birken lebend.

Salamándra gr. *salamandra* Molch.
Salmo Name für Salm und Lachs.
fontinális lt. *fons* Quelle: in Quellwassern, Bächen lebend.
Sapérda gr. *saperdaes* Name eines eingesalzenen Fisches.
carchárias Name des Haifisches.
Sarcóphaga gr. *sarkos* Fleisch und *phagein* essen: Fleischesser, Fleischfliege, Aasfliege.
carnária lt. *caro, carnis* Fleisch: legt ihre Eier an Fleisch.

Saxícola lt. *saxum* Fels und *colere* bewohnen: Felsbewohner, steinige Triften und Hänge liebend (trifft für den Steinschmätzer zu, der früher Saxicola hieß, heute aber Oenanthe).

rubétra lt. *ruber* rot: mit rotbrauner Kehle.

Scardínius gr. *skarizo* springen, zappeln, zucken: Jungfische sehr beweglich.

erythrophthálmus gr. *erythros* rot und *ophthalmos* Augen: Rotauge.

Scólopax gr. *skolops* zugespitzter Pfahl: wegen des langen, spitzen Schnabels.

rustícola lt. auf dem Lande *(rus)* lebend.

Sepsis lt. *sepsis* Fäulnis, Gärung, auch alter Name für ein giftiges Insekt: Giftfliege.

Serínus franz. *serin*: der Vogel ist von Frankreich her in Deutschland eingewandert.

Silpha gr. *silphae* ein stinkendes Insekt: Aaskäfer.

obscúra lt. *obscurus* dunkel: die Körperfarbe.

Sitta gr. *sittae* Blauspecht.

pinetórum Pinus Kiefer: Kiefernsamen fressend.

Spátula lt. kleiner Löffel; gr. *spatha* Spatel: Schnabel der Ente löffelartig verbreitert.

clypeáta lt. *clypeus* Schild, *clypeata* schildtragend: Ente mit auffällig weißer Brust.

Spóndylis gr. *spondylos* Wirbel: Augen mit einer tiefen, die Fühlerwurzel einschließenden Bucht.

buprestoídes gr. dem Käfer *Buprestis* ähnlich.

Squálius lt. *squama* Schuppe der Fische, *squaleo* schuppig, rauh: ein rauhschuppiger Fisch.

céphalus gr. *kephalae* Kopf: Kopf des Döbels breit und dick.

leucíscus gr. *leukos* weiß: helle Färbung.

Staphylínus gr. *staphylinos* Name eines Insekts im alten Griechenland.

Sterna Seeschwalbe heißt in Holland Stern, daraus latinisiert Sterna.

hirúndo Hirundo Name der Rauchschwalbe: Flugbild der beiden Vögel ähnlich.

Sturnus Name für Star im alten Rom.

Sýlvia gr. *sylva* Wald: Waldsänger.

atricapílla lt. *ater* schwarz und *capillus* Kopfhaar: Vogel hat eine schwarze Kopfplatte.

commúnis lt. gemein, überall.

currúca lt. die singende Grasmücke.
hippoláis gr. *ypolais* die singende Grasmücke.
Syrphus gr. *syrphos* eine Mückenart.
Systenócerus gr. *systenos* zusammenlaufen, eng und *keras* Horn: mit engstehenden Hörnern.
caraboídes gr. einem *Carabus* (Laufkäfer) ähnlich.

Teléstes gr. *telestes* der Vollender, *telos* Ende: kleiner Fisch.
agassízii benannt nach dem Naturforscher Agassiz.
Tinca Name der Schleie im alten Rom.
vulgáris lt. gemein, überall vorkommend.
Thymállus gr. *thymallos* eine Fischart im Altertum.
Tríchius gr. *trichos* Kopf-, Barthaar: Halsschild, Afterdecke und Brust des Käfers dicht zottig behaart, daher Pinselkäfer.
fasciátus lt. *fascia* Binde: Flügeldecken mit einer Mittelbinde.
Tringa gr. *tryggas* ein am Ufer lebender Vogel.
hypoleúcos gr. *hypo* unter, unten und *leukos* weiß: Kehle und Bauch weiß.
Tritúrus gr. *Triton* ein Wassergott, Sohn des Neptun.
alpéstris in den Alpen, auf Bergen vorkommend.
cristátus lt. *crista* Kamm: mit gezacktem Rückenkamm.
helvéticus in Helvetien (Schweiz) vorkommend.
vulgáris lt. gemein, überall vorkommend.
Troglodýtes gr. Höhlenbewohner, von *troglae* Höhle und *dyein* tauchen, versenken.
Trutta und *fario* alte Namen für Forelle.
salar und *salm* alte Namen für Lachs.
Trýpeta gr. *trypanon* der Bohrer: *Trypeta cerasi* Kirschfliege, die Larve ist der „Wurm“ in der Kirsche, der darin seinen Gang bohrt. *Trypetiden* = Fruchtfliegen, Bohrfliegen.
Turdus Name für Drossel im alten Rom.
mérula alter Name der Amsel.
philomélos gr. *philein* lieben und *melos* Lied: sangesfreudig.
piláris lt. *pilus* Haar: weil der Vogel in Schlingen aus Pferdehaaren gefangen wird.
viscívorus lt. *Viscum* Mistel und *vorare* verschlingen: die Drossel frißt die Beeren der Mistel.
Turtur benannt nach dem Ruf der Taube: turtur.

Vanéllus (franz. *vanneau*) alter Name für Kiebitz.

Vespertílio lt. *vesper* Abend: Abendflieger.
mystacínus gr. *mystax* Bart: die Fledermaus hat lange Wangenhaare, die in dem sonst nackten Gesicht wie ein Bart aussehen.
Vesperúgo lt. *vesper* Abend, *vesperugo* Abendstern, auch Bezeichnung einer Fledermaus im alten Rom.
nóctula lt. *nox* Nacht.
pipistrélla siehe *pipiza* Piepser.
Vípera lt. verkürzt aus *viviparus* lebendig gebärend (*vivus* lebendig und *parere* gebären).
berus lt. wahrscheinlich *ferus* wild, ungezähmt.
Vulpes Name für Fuchs im alten Rom.

Namenverzeichnis der Pflanzen

Namenverzeichnis der Tiere

Säugetiere:

Vögel:

Kriechtiere:

Lurche:

a) Froschlurche:

Schmetterlinge:

Fliegen:

Ameisen: